부의 빅 히스토리

부의 빅 히스토리

세 상 은   어 떻 게   부 유 해 지 는 가

마크 코야마·
재러드 루빈 지음
유강은 옮김

HOW
THE WORLD
BECAME RICH

월북

데지레에게

마크

◆

아버지 톰과 돌아가신 어머니 린다에게

재러드

한국어판 서문

지난 200년 동안 인류는 역사를 통틀어 그 어느 때보다도 거대한 부의 증대를 목격했습니다. 영국에서 시작된 근대 경제의 결실이 나머지 세계로 확산됨에 따라 인류의 삶의 질은 대대적으로 향상되었습니다. 사람들은 더 오래 건강하게 살고, 아이를 잃는 일이 줄었으며, 세계의 대부분이 기아의 망령에서 벗어났습니다. 대다수 개발도상국에서도 기본적 편의를 누리고, 경제적·정치적 자유는 일반적인 일이 되었습니다. 아직 갈 길이 멀기는 합니다. 적어도 10억 명의 사람들이 여전히 이러한 삶을 누리지 못한 채 살아가고 있으니까요. 그러나 현재 그 어느 때보다 많은 사람이 근대 경제의 성과를 누리고 있습니다. 이 책에서 우리는 경제성장이 왜 일어났는지(또는 일어나지 않았는지), 근대의 경제성장은 왜 다른 때와 장소가 아닌 바로 그때, 그곳(18~19세기 영국)에서 시작됐는지, 왜 세계의 몇몇 지역에는 이 성장이 퍼져 나가고, 다른 지역에는 아직 퍼지지 않았는지 살펴보았습니다.

아마 한국의 독자들은 경제성장과 그로 인한 변화가 어떤 것인지 누구보다 잘 알고 있을 겁니다. 한국은 이 책을 읽는 독자들의 생애 동안(또는 그들 부모님의 생애 동안) 가난한 나라에서 지구상에서 손꼽히는 부자 나라로 성장했습니다. 지난 50년 동안 한국이 이룩한 경제성장은 이 나라 국민의 삶을 크게 바꿔놓았습니다. 북한의 사례와 비교해보면 경제성장의 영향을 더욱 뚜렷하게 알 수 있습니다. 남한에 사는 보통 사람의 삶의 질은 북한의 (소수 핵심 엘리트를 제외하면) 모든 주민보다 몇 배, 몇십 배 높습니다. 남한이 기적 같은 성장을 이루기 전에는 격차가 이토록 크지 않았습니다. 한반도에 이러한 분기가 나타난 분명한 원인은 경제성장입니다. 남한은 빠르게 성장했으나 북한은 정체했지요(사실 점점 가난해졌습니다).『부의 빅 히스토리』에서 우리는 방대한 문헌을 아우르며 세계 각국이 어떻게 경제성장을 이루었는지 검토했습니다(책의 10장에서는 한국이 이룬 성장의 기적을 자세히 살핍니다). 한국의 사례를 비롯한 여러 성장의 일화를 들여다보면, 급속한 경제성장을 이룬 지역에는 공통된 요인이 있다는 걸 알 수 있습니다. 문화 규범, 시장 접근성, 지리는 중요한 요인입니다. 그러나 무엇보다도 중요한 것은 정치 제도일 겁니다. 한반도에서 나타난 경제적 분기는 정치 제도가 경제성장을 어떻게 촉진하는지(또는 질식시키는지)를 보여주는 명백한 증거입니다.

『부의 빅 히스토리』는 주제와 연대를 가로지르며 경제성장에 관한 이야기를 풀어냅니다. 서문에서는 약간의 지면을 할애해 한반도의 경제사를 더 구체적으로 살펴볼까 합니다. 독립 국가로 오랜 역사를 지닌 한국은 역사의 대부분 동안 농업 사회였습니다. 중국이나 일본과 마찬가지로 한국도 몇 세기 동안 대체로 대외무역에 문을 걸어 잠갔습니다. 경제사학자들은 산업화 이전 시기 한국의 1인당 국내총생산(GDP)을 추정하는 데 어려움을 겪었습니다. 폐쇄적인 사회였던 데다 정보가 충분치 않아서였죠. 그러나 과거 한반도의 전반적인 생활수준은 낮았을 것으로 보입니다.

그렇다 하더라도 산업화 이전의 모든 사회가 정체되어 있던 것만은 아닙니다. 역사학자들은 17~18세기 한반도에서 시장이 발전하고 상업화가 대두된 징후를 탐지했습니다(Jun et al, 2008). 이 시기에는 농업 부문의 재산권이 강화되었고, 토지 거래도 활발해졌습니다. 하지만 한국 경제는 여전히 대체로 맬서스적 수준에 머물렀고, 19세기 말에 이르면 위기의 징후가 나타났습니다. 다시 말해, 산업화를 이루기 전의 한국은 세계의 다른 많은 지역과 마찬가지로 지속적인 경제성장의 조짐을 거의 보이지 않았습니다. 하지만 일단 경제 발전의 발판이 마련되면, 한국은 그 기회를 활용할 준비가 되어 있었습니다.

1876년 한국은 일본에 의해 강제로 개방되었습니다. 한국은 불평등 조약을 이어가다가 1910년에는 결국 일본의 식민 지배를 받는 처지가 됐습니다. 식민주의에 관해서는 이 책의 6장에서 자세히 다룹니다. 식민지의 제도는 흔히 '착취적'이었고 식민 지배자들에게 유리하게 설계됐습니다. 그렇지만 영국이 식민지 인도의 철도에 투자했던 것처럼, 식민 제도는 때로 경제적 혜택으로 이어지기도 했습니다.

일본의 식민 통치가 경제에 미친 영향에 관한 학문적 논쟁은 오늘날까지 계속 이어집니다. 한국의 산업화와 제조업은 대한제국 시절 광무개혁(1897~1904) 때 시작됐지만, 식민지 시대에 확실히 가속화됐습니다. 1911년에서 1940년 사이에 연간 국내총생산은 4.1퍼센트(1인당 국내총생산은 2.7퍼센트)씩 증가했습니다(Kim and Park, 2011). 경제에서 제조업이 차지하는 비중은 1910년 3.5퍼센트에서 1940년에는 22퍼센트로 늘어났고요(Haggard et al, 1997). 하지만 최근의 연구는 1930년대 이후 일본 기업이 한국 경제에 미친 영향이 크지 않았으며, 한국의 토착 산업과 기업가 정신이 중요했다고 강조합니다(Kim and Park, 2008). 2차 세계대전과 한국전쟁으로 1930년대의 경제적 성과는 대부분 쓸려나갔고 경제는 황폐해졌으며, 정치적 분단은 오늘날까지 이어지고 있습니다.

앞에서 말한 것처럼, 북한과 남한의 사례는 제도가 경제성장에 중요하다는 주장의 근거로 활용되고 있습니다. 이 책의 3장에서도 이 내용을 다루고 있지요. 역사와 지리 같은 요인으로는 1960년에서 2000년 사이에 벌어진 남한과 북한의 경제적 분기를 예측할 수 없습니다. 사실 북한은 일본의 식민 통치 아래서 더 많은 산업화와 경제 발전을 이루었습니다. 지난 70년간 북한의 경제적 궤적은 명령과 통제로 움직이는 사회주의가 장기적 경제성장을 추동하지 못한다는 증거(아직도 더 많은 증거가 필요하다면)로 삼아야 합니다.

'기적'이라 불리는 남한의 경제성장은 간단하게 설명할 수 있는 일이 아닙니다. 1960년 한국은 전쟁으로 황폐해진 후 미국의 원조에 경제를 의존했습니다. 급속한 경제성장은 1961년 박정희가 집권한 뒤 (독재와 정치적 불안에도 불구하고) 이뤄졌습니다. 이 책의 10장에서는 수출 주도 경제성장의 중요성에 대해 다룹니다. 인적 자본 투자 또한 중요했습니다. 동아시아의 다른 나라들과 마찬가지로, 한국도 1960년대 이후 이루어진 인구 변천의 덕을 보았습니다. 하지만 대부분의 논쟁은 경제성장 일반, 특히 한국의 경제적 성공에서 국가가 한 역할에 초점을 맞춥니다. 국가의 산업 정책이 어떤 역할을 하는지에 관한 학계의 논의는 현재진행형입니다. 최근의 한 논문에서는 한국이 1970년대의 산업 정책 덕분에 고부가가치 제조업 상품으로 비교우위를 이동시키는 데 성공했다고 설명하고 있습니다(Lane, 2023). 하지만 한국이 1960년대부터 줄곧 추구해온 여러 정책들과 그 정책을 활용해 투자와 따라잡기 성장을 성공적으로 달성할 수 있었던 비결에 관해서는 여전히 많은 질문이 남습니다. 최근 수십 년간 한국이 이룬 성장에 관해서는 배울 게 많습니다. 한국은 '중진국 함정'을 성공적으로 피하고 제조업에서 서비스 기반 경제로 이행하며 빠른 성장을 지속하고 있으니까요.

『부의 빅 히스토리』는 한국을 넘어 전 세계의 경제성장을 다룹니다. 우리가 경제성장의 기원과 경제성장을 추동하는 힘에 관심을 기울이는 주된 이유는 극심한 빈곤 상태에 놓인 10억 명 이상의 사람들(많은 북한 사람들도 포함됩니다)의 고통을 덜어줄 열쇠가 바로 여기에 있기 때문입니다. 그래서 우리는 희망과 가능성을 제시하며 이 책을 마무리 지었습니다. 비록 근대의 경제성장은 첫 100년 동안 주로 서구의 현상이었지만, 근대 경제의 결실은 우리 생애 동안 세계 인구 대다수에게 퍼져 나갔습니다. 이제 그 결실이 세계의 나머지 사람들에게까지 도달하게 하려면 어떻게 이런 일이 이루어졌는지 이해해야 합니다. 우리는 이 과정을 다각도로 검토했고, 그 어느 때보다도 깊은 통찰을 얻게 되었습니다. 세계의 많은 개발도상국이 조만간 지난 반세기에 한국이 이룬 경제성장을 경험하게 되기를 기대하며 글을 마칩니다.

2023년 2월
마크 코야마·재러드 루빈

한국어판 서문에 언급된 참고 문헌

Haggard, Stephan, David Kang, and Chung-In Moon. 1997. "Japanese Colonialism and Korean Development: A Critique." *World Development* 25(6): 867~881쪽.

Ho, Jun Seong, James B. Lewis, and Kang Han-Rog. 2008. "Korean Expansion and Decline from the Seventeenth to the Nineteenth Century: A View Suggested by Adam Smith." *Journal of Economic History* 68(1): 244~282쪽.

Kim, Duol, and Ki-Joo Park. 2008. "Colonialism and Industrialisation: Factory Labour Productivity of Colonial Korea, 1913-37." *Australian Economic History Review* 48(1): 26~46쪽.

Kim, Duol, and Heejin Park. 2011. "Measuring Living Standards from the Lowest: Height of the Male Hangryu Deceased in Colonial Korea." *Explorations in Economic History* 48(4): 590~599쪽.

Lane, Nathan. 2023. "Manufacturing Revolutions: Industrial Policy and Industrialization in South Korea." *Quarterly Journal of Economics*. 출간 예정.

들어가며

빈곤은 우리 곁에 여전히 만연해 있다. 베네수엘라, 시리아, 부룬디, 콩고민주공화국의 수많은 사람이 가난과 폭력에 시달리며 참혹한 삶을 이어가고 있고, 대략 10억 명의 사람들이 세계 곳곳에서 지금도 겨우 생존을 이어간다. 어디를 둘러 보아도 빈곤은 너무, 너무나 흔하다.

하지만 역사적 기준으로 본다면 세계는 현재 그 어느 때보다 부유하다. 대다수 사람은 그들의 조상보다 훨씬 풍족하게 살고 있다. 오늘날 많은 이가 200년 전에 살았던 거의 모든 사람보다(사치스럽게 살았던 극소수 계층을 제외하면) 더 잘산다. 세계는 20세기와 21세기를 거치며 점차 부유해졌고, 그에 따라 점점 더 많은 이가 빈곤에서 벗어나고 있다. 더 나아가 우리는 충분한 근거를 바탕으로, 세계 곳곳에 남아 있는 빈곤의 상당 부분이 몇십 년 내에 근절될 것으로 전망한다.

세계는 어떻게 부유해졌을까? 바로 이것이 우리가 이 책에서 답하고자 하는 질문이다. 이는 여전히 사회과학에서 가장 중요한 문제다. 왜 어떤 나라는 부유해졌고 다른 나라는 '아직' 부유해지지 못했는지 이해할 수 있다면, 우리가 현재 당면한 커다란 문제들을 해결하는 데 도움이 될 것이다. 그러나 하나의 분명한 답 같은 건 존재하지 않는다. 이 책을 읽으면서 독자들은 한 나라를 부유하게 만들 수 있는 만병통치약이란 없다는 사실을 깨닫게 될 것이다. 하지만 경제성장의 역사를 들여다보면, 그 과정에서 나타나는 특정한 요인들을 목격할 수 있다. 이 책의 목표는 그 요인들을 부각하고, 이것들이 언제 경제성장에 도움이 되는지에 대해 통찰을 제시하는 것이다.

우리는 빠르게 성장하는 방대한 글로벌 경제사 연구에 의지해 이 책을 썼다. 책의 전반부에서는 세계가 어떻게 부유해졌는지에 관한 주요 이론들을 개괄한다. 우리는 평범한 독자를 대상으로 이 책을 썼기에 전문적인 연구들을 전부 인용하지는 않았다. 혹시라도 빠뜨린 부분이 있다면 미리 사과한다. 더 자세한 내용을 찾아보고 싶다면, 권말에 수록한 참고 문헌을 참고하길 바란다.

이 책을 출간하기까지 정말 많은 사람에게 도움을 받았다. 모든 이에게 일일이 감사의 말을 전하려면 서문이 책의 절반을 차지하게 될 거다. 사샤 베커, 데지레 데시에르토, 앤턴 하우스, 네이선 넌, 톤희 승, 펠리페 발렌시아 카이세도, 존 윌리스는 이 책의 일부(또는 전부!)를 읽어 주었다. 이들의 통찰력 있는 논평 덕분에 우리는 초고를 크게 개선할 수 있었다. 폴리티 출판사의 담당 편집자 조지 오어스는 모든 과정의 단계마다 훌륭한 길잡이가 되어주었다. 댄 보거트, 데이브 도널드슨, 에릭 호눙, 노엘 존슨, 조너선 슐츠가 데이터를 공유해 준 덕분에 우리도 이 책에서 몇 가지 의미 있는 수치를 소개할 수 있었다. 우리는 팬데믹 시대에 글을 집필하며 미국 양쪽 연안에서 격리 생활을 했다. 그 시절을 견디게 도와준 모든 사람들에게 고마움을 전하고 싶다. 그들이 없었더라면 이 책은 나오지 못했을 것이다.

1부

부유해지는 세계에
관한 이야기들

1
세계는 왜, 언제,
어떻게 부유해졌는가?

세계는 지금만큼 부유한 적이 없었다. 여전히 수많은 사람이 빈곤 속에서 살아가고 있지만, 세계는 과거 어느 때보다도 부유하며, 하루하루 계속해서 부유해지고 있다.

이 말이 믿기지 않는가? 오늘날 세계 각국의 소득을 과거 가장 부유했던 나라와 비교해보자. (그림 1.1)은 2018년에 1900년 당시 **세계 최고 부국**이던 미국보다 1인당 소득이 높은 나라들을 지도에 표시한 것이다. 오늘날 많은 나라의 평균 소득은 불과 한 세기 전 미국의 평균 소득보다 높다. 현대의 놀라운 수준은 1800년 당시 최고 부국이었던 영국과 비교하면 훨씬 더 뚜렷해진다((그림 1.2) 참조). 사하라사막 이남 아프리카를 중심으로 몇몇 예외가 있긴 하지만 거의 모든 나라가 불과 두 세기 전 세계를 선도한 국가보다 평균 소득이 높다.

현대의 부는 평균 소득을 훌쩍 넘어 확대된다. 우리의 가장 부유했던 선조들조차도 우리가 누리는 스마트폰이나 평면 TV 같은 사치품은 물론 실내 수도 시설, 전기, 예방접종, 낮은 아동 사망률,

그림 1.1 ◆ 2018년 기준 1900년의 미국보다 부유한 나라들(1인당 연소득)

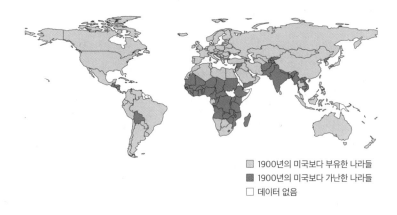

■ 1900년의 미국보다 부유한 나라들
■ 1900년의 미국보다 가난한 나라들
□ 데이터 없음

긴 기대수명을 부러워했을 것이다.

한번 생각해보자. 가령 1200년의 잉글랜드에 사는 부유한 남작의 삶과 현재 당신의 삶을 맞바꿀 수 있다면, 그렇게 하겠는가? 남작은 분명 하인도 있을 테고, 상류층으로서 여러 사회적·정치적 혜택을 누리리라. 하지만 외풍이 심해 얼음장처럼 춥고 불편한 성에 살아야 할 거고, 여러 아이를 어려서 잃을 가능성이 크다. 설사병을 크게 앓다가 살아남지 못할 가능성도 농후하다. 젊어서 전쟁터에서 죽지 않는다면, 이질(영국의 왕 존과 헨리 5세를 죽인 병)이나 천연두(프랑스의 왕 루이 15세와 영국의 여왕 메리 2세를 죽인 병), 흑사병처럼 지금은 치료 가능한 병에 걸려 죽을 것이다. 현재 자신의 운명과 남작의 운명을 바꾸고 싶은 이도 있겠지만, 대부분(이 책의 저자 둘 포함)은 원하지 않을 것이다.

세계에는 여전히 엄청나게 많은 극빈층이 존재한다. 현재나 역사를 기준으로 세계 **전체**가 부유한 것은 결코 아니다. 하지만 사

그림 1.2 + 2018년 기준 1800년의 영국보다 부유한 나라들(1인당 연소득)

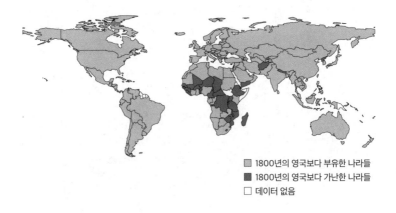

■ 1800년의 영국보다 부유한 나라들
■ 1800년의 영국보다 가난한 나라들
□ 데이터 없음

실을 말하자면, 극빈층은 빠르게 감소하고 있다. 2세기 전에 시작된 감소는 최근 수십 년간 가속화되었다. 〔그림 1.3〕은 이러한 추세를 압축적으로 보여준다. 불과 2세기 전만 해도, 세계의 94퍼센트가 하루에 2달러(2016년 물가 기준) 이하, 84퍼센트는 1달러 이하로 생활했다. 그러나 2015년에 이르러 하루에 1.9달러 이하로 생활하는 비율은 세계의 10퍼센트 이하로 줄어들었으며, 이 수치는 계속 감소하는 중이다. 세계의 10퍼센트는 분명히 많은 숫자다. 하지만 세계가 계속 부유해짐에 따라 그 수도 그만큼 줄어들 것이다.

부유해지는 세계에서 점차 줄어드는 것은 절대빈곤뿐만이 아니다. 지난 세기에는 세계의 더 많은 사람이 최저생활의 경계선에서 벗어났다. 가령 2018년의 하루 10달러(USD)를 하나의 이정표로 삼아 생각해보자. 많은 액수는 아니다. 1년에 3,650달러를 막대한 금액으로 보기는 어렵다. 하지만 대부분의 국가에서 기본적

그림 1.3 ⋅ 극빈층의 비율, 1820~2015년

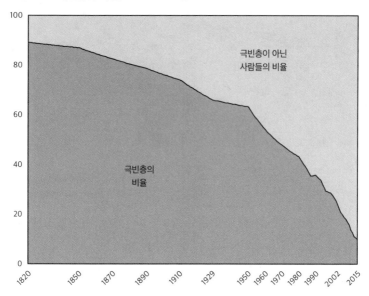

인 생활(의식주 등)을 꾸리기에는 넉넉한 양이다. 주거와 식료품을 저렴하게 구할 수 있는 상대적 빈국에서는 훨씬 더 넉넉한 액수다. (그림 1.4)를 보면 각국이 이 이정표에 도달한 시점을 알 수 있다. 인류 대부분이 지금껏 경험하지 못했던 안전한 수준에 도달한 것이다.

세계는 어떻게 부유해진 걸까? 왜 어떤 나라는 그토록 부유하고 다른 나라는 가난한가? 이 책에서 우리는 이 물음들에 대해 몇 가지 답을 제시하고자 한다. 경제학자와 역사학자를 포함한 여러 분야의 학자들은 이 질문들을 놓고 커다란 논쟁을 벌인다. 너무나도 중요한 질문이기 때문이다. 빈곤을 줄이려면 우선 부를 이해해야 한다. 우리는 아직 완벽한 답을 구하진 못했지만, "세계는 어떻

그림 1.4 • 1인당 국내총생산이 하루 10달러를 넘어선 해(2018년 USD 기준)

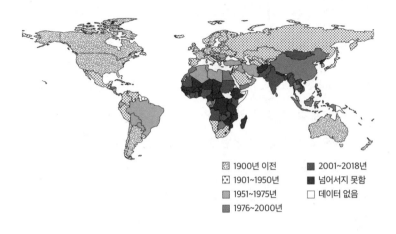

☒ 1900년 이전　　■ 2001~2018년
⊡ 1901~1950년　　■ 넘어서지 못함
■ 1951~1975년　　□ 데이터 없음
■ 1976~2000년

게 부유해졌는가?"라는 질문에 다각도로 접근하여 세계 경제의 큰 흐름을 볼 수 있는 통찰을 제공할 수는 있을 거라 생각했다.

경제성장이란
무엇인가?

　세계사의 대부분 시기 동안 세계 인구의 절대다수(90퍼센트 이상)는 가난했다. 당신의 조상이 중국, 인도, 아프리카, 유럽, 중동, 또는 다른 어떤 지역의 출신이든 간에 그들 대부분은 하루에 고작 몇 달러로 생활했을 것이다. 이제는 사정이 달라졌다. [그림 1.3]에서 살펴본 것처럼, 지난 두 세기 동안 세계의 극빈층 인구 비율은 급격하게 감소했다. 이 책을 읽는 독자들은 어느 정도 편안한 생활을 할 가능성이 크며, 아무리 가난할지라도 조상들의 부러움을 살 것이다. 어쨌든 다들 글을 읽을 줄 아니까! 세계는 어떻게 이 수준까지 다다르게 된 걸까?

표면상으로 보면 이 질문에 대한 답은 간단하다. 지난 두 세기 동안 우리는 나머지 인류 역사 전체를 합한 것보다 더 많은 **경제성장**을 목도했다. 경제성장이란 경제에서 생산된 전체 상품과 서비스의 양으로 측정한, 경제 번영의 지속적인 증가를 가리킨다(보통 국내총생산GDP으로 표시한다). 우리가 경제성장에 관심을 기울이는 것은 그 자체가 목적이기 때문이 아니라, 이것이 1800년 이전에 살았던 거의 모든 사람이 경험한 것과 같은 빈곤을 누그러뜨리는 열쇠기 때문이다.

경제성장에 초점을 맞춘다고 해서 인간 발전의 다른 측면들을 무시하는 것은 아니다. 취약 계층의 권리와 보호, 여성 역량 강화, 건강, 문해력, 교육, 여가 활동 등은 모두 행복하고 공정한 사회를 만들기 위한 중심 과제다. 다만 우리는 독자 여러분이 이 책을 덮을 즈음에는 이 모든 것을 **경제성장을 통해** 이룰 수 있다는 사실을 이해하게 되리라 기대한다. 지난 200년 동안 인간 발전의 모든 측면에서 극적인 진일보가 이루어진 것은 우연이 아니다. 우리 모두가 원하는 유형의 사회를 달성하려면 분명 갈 길이 멀겠지만, 경제성장이 그 해법의 핵심일 것이다.

경제성장 자체는 결코 만병통치약이 아니다. 경제성장은 환경 파괴나 불평등 심화, 보건 악화 등을 수반할 수 있다. 가령 영국 산업혁명 시기에는 대기 질이 나빠졌으며 기대수명도 줄어들었다. 오늘날 정책 결정권자들이 마주한 가장 중요한 과제 또한 기후 위기와 사회 양극화 문제다. 그러나 이런 문제들을 해결하는 데 필요한 자원과 신기술은 경제성장을 통해 얻을 수 있다는 사실을 다시금 강조하고 싶다. 경제성장이 이루어지지 않는다면, 우리에게 필요한 자원을 활용할 기회는 없을지도 모른다.

우리는 다른 중요한 가치들(가령 환경보호)보다 경제성장을 우선으로 선택해야 한다고 주장하는 게 아니다. 이건 잘못된 주장이다. 불안정한 기후는 우리 사회에 재앙을 가져올 것이다. 하지만 최근 우리는 경제성장과 탄소 배출 감소가 동반할 수 있음을 목격하고 있다. 예를 들어, 영국의 탄소 배출량은 1990년에서 2017년 사이에 6억 톤에서 3억 6,700만 톤으로 38퍼센트 감소했다(Hausfather, 2019). 한편 전체 국내총생산(인플레이션 조정)은 같은 기간에 60퍼센트 이상 증가했다.

경제성장과 공정한 사회 중 하나를 선택해야 하는 것도 아니다. 오히려 경제성장이 이루어지지 **않으면** 도덕적으로 심각한 문제가 생긴다. 역사적으로 볼 때 폭력과 불관용, 정치적 양극화가 가장 극심하게 나타나는 곳은 경제가 정체하거나 쇠퇴하는 지역이다. 반면 경제가 성장하는 지역에서는 사회적 이동성과 기회 균등의 확대가 나타날 가능성이 훨씬 크다. 프리드먼Friedman(2005, 86쪽)이 말한 것처럼, 정체하는 경제는 "경제적 이동성이나 전반적인 기회의 개방을 뒷받침하지 못한다."

그렇다면 세계 경제는 지금까지 어떻게 성장한 걸까? 〔그림 1.5〕를 보면, 서기 1년 이후 세계에서 인구가 가장 많은 지역의 1인당 국내총생산의 대략적 추정치를 알 수 있다. 이 수치는 분명 추정치이지만(그리고 18세기 이전에는 수치로 나타나지 않는 변수가 많지만) 양상은 논쟁의 여지 없이 분명하다. 19세기 이전에는 세계에서 가장 부유한 지역의 평균 소득이 하루 4달러를 넘지 않았다. 세

그림 1.5 ◆ 선별한 일부 지역의 1인당 연 소득, 서기 1년~현재

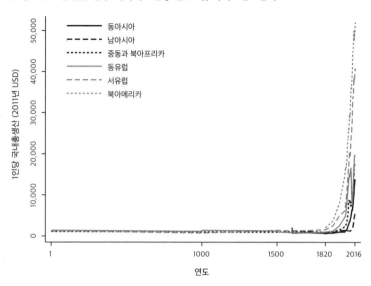

계사의 대부분 시기 동안 하루 2~3달러가 표준이었다. 물론 굉장한 부자들이 존재했고, 이들은 세계가 다 아는 위대한 예술품과 건축물, 문학(대체로 굶어 죽기 직전인 사람들과는 무관한 활동들)을 만들어냈다. 우리는 이 예술가와 작가 들의 이름을 익히 들어왔다. 우리가 읽는 역사책의 주인공이 대개 그들이기 때문이다. 하지만 19세기 이전의 거의 모든 사람은 이런 행운을 누리지 못했다. 사실 20세기 전의 대다수 사람은 오늘날의 극빈층과 무척 흡사한 환경에서 살았다. 지난 2세기 동안 이룬 경제성장 덕분에 이런 빈곤의 절대다수가 감소했지만, 그 과정은 아직 끝나지 않았다.

과거에 경제성장의 일화가 없었던 것은 아니다. 과거에도 이곳저곳에서 경제가 용솟음치듯 발전하는 순간이 있었다. 골드스톤Goldstone(2002)은 이런 현상을 '성장의 개화growth efflorescence'라

고 지칭한다. 고대 그리스에서는 성장의 개화로 인구 증가와 생활 수준 향상이 동시에 이루어졌다(Morris, 2005). 중동, 북아프리카, 이베리아반도의 넓은 지역에서는 이슬람의 확산과 더불어 찾아온 수백 년 동안의 팍스 이슬라미카Pax Islamica, 즉 정치적 평화 덕분에 성장의 개화가 나타났다. 팍스 이슬라미카를 이루자 교역 수준이 높아지고 농업 기법과 작물이 확산했다(Watson, 1983). 팍스 몽골리카Pax Mongolica 또한 아시아의 번성을 이끌며 비슷한 영향을 미쳤다.

전염병으로 인한 죽음의 확산도 일시적인 경제 향상의 또 다른 원인이다. 역병은 분명 재앙이었지만(14세기 유럽에서는 흑사병으로 인구의 3분의 1에서 절반이 사망했고 중동에서도 비슷한 규모의 사망자가 나왔다) 그래도 먹을 입이 줄어들기는 했다. 전염병이 휩쓸고 난 직후 적어도 몇 세대 동안은 1인당 소득이 증가하는 경향이 있었다. 하지만 경제 향상의 가장 중요한 원인은 기술 발전이었다. 병충해에 강한 신품종 곡물, 토질이나 관개를 개선시킨 새로운 농사 기법, 쟁기 개량 같은 신기술로 더 많은 사람이 더 적은 노동으로 살아갈 수 있었다. 하지만 18세기 이전에 나타난 성장의 개화는 모두 **일시적 현상**이었다.

중요한 것은 성장이 장기적으로 **지속되는가**의 여부다. 지속적인 경제성장이란 19세기 중반 이래 미국이나 영국 같은 나라들이 경험해온 것, 즉 성장률이 계속 양수를 유지하는 현상을 가리킨다. 오늘날 선진국들의 특징은 경제성장의 **빠른 가속화**를 경험했다는 것이다(Hausmann et al, 2005). 오늘날 가난한 많은 나라도 과거에 성장의 가속화를 경험한 적이 있다. 부국이 다른 나라들과 구별되는 점은 **성장의 역전**을 경험하지 않았다는 것이다. 가령 미국의 국

그림 1.6 ◆ 1720~2018년 사이 미국의 1인당 국내총생산(2018년 USD 기준)

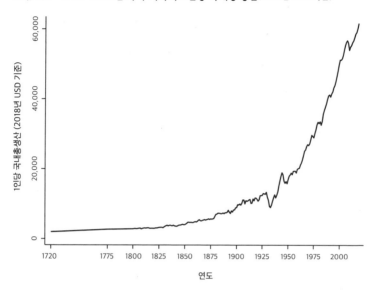

내총생산은 1870년 이후 꾸준히 증가했다. [그림 1.6]에 나타나는 유일한 충격파인 대공황조차도 일시적인 영향을 주었을 뿐이다. 요점을 말하자면, 지난 두 세기 동안 영국과 미국을 비롯한 선진국 경제가 경험한 지속적인 경제성장은 19세기 이전에는 거의 들어 본 적이 없는 현상이었다. 이보다 흔한 현상은 성장기가 수축기로 상쇄되는 것, 즉 2011년에서 2021년 사이에 베네수엘라가 경험한 현상이다. 브로드베리Broadberry와 월리스Wallis(2017)는 이를 '위축 shrinkage'이라고 부른다. 이런 관점에서 보면, 부국과 빈국의 주요한 차이는 성장의 빠른 속도가 아니다. 부국이란 경제가 쪼그라드는 시기를 더 적게 경험한 나라다.

지속적인 경제성장은 사회와 생산의 극적인 재조직화를 동반한다. 이것이 우리가 **경제 발전**이라고 지칭하는 현상이다. 경제 발전이란 도시화, 제조업, 서비스 부문 같은 비농업 부문의 성장과 결부된 근본적이고 변형적인 재구조화를 가리킨다. 이런 발전 과정은 또한 공장, 대기업, 주식시장 등 경제활동을 조직화하는 새로운 방식의 등장과도 관련이 있다. 1800년 이전에는 인구 대다수가 시골에 살며 땅에서 일했다. 분명 과거에도 도시화와 제조업, 서비스 부문이 대두하기도 했다. 서기 1~200년 이탈리아의 도시화는 무려 30퍼센트나 됐을 것이다(Wilson, 2011). 중국 송대에는 철 생산이 급등했다. 중세 후기 베네치아, 브루게, 안트베르펜 경제에서는 상업과 장거리 교역이 중요한 부분이었다. 그렇다 하더라도 이 모든 사회의 구조는 현대 경제의 구조에 비하면 무척 단순했다.

선진 세계는 경제 구조가 다르다. 무엇보다 농업이 전체 경제에서 차지하는 비중과 고용의 원천으로서의 역할이 크게 축소된다. 오늘날 미국에서는 노동력의 1.3퍼센트만이 농장에서 일한다. 영국에서는 그 비중이 훨씬 작다(겨우 1퍼센트다). 구조적 변화와 나란히 조직적 복잡성에서도 변형이 나타나고 있다. 글로벌 대기업처럼 국가와 별개로 장수하는 조직들이 부상하는 현상이 이를 잘 보여준다. 이는 모두 선진 경제의 특징이다.

과거 측정하기

이쯤 되면 독자는 궁금해질 것이다. 과거의 사람들이 얼마나 가난했는지는 어떻게 알 수 있을까? 20세기 중반까지는 어떤 나라에도 정보를 수집하고 국내총생산을 집계하는 통계청이 존재하지 않았다. 따라서 사회과학자와 역사학자들은 통계청에 의존하는 대신 과거를 재구성했다. 이런 과제를 처음으로 수행한 것은 앵거스 매디슨Angus Maddison이다. 매디슨은 수십 년에 걸쳐 1820년까지 거슬러 올라가는 1인당 국내총생산의 추정치를 만들어냈다(Maddison, 1983, 1991, 2001). 그는 또한 로마 제국의 지역별 1인당 소득 추정치를 포함해 과거에 관한 매우 영향력 있는 추정치들을 작성했다(Maddison, 2007). 그러나 사실 이 추정치들의 정확성은 떨어지는 편이다. 최근에는 볼트Bolt와 판잔덴van Zanden(2020)의 매디슨 프로젝트, 판잔덴과 판레이우엔van Leeuwen(2012), 푸케Fouquet와 브로드베리Broadberry(2015), 브로드베리 외(2018), 팔마Palma와 레이스Reis(2019) 등 수많은 학자의 연구를 토대로 한층 정확한 1인당 국내총생산의 추정치가 만들어졌다.

국내총생산 수치가 우리가 가진 정보의 유일한 원천은 아니다. 19세기 이래 경제사학자들은 과거 미숙련 노동자의 구매력을 추정하기 위해 임금과 물가 정보를 수집했다. 로버트 C. 앨런Robert C. Allen, 장파스칼 바시노Jean-Pascal Bassino, 그렉 클라크Greg Clark, 찰스 페인스틴Charles Feinstein, 피터 린더트Peter Lindert, 데빈 마Debin Ma, 제프리 윌리엄슨Jeffrey Williamson 등 많은 학자의 연구 덕분에 이제는 유럽과 아시아 도시 노동자의 구매력에 관한 종합적인 추정치가 마련되었다. 앨런은 일기를 포함한 수많은 기록과 빈민 가구, 보육원의 예산을 참조하여 노동자의 가상 '소비 바구니'를 구성해보았다. '소비 바구니'를 구성해보는 방식의 장점은 다른 시간, 다른 지역 사람들의 서로 다른 선호를 반영하면서도 시공간을 가로질러 그들의 생활수준을 비교할 수 있다는 점이었다. 동아시아의 밥상에서는 쌀이, 서유럽에서는 다른 곡물이나 빵이 큰 비중을 차지했다.

과거의 생활수준을 평가하기 위해 사용할 수 있는 다른 기준들도 있다. 외르크 바텐Jorg Baten, 로버트 플라우드Robert Floud, 리처드 스테컬Richard Steckel 같은 경제사학자들은 여러 세기에 걸쳐 많은 나라의 키 측정치를 모았다(스테컬의 2009년 연구를 참조하라). 키는 유전적 요소를 포함한 여러 요인들로 결정되며 임신 기간, 아동 시절 섭취하는 영양, 외부 환경에도 영향을 받는다. 통계를 살펴보면, 지난 200년간 키 증가율과 1인당 국내총생산 사이에는 분명한 연관이 있음을 알 수 있다. 과거 사람들은 단신이었다. 1763년부터 1767년 사이 잉글랜드의 18세 군인의 평균 키는 160.76센티미터였다(Floud et al, 2011, 27쪽). 평균 키의 증가는 근대의 경제성장이 시작된 이래 달성한 영양 기준의 향상을 반영한다.

생활수준을 가늠하는 마지막 기준은 기대수명이다. 근대의 경제성장은 큰 폭의 기대수명 증가와도 관련이 있다(Pritchett et al, 1996; Fogel, 2004; Acemoglu et al, 2007). 기대수명은 두 가지 이유에서 중요하다. 첫째, 기대수명 증가는 경제성장 덕분에 생겨나는 추가적이고 중요한 복지를 나타낸다(Becker et al, 2005). 둘째, 기대수명 증가는 경제 발전의 원인일 수 있다. 기대수명이 증가하면 인적 자본에 대한 투자의 가치도 증가하기 때문이다(Cervellati et el, 2005). 인적 자본이란 단어는 경제학자들이 교육을 비롯한 개인의 생산 역량에 대한 투자를 아우를 때 사용하는 용어다.

"세계는 어떻게 부유해졌는가"라는 질문에 답하려면 먼저 인간 사회가 언제, 어디서, 어떻게 지속적인 경제성장을 달성할 수 있었는가를 설명해야 한다. 우리는 '언제'와 '어디서'에 대해서는 답을 알고 있다. 경제성장은 19세기 중반에 북서유럽과 북아메리카에서 이루어졌다. 앞서 논의한 모든 계량 분석이 이 사실을 뒷받침한다. 대단히 성가신 것은 세 번째 질문, 즉 정체에서 벗어나는 게 **어떻게** 가능했는가 하는 것이다.

부의 기원을 이해하는 것은 사회과학의 가장 중요한 과제 가운데 하나이며, 지금까지 숱한 논쟁의 중심이 되어왔다. 이 책의 목표는 그 논쟁들을 소개하고 그 사이의 불순물을 제거하는 것이다. 믿을 만한 가설이라면 여러 사실을 설명할 수 있어야 한다. 첫째, 근대의 지속적인 경제성장은 지속적인 기술 혁신이 낳은 결과다. 18세기 말 영국은 산업혁명 시기 동안 잇따라 그러한 혁신을 경험했다. 경제성장은 처음에는 늦게 따라왔다. 하지만 앞선 시기의 경제성장과 다르게, 성장세는 줄어들지 않았다. 19세기 중반에 이르면, 산업화와 경제의 구조적 변화가 세계 다른 지역들로 확산하는 가운데 혁신과 경제성장의 속도가 가속화되었다. 이 과정이 영국에서 처음으로 시작된 이유는 무엇일까? 왜 18세기에 이루어졌을까? 왜 세계의 다른 지역에서는 나타나지 않았을까? 둘째, 서기 1000년 무렵 유럽은 경제, 기술, 문화의 오지였다. 반면 중국, 인도, 중동은 모두 한때 서유럽의 가장 발전한 사회보다 훨씬 앞서 있었다. 과연 어떤 변화가 있었기에 유럽은 이들은 앞지를 수 있었던 걸까?

이 책에서
이야기하는 것들

이 책의 목표는 근대에 이루어진 지속적인 경제성장의 기원에 관한 여러 사회과학 이론을 한데 모으는 것이다. '근대 경제성장의 기원'은 언제나 중요한 쟁점이었으며, 당연하게도 수많은 위대한 학자들이 이 주제를 다뤄왔다. 이들의 이론은 주로 지리, 제도, 문화, 인구 변동, 식민주의 등 부의 기원이 된 하나의 측면에 초점을 맞추며, 다른 논증들은 무시하는 경향이 있다. 그렇다고 이들을 탓할 수는 없을 듯하다. 하나의 이론을 세우고 입증하는 데만도 수백 장에 걸친 연구가 필요하다. 장기적 성장을 끌어낸 서로 동떨어진 요인들을 샅샅이 조사하는 건 만만찮게 어려운 작업일 것이다. 거의 모든 연구자는 이런 점을 이해하며, 자신이 제시하는 이론의 한계를 알고 있다.

하지만 "세계가 어떻게 부유해졌는가"에 관한 몇 가지 특정 이론이 주목받으면서, 세계의 지식에는 두 개의 공백이 생기고 말았다. 이 책은 그 공백을 다음과 같은 방법으로 메우고자 한다. 지난 몇십 년간 사회과학자들은 냉철하고 객관적인 방식으로 진전을 만들어왔다. 우리는 그 몇십 년간의 연구들을 빠짐없이 요약할 것이다. 이는 기존의 어떤 책도 하지 않았던 시도다. 우리 두 저자는 각자 지속적 경제성장의 기원에 관한 견해를 갖고 있지만(둘 다 이를 연구한 바 있다), 이 책의 목표는 우리가 선호하는 이론을 중점적으로 다루면서 다른 이론을 희생시키는 게 아니다. 책의 전반부에서는 지속적인 경제성장의 기원에 관한 주요 가설과 논쟁을 최대한 객관적으로 소개한다. 이 책이 아니었다면, 관련 문헌의 논지를 파악하고자 하는 독자는 제각기 다른 가설을 내세우는 무수히 많은 책과 논문을 일일이 읽어야 했을 것이다. 비록 각 주장의 미묘한 차이까지 세세히 담아내진 못했지만, 주요 맥락을 알고 싶던 독자에게 『부의 빅 히스토리』는 유용한 책이 될 것이다. 대부분의 독자는 학술 논문을 읽는 것 말고도 해야 할 일이 많다. 논쟁의 맥락을 파악하고 싶은 독자들을 위해 우리가 시간이 많이 드는 작업을 대신했다고 보면 된다.

이 책은 2부로 구성되어 있다. 1부에서는 지속적 경제성장의 기원에 대한 주요 문헌들의 흐름을 분류하고 살펴본다. 지리, 정치, 제도, 시장과 국가, 문화, 인적 자본, 인구 변동, 식민화 등이 그것이다. 많은 설명이 여러 범주로 나뉘며, 맥락에 따라 달라진다. 즉 하나의 시간과 장소에는 잘 들어맞는 설명이 다른 경우에는 맞지 않는다. 예를 들어 '석탄 매장량'은 영국이 부상하는 과정에서 일정한 역할을 했지만, 일본에서는 그렇지 않았다. '종교'는 중동의 경제성장에 분명한 영향을 미친 반면 중국에서는 별로 중요하지 않았다. 어떤 곳의 경제성장을 방해하는 요인이 다른 곳에서는 오히려 유리하게 작용하기도 한다. 아프리카의 '험한 환경'을 예로 들어보자. 험한 환경은 대체로 번영과 거리가 먼 불리한 조건이다. 지형이 험할 경우 가로지르기 어렵고(따라서 무역이 원활하지 못하고) 농사짓기도 힘들다. 하지만 넌Nunn과 푸가Puga(2012)는 아프리카의 험한 환경이 노예무역의 영향을 줄이며 소득에 **긍정적인** 효과를 미쳤음을 발견했다. 넘나들기 어려운 지형 때문에 침입자들이 쉽게 들어오지 못했고, 반대로 주민들은 여기저기에 쉽게 숨을 수 있었다. 장기적인 경제성장은 노예무역의 부정적인 영향을 받았지만(이에 대해서는 6장에서 다룬다) 그래도 이렇게 간접적으로 증진되었다([그림 1.7] 참조).

경제성장의 기원에 관한 이론 대부분은 논쟁의 한 측면을 강조하곤 한다. 그 결과, 이토록 다양한 이론들이 어떤 식으로 **연결**되는가에 관해서는 주목하지 않게 된다. 근대 경제성장의 기원처럼 중요하고 광범위한 현상의 원인이 딱 하나일 리는 만무한데도 말이다. 예를 들어, 많은 이론이 경제성장에서 '제도'의 중요성과 그 역할을 설명하려 한다. 제도란 행동에 따르는 비용과 편익을 명시한 '게임의 규칙'이자, 이 규칙을 정하는 사회의 법적·정치적·종교적 특징이다. 소유권을 보호하고, 공공재 투자를 장려하고, 모든 사람에게 평등하게 법률을 적용하는 제도는 경제성장에 긍정적인 영향을 줄 것이다. 그러나 답하기 어려운 질문은 이것이다. '좋은 제도'란 어디서 어떻게 생겨나는가? 때로는 지리적 조건이 가장 중요해 보인다. 가령 제국주의 열강은 식민지의 지리 조건이 착취에 적합하지 않은 경우 제도 발전에 투자하는 경향을 보였는데, 이것이 의도치 않은 결과를 불러왔다. 식민지 국가의 장기적 성장에 긍정적 영향을 미친 것이다(Acemoglu et al, 2001, 2002). 애쓰모글루 외 (2002)는 이런 귀결을 '행운의 반전'이라고 설명한다. 가령 중세 시대 말에 가장 자주 착취당했던 지역은 천연자원이 두둑하던 곳이었다. 그 결과 식민주의(더 나쁜 제도)가 정착하기 쉬웠던 이 지역들은 오늘날 대개 더 가난하다. 이러한 반전은 도시화 비율(경제적 잠재력을 보여주는 지표)과 현대의 1인당 국내총생산을 대조해 놓은 [그림 1.8]에서 잘 드러난다. 과거의 도시화 비율은 현대의 소득과 음의 상관관계가 있지만, 현대의 도시화 비율은 소득과 양의 상관관계가 있다. 지리가 **제도를 통해** 행운의 반전을 만들어내는 작용을 했을지 모르지만, 지리만으로 이런 양상을 다 설명할 수는 없다.

그림 1.7 ✦ 아프리카와 비아프리카 나라들의 험한 환경과 소득

| 그림의 국가명은 38~39쪽의 국가 코드를 참조할 것.

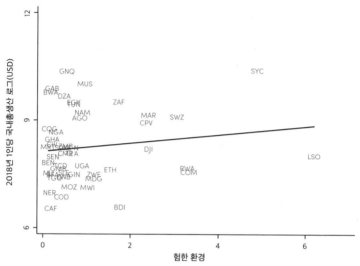

아프리카 나라들

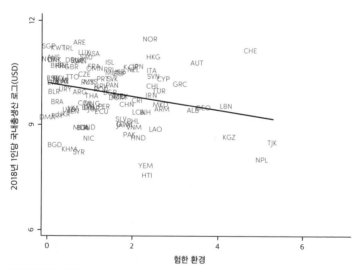

아프리카 이외 나라들

그림 1.8 ✦ 옛 식민지 나라들의 행운의 반전, 1500~1995년

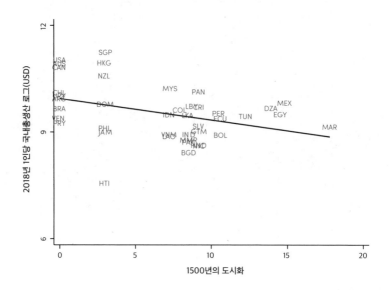

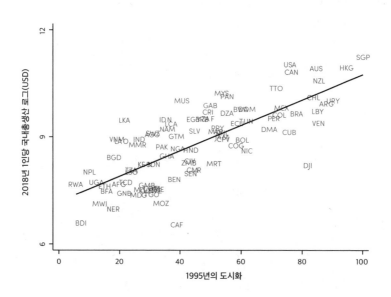

국가 코드

AFG	아프가니스탄	CIV	코트디부아르	GBR	영국
AGO	앙골라	CMR	카메룬	GEO	조지아
ALB	알바니아	COD	콩고민주공화국	GHA	가나
ARE	아랍에미리트	COG	콩고공화국	GIN	기니
ARG	아르헨티나	COL	콜롬비아	GMB	감비아
ARM	아르메니아	COM	코모로	GNB	기니비사우
AUS	오스트레일리아	CPV	카보베르데	GNQ	적도기니
AUT	오스트리아	CRI	코스타리카	GRC	그리스
AZE	아제르바이잔	CUB	쿠바	GTM	과테말라
BDI	부룬디	CYP	키프로스	HKG	홍콩
BEN	베냉	CZE	체코	HND	온두라스
BFA	부르키나파소	DEU	독일	HRV	크로아티아
BGD	방글라데시	DJI	지부티	HTI	아이티
BGR	불가리아	DMA	도미니카	HUN	헝가리
BHR	바레인	DMA	도미니카연방	IDN	인도네시아
BIH	보스니아헤르체고비나	DNK	덴마크	IND	인도
BLR	벨라루스	DOM	도미니카공화국	IRN	이란
BOL	볼리비아	DZA	알제리	IRQ	이라크
BRA	브라질	ECU	에콰도르	ISL	아이슬란드
BRB	바베이도스	EGY	이집트	ISR	이스라엘
BWA	보츠와나	ESP	에스파냐	ITA	이탈리아
CAF	중앙아프리카공화국	EST	에스토니아	JAM	자메이카
CAN	캐나다	ETH	에티오피아	JOR	요르단
CHE	스위스	FIN	핀란드	JPN	일본
CHL	칠레	FRA	프랑스	KAZ	카자흐스탄
CHN	중국	GAB	가봉	KEN	케냐

KGZ 키르기스스탄	NER 니제르	SWZ 스와질랜드
KHM 캄보디아	NGA 나이지리아	SYC 세이셸
KOR 한국	NIC 니카라과	SYR 시리아
KWT 쿠웨이트	NLD 네덜란드	TCD 차드
LAO 라오스	NOR 노르웨이	TGO 토고
LBN 레바논	NPL 네팔	THA 태국
LBY 리비아	NZL 뉴질랜드	TJK 타지키스탄
LCA 세인트루시아	OMN 오만	TTO 트리니다드토바고
LKA 스리랑카	PAK 파키스탄	TUN 튀니지
LSO 레소토	PAN 파나마	TUR 터키
LUX 룩셈부르크	PER 페루	TZA 탄자니아
LVA 라트비아	PHL 필리핀	UGA 우간다
MAR 모로코	PRI 푸에르토리코	UKR 우크라이나
MDA 몰도바	PRT 포르투갈	URY 우루과이
MDG 마다가스카르	PRY 파라과이	USA 미국
MEX 멕시코	IRL 아일랜드	UZB 우즈베키스탄
MKD 마케도니아공화국	ROU 루마니아	VEN 베네수엘라
MLI 말리	RUS 러시아	VNM 베트남
MLT 몰타	RWA 르완다	YEM 예멘
MMR 미얀마	SAU 사우디아라비아	ZAF 남아프리카공화국
MNG 몽골	SDN 수단	ZMB 잠비아
MOZ 모잠비크	SEN 세네갈	ZWE 짐바브웨
MRT 모리타니	SGP 싱가포르	
MWI 말라위	SLE 시에라리온	
MYS 말레이시아	SLV 엘살바도르	
NAM 나미비아	SVK 슬로바키아	

다른 경우로, 제도는 문화를 통해 경제성장에 영향을 미쳤을 수 있다. 예를 들어, 넌과 완치콘wantchekon(2011)의 연구에 따르면 과거 노예 사냥꾼의 습격에 취약했던 아프리카 지역들은 오늘날 신뢰 수준이 낮았다. 자신을 노예로 삼으려는 침략자들의 공격을 경험했던 사람들이 낯선 타인이나 이웃을 불신하는 건 자못 타당해 보인다. 사회적 불신이 오늘날까지 계속 이어지는 것을 보면 문화는 '끈질기게 이어지며' 경제의 장기적인 운명에 결정적 영향을 미친다는 걸 알 수 있다.

이 책에서 우리는 경제사학자, 발전경제학자, 정치학자, 역사사회학자들 사이에서 벌어지고 있는 논쟁의 맥락을 살피고, 사회과학의 최신 연구와 데이터를 살펴볼 것이다. 지난 20년간 경제성장의 기원에 관한 논의는 세계적 차원으로 넓어졌다. 이제 영국이나 서유럽에만 관심을 두는 것으로는 충분하지 않다. 예를 들어, 학계에서 가장 손꼽히는 논쟁 하나는 서유럽과 중국 사이의 '대분기Great Divergence'에 관한 것이다. 대분기라는 용어는 포머랜즈 Pomeranz(2000)가 쓰며 유명해졌는데, 그는 중국과 서양의 분기가 비교적 늦게(1750년 이후) 나타났으며, 영국의 석탄 비축량과 신대륙의 개방이 낳은 결과라고 주장했다. 신대륙의 개방으로 늘어나는 인구 압력을 해결하고, 새로운 원료를 공급받을 수 있었다는 것이다. 그러나 분기가 산업화 이전에 일어났을 수 있음을 암시하는 새로운 데이터가 밝혀지며 이 견해는 많은 논쟁을 불러일으켰다 (Allen et al, 2011; Brandt at el, 2014; Broadberry et al, 2018).

2부에서는 여러 연구의 상대적인 강점과 약점을 평가하면서 가장 설득력 있는 주장을 가려낼 것이다. 우리는 영국, 그러니까 산업혁명의 발상지이자 최초로 근대적 경제성장을 이룬 나라로 초점을 옮긴다. 그리고 꼬리에 꼬리를 무는 질문을 계속 던진다. "북서유럽이 지속적인 경제성장을 이룰 수 있던 전제조건은 무엇이었을까?" "지속적 경제성장은 왜 다른 곳이 아닌 그곳에서 이루어진 걸까?" 그다음으로는 산업혁명과 지속적 경제성장과의 관계를 샅샅이 살펴본다. 산업혁명의 원인에 관한 가장 설득력 있는 이론들을 탐구하며, 지속적이고 장기적인 경제성장의 원천으로 거슬러 올라가 이 둘을 연결해볼 것이다.

산업화의 개시와 근대 경제성장에 관해 우리가 선호하는 이론 중 하나는 경제 발전과 정치 발전의 연관성을 강조하는 쪽이다. 이 이론들은 주로 제도적 변화, 국가 역량의 성장, 법치주의와 같은 주제를 다룬다. 우리는 여러 이론과 역사를 살피면서, 정치 제도가 경제성장을 부추기거나 (더 많게는) 약화하는 역할을 해왔다는 사실을 배제한 채 장기적 경제성장에 관한 설득력 있는 이야기를 풀어낼 수 없다는 걸 깨달았다.

우리가 설득력이 있다고 판단하는 또 다른 이론은 문화의 역할을 강조하는 쪽이다. 분명히 밝히지만, 20세기 초에 인기를 끌었던, 유럽 문화의 우월성을 주장하는 유럽 중심적 설명을 말하는 게 아니다. 우리는 문화인류학자들의 방식으로 문화를 정의한다. 문화란 사람들이 자신을 둘러싼 복잡한 세계를 해석하기 위해 활용하는 휴리스틱이다(Cavalli-Sforza et al, 1981; Boyd et al, 1985; Henrich, 2015). 최근 연구들은 문화가 진지한 사회과학 연구의 주제가 될 수 있음을 보여준다. 이 연구들의 통찰을 짧게 요약하면 다음과 같다. 문화적 가치는 지속성이 대단히 강하며(Guiso et al, 2006; Nunn, 2012), 제도의 발전과 상호작용한다(Greif, 1994, 2006; Alesina et al, 2015; Bisin et al, 2017).

끝에서 두 번째 장에서는 서구와 세계의 나머지 지역 사이의 '대분기'를 검토한다. 지난 반세기 동안 세계의 가장 위대한 성과 가운데 하나는 **수십억 명의 사람들**이 극도로 비참한 빈곤에서 벗어났다는 것이다. 중국은 이런 경제적 진보의 거대한 원천이었고 남아시아, 동남아시아, 라틴아메리카의 많은 지역도 마찬가지였다. 이 책을 쓰는 지금, 인도 인구 중 5억 명 정도가 극심한 빈곤에서 탈출하는 문턱에 올라선 것으로 보인다. 실제로 지난 20년은 부국보다 빈국의 경제성장 속도가 더 빠른 것으로 나타났다(Patel et al, 2021). 우리는 우리의 생이 다하기 전까지 사하라사막 이남 아프리카, 라틴아메리카와 중앙아시아의 최빈국들 또한 빈곤을 한층 극적으로 근절하게 될 것으로 예상한다. 그렇게 낙관할 수 있는 근거가 있기 때문이다. 이 모든 일이 경제성장과 함께 가능해질 것이다.

세계가 어떻게 부유해졌는가에 관해서는 다양한 이론이 있고, 그중에는 다른 것보다 더 설득력 있는 이론도 있다. 그렇다고 나머지 이론들에 장점이 없는 것은 아니다. 이 책에서 소개하는 모든 이론에는 중요한 통찰이 담겨 있다. 부의 기원에 관한 단 하나의 명쾌한 답 같은 건 존재하지 않는다. 이를 유념하자. 이성적인 사람이라면 어떤 요인이 더 중요한지 혹은 중요하지 않은지에 대해 따져보게 될 것이다. 세계가 부유해진 원인은 여러 가지다. 주목해야 할 것은 지리, 제도 같은 하나의 요인이 중요한 '원인'으로 작용하게 된 조건은 무엇이며, 작용하지 않는 조건은 무엇인지 가려내는 것이다. 독자들이 이 책을 읽고 그 조건들을 제대로 이해하게 된다면 더 바랄 나위가 없겠다.

이 책에서
다루지 않는 것들

이 책이 목표로 하지 않는 것을 분명히 밝혀두고 시작하고 싶다. 우리의 첫 번째 목표는 '세계는 어떻게 부유해졌는가'에 관한 주요한 주장들을 공정하게, 전부 소개하는 것이다. 우리 두 저자는 책에서 소개하는 각 주장에 나름의 견해가 있지만, 이러한 편견이 끼어들지 않게 최선을 다할 것이다. 책의 후반부에서는 여러 이론 중 가장 설득력 있다고 생각되는 것은 무엇이며 그 이유는 무엇인지 제시하겠다. 그러나 그에 앞서 우리는 모든 주장을 공정하게 다룰 것이며, 능력이 닿는 한 각 이론의 저자들이 원할 법한 방식으로 소개하고자 한다.

이 책은 주제와 개념을 다룬다. 독자들이 쉽게 이해할 수 있도록 각 학술 문헌을 관통하는 주제와 맥락을 설명할 것이지만, 각 나라의 종합적인 경제사까지 소개하지는 않는다. 우리는 18~19세기 영국의 경제와 그곳에서 이루어진 발전을 특히 중요하게 다뤘지만, 이는 단지 영국이 첫 번째 근대적 경제의 중심지였다는 사실 때문이며, 영국의 사례를 통해 근대 경제성장의 기원을 이해하고자 했기 때문이다. 중국이나 중동처럼 서유럽보다 유리한 출발을 했는데도 최초의 근대적 경제 중심지가 되지 못한 지역에도 주목할 것이다. 이곳들의 구체적인 경제사를 깊이 파고들기보다는, 각국 경제사의 다양한 측면들을 선별하여 소개할 것이다.

마지막으로, 이 책은 경제성장의 이면과 문제점을 논하는 데 많은 지면을 할애하지 않는다. 환경오염, 기후위기, 치명적 무기를 개발하는 경쟁의 심화 등 성장이 초래하는 문제들은 매우 심각하며 중요하다. 그러나 이 문제들은 이 책이 다루는 범위 밖에 있다. 『부의 빅 히스토리』는 근대 경제성장의 **기원**에 관한 책이다. 우리는 경제성장이 대체로 좋은 것이라고 믿는다. 이 책의 초점은 '경제성장이 어떤 결과를 낳았는가'가 아니라 '무엇이 경제성장을 낳았는가'에 있다.

2

부자 나라는
지리 복권에 당첨된 걸까?

나라의 운명은 지리에 따라 결정되는 걸까? 기후, 천연자원, 토질, 대양 접근성 같은 요인들에 따라 부국의 운명이 미리 정해지는 걸까? 지리의 힘에 관한 이론은 오래전부터 자신이 사는 사회가 앞서나가는 이유를 찾던 사상가들의 단골 메뉴였다. 안달루시아의 이슬람 사상가 아부 알카심 사이드(1068)에 따르면, "북유럽인들은 태양과 거리가 굉장히 먼 탓에 공기 농도가 짙어져서 기질이 냉정하고, 천성이 거칠고, 피부색이 하얗고, 머리카락이 곧다. 그리하여 … 아둔함과 무지가 그들을 압도한다"(Chaney, 2008, 2쪽에서 재인용). 한편, 프랑스 철학자 몽테스키외는 『법의 정신』 14권에서 비슷한 주장을 펴면서 반대의 결론을 끌어냈다.

사람들은 추운 기후에서 더 원기 왕성하다. 따뜻한 나라에 사는 주민들은 늙은이처럼 겁이 많지만, 추운 나라 사람들은 젊은이처럼 용감하다. 근래 벌어진 전쟁들을 생각해 보면 … 북쪽 사람들이 남쪽 지역으로 옮겨 오면 원래 태어난 기후에서의 활력과 용기를 온전히 발휘하지 못하며, 공훈을 세우지 못한다는 것을 알 수 있다 (Montesquieu, 1748/1989, 317쪽).

현대 학자들 또한 지리와 기후가 경제 발전의 결정적 요인이라고 주장한다. 아마 재러드 다이아몬드(Diamond, 1997)의 통찰이 가장 유명한 것일 텐데, 그는 대륙 축의 상대적 길이, 질병 환경, 적도 근접성, 해안과 강 접근성 같은 요인들이 장기적인 경제 번영에 막대한 영향을 미쳤다고 주장한다. 우리는 이 장에서 다이아몬드의 가설을 심도 있게 논의할 것이다.

지리는 과연 운명인가? '좋은' 지역은 더 발전하게끔 운명지어져 있는 걸까? 2차 세계대전 이후 일본의 도시 발전을 검토했던 데이비스와 와인스틴의 선구적 연구는 지리의 중요성에 관한 증거를 제공했다(Davis and Weinstein, 2002). 두 저자는 히로시마와 나가사키가 원자폭탄을 맞고 파괴된 뒤 도시 중심지의 분포에 어떤 변화가 생겼는지 검토했다. 이들의 조사에 따르면 완전한 파괴를 겪은 히로시마와 나가사키는 20년 만에 일본의 도시 분포에서 과거와 동일한 지위를 회복했다. 두 지역이 지닌 고유한 지리적 이점이 인구 분포에 가해진 대규모 충격에 압도되지 않은 것이다. 이런 결과를 일반화할 수 있을까? 이는 이 책 전체에 걸쳐 논의할 주제다.

유럽 해안에서 떨어진 커다란 섬나라 영국. 이 나라의 온화한 기후, 수많은 강, 긴 해안선 등은 정치 제도 형성에 도움이 되었다. 풍부한 석탄 자원도 초기 산업화에 중대한 영향을 미쳤다. 그렇다면 이런 질문을 던져볼 법하다. 영국이 가장 먼저 산업화를 이룰 수 있었던 건 이러한 요인 때문이었을까?

지리의
힘과 한계

'지리'는 오늘날에도 경제 발전의 중요한 요인이며, 특히나 세계에서 가장 가난한 나라들의 경우 더욱 그러하다. 가령 사하라사막 이남 아프리카의 많은 나라는 육지로 둘러싸여 있고, 대부분 해안선이 매우 짧다([그림 2.1] 참조). 해안선이 없으면 상품을 다른 나라로 직접 운송할 수 없으며, 도로망과 철도망에 의지해야 한다. 도로와 철도는 비용도 많이 들고 유지하기도 어려우며, 자칫 이웃 나라의 뜻에 따라 봉쇄되거나 차단되기도 쉽다.

또 다른 중요한 지리적 요인은 질병 부담이다. 사하라사막 이남 아프리카의 '말라리아 벨트'에 자리한 나라들은 계속 저발전 상태에 머물러 있다([그림 2.2] 참조). 말라리아는 가장 많은 사람을 죽인 질병이다. 인류 역사상 말라리아보다 더 치명적인 질병은 없었을 것이다. 말라리아는 경제에도 부담을 주었다. 다른 조건이 같다면, 말라리아에 걸린 인구 비율이 높은 나라의 성장률은 다른 나라들에 비해 1.3퍼센트 정도 낮았다(Sachs and Malaney, 2002). 이런 나라는 또한 유아 사망률이 높으며 물리적, 인적 자본 투자도 낮다.

사하라사막 이남 아프리카에는 다른 풍토병도 여럿 존재한다. 특히 강력한 질병은 체체파리가 기생충을 통해 옮기는 수면병이다. 체체파리는 인간에게만 영향을 미치지 않는다. 이 기생충이 유발하는 나가나병nagana은 가축에도 치명적이다. 가축은 세계 여러 지역의 농업 발전에서 결정적인 역할을 했다. 하지만 체체파리의 영향을 받는 지역에 사는 사람들은 역사적으로 가축을 길들일 가능성이 훨씬 낮았다. 알산Alsan(2015)의 연구에 따르면, 체체파리

그림 2.1 ✦ 아프리카 나라들의 해안선

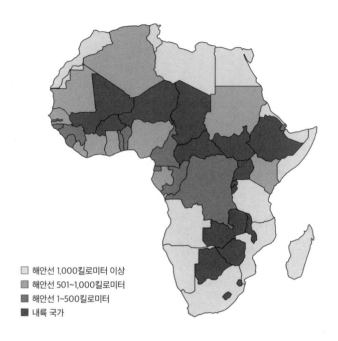

□ 해안선 1,000킬로미터 이상
▨ 해안선 501~1,000킬로미터
▩ 해안선 1~500킬로미터
■ 내륙 국가

가 있는 사하라사막 이남 아프리카의 지역들에서는 집약적 농업이 발전하거나 쟁기를 사용할 가능성이 적었고, 몸집이 큰 가축도 드물었다. 이런 경제적 저발전 양상은 정치에도 영향을 미쳤는데, 중앙집권적인 국가의 발전 가능성을 더 낮췄기 때문이다.

이 사례들을 보면 지리가 중요하다는 주장의 매력과 한계가 정확히 드러난다. 다른 한편 지리에 기반한 주장은 단순하다. 지리는 대체로 **외생적이라는** 이점도 있어서, 다른 관심 변이들에 영향을 받지 않는다. 즉 지리가 문화나 제도 같은, 마찬가지로 경제성장에 중요한 요인들의 '결과'가 아닌지 고민할 필요가 없다는 뜻이다. 지리는 경제성장과 빈곤에 관해 간단하고 명쾌한 설명을 제공한다.

그림 2.2 ◆ 아프리카의 말라리아 벨트

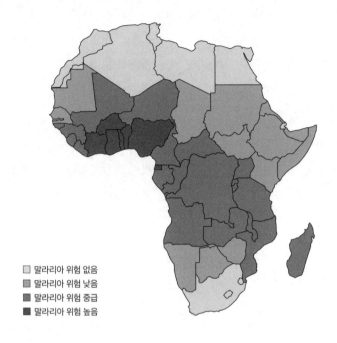

- ☐ 말라리아 위험 없음
- ☐ 말라리아 위험 낮음
- ☐ 말라리아 위험 중급
- ☐ 말라리아 위험 높음

하지만 지리적 설명의 커다란 한계는 지리가 대체로 **변하지 않는다는 것**에 있다. 물론 지리가 완전히 고정된 것은 아니다. 예를 들어, 어장 남획의 가능성이 있다면 사회는 그에 맞게 적응하게 된다(Ostron, 1990; Dalgaard et al, 2020). 천연자원 또한 어딘가에 놓여 있는 걸 그냥 손에 넣기만 하면 되는 게 아니다. 자원을 찾기 위해 탐험에 나서야 하며 추출할 역량도 있어야 한다(David and Wright, 1997). 하지만 지리는 인구 변동이나 제도, 문화 같은 다른 사회적 특징보다 변동성이 훨씬 덜하다. 이것은 지리로 장기적 경제성장을 설명하는 주장의 약점이 될 수 있다. 오늘날 세계 각국의 소득 차이가 시간이 흐르면서 극적으로 바뀌었기 때문이다. 1750년에 세계에서 가장 부유한 나라(1인당)는 아마 네덜란드공화국 (1581~1795)이었을 것이다. 하지만 네덜란드공화국은 세계에서 가장 가난한 나라보다 기껏해야 겨우 4배 부유했다. 그러나 오늘날 세계에서 가장 부유한 나라는 가장 가난한 나라보다 (1인당 국내 총생산 측정치로 따질 때) 100~200배 더 부유하다. 더욱 당혹스러운 건 지리로 경제적 역전을 설명하기 어렵다는 점이다. 지리는 대체로 고정된 것이기 때문에, 1000년에는 중동보다 뒤처지던 서유럽이 어떻게 1800년에 이르면 중동을 훌쩍 앞지르게 됐는지 쉽게 설명하지 못한다.

총, 균, 쇠

풀리처상 수상작 『총, 균, 쇠』에서 재러드 다이아몬드(1997)는 유럽인들이 어떻게 그토록 쉽게 신대륙(아메리카)을 정복할 수 있었는가를 파고든다. 어째서 유럽인들이 아메리카 대륙의 원주민들보다 우월한 무기와 기술, 그리고 더 치명적인 세균까지 보유했던 걸까? 다이아몬드는 유라시아 사회들이 기술적으로 발전한 이유를 설명하기 위해 크로스비(Crosby, 1986)의 저작에 의지했는데, 크로스비는 유라시아, 아프리카, 아메리카 대륙의 상대적 고도와 길이가 장기적인 발전에 중대한 영향을 미쳤다고 주장했다. 수직으로 길게 뻗은 대륙에는 다양한 기후가 존재해서 작물과 가축, 사람의 확산이 제한된다. 우림에 적합한 작물들은 사바나나 산악지대에서 잘 자라지 못하기 때문이다. 따라서 메소아메리카의 재배 식물과 가축은 페루나 아마존강 유역으로 전파되지 않았다. 아

그림 2.3 ✦ 대륙들의 수직과 수평

| 다이아몬드(1997)에 실린 지도를 바탕으로 다시 만듦. 골-피터스 지도 투영법.

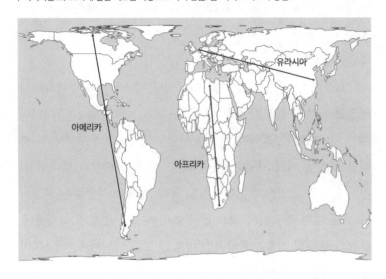

마 더욱 중요한 사실은 기술과 지식이 수직보다 수평으로 더 쉽게 전파된다는 점일 것이다. 이 역시 기후가 변화무쌍하지 않기 때문이다. 따라서 남북 아메리카와 사하라사막 이남 아프리카의 '수직성'([그림 2.3] 참조)은 장기적 경제성장을 가로막는 거대한 장애물로 작용했다.

다이아몬드에 따르면, 근동 지역이 인류 문명의 탄생지가 된 이유도 여기에 있다. 밀, 보리, 완두콩을 최초로 재배한 곳이 바로 근동 지역이다. 티그리스강과 유프라테스강 사이의 비옥한 평야는 사방이 이른바 '측면 구릉 지대'에 둘러싸여 있었다. 11,000년 전 시리아 북부와 메소포타미아 북부의 구릉 지대에서는 처음으로 염소와 양을 길들였고, 곧이어 돼지와 소가 가축화되어 비옥한 초승달 지대 전역으로 퍼져 나갔다. 세계에서 가장 굵은 들풀 56종

가운데 33종이 유럽이나 근동, 북아프리카에서 기원했다. 비옥한 초승달 지대에서 이 작물의 대다수를 처음으로 재배했다. 유럽과 중동의 기후 차가 크지 않았기에 두 지역 사이에는 농사 기법이 전파될 수 있었다.

길들이기 쉬운 대형 동물 14종 가운데 1종만이 신대륙에서 등장했다. 가장 쓸모가 적은 야마다. 14종 가운데 9종은 유라시아에서 기원했다. 그리하여 신대륙 사람들은 경제적으로 확실히 불리한 입장에 서게 되었다. 가축류는 축력과 단백질의 막대한 원천이며 또한 전염병의 원천이기도 하다. 신대륙 사람들은 길들이기 쉬운 대형 동물이 부재한 탓에 특히 새로운 질병에 취약했다. 인간과 동물의 상호작용이 전염병의 주요한 원천이기 때문에 이런 질병에 오랫동안 노출되어온 인구 집단은 상대적으로 면역을 얻기 쉽다. 유럽인과의 접촉이 아메리카 원주민에게 그토록 치명적인 결과를 낳은 것은 이 때문이다. 최근의 추정치에 따르면, 아메리카 원주민의 인구는 정점을 이룬 1492년부터 1900년 사이에 95~98퍼센트 감소했다(Mann, 2005).

지역 간 기술 전파에 관한 다이아몬드의 주장은 경험적인 뒷받침을 받았다. 파블릭Pavlik과 영Young(2019)에 따르면 동서로 이웃한 사람들이 남북으로 이웃한 사람들보다 더 쉽게 이동했다. 1500년 당시 세계 각 지역의 첨단기술 도입 수준을 나타낸 〔그림 2.4〕를 보면 이런 사실이 분명히 드러난다. 유럽이 아메리카 대륙을 발견하기 직전에 유라시아 동서 축의 기술은 아메리카의 남북 축이나 사하라사막 이남 아프리카의 남북 축보다 더 발전한 상태였다. 이런 격차는 식민화가 시작되면서 더욱 악화되었다(6장 참조).

그림 2.4 ◆ 1500년의 기술 도입 수준(첨단기술 도입 백분율)

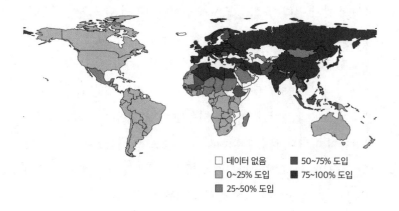

□ 데이터 없음　　■ 50~75% 도입
■ 0~25% 도입　　■ 75~100% 도입
■ 25~50% 도입

산, 해안선, 기후

상품과 사람을 수송하기 어려운 곳에 시장이 존재할 가능성
은 적다. 따라서 지리는 오늘날 시장 규모를 결정하는 중요한 요인
이다(Redding and Venables, 2004). 산업화 이전 시기에는 지리의 영
향이 훨씬 컸다. 철도 사용이 보편화되기 전인 19세기 중반에는 수
상 운송이 상품을 나르는 가장 비용 효율적인 방법이었다. 바다로
운송하는 게 육지로 운송할 때보다 보통 20배 더 저렴했다. 따라서
항행 가능한 수로 접근성은 역사적으로 경제성장의 중요한 요소
였다.

베네치아와 저지대 국가들(벨기에, 네덜란드, 룩셈부르크)의 사
례가 대표적이다. 이들 국가는 중세 후기 유럽의 상업 중심지였지
만 도시를 세우기에 이상적인 장소는 아니었다. 습지대에 자리 잡
고 있으므로 그저 존립만 유지하는 데에도 엄청난 수력학적 기술
이 필요했다(그리고 같은 이유에서, 이들 국가는 21세기에도 해수면 상승

으로 인한 위험에 놓여 있다). 이러한 조건에도 불구하고 사람들이 이곳에서 살기 위해 애쓰고, 도시가 번성하기까지 한 이유는 무엇일까? 바로 바다 접근성이다. 저지대 국가에는 수익성 좋은 북해 무역에 활용할 수 있는 많은 항구가 있다. 베네치아는 아드리아해에 접한 까닭에 지중해 접근성이 뛰어나다. 하지만 해양 접근성이 사람들이 그곳에 정착한 유일한 이유는 아닐 것이다. 몽테스키외는 사람들이 폭력과 약탈을 피해서 정착한 토지 생산성이 낮은 주변부 땅에서 무역이 처음 발전했을 것으로 추측했다. 실제로 베네치아 설립에 관한 이야기들은 이런 요인들을 강조한다.

또 다른 중요한 지리적 요인은 험한 환경, 즉 '산이 얼마나 많은가'다. 험한 지형은 교역과 교통에 방해가 된다. 자동차, 증기기관, 항공기가 발명되기 전인 산업화 이전 시대에는 특히나 극심한 장벽이었다. 가령 일본에는 산이 매우 많다. 일본 열도에서 벼농사에 적합하거나 도시가 들어설 수 있는 지역은 극소수다. 게다가 산맥이 나라 전체를 관통하며 뼈대를 이룬다. 이런 지형적 요인이 일본의 발전을 억제했을 수도 있다. 험한 환경은 대체로 경제 발전의 주요한 장애물이지만, 때로 '행운의 반전'을 몰고 오기도 한다. 넌과 푸가(2012)는 사하라사막 이남 아프리카의 '나쁜 지리의 축복'을 강조한다. 역사적으로 지형이 험한 지역은 노예상에게 약탈당할 가능성이 적었다. 그리하여 사하라사막 이남 아프리카에서 '나쁜' 지리를 지닌 지역은 오늘날 더 부유하다.

이 장 서두에서 인용한 아부 알카심 사이드와 몽테스키외는 지리가 중요한 이유 중 하나로 기후를 꼽았다. 하지만 기후는 다른 지리적 특징과 달리 고정되어 있지 않다. 예를 들어 지중해의 기후는 서기 1년 무렵에 더 따뜻하고 습했으며 태양 활동이 고조되었고 안정적이었다. 나이테와 빙하의 증거를 살펴보면, 서기 1세기가 최근 150년(1850년 이후)보다도 따뜻했으며(Manning, 2013), 농사를 지을 수 있는 토지도 충분했다. 하퍼Harper(2017) 같은 고대사학자들은 이러한 로마의 기후최적기Climatic Optimum가 로마 제국의 부상과 연관이 있다고 설명한다.

밀 농사는 기온에 매우 민감한데, 특히 생장기 때 따뜻한 기온을 유지하는 게 중요하다. 기온이 높은 곳의 단점은 가뭄의 위험이 있다는 것인데, 로마는 따뜻한 기후에 습도도 높았다. 덕분에 로마인들은 지중해 작물 재배를 내륙 산악 지대까지 확대할 수 있었다. 하퍼(2017, 53쪽)에 따르면, 따뜻한 기온이 "로마의 기적을 가능케한 배경이었다. … 기온 상승 덕분에 경작이 가능해진 이탈리아의 농지를 집계해보면, 아무리 보수적으로 추정한다 해도 아우구스투스와 마르쿠스 아우렐리우스 사이(즉 서기 1년에서 150년 무렵 사이)에 이루어진 모든 성장보다 더 많은 성장을 설명할 수 있을 것이다."

로마의 기후최적기가 끝난 것은 정치적 위기와 이어진다. 특히 서기 3세기 강우량이 감소한 시기는 군대 폭동 및 황제 암살과 관련이 있다(Christian and Elbourne, 2018). 마찬가지로 로마 제국을 재건하려 한 시도가 실패로 돌아간 이유도 전염병과 추워지고 변덕스러워진 날씨로 설명할 수 있다. 화산 분출은 이른바 '해가 뜨지 않은 해(서기 536년)'로 이어졌을 가능성이 있다. 그 후 100년은 소빙하기로 불린다. 역사학자들은 이제 더는 중세 초기를 '암흑시대'로 부르지 않지만, 삶의 가능성이 한없이 협소해진 서기 550년 이후를 이 용어만큼 잘 묘사하는 단어는 없을 것이다(Ward-Perkins, 2005).

기후변화는 1000년 이후 유럽 경제가 부흥하는 데도 영향을 미쳤다. 경작지가 넓어진 것이다. 잉글랜드에서는 포도밭이 급격히 늘었다. 아이슬란드와 그린란드에는 바이킹이 정착했다. 3장에서 우리는 날씨가 이례적으로 따뜻했던 시기인 1000년에서 1300년 사이에 나타난 경제 팽창(이른바 상업혁명) 시기를 논의할 것이다(Lamb, 1982). 동남아시아와 북아메리카에서도 마찬가지로 이 시기에 인구와 도시가 팽창했다가 13세기 말과 14세기에 붕괴했다(Richter, 2011, 11~36쪽; Reid, 2015, 50~56쪽).

13세기 말이 되자 기후는 불안정하고 차가워지기 시작했다. 15세기는 태양 활동 수준이 낮아진 탓에 특히 추웠다. 16세기에는 따뜻한 상태가 유지됐지만 17세기에 다시 기후가 나빠졌다. 이 시기를 흔히 소빙하기라고 부른다. [그림 2.5]는 1100년에서 1800년까지 기후 편차 추정치를 나타낸 것이다. 소빙하기는 더 춥고 변동도 심했다.

중세 후기에 나타난 기온 저하는 경제에 영향을 미쳤다. 우선 도시의 성장률이 저하됐다(Waldinger, 2019). 기후 조건이 나빠지자 유라시아 전역에 정치적 불안이 생겨났고(Parker, 2014), 유대인처럼 박해받는 소수자 공동체는 추워진 날씨 탓에 더욱 취약해졌다. 유럽 각지에 뿌리 깊은 반유대 정서가 흔했기 때문에 유대인들은 경제적 불행과 정치적 위기의 희생양이 되는 경우가 많았다. 이례적으로 추운 날씨로 인해 유대인 공동체가 도시에서 박해받을 확률은 무려 50퍼센트나 증가했다(Anderson et al, 2017).

소빙하기로 추워진 날씨는 전쟁과 충돌에도 영향을 미쳤다. 이이군Iyigun 외(2017)가 전쟁터의 위치를 지리 좌표로 정리한 결과, 날씨가 추워진 것이 1400년에서 1900년 사이에 충돌이 늘어난 현상과 관련이 있음을 발견했다. 이런 경향은 토질이 나쁜 지방

그림 2.5 ✦ 유럽 각지의 기온 편차, 1100~1800년

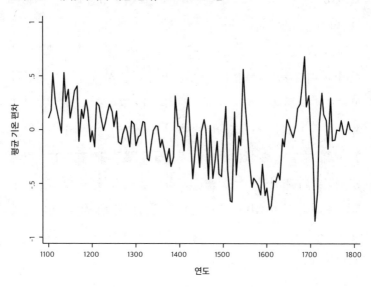

과 일찍이 1400년부터 추위를 경험했던 지역에서 더욱 강했다. 그렇지만 혹독한 기후에도 불구하고 근대 경제성장의 씨앗은 바로 이 시기에 뿌려졌다. 따라서 우리는 이런 질문을 던질 수 있다. 지리와 기후의 제약은 어떻게 극복할 수 있는 걸까?

지리의 저주
극복하기

운송 인프라에 투자하면 지리의 저주를 극복할 수 있을까? 가능해 보인다. 시베리아 횡단 철도 덕분에 지형이 험한 지역도 전보다 훨씬 수월하게 시장과 상품에 접촉하게 되었기 때문이다. 그러

면 운송 인프라로 나쁜 지리의 저주를 완전히 극복할 수 있는 걸까? 아니면 그냥 완화하는 정도에 그치는 걸까?

인프라 구축에는 개인이나 국가 모두가 자금을 댈 수 있다. 그런데 왜 어떤 제도 환경에서는 인프라에 대한 사적 투자가 활발히 이뤄지고 다른 환경에서는 부진한 걸까? 왜 어떤 나라는 투자를 하고 다른 나라는 하지 않을까? 애당초 국가가 이런 사업을 수행할 수 있는 때는 언제일까? 이런 질문들을 생각해보면, '나쁜' 지리를 극복하기 위해서는 자원을 인프라로 돌릴 수 있는 제도가 필요하다는 것을 알 수 있다. 이 문제에 관해서는 7장에서 다시 다루겠지만, 여기서는 역사적으로 운송 인프라가 경제 발전에 영향을 미친 몇 가지 방식을 간단히 훑어보자.

로마 제국은 도로 시스템에 투자했다. 트라야누스 황제(서기 97~117년 재위) 통치기에 이르면 도로망은 80,000킬로미터에 달했다([그림 2.6] 참조). 제국을 가로지르는 대규모 내륙 수로가 로마의 호수인 지중해와 도시들을 연결했고 도로망을 보완했다. 로마는 군사적인 이유로 도로 시스템을 만들었으나, 도로망은 경제적, 문화적으로 제국을 하나로 묶는 결정적 역할을 했다. 도로망 덕분에 지중해 해적을 제압하고 안전한 항로를 확립하면서 운송비를 획기적으로 줄일 수 있었고, 그에 따라 지역 간 무역과 전문화가 가능해졌다. 고고학 유물이 발견되는 지역 분포를 보면 암포라(항아리) 같은 제조품이 대량으로 생산되어 원거리로 운송되었다는 사실을 알 수 있다.

로마는 지중해 지역을 정복한 뒤 시장 팽창과 함께 경제성장기를 경험했다. 애덤 스미스(1776, 1976)는 시장의 규모가 클수록 전문화와 분업의 범위도 넓어진다고 설명했다. 즉 시장 규모가 커지는 것이 그 자체로 생산성 향상과 경제성장의 원천이 될 수 있다는 것이다. 이런 유형의 성장을 흔히 스미스적 성장smithian growth이라고 부른다. 스미스적 성장은 시간이 흐르면서 자본 투자를 부추기며, 개인들은 더 길고 복잡한 생산 과정에 투자한다. 이 투자는 계속해서 노동 생산성과 무역 수익을 증대시키고, 그에 따라 경제 발전의 선순환이 작동하기 시작한다. 유리한 지리나 인프라 개선은 스미스적 성장의 원천이 될 수 있으며, 이 성장은 시장을 뒤집고 전문화 양상을 교란하는 전쟁이나 자연재해에 의해 위축될 수 있다. 스미스적 성장은 지속적인 혁신이 부재한 가운데 한계에 다다르고 결국 수익 체감에 부딪힌다.

로마는 온화한 기후와 지정학적 조건의 도움을 받아 스미스적 성장 과정을 거쳤다. 하지만 로마의 경제성장에 가장 직접적인 역할을 한 것은 운송 인프라였다. 플뤼키거Flückiger 외(2019)는 찰흙으로 만들어 붉은 유약을 입힌 고대 로마의 그릇 테라 시길라타terra sigillata의 분포를 연구하면서 이 제품의 무역 활성도가 로마 시대의 운송비를 반영한다는 사실을 발견했다. 로마의 인프라 덕분에 운송비가 낮은 곳은 지역 간 전문화가 더 높았고, 연결망이 좋은 지역일수록 무역량도 많았다. 로마 제국이 쇠퇴한 뒤에도 도로망은 그대로 남았고 18세기까지 새로운 운송 인프라는 거의 만들어지지 않았다. 플뤼키거와 공저자들은 로마 도로망의 효과가 로마 제국보다 오래 살아남았으며, 증기기관이 발명되기 전까지 이곳의 무역 활성도가 높았던 이유라고 밝힌다.

운송 인프라는 중국의 경제 발전에도 중요했다. 중국의 경제성장은 수나라(서기 581~618년)와 당나라(서기 618~907년)가 만든 (그리고 후대에 개선된) 대운하의 도움을 톡톡히 받았다. 폭이 40미

그림 2.6 ✦ 로마의 도로 연결망

| 회색 선은 도로, 검은 선은 항행 가능한 하천 구역, 점선은 연안의 해상 운송로를 나타낸다.

터에 달한다는 대운하는 양쯔강과 황허강을 연결했다. 운하 건설에는 수많은 노동자가 필요했고, 건설과 관련된 막대한 지출을 감당하지 못한 수나라는 결국 붕괴했다. 운하는 수도인 낙양으로 곡물을 운송했고, 북부 경계를 지키는 군대에 물자를 보급했다. 당나라 시대에는 해마다 13만 톤의 곡물이 북쪽으로 운송되었다(Ball, 2017, 120쪽).

　대운하를 만든 주요한 목적은 정치적, 군사적인 것이었지만 경제적 이득도 따라왔다. 샤이델Scheidel(2019, 263쪽)에 따르면, 양쯔강과 황허강 사이에서 "대운하와 여러 작은 강과 수로는 … 저렴하고 안전한 운송과 결합하여 광대하고 비옥한 초승달 지대를 만들어냈다. … 세계사의 어떤 내륙 수로 체계도 넓은 생산지를 통합하는 도구로서 이 사례를 능가하지 못한다." 3장에서 살펴보겠지만, 18세기 후반까지 중국의 시장 통합은 유럽 여러 지역들과 맞먹는 수준이었다. 이런 업적을 이룰 수 있던 한 가지 이유는 여러 왕조가 대운하에 대대적인 투자를 했기 때문이었다.

운송 인프라의 중요성을 보여주는 마지막 사례는 산업화 당시 영국이다. 1700년 이전 영국은 (다른 산업화 이전 경제들과 마찬가지로) 대단히 높은 운송비에 시달렸다. 그런데 1870년에 이르면 상황이 바뀌어 있었다. 댄 보거트와 공저자들(Bogart, 2014; Bogart et al, 2017; Bogart et al 2017)이 입증한 것처럼, 이런 변화는 증기력과 철도 도입에 따른 것이었으며 18세기에 시작된 도로 투자와 운하 연결망에 따른 것이기도 했다.

운송 인프라 투자에 관한 이야기는 기술, 제도와 관련이 있다. 제도는 3장에서 논의할 것이니, 여기서는 우선 운송 인프라 개선이 낳은 결과에 초점을 맞춰보자. 역마차의 속도는 1700년 시간당 약 3.2킬로미터에서 1820년 약 12.8킬로미터로 빨라졌다. 도로 연결망, 역마차 설계, 중간 역의 수 등이 개선된 덕분이었다. 1840년에 이르면, 영국의 도로 밀도는 프랑스나 에스파냐의 두 배에 달했다. [그림 2.7]을 보면 잉글랜드와 웨일스의 도로 연결망 팽창을 알 수 있다. 육상 교통에서 가장 큰 개선이 이루어진 건 철도 덕분이었다. 1870년의 철도 여행 속도는 1700년보다 10배나 빨랐다. 영국 각지의 사람, 상품, 아이디어가 전에는 불가능했던 방식과 속도로 이동했다.

산업화 시기 영국이 개선을 이룬 또 다른 주요한 영역은 운하 연결망이었다. 수상 운송은 도로 운송보다 훨씬 저렴하고 효율적이었다. 운하는 점점 확대되는 영국 북서부의 산업 중심 지대를 석

그림 2.7 ✦ 잉글랜드와 웨일스의 유료도로 증가, 1680~1830년

| 지도 위의 선은 유료도로를 나타낸다.

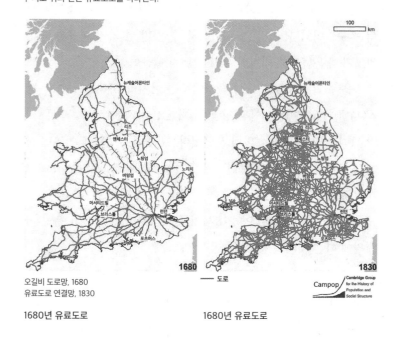

오길비 도로망, 1680
유료도로 연결망, 1830

1680년 유료도로   1680년 유료도로

탄과 연결하는 중요한 역할을 했다.

　이런 교통 혁명은 영국 경제에 극적인 영향을 미쳤다. 보거트
외(2017)에 따르면 유료도로와 내륙 수로의 개선은 인구 증가와
구조적 변화를 추동했다. 유료도로와 운하에서 멀리 떨어진 곳은
상대적으로 성장이 더뎠다. 게다가 운송 연결망과 가까운 지역에
비해 여전히 농업의 비중이 컸다.

　기반시설 투자의 편익을 측정할 때는 운송비를 낮추는 **직접
효과**뿐만 아니라 잠재적으로 중요하지만 측정하기 어려운 수많은
간접 효과까지 고려해야 한다. 운송 기술이나 인프라의 변화에 따
라 달라지는 재화와 요소 시장(노동, 토지, 자본 시장)의 모든 방식을

그림 2.8 • 미국 시장 접근성의 변화, 1870~1890년

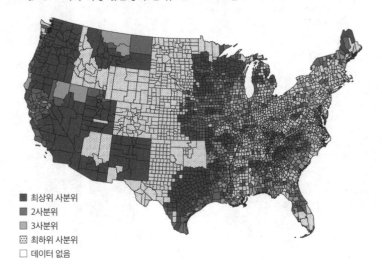

- ■ 최상위 사분위
- ■ 2사분위
- ■ 3사분위
- ▦ 최하위 사분위
- □ 데이터 없음

보여주는 시장 접근성 개념을 통해 이러한 개선에 대해 생각해볼 수 있다.

포겔Fogel(1964)은 그의 유명한 책에서 철도가 없었더라도 수로와 운하 같은 다른 교통 기술이 활용되었을 것이기 때문에 철도가 미국의 성장에 가져다준 편익은 별로 크지 않다고 주장했다. 하지만 도널드슨Donaldson과 혼벡Hornbeck(2016)의 연구에 따르면 철도는 시장 접근성을 향상하며 경제성장에 분명한 도움이 되었고, 특히 철도가 급속하게 확장되던 시기인 19세기 말에는 더욱 큰 영향을 미쳤다. 이러한 영향은 동부 연안의 대규모 시장과 한층 긴밀히 연결된 서부 주들에서 가장 두드러졌다((그림 2.8) 참조). 도널드슨과 혼벡은 만약 1890년의 모든 철도를 제거한다면 농토의 가치가 60.2퍼센트 감소했을 거라고 밝혔다. 국민총생산(GNP)으로는 3.22퍼센트에 해당하는 수치다.

그림 2.9 ◆ 로마 시대와 중세 시대의 잉글랜드와 프랑스의 도시 위치

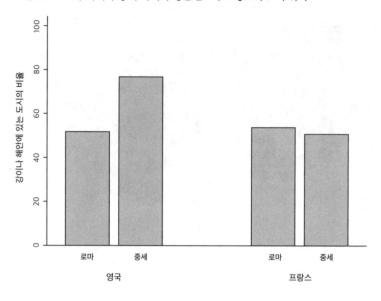

　　혼벡과 로템버그Rotemberg(2021)의 최근 연구에 따르면 철도 접근성은 미국의 제조업 생산고를 크게 증대시켰다. 이들은 1890년에 철도가 없었더라면 미국의 총 생산성은 25퍼센트 감소했을 것으로 추정한다. 보거트 외(2017, 23쪽)는 산업혁명 시기 영국에서 시장 접근성 향상이 인구 증가에 직접적인 영향을 미쳤음을 발견했다. 교통이 개선되지 않았더라면, 1680년에서 1831년 사이 도시 성장률은 25퍼센트 감소하고, 1831년에서 1851년까지는 97퍼센트 감소했을 것이다. 엄청난 수치다. 이 연구들은 영국과 미국의 경제성장에 운송이 얼마나 중요했는지를 보여준다.

　　도널드슨(2018)은 비슷한 방법론을 활용하여 영국령 인도의 철도 부설을 검토했다. 효과는 엄청났다. 운송에 투자한 덕분에 산업화 이전보다 20배나 빠른 속도로 밀과 쌀처럼 부피가 큰 상품을 육상으로 운송할 수 있었다. 철도 연결망 덕분에 인도 지역들은 자급경제를 벗어나 나머지 세계와 통합될 수 있었다.

운송 인프라 투자는 '지리의 저주'를 극복하는 데 도움이 될 수 있지만, 장기적으로는 생산성을 저하할 수도 있다. 예를 들어 과거의 운송 투자 때문에 잠재적으로 비효율적인 경제구조에 갇히는 경우다. 로마 제국 서부 지역의 사례가 이런 폐쇄상태lock-in, 기존 시스템을 대체하는 비용이 너무 비싸서 기술이나 입지 전환을 하지 못하는 상태─옮긴이 를 극명하게 보여준다. 마이클스Michaels와 라우치Rauch(2018)는 잉글랜드와 프랑스의 사례를 대비한다. 프랑스에서는 로마 시대의 도시 위치가 중세 초기 내내 그대로 굳어졌다. 이는 중세 초기에는 프랑스의 경제성장에 이익이 됐을지 모르지만, 장기적으로는 해를 끼쳤다. 로마 가도와의 접근성을 고려하여 자리를 잡은 프랑스의 도시들은 이후 수상 운송이 대세가 되면서 영 불리해졌다. 하지만 잉글랜드는 로마 제국이 붕괴한 뒤 도시 연결망을 다시 정비했고, 중세 잉글랜드 도시들은 연안과 강을 따라 자리를 옮겼다. 덕분에 이후 몇 세기 동안 경제활동에 더 유리했다(〔그림 2.9〕 참조).

지리와 산업화

우리는 하나의 질문으로 이 장을 시작했다. 지리는 운명인가? 지금까지 우리는 지리가 모든 걸 결정하지는 않지만, 경제적 성과에 커다란 영향을 미친다는 것을 확인했다. 이 장에서 마지막으로 다룰 질문은 이런 것이다. 지리로 산업혁명이 왜 그때, 그곳에서 일어났는지 설명할 수 있을까? 다이아몬드가 『총, 균, 쇠』에서 주장한 논리를 유라시아 내부에도 활용하여 산업화가 왜 중국이나 중동, 그밖에 다른 곳이 아닌 서유럽에서 처음 이루어졌는지 알 수 있을까?

유라시아 내부에서는 유럽이 지리적 입지 덕분에 아메리카 대륙을 발견하고 대서양 무역으로 이득을 볼 수 있었다는 논의가 있었다(Fernández-Armesto, 2006). 하지만 유럽 내부에서는 대서양 접근성을 마냥 축복으로 보지 않는다. 애쓰모글루 외(2005b)는 대서양 무역이 유럽의 경제 발전에 미친 영향을 연구했는데, 아메리카 대륙의 발견과 새로운 무역 항로의 발전이 각 나라의 정치 제도에 따라 다양하게 영향을 미쳤음을 발견했다. 즉, 지리는 제도의 형성에 영향을 미쳤고, 이는 다시 경제적 성과를 결정지었다. 이미 국왕이 장거리 상업을 통제하던 곳에서는 대서양 접근성 덕분에 왕권이 강화되었다. 16세기 에스파냐를 통치한 카를 5세(카를로스 1세)와 펠리페 2세가 유명한 사례다. 이들은 대서양 접근성과 남아메리카 광산에서 흘러나오는 부 덕분에 대의 제도가 필요하지 않았다. 그리하여 에스파냐는 부유해졌지만, 장기적으로는 부정적 영향을 받았다. 국가 자체가 더욱 착취적인 제도로 귀결되었기 때문이다. 이와 대조적으로, 군주가 장거리 무역을 통제하거나 독점할 능력이 없었던 곳(잉글랜드나 네덜란드공화국)에서는 아메리카 대륙의 발견으로 상인 계급이 강화되고 그들이 왕권을 제한할 수 있게 되었다. 이에 관해서는 7장에서 자세히 살펴보겠다.

지리가 경제성장에 미치는 가장 직접적인 영향은 아마 천연자원의 입수 가능성일 것이다. 네프Nef(1932)는 16세기 잉글랜드가 숲에서 나는 숯으로 늘어나는 도시 인구의 수요를 충족시키지 못하자 에너지 위기에 직면했다고 설명한다. 위기는 석탄 덕분에 완화되었다. 잉글랜드에는 16세기 한참 전에도 석탄이 있었으나, 석탄을 찾는 수요가 없었다. 영국 경제는 18세기 말에 증기기관이 크게 개량되고 난 뒤 잉글랜드 북부에서 나오는 값싼 석탄((그림 2.10) 참조) 덕분에 전보다 훨씬 더 많은 에너지를 활용할 수 있었다(Allen, 2009a, 2011b).

리글리Wrigley(1989, 2010)는 이런 주장을 바탕으로 석탄이 없었더라면 산업혁명이 일어나지 않았을 것이라고 설명한다. 특히 그는 유기체 경제(인간이나 동물의 근육 또는 나무에서 에너지를 얻는 경제)와 광물 경제(인간이 수백만 년 이상 저장된 에너지를 사용할 수 있게 된 경제)를 구별한다. 유기체 경제의 생산성은 언제나 낮은 수준에 머무른다. 영국은 석탄 덕분에 유기체 경제의 한계를 넘을 수 있었다. 리글리는 단순히 석탄이 있다고 해서 이를 활용하리라는 보장이 있는 것은 아님을 인정한다. 하지만 석탄이 없으면 산업화는 불가능했을 것이다.

포머랜즈(2000)는 『대분기』에서 영국의 산업화가 석탄층, 새로운 산업 중심지와의 근접성, 아메리카 대륙에서 들어온 자원에 결정적으로 의존했다고 주장한다. 목재 같은 전통적 형태의 에너지는 토지집약적이었다. 반면 석탄은 토지 단위당 더 많은 에너지원을 만들어냈다. 아메리카 대륙에서 들어온 새로운 작물, 특히 감자는 북서유럽의 토지 생산성을 높여주었다. 천연자원 덕분에 영국과 북서유럽은 노동 집약적 경제 발전 경로에서 벗어나 에너지 집약적이고 혁신적인 발전 경로로 옮겨갔다. 포머랜즈가 보기에, "영국은 신대륙(및 노예제)과의 접근성 덕분에 국내시장 확대만으로는 얻을 수 없는 이점을 누렸다. 영국 노동력을 많이 사용하지 않고 만든 공산품을 계속해서 늘어나는 토지집약적인 식량과 섬

그림 2.10 · 1700년대 초 에너지 가격

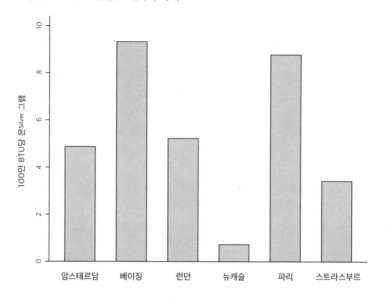

유(나중에는 목재)로 바꾸었다. 그것도 합리적이고 심지어는 하락하는 가격으로. 유럽인들은 귀금속 덕분에 아시아와 무역을 할 수 있었다. 은이 없었다면 유럽의 다른 상품을 그만큼 많이 수출하지 못했을 것이다."

이후 포머랜즈의 주장은 반박을 받았다. 어쨌든 중국도 풍부한 석탄층을 보유하고 있었으니까. 독일의 루르 지방도 마찬가지였다. 석탄층이 산업 중심지와 가까이 자리해 있는지를 묻는 건 아마 잘못된 질문일 것이다. 영국의 산업 도시들이 성장한 곳은 석탄이 풍부하고 에너지가 저렴한 곳이었다. 런던의 에너지 수요를 부추기기 위해 뉴캐슬에서 석탄을 해상으로 저렴하게 운송하는 것도 가능했다.

반면 모키르Mokyr(1990)는 여러 이유에서 석탄이 결정적인 역할을 하지 않았을 것이라고 주장한다. 첫째, 산업혁명은 증기력보다 광범위했으며, 심지어 증기력은 석탄을 절대적으로 필요로 하지도 않았다. 수력이 중요한 대체물이었다. 석탄이 더 비쌌더라면, 혁신가들은 석탄 비용을 절약하고 대안 에너지원을 개발하려고 노력했을 것이다. 석탄 공급은 대단히 탄력적이었다(Clark and Jacks, 2007). 즉 산업화 때문에 석탄 수요가 증대했고, 따라서 석탄 생산도 확대되었다는 얘기다. 석탄 생산고는 수요만 있었다면 몇십 년 일찍 확대됐을 것이다. 그러니까 이 설명에 따르면, 영국은 석탄이 전혀 없었더라도 산업화를 이뤘을 것이다. 영국은 그냥 아일랜드나 프랑스, 또는 북유럽에서 석탄을 수입했을 것이다. 값이 좀 비쌌겠지만, 그 비용이 영국의 산업화를 방해하는 결정적인 요인이 되었을 가능성은 희박하다. 석탄 공급이 산업화가 일어나기 위한 구속력 있는 제약이었다는 포머랜즈의 주장과는 반대되는 결론이다.

이 장의
내용 요약

산업화 이전 세계의 양상을 설명할 때 지리의 힘을 부정하기란 불가능하다. 지리적 특성 덕분에 비옥한 초승달 지대에서는 농업과 도시 생활이 등장했다. 강이나 해안과의 접근성이나 양질의 농토 같은 지리적 특징은 산업화 이전에 나타난 상대적 발전의 양상을 이해하는 데에도 도움이 된다.

하지만 그렇다고 해서 지리가 경제 발전의 차이라는 수수께끼에 완전한 답을 제공하는 건 아니다. 1800년 이전까지만 해도,

생산성 면에서 좋은 조건을 갖춘 지역이 그렇지 않은 곳에 비해 더 부유하지 않았다. 그저 인구밀도가 더 높은 경향이 있었다. 지리적 특성은 경제활동에서 나타나는 많은 변이를 설명해주지만, 완벽한 이야기를 들려주지는 않는다.

서로 가까이 있는 기업들은 이득을 누린다. 노동자들도 마찬가지다. 한 도시가 다른 도시보다 나은 성과를 내는 이유를 설명해주는 건 종종 지리적 기본 요인보다는 밀접한 근접성과 관련된 네트워크 효과와 규모의 경제(경제학에서 집적 효과라고 알려진)다. 무엇보다 지리 자체만으로는 산업혁명의 시점이나 19세기에 나타난 근대의 지속적인 경제성장의 시작, 역사에 기록된 다양한 행운의 반전을 설명할 수 없다.

그렇다면 우리는 어떤 결론을 내릴 수 있는가? 지리는 분명 여러 사회가 서로 다른 성과를 만들게 된 원인 중 하나이지만, 모든 것의 답이 될 수는 없다. 지리로 모든 걸 설명할 수 있다면, 우리의 운명은 수천 년 전에 이미 정해졌을 테고 인간이 능동적으로 움직일 여지는 거의 없을 것이다. 다음 장들에서는 인간의 행동이 사회의 경제적 궤적을 결정하는 데 얼마나 중대한 역할을 했는지 살펴볼 것이다. 행동의 유형은 가장 개인적인 것(아이를 얼마나 낳는가)부터 사회의 법률 체계와 정치 제도를 정하는 것까지 다양하다. 인간의 행동이 세계의 경제 분포를 결정하는 데 핵심적인 역할을 했지만, 지리 또한 일정한 역할을 했다. 지리는 어느 정도 사회의 제도(3장의 주제), 문화(4장의 주제), 인구 변동(5장의 주제), 식민화(6장의 주제)의 형성에 기여했다. 이런 상호작용을 고려하면서 이 책의 전반부를 헤쳐 나가고자 한다.

3
모든 것이
제도 덕분일까?

아프가니스탄의 사법권은 대체로 부족 차원에서 실현된다. 재판의 승패는 사건의 시비에 따라 달라지긴 하지만, 소송인이 누구인지, 그가 어느 부족에 속하는지, 누가 사건을 관장하는지에 따라서도 달라진다(Murtazashvili, 2016). 과거 오스만 제국에는 제대로 기능하는 사법 체계가 존재했다. 하지만 이 체계는 편향돼 있었고, 사건의 시비와 관계없이 남성, 무슬림, 엘리트에게 유리했다(Kuran and Rubin, 2018). 현재 세계에서 가장 부유한 지역의 사법 체계는 이와 상당히 다르다. 물론 부유층은 더 좋은 변호사를 살 수 있고, 특히 미국에서는 사법이 피부색과 무관하다고 보기 어렵지만, 사회적 약자도 사실이 자기편이라면 재판에서 이길 수 있고 종종 이기기도 한다. 법원의 상대적 공평성은 경제활동을 장려한다. 거래에서 불합리한 일을 겪거나 사기를 당했을 때 법에 의지할 수 있다면, 사람들이 거래에 나설 가능성이 커질 것이기 때문이다. 서로 다른 사법 체계는 각 지역이 부유해지는 데 어떤 역할을 했을까?

사회의 차이는 법률 영역으로 제한되지 않는다. 한 단계 높은 차원에서 볼 때, 정치체제의 차이는 경제적 의사결정에서도 중요한 역할을 한다. 독재자가 통치하는 곳에서는 종종 폭력이 뒤따른다. 북한에서는 정권의 반대편에 서는 이들은 대개 오래가지 못한다. 스탈린 치하의 소련에서는 누구든 조금이라도 반체제 정서를 지닌 것으로 여겨지면 굴라크1930~1955년에 운영된 소련의 강제수용소— 옮긴이에 수용되거나 처형당했다(종종 전혀 반체제적이지 않은 사람들까지도 같은 상황에 처했다).

정치체제는 폭력에만 영향을 미치는 게 아니다. 사업을 하기 위해 뇌물을 바치는 것, 사유재산을 마음대로 사고팔 권리, 경제적 기회를 따라 이동할 자유 등에도 영향을 미친다. 한 사회가 이런 방식으로 사람들에게 능력을 부여하거나 제한하는 정도는 그 사회의 경제적 잠재력을 좌우하는 상당히 중요한 요소다.

이런 정치적·법적·종교적·경제적 조직들이 한 사회의 **제도**다. 이 장에서는 제도에 관한 문헌을 검토할 것이다. 제도란 무엇이며 제도가 경제 발전에 어떤 영향을 미치는지 설명하는 것으로 시작해보자. 그다음으로는 서로 다른 제도를 가진 세계의 각 지역이 어떻게 저마다 다른 경제적 궤적을 밟게 됐는지 살펴볼 것이다.

제도란 무엇인가?

최근까지도 경제성장에 관한 교과서적 설명에서는 성장을 가능케 한 핵심 요인으로 물리적 자본과 기술 변화에 대한 투자에 초점을 맞춘다. 경제성장을 설명할 수학 모델을 만드는 경제학자들에게는 이런 접근법이 자연스럽다. 하지만 이런 방식으로 경제성장의 기원을 설명하는 건 한계가 있다. 자본이나 기술에 투자하지 않는 사회의 사례가 워낙 많아서 성장의 기원을 투자 결정으로 압축시키는 건 무리기 때문이다. 오늘날도 그렇고 과거의 경우도 마찬가지다. 아프가니스탄이나 아이티, 니제르 같은 나라에서는 상대적으로 투자가 드물다. 이런 나라들에서는 자본의 한계 수익이 매우 높은 경향이 있는데도 말이다. 왜 이곳의 개인들은 거의 공짜 점심이나 다름없는 수익성 높은 투자를 포기하는 걸까? 이들이 직면하는 제약은 무엇일까? 그 제약은 시간의 흐름 속에서 어떻게 진화할까?

노스North와 토머스Thomas(1973)는 이런 질문들을 파고들었다. 두 사람은 경제학자들이 초점을 맞추는 요인들(기계, 공장, 학교에 대한 투자)이 경제성장의 독립적인 원인이 아니라고 주장했다. 그것들 **자체가** 경제성장이었다. 성장의 원인을 이해하려면 한 사회의 구성원들이 공장을 지어 투자하고, 학교에 진학하고, 새로운 기술을 습득하게 하는 유인insentive을 연구해야 한다. 더불어 왜 다른 사회에는 그런 유인이 생겨나지 않는지도 살펴야 한다. 노스와 공저자들은 사회적 측면에서 **제도**가 이런 유인이 된다고 보고, 제도를 중심으로 경제성장을 연구하자고 제안했다.

노스는 제도를 '게임의 규칙'이라고 설명한다. 스포츠를 예로 들어보자. 스포츠는 경기 규칙에 따라 성격이 결정되며 그에 따라 선수들이 마주하는 유인 또한 구조화된다. 럭비 선수와 축구 선수의 다른 점을 설명하려면 두 경기에서 뛰는 선수 개개인의 차이가 아니라 경기의 규칙과 선수들이 직면하는 서로 다른 유인을 묘사해야 한다.

제도에 관한 견해는 다음과 같이 진화했다. 처음에 노스와 토머스(1973)는 제도가 효율을 개선하는 방향으로 진화하는 경향이 있다고 가정했다. 시장 경쟁을 통해 효율이 떨어지는 기업이 걸러지고 효율이 좋은 경쟁자가 성공하는 것처럼, 시간이 흐르면서 비효율적인 제도는 걸러지고 효율이 좋은 제도가 장려된다는 것이다.

그러나 시간이 지나 노스(1981)는 시장 경쟁처럼 가장 효율적인 제도를 '선별하는' 과정이란 존재하지 않는다고 보았다. 정치 영역의 유인은 시장의 유인과는 다르다. 따라서 비효율적인 제도라도 수십 년, 심지어 수백 년 동안 지속될 수 있다. 이런 비효율적인 제도는 지속적인 빈곤의 원천이 되곤 한다. 심지어는 왜 어떤 나라는 부유하고 다른 나라는 가난한지에 대한 주요한 답이 되기도 한다.

그라이프Grief(2006)는 노스의 통찰을 바탕으로 제도의 정의를 발전시켰다. 그의 프레임워크에 따르면 문화적 신념은 제도를 강제하며, 제도를 구성하는 데 결정적인 역할을 한다. 그라이프는 제도가 '게임의 규칙'일 뿐만 아니라 이 규칙을 떠받치는 신념과 사회규범을 구성한다고 보았다. 신념과 사회규범은 제도와 마찬가지로 바꾸기가 쉽지 않다. 신념과 사회규범을 바꾸면 경제적 편익을 높일 수 있는 경우에도 마찬가지다. 그라이프의 핵심적인 통찰 중 하나는 문화적 신념과 제도가 서로를 강화한다는 것이다. 하나가 다른 하나를 강화하는 상황일 때, 둘을 모두 바꾸기란 더욱 어려워진다. 그라이프는 이것이 성장에 실패하는 경제와 번영을 누리는 경제를 가르는 핵심적인 이유라고 설명한다. 이에 관해서는 4장에서 다시 논의해보자.

제도의 핵심 구성요소 중 하나는 **경제적 자유**를 허용하는 정도다. 사회의 경제적 자유도가 높을수록 개인들은 자신의 판단에 따라 자원을 자유롭게 할당한다. 경제적 자유는 법의 지배와 밀접한 관련이 있다. 사회가 법의 지배를 따를 때, 법률은 동등하게 적용되고 모든 유형의 권리는 보호를 받는다. 여기에는 물론 경제적 권리도 포함된다. 경제적 자유는 1인당 소득과 강한 상관관계가 있다(Gwartney et al, 1999; Gwartney et al, 2019). 로드릭Rodrik 외(2004)는 사회가 법의 지배를 따르는 정도를 1 표준편차 높이면 1인당 소득에서 6.4배의 차이가 난다는 것을 보여준다. 이 수치는 볼리비아와 한국의 제도 차이와 상응하는데((그림 3.1) 참조), 우연히도 이는 볼리비아와 한국의 소득 격차와 맞먹는다. 하지만 이걸로 모든 경제성장을 설명할 수 있다고 간주해서는 안 된다. 각 나라의 차이에 따라 제도의 중요성을 산정하는 것에는 한계가 있기 때문이다. 각 나라는 수많은 차원에서 다르며, 제도의 우수함에 따른 특정한 효과를 따로 분리하기는 어렵다.

제도의 중요성을 분명히 보여주는 가장 설득력 있는 사례 하나는 북한과 남한이다(Acemoglu et al, 2005a). 여러 세기 동안 북한과 남한은 같은 언어, 문화, 종교 전통을 가진 한 나라였고, 근대화 이후에는 북부가 더 산업화하고 발전했다. 그러다 1948년 공산당이 북부를 장악했고 뒤이어 전쟁이 벌어진 이래 두 나라의 경제는 완전히 다른 길을 걸었다. 현재 너무나 대조적인 남한의 번영과 북한의 빈곤을 보면, 제도의 중요성이 여실히 드러난다. 시장에 기반한 남한과 공산주의 북한은 제도가 전혀 다르다. 밤에 우주 공간에서 두 나라를 찍은 사진인 (그림 3.2)를 보면, 이런 차이가 대번에 눈에 들어온다. 야간 조명은 경제 번영의 한 잣대다. 경제활동과 전기 보급을 보여주기 때문이다. 사진에서는 남한의 경계선과 많은 경제 중심지가 뚜렷하게 드러난다. 북한은 거의 캄캄한 암흑천지다.

하지만 북한과 남한처럼 극명하게 대비되는 사례는 거의 없다. 이런 사례가 부재하기 때문에 제도적 주장을 입증하기는 어

그림 3.1 ✦ 법치 대 1인당 국내총생산

| 그림의 국가명은 38~39쪽의 국가 코드를 참조할 것.

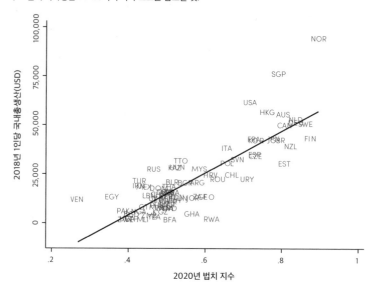

려울 수 있다. 어느 학자는 '좋은 제도'란 특정한 저자가 찬동하는 모든 것에 붙이는 딱지일 뿐이라고 말하기도 한다(Clark, 2007, 145~165쪽). 그러나 이러한 찬동은 살펴볼 가치가 거의 없다. 여러 관점에 따라 조작된 것일 수 있기 때문이다.

이 문제를 우회하는 두 가지 방법이 있다. 하나는 그라이프와 공저자들이 선구적으로 제시한 방법이다. 그라이프는 특정한 경제 제도가 어떻게 기능하는지 꼼꼼하게 명시한 이론적 모델을 개발했다. 이 모델에는 두 가지 장점이 있다. 가정이 투명하고 새로운 예측을 낳을 수 있다는 것이 그것이다.

다른 접근법은 이른바 '자연적 실험' 연구에 의지하는 것이다. 애쓰모글루 외(2005a)가 북한과 남한을 비교한 것이 자연적 실험이다. 북한과 남한을 비교할 때, 문화와 역사 같은 요인들은 상수

그림 3.2 ✦ 한반도의 야간 불빛

로 놓는다. 국경선은 종종 제도의 효과를 입증하는 훌륭한 수단을 제공한다. 국경선이 바뀌면 문화, 역사, 지리에는 전혀 변화가 없어도 그 즉시 새로운 제도적 환경에 속하게 된다. 하지만 뚜렷한 자연적 실험을 발견하기는 어려우며, 자연적 실험이 전혀 존재하지 않는 경우에는 답을 찾기 어렵다는 문제가 존재한다.

재산권

잉글랜드의 정치적, 경제적 발흥을 통해 우리는 제대로 기능하는 재산권이 경제적 성공에 중요하다는 사실을 알 수 있다. 재산권은 경제학자들이 연구하는 가장 기본적인 제도일 것이다. 베슬리Besley와 가탁Ghatak(2010, 4526쪽)은 재산권을 어떤 상품이나 자산을

(소비나 생산에) 사용하거나, 넘겨주거나, 그것을 근거로 계약을 맺을 수 있는(가령 저당 잡힐 수 있는) 소유자의 권리라고 정의한다. 재산권이 중요한 이유는 무엇일까? 경제학자들은 왜 그토록 오랫동안 재산권에 주목해왔을까? 재산권과 제도는 무슨 관계가 있을까?

안전한 재산권은 개인들에게 투자에 대한 이익을 보장한다. 널리 사용되는 재산권의 척도 중 하나는 세계은행 거버넌스 지수 World Bank Governance Indicators(WBGI)다. 이 지수는 법치, 정부의 질, 규제 등과 관련된 광범위한 요인들을 측정한다. 앞서 우리는 법치를 경제적 자유의 핵심이라고 논의한 바 있다. 세계은행 거버넌스 지수에 따르면, 법치 지수는 "행위자들이 사회의 규칙, 특히 계약 이행의 질, 재산권, 치안, 법원, 그리고 범죄와 폭력의 가능성을 신뢰하고 준수하는 정도에 대한 인식"을 반영한다(Kaufmann et al, 2011). [그림 3.3]은 2017년 세계 각국의 법치 지수를 나타낸 것이다. 수용 위험성 또한 재산 보장의 척도로 널리 사용된다. 수용 위험성이란 국가가 기업의 국내나 해외 자산을 박탈하거나 수용, 국유화, 징발할 수 있는 위험성을 말한다. 이러한 징발은 투자자에게는 곧 재앙이다. 투자를 하면 수용의 표적이 될 수 있는데, 누가 투자하려 하겠는가?

재산권에 제한을 가하는 것은 근대 이전 유럽 재산법(물권법)의 지배적인 특징이었다. 특히 봉건적 재산권은 흔히 토지 시장의 발전이나 기반시설 투자 촉진을 가로막는 장애물이었다. 가령 잉글랜드에서는 상속법에 따라 토지를 한 명의 남자 상속인에게 양도해야 했다. 분배는 불가능했다. 이 법의 취지는 귀족의 토지를 보전하는 것이었고, 대신 귀족은 전쟁이 일어나면 국왕을 위해 복무할 기사를 제공했다. 이 법으로 군사 안보와 경제적 생산성의 균

그림 3.3 • 법치 지수, 2017년

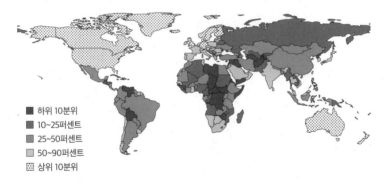

■ 하위 10분위
■ 10~25퍼센트
■ 25~50퍼센트
□ 50~90퍼센트
▨ 상위 10분위

형이 유지되었다. 토지의 가치는 사용자에게 판매하거나 분할할 권리가 있을 때 높아진다. 상속법을 뒷받침하던 군사적 정당성은 수백 년에 걸쳐 줄어들었다. 직업군인이 기사를 대체했기 때문이다. 하지만 이 법은 계속해서 토지 문서로 남았다.

재산을 효율적으로 사용하려면, 재산권을 생산적으로 재조정할 방법이 있어야 한다. 다른 재산권 체계는 다른 경제 발전의 결과를 가져온다. 17세기와 18세기 잉글랜드에서는 광업 영역에서 새롭게 나타난 투자 기회를 최대한 활용하기 위해 재산권을 재정비해야 했다(Bogart and Richardson, 2011). 즉, 재산권을 다시 협상하고 할당하는 게 이득이 되는 경우에 그렇게 할 방법이 있어야 했다. 이는 정치적 제도가 바뀔 때 가능한 일이었다.

18세기 잉글랜드에는 이러한 권리를 판정할 수 있는 중앙집중적인 의회가 존재했는데, 콕스cox(2016)가 지적하는 것처럼 이것은 잉글랜드의 결정적인 이점으로 작용했다. 의회는 재산권을 다시 할당하여 얻을 수 있는 이득이 크다면 지방의 거부권을 기각할 수 있었고 종종 그렇게 했다. 의회 같은 제도의 제약을 받는 통치자는 절대 권력을 휘두를 수 없었고, 왕의 권한으로 자신에게 유리하게 재산권을 재할당하는 데 한계가 있었다. 프랑스의 군주정은 이 권한을 남용하지 않을 것이라는 신뢰를 주지 못했다. 따라서 지주들은 토지 사용을 어떻게 조정하든 간에 자신들에겐 거부권이 있다고 주장했다. 이 모든 사실을 고려할 때, 재산권과 법률 체계 전반은 긴밀히 연관되어 있음을 알 수 있다.

판바벨Van Bavel 외(2018)는 허약한 재산권이 투자 의욕을 꺾을 수 있음을 보여주는 흥미로운 사례를 제시한다. 판바벨과 공저자들은 물레방아, 풍차, 기중기 등 중세 후기의 주요 노동 절감 자본재에 대한 투자를 연구했다. 이 기구들은 만드는 데 많은 비용이 들긴 했지만, 투자 수익은 엄청났다. 그러나 비용이 너무 컸기 때문에 사람들은 재산권이 확실히 보장될 때에만 투자하려 들었다. 이들의 연구에 따르면 900~1600년 사이 서유럽에서는 이런 자본재 사용이 점차 증가했으나 중동에서는 감소했다. 중동에서 자본투자의 감소는 재산권 보장 약화와 정확히 같은 시기에 벌어졌다.

재산권 보장만 중요한 것은 아니다. 권리가 어떻게 할당되는지도 대단히 중요하다. 특히 여러 당사자가 동일한 재화에 대해 권리를 주장하는 중복 재산권의 경우 보류 문제holdup problem가 발생해 투자를 방해한다(Lamoreaux, 2011). 보류 문제는 한쪽 당사자가 최종 수익에서 더 큰 몫을 뽑아내기 위해 투자를 전략적으로 지연하거나 방해할 때 발생한다(Williamson, 1985). 예를 들어, 혁명 이전 프랑스에서는 복잡하고 경직된 중복 재산권 때문에 지주들이 관개나 배수 사업에 투자하지 못했다(Rosenthal, 1992). 어느 쪽인가 하면, 이 재산권은 "지나치게 안전했다."

때로 재산권은 한 경제의 사멸을 불러오는 씨앗이 되기도 한다. 판바벨(2016)에 따르면 아바스조 이라크(750~1258), 중세 이탈리아 북부, 근대 초 네덜란드공화국의 흥망성쇠는 모두 비슷한 양상을 따랐다. 세 지역에는 모두 안전한 재산권과 자원을 더 생산적으로 사용할 수 있는 피드백 고리가 존재했다. 이는 전문화와 분업으로 이어져 경제성장을 촉발했으며 결국 요소 시장의 활용이 더욱 고조되는 결과를 낳았다. 그러나 이면도 존재했다. 요소 시장이 성장함에 따라 정치적, 경제적 불평등이 나란히 증대한 것이다. 생산요소를 소유한 이들이 더 많은 정치권력을 손에 넣었고, 그 권력을 활용해 토지, 노동, 자본 시장뿐만 아니라 금융 시장까지 지배하면서 시장의 자유도를 떨어뜨렸다. 이런 기득권은 경제에 그나마 남아 있는 생산력을 다 짜내면서 사회에 거의 아무것도 남기지 않았다.

법률 체계

법률 체계는 공식적인 게임의 규칙과 이 규칙을 집행하는 방식을 설명하는 메타제도meta-institution다. 많은 소규모 사회는 배척과 반목을 중심으로 만들어진 비공식적이고 탈중앙집권적인 법률 체계에 의존한다. 이런 법률 체계는 고도로 상업화된 시장 중심 사회는 말할 것도 없고 대규모 농업 국가의 체계와도 상당히 다르다.

촘촘하게 짜인 소규모 사회는 질서를 강화하기 위해 반복적 상호작용과 사회적 제재에 의지한다. 이런 방식은 협동을 강제할 때 큰 힘을 발휘한다. 이 사회에 속한 개인들은 상부상조가 필요하다는 것을 알고 있으며, 따라서 좋은 평판을 얻기 위해 노력한다.

이것이 공정한 거래를 하게 하는 유인으로 작용하는 것이다. 즉 이들에게 폭력이나 도둑질을 삼가게 유도하는 것은 미래의 보상을 놓칠 수 있다는 위협이다(Kandori, 1992; Dixit, 2004).

하지만 대규모 사회에서는 상부상조의 논리가 협동을 뒷받침하지 못한다. 대규모 사회에서는 사람들이 일관되게 상호작용할 가능성이 낮기 때문이다. 따라서 사회가 복잡해짐에 따라 공적인 법률 체계가 등장하는 경향이 있다. 공적 법률 체계는 합법적인 행동과 불법적인 행동을 제시하고 법을 따르지 않는 이들에 대한 처벌을 명시한다. 기록으로 남아 있는 가장 오래된 법률 체계는 기원전 1754년에 작성된 것으로 추정되는 함무라비 법전이다([그림 3.4] 참조).

법률 체계는 사회 구성원이 직면하는 유인을 구조화한다. 예를 들어, 함무라비 법전은 수많은 가혹한 처벌을 규정했다. 아들이 아버지를 때리면 두 손을 잘랐고, 여자가 바람난 상대와 공모해 남편을 죽이면 말뚝에 꽂아 걸어두는 벌을 받았다. 함무라비 법전은 신분이 낮은 사람이 저지른 범죄나 자기보다 신분이 높은 상대를 겨냥한 범죄에 대해서 더 가혹한 처벌을 규정했다. 가령 어떤 사람이 자기와 신분이 동등한 사람의 이를 부러뜨리면 상대가 그 사람의 이도 부러뜨리는 반면, 자기보다 신분이 낮은 사람의 이를 부러뜨리면 벌금만 내면 되었다. 그리하여 함무라비 법전은 기존의 권력 구조와 위계를 강화했다.

함무라비 법전은 공적인 규칙impersonal rules이라기보다는 **신분 규칙**에 근거한 법전이었다(Johnson and Koyama, 2019). 즉 신분에 따라 처벌의 종류가 달랐다. 신분 규칙은 기존 엘리트의 권력을 굳히는 경향이 있다. 신분 규칙의 역사적인 사례는 많다. 중세 유럽의 유대인들은 자신들 나름의 법률이 있었는데, 어떤 옷을 입을 수 있고, 어디에 살 수 있는지까지 규정해두었다. 중세 유럽의 많은 도시에는 윤리 규제 법률이 있어서 개인이 사회 계급에 따라 입을 수 있는 옷을 규정했다(Desierto and Koyama, 2020).

그림 3.4 ◆ 최초의(?) 공식적 법률체계, 함무라비 법전

이와 대조적으로, **공적인 규칙**을 바탕으로 구조화된 사회는 사회적 신분과 상관없이 개인들을 똑같이 대우하고자 한다. 공적인 규칙은 흔히 신분 규칙보다 재산 보호를 중시한다. 덕분에 공적인 거래가 가능해지고, 따라서 투자와 경제성장을 장려할 가능성도 커진다.

신분 규칙과 공적인 규칙의 핵심적 차이는 **법에 따른 지배**와 **법의 지배**(법치)의 차이다. '법에 따른 지배' 사회에서는 법이 존재하기는 하나 모든 사람에게 적용되지는 않는다. 기득권 엘리트들은 종종 법 위에 존재한다. 이곳에서는 "규칙은 너희에게나 적용되지 나는 예외다"라는 경구가 통용된다. 앞서 말한 것처럼, 이런 사회가 경제성장을 이루기 위해서는 통치자들이 법의 제약을 받는 사회로 옮겨야 한다(Greif and Rubin, 2021).

'법의 지배'가 탄탄한 사회일수록 더 부유한 경향이 있다(〔그림 3.1〕 참조). 법치의 어떤 점이 긍정적인 경제적 성과를 유도하는 걸까? 풀러(1969)는 법치가 다음을 요구한다고 주장했다. ①법적 평등 개념, 즉 통치자를 포함한 모든 사람이 똑같이 법에 종속된다. ②법은 예상 가능하며 공개적이고 분명해야 한다. ③법은 시간의 흐름과 무관하게 안정적이어야 한다. ④입법은 개방적이고 공적인 규칙에 따라 이루어져야 한다. ⑤사법부는 정치적으로 독립적이어야 한다. ⑥법원 같은 법률 기관은 모든 사람에게 열려 있어야 한다. ⑦규칙은 일반적이어야 하고 같은 기준으로 적용되어야 한다. 이 같은 규칙은 모두 불확실성을 줄이며, 따라서 투자를 증대시키고 거래를 유인한다.

무엇보다도, '법의 지배'는 각기 다른 제도들의 축에 의지한다. 행정부의 권력을 제한하는 정치체제에 의지하며, 부정부패나 후원 관계를 통해 뒤집힐 수 없는, 분명하게 정의된 기준이 존재하는 표준화된 법률 체계에 의지한다.

다수의 학자들은 법의 지배가 서유럽이 발흥하는 데 결정적인 역할을 했다고 주장한다. 법의 지배는 정부 권한을 견제하고, 개인에게 간섭받지 않는 사적인 영역을 보장했으며, 장기적인 경제성장에 도움이 되는 제도적 안정의 기반을 제공했다(Hayek, 1960; Cooter, 1997; Weingast, 1997). 법의 지배는 인간에 의한 지배보다 안정과 확실성을 제공하며 덕분에 개인들은 더 쉽게 교환하고 거래하며 번영의 길로 나아갈 수 있다(Dicey, 1908, 198쪽). 문제는 이런 것이다. 사회는 어떻게 공적인 규칙을 발전시키는가? 법의 지배는 어디에서 생겨나는가?

해럴드 버먼Berman(1983)은 『법과 혁명』에서 중세 시대에 서구법 전통이 등장한 것에 중요한 의미를 부여했다. 서구법 전통은 로마에 기원을 둔다. 로마 경제가 상업화되고 시장을 지향함에 따라 로마 법학자들은 계약과 소유에 관한 이론을 발전시켰다(Arruñada,

2016). 그러나 로마법은 서로마제국이 붕괴한 뒤 서유럽에서 대체로 자취를 감추었고, 그 대신 게르만법이나 관습법이 대두했다. 이 법들은 신분 규칙에 바탕을 두었으며, 공적인 교역을 위한 틀을 제공하기보다는 소규모 사회를 통치하는 데 적합했다. 하지만 11~12세기 무렵 로마법이 재발견되었고, 볼로냐대학 같은 교회법 연구자들이 로마 계약법의 밑바탕을 이루는 원리를 연구하기 시작했다(Fernández-Villaverde, 2022). 관습법은 수백 년 동안 유지되긴 했지만, 결국 로마법이 프랑스와 독일 법률 체계의 근간이 되었다.

대략 같은 시기에, 그러니까 12~13세기에 게르만의 법률 체계가 보통법(특별한 제한 없이 일반적으로 적용되는 법)으로 통합되면서 새로운 법률 체계가 등장했다. 잉글랜드의 보통법은 로마법의 영향을 받긴 했지만, 교회법을 통해 간접적으로 받았을 뿐이다. 위대한 법학자인 폴락Pollack, 메이틀랜드Maitland(1895), 다이시Dicey(1908) 등은 중세 시대에 발전한 잉글랜드의 보통법이 재산권을 소중히 하고 보호하는 데 결정적인 역할을 했다고 보았다. 그들은 보통법 덕분에 안정적인 원리가 마련되어서 그 후 몇백 년간 더 복잡한 조직 형태가 등장할 수 있었다고 추론했다.

라 포르타La Porta 외(1998)는 이 전통에 근거하여 잉글랜드의 보통법 전통이 로마법에 바탕을 둔 법률 체계(가령 프랑스나 독일의 법률 체계)보다 더 나은 재산권 보호, 덜 성가신 규제, 더 유리한 시장 환경과 관련이 있다고 주장했다. 이들은 특히 보통법 나라들에서 투자자 보호가 더 체계적이며 탄탄하다고 주장했다. 보통법 나라들은 국내총생산과 무관하게 주주와 채권자에게 강한 권리를 부여하는 경향이 있다. 이는 금융 발전에 상당히 중요한데, 기업 내부자들이 투자자의 돈을 몰수할 수 있는 범위를 제한하기 때문이다. 그러나 프랑스처럼 혁명 이전에 시민법(대륙법)과 보통법의 전통을 두루 지녔던 지역을 연구한 다른 연구에서는 시민법이 경제 발전에 더 불리하다는 증거가 거의 없다고 밝힌 바 있다(Le Bris, 2019). 법적 기원 주장에서 특히 문제가 되는 것은 금융 발전이 시간의 흐름에 따라 크게 달라지며, 1913년 당시 프랑스의 주식시장 자본 투자(경제에서 차지하는 비율로 따졌을 때)가 미국의 2배에 육박했다는 연구 결과다(Rajan and Zingales, 2003).

각 나라의 법 유형은 식민 시대의 중요한 유산이기도 하다. 유럽의 식민지였던 나라들(6장에서 살펴볼 많은 지역)은 대체로 식민 지배국의 법 제도를 받아들였다([그림 3.5] 참조). 어떤 학자들은 영국 식민지들이 영국 보통법을 받아들였기 때문에 다른 유럽 식민지들보다 대체로 더 성공할 수 있었다고 추론한다. 다른 연구에서는 서로 다른 법 전통이 식민지들에 어떻게 이식됐는가가 중요하다고 지적한다(Berkowitz et al, 2003). 오토페랄리아스Oto-Peralías와 로메로아빌라Romero-Ávila(2014)는 영국이 식민지에 보통법을 도입하거나 하지 않은 것은 초기의 인구밀도에 달려 있었다고 주장한다. 인구밀도에 따라 새로운 법전을 시행하는 비용이 달라졌기 때문이다. 식민화가 장기적으로 미친 영향에 관한 논의는 6장에서 본격적으로 다룰 것이다.

다른 법률 체계들은 어떨까? 식민주의 이전 시기 세계 대부분 지역은 비유럽적 법률 체계가 지배했다. 이 법률 체계는 경제성장에 어떤 영향을 미쳤을까? 이 문제에 관해 사회과학에서 진행된 연구는 부족한 편이다. 그러나 쿠란Kuran(2011)은 경직된 이슬람법으로 인해 중동 경제가 유럽에 뒤처지게 된 면이 있다고 지적한 바 있다. 이에 관해서는 4장에서 자세히 살펴보고자 한다. 이는 제도

그림 3.5 ✦ 전 세계 법률의 기원

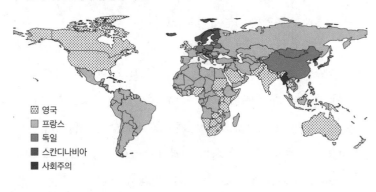

의 문제인 것만큼이나 문화의 문제이기도 하기 때문이다.

정치 제도

제도가 사람들이 수행하는 '게임의 규칙'을 형성한다면, 정치 제도는 사람들이 그 규칙에 **따라 움직이는 이유**다. 정치 제도는 우리의 행동을 규정한다. 예를 들어 국가는 대체로 폭력에 대해 독점에 가까운 힘을 갖는다. 따라서 국가는 강제력(또는 강제력을 행사하겠다는 위협)을 사용해서 사람들이 일정한 방식으로 행동하게끔 할 수 있다.

사회의 자원 배분 또한 정치 제도에 크게 의존한다. 자원 배분은 정치권력을 가진 이들뿐만 아니라 그들의 권력을 뒷받침하는 이들의 욕망까지 반영한다. 민주주의에서는 그 주체가 국민일 수 있고 독재 국가에서는 선별된 군벌 집단일 수 있다. 정치 제도는 경제 활동을 장려하는 데도 대단히 중요한 역할을 한다. 권리를 보호하고, 몰수를 제한하고, 공공재 투자를 장려하는 제도는 투자와 경제적 거래를 유인할 가능성이 더 크다.

정치 제도는 상당히 다양하다. 이 다름이야말로 경제 발전의 차이를 낳는 주요한 원인(이자 결과) 중 하나다. 사회과학자들은 정치 제도를 측정하는 방법을 연구하고 고안해왔고 덕분에 우리는 시간과 공간을 가로질러 각국의 제도를 비교할 수 있다. 가장 널리 사용되는 평가 지표 중 하나는 정치체 점수 지수polity score index-(Marshall and Elzinga-Marshall, 2017)로, 절대적 독재부터 절대적 민주주의에 이르는 범위를 설정하고 나라들의 지표를 측정한다((그림 3.6) 참조). 이 데이터는 경제 발전과 잘 들어맞는다. 유럽과 북아메리카의 점수는 높고 아프리카와 중동은 낮다. 민주주의 지수도 마찬가지다((그림 3.7) 참조). 물론 중대한 예외가 존재한다. 인도와 몽골이다. 이 나라들의 점수는 비교적 좋은 편이지만, 1인당 소득은 OECD 국가들과 상당한 차이가 있다. 정치체 점수 지수는 제도의 독재 경향과 민주주의 경향을 포착해 보여주지만, 이는 정치 제도의 '좋고 나쁨'의 정도를 판단하는 한 측면일 뿐이다.

그런데 국민이 어떤 정부 아래서 살아가는가가 경제성장에 중요한 문제일까? 그렇다면 왜일까? 정부는 성장을 촉진하기 위해 무엇을 하거나 하지 말아야 할까?

제도경제학자들은 정치 제도가 사회의 유인을 결정하기 때문에 성장에 궁극적인 영향을 미친다고 주장한다. 제약이 없는 독재 체제에서는 법의 지배가 기능하지 못한다. 법률 체계를 활용해서 자기 패거리에게 특혜를 주고 반대파에게 해를 끼칠 수 있는 통치자에게는 법의 지배가 적용되지 않기 때문이다. 흔히 독재 체제가 비독재 체제보다 쉽게 부패하며, 자유민주주의(자국 시민의 기본

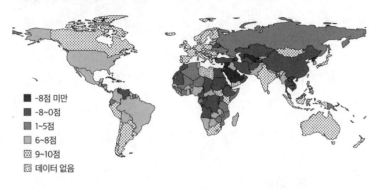

그림 3.6 ✦ 정치체 점수, 2017년

■ -8점 미만
■ -8~0점
■ 1~5점
□ 6~8점
▦ 9~10점
▨ 데이터 없음

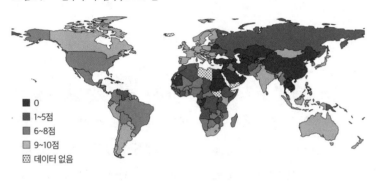

그림 3.7 ✦ 민주주의 점수, 2017년

■ 0
■ 1~5점
■ 6~8점
□ 9~10점
▦ 데이터 없음

권과 자유를 보장하는 사회)는 부패가 덜한 경향이 있다. 하지만 (자유)민주주의가 경제성장을 증진하는지, 또는 그 자체가 경제성장의 산물인지에 관한 증거는 복합적이다. 민주주의 사회가 독재 사회보다 좋은 성과를 올리는 사례가 있고 그 반대의 사례도 있기 때문이다. 중국은 초기에는 인도와 비슷한 발전 수준을 보였으나, 1980년대 이후로는 인도보다 좋은 성과를 올렸다. 중국은 독재 사회인 반면 인도는 인구 기준 세계 최대의 민주주의 국가다.

경제성장에 중요한 요소는 국가의 민주성뿐만이 아니다. 뒤에서 논의하겠지만, 아마 더 중요한 것은 권력을 얼마나 제한할 수 있느냐일 것이다. 비민주적인 국가라면 지배 연합이 얼마나 광범위한가, 나아가 이 연합이 상인과 자본 소유주들의 이해를 얼마나 잘 대표하는지가 중요한 요소다. 다음으로는 정치 제도와 경제 발전을 연결하는 다른 요인들을 논의해보자.

모두를 위한 더 동등한 권리

경제 제도와 정치 제도 중 사회의 장기적인 성장에 더 중요한 건 어느 쪽일까? 정치 제도는 사회의 권력을 누가 갖는지 결정한다. 그러나 정치 제도는 경제적 자원에 의지하는 경향이 있고, 따라서 과거의 경제 제도에도 의지한다. 정치 제도를 통제하는 이들은 이 두 가지를 활용해 경제적 자원에 대한 통제와 자신들의 정치 권력을 증대시킨다(Acemoglu and Robinson, 2006). 바로 이런 점 때문에 제도는 지속적인 빈곤의 원천이 될 수 있다. 만약 소수 엘리트가 정치체제를 통제하는 사회라면, 엘리트들은 권력을 사용해 자신들에게만 유리하고 사회의 나머지는 가난하게 만드는 경제 제도를 만들어낼 것이기 때문이다.

경제 제도와 정치 제도는 서로 영향을 주고받는다. 한 사회의 경제 제도는 정치 제도의 함수인 한편, 정치 제도는 사람들이 마주하는 경제적 유인을 만든다. 그런데 도대체 어떤 방식으로 작동하는 걸까? 성장에 '좋은' 정치 제도는 무엇이며, '나쁜' 정치 제도란 무엇인가?

애쓰모글루와 로빈슨Robinson(2012b)은 정치 제도의 성격이 포용적인지 혹은 착취적인지에 따라 그 제도가 경제에 긍정적인 영향을 미칠지 혹은 부정적인 영향을 미칠지가 결정된다고 주장한다. 포용적 제도는 폭넓은 기반의 경제적 유인과 기회를 창출한다. 포용적 제도는 정치권력을 더 넓게 분배하며, 다양한 사회경제적 계급, 종족, 문화에 속한 사람들을 정치적 교섭 테이블로 데려온다. 이렇게 되면 한 집단이 다른 집단의 권리를 침해하는 게 어려워진다. 민주적 제도는 종종 포용적인 것으로 여겨진다. 순조롭게 기능하는 민주주의 사회라면 공직자에게 이의를 제기할 수 있고, 일정한 자격(나이, 시민권)을 충족하기만 하면 누구든 출마할 수 있으며, 인기 없는 정치인은 투표로 쫓겨난다.

이 스펙트럼의 반대편에는 착취적인 경제·정치 제도가 있다. 착취적인 제도는 폭넓은 유인을 창출하지 못하며, 제약을 거의 받지 않는 소수의 엘리트가 권력을 유지한다. 소수가 권력을 독점하거나 국가의 힘이 너무 약할 때면 일부 집단이 서로를 착취할 수 있는 조건이 무르익는다. 이런 환경에서는 경제 발전이 지속되기 어렵다. 착취적 정치 제도의 사례는 현대의 독재국가에서 찾을 수 있다. 북한, 에리트레아, 투르크메니스탄의 정치 엘리트들은 호화롭게 사는 반면, 이 나라들의 대다수 사람은 겨우 먹고산다. 공공재에 사용될 자금이 엘리트들의 주머니로 들어가고, 투자 수익이 불확실하기 때문에 국내든 해외든 투자의 유인이 거의 존재하지 않는다. 이런 경제는 시간이 흐르면서 정체하기 쉽다.

그렇다면 착취적 제도와 대척점에 있는 포용적 제도는 과연 무엇인가? 우리는 포용적 제도가 사실 특정한 이들에게만 '포용적'일 수 있다는 점을 유념해야 한다. 예컨대 아테네 민주주의는 아테네의 성인 남성들에게는 대단히 포용적인 체제였다(Ober, 2018). 하지만 이 민주주의는 다수의 노예(대대수가 라우리온의 은광산에서 끔찍한 노동을 해야 했다)와 아테네에 공물을 바쳐야 했던 동맹국이나 제국의 구성원들에게는 대단히 착취적이었다. 아테네를 노예나 제국을 보유하지 않은 후대의 비민주주의 사회보다 더 포용적이며 덜 착취적이라고 할 수 있을까? 자국 시민들에게는 시민의 권리와 정치적 권리를 부여하면서도, 이웃 소읍이나 도시들에는 착취적 제도를 강제했던 피렌체공화국도 비슷한 관점에서 생각해 볼 수 있다(Epstein, 2000). 더 최근 사례를 살펴보자. 17세기 이래 북아메리카는 세계의 그 어떤 지역보다 백인 남성에게 개방적이고 평등한 정치 제도를 유지해왔다. 그와 동시에, 미국은 노예제가 폐지된 뒤에도 1960년대까지 아프리카계 미국인들의 투표권(과 다른 많은 권리)을 억압했다.

애쓰모글루와 로빈슨(2019)은 이런 분명한 역설을 설명하기 위해 '자유로 가는 좁은 회랑'이라는 개념을 도입했다. 두 사람은 정치 발전이 하나의 과정임을 인정한다. 포용적 제도는 제대로 기능하는 국가, 즉 강력한 이익집단이나 부패한 엘리트들을 억압할 힘이 있는 국가에서 가능하다. 하지만 국가의 힘이 지나치게 강력해지면 포용적 제도를 위협할 수 있다. 국가권력의 증대와 시민사회의 발전은 나란히 진행되어야 한다. 시민사회만이 국가권력을 제한할 수 있기 때문이다.

국가가 사회에 비해 지나치게 강력해지면, 사회는 회랑에서 밀려나고 전제적 통치와 착취적 제도로 귀결될 위험이 있다. 하지만 국가가 너무 약해서도 안 된다. 아나키즘이나 부족주의가 대두하거나 공공재 공급이 원활하지 못할 경우 국가는 힘을 잃는다. 애쓰모글루와 로빈슨은 중국 사회가 전자의 경우이며, 후자는 사하라사막 이남 아프리카 대부분이 겪는 빈곤과 정체를 설명해 준다고 보았다.

노스North 외(2009)가 제시한 '자연 상태natural state'와 '개방적 접근 질서open-access order'라는 개념이 이와 관련이 있다. '자연 상태'는 18세기 전까지 모든 곳에 존재하는 정치 조직의 유일한 형태였다. 자연 상태에서는 개인적 관계가 사회 조직의 토대를 이룬다. 사람들은 누구와 관계를 맺고 있는지에 따라, 사회적·경제적 위계에 따라 다른 대우를 받고, 법률이 있다고 해도 신분에 따라 다르게 적용된다. 자연 상태에서도 성장은 이루어질 수 있지만 제한적이다. 엘리트 집단이 인구의 나머지를 착취하는 구조에서는 엘리트 집단에 이득이 되는 재화에만 투자가 이루어진다. 역사상 거의 모든 사회가 이런 식으로 구조화되었고, 오늘날에도 많은 사회가 그러하다. 봉건 시대 유럽과 막부 시대 일본, 유럽의 모든 식민지는 자연 상태의 정치 제도를 유지했으며, 오늘날 아프리카와 중동, 중앙아시아의 많은 국가가 자연 상태에 속한다.

이 논쟁의 열쇠는 **지대**地代, rent 개념이다. 경제적 지대는 기회비용을 넘어서는 수익이다. 지대는 정부 정책과 진입을 제한하는 경제활동 규제에 따라 발생한다. 툴록Tullock(1967)은 경제적 행위자들이 지대를 추구하면서 소비하는 모든 자원이 지대 비용에 포함된다고 통찰했다. 이 비용은 매우 클 수 있다. 지대추구rent-seeking 개념은 이자율 제한(Ekelund et al, 1996; Koyama, 2010a), 독점 판매 제한(Ekelund and Tollison, 1997), 정부 관직에 대한 제한을 포함해 과거에 널리 퍼진 많은 제도를 설명해준다. 노스 외(2009)는 지대가 '자연 상태'를 하나로 묶어 준다고 주장했는데, 이는 사람들이 폭력을 쓰지 못하게 관리한다는 의미다. 개인들은 질서를 고수하는 게 그들에게 이익이 되기 때문에 무력에 호소해서 기존 정치 질서에 도전하지 않는다.

노스 외(2009)에 따르면, 사회는 장기적 경제 발전을 위해 개방적 접근 질서로 이행해야 한다. 개방적 접근 질서란 애쓰모글루와 로빈슨(2012b)이 '포용적'이라고 지칭하는 것과 비슷한 정치체제 유형이다. 노스와 공저자들이 강조하는 것은 개인과 집단이 국가와 무관하게 조직을 형성하여 장기간 지속할 수 있느냐다. 지속적인 경제성장을 위해 중요한 것은 형식적 민주주의가 아니라, 정치적 찬동 없이도 경쟁 정당을 창립하거나 사업체를 설립하는 게 얼마나 쉽게 이뤄지는가 하는 것이다. 이를 기준으로 할 때, 노스와 공저자들은 오늘날 진정한 '개방적 접근 질서'를 지닌 나라는 소수뿐이라고 주장한다.

그리하여 다음 질문을 제기할 수 있다. 사회는 어떻게 개방적 접근 질서나 포용적 제도로 이행하는가? 애쓰모글루와 로빈슨(2019)이 말하는 이른바 '좁은 회랑'에는 어떻게 들어서는 걸까? 발전의 관점에서 본다면 이 질문이야말로 핵심이다. 어떤 제도가 필요한지 아는 것과 그 제도에 어떻게 도달하는지 아는 것은 완전히 별개의 문제다.

애쓰모글루와 로빈슨(2012b)에 따르면 어떤 사회든 과거의 한 시점에 도약을 가능케(또는 불가능하게) 하는 '결정적인 단계'가 존재한다. 노스 외(2009)는 자연 상태의 사회에서 그러한 도약을 이루려면 '사전적 조건'을 달성해야 한다고 보았다. 하지만 그 경우에도 도약이 보장되지는 않는다.

요컨대, 사회가 '좋은' 정치 제도를 달성할 수 있는 명확한 방법이나, 일반적인 답은 존재하지 않는다. 어떤 사회는 그런 제도를 이뤘고 다른 사회는 그러지 못했다. 하지만 그렇다고 해서 이 문헌들에 아무런 교훈이 없는 것은 아니다. 각 사회가 어떻게 도약을 이루었는지 이해할 수 있다면 무엇이 성장에 도움이 되는지 알 수 있기 때문이다.

제도와 상업혁명

1000년에서 1300년 사이 유럽은 지속적인 경제성장을 경험했다. 인구가 증가하고, 1인당 소득이 증대되고, 도시화 비율이 극적으로 높아지고, 무역량이 몇 배 증가했다. 이는 결국 서서히 잦아들었기 때문에 근대적 경제성장으로 볼 수는 없지만, 그래도 성장은 성장이었다. 일부 경제사학자들은 바로 이 성장이 이후의 발전을 위한 장을 마련해주었다고 평가한다. 서던Southern(1970, 34쪽)은 심지어 이렇게 말하기도 했다. "오늘날 경제학자들이 저발전 나라들에서 간절히 기대하는 자발적 팽창의 순간은 11세기 말 서유럽에서 발생했다." 치폴라Cipolla(1976, 139쪽)는 10세기부터 12세기까지 유럽에서 도시가 발흥한 것이 "서구 역사의 전환점" 가운데 하나라고 설명했다. 이런 언급은 과장일지 모른다. 하지만 이때가 주목할 만한 경제성장의 시기였음은 의문의 여지가 없다.

상업혁명의 특징은 원거리 무역의 부활이다. 무역은 정치적 경계선과 관할구역을 아울러 이루어졌으나, 서로 다른 도시에서 활동하는 상인들 사이의 계약을 강제할 정치 기구는 존재하지 않았다. 그런데 무역은 어떻게 가능했을까? 상인들은 자기를 속이는 상대를 어떻게 벌할 수 있었을까?

서로 다른 관할구역에서 물건을 파는 중세 상인들은 다음과 같은 문제에 부딪혔다. 어느 잉글랜드 상인이 자국에서 5파운드의 가치가 있는 양모를 갖고 있다고 가정해보자. 그는 양모값이 더 비싼 플랑드르로 물건을 가져가고, 8파운드에 양모를 살 수 있는 플랑드르 상인을 만난다. 거래는 5파운드와 8파운드 사이의 가격으로 이루어지고 양쪽 다 이득을 본다. 거래는 상호 이익이 된다.

하지만 만약 이러저러한 이유로 상품 인도나 지불이 지연된다고 가정해보자. 구매와 지불 사이에 지연이 발생하면, 플랑드르 상인은 약속을 어길 기회를 얻는다. 플랑드르 상인이 정화正貨(지폐가 아닌 금은 등의 실물 화폐)가 부족해서 외상을 했고 먼저 양모를 받았다면, 잉글랜드로 돈을 보낼지 말지 선택할 수 있게 되기 때문이다. 두 상인이 앞으로 정기적으로 무역할 게 아니라면, 돈을 안 보내도 되지 않을까? 개인의 양심은 협력을 강제할 만큼 충분히 강하지 않다. 이런 점을 잘 아는 잉글랜드 상인은 선급으로 돈을 받지 않으면 무역에 동의하지 않는다. 그러므로 무역에서의 잠재적 이득은 절대 실현되지 않는다.

그라이프(2000)는 이런 점이 거래의 근본 문제라고 설명했다. 무역은 현장 거래가 이루어질 수 있거나 상인들끼리 신용 거래를 할 만큼 서로를 충분히 신뢰하는 경우에만 가능하다. 이는 일반화가 가능한 통찰이다. 신뢰가 존재하지 않으면 무역의 비용은 대단히 커진다. 상품의 질에 관한 정보가 부족해도 비슷한 문제가 발생한다. 물건의 결함은 구매하는 순간에는 잘 보이지 않다가, 사고 나서야 분명히 보이기 마련이다. 결함 있는 물건을 구매한 결과는 오롯이 구매자의 부담이 된다. 구제 방법이 거의 없기 때문이다

(Richardson, 2008). 상인들은 익명으로 만나는 거래 상대에게 결함 있는 상품을 건네고, 질 좋은 제품은 아는 사람과의 거래를 위해 남겨둘 수도 있었다.

그라이프는 게임 이론을 활용해서 중세 시대의 상인 공동체가 어떻게 이러한 문제를 해결했는지 설명했다. 그는 우선 10~11세기에 지중해 무역에서 두각을 나타낸 마그레브의 무역업자들(이슬람 지역인 북아프리카에서 활동하는 유대인 무역업자들)을 검토했다(Greif, 1989, 1993, 2006). 신뢰할 수 있는 중앙집중적인 법률 체계가 부재한 가운데 원거리 무역에 나섰던 무역업자들은 문제에 부딪혔다. 지중해의 각기 다른 지역에서 사업을 수행하기 위해서는 대리인을 고용할 필요가 있었던 것이다. 이들은 대리인이 속임수를 쓸 수 없도록 어떤 장치를 마련했을까?

마그레브 무역업자들이 성공을 거둔 열쇠는 다자간 처벌 전략이었다. 이들은 집단에 속한 누군가가 속임수를 쓰면 그를 처벌하기로 합의했다. 처벌의 효과는 공동체가 얼마나 촘촘하게 짜여 있느냐에 따라 달라졌다. 그라이프는 마그레브 무역업자들이 상인 연합 사이에서 상업 대리인들의 행태에 관한 정보를 공유하고 퍼뜨릴 수 있었다는 증거를 보여주었다.

11~12세기에는 마그레브 무역업자들이 아닌 이탈리아 상인들이 지중해 무역을 장악했다. 그라이프(2002, 2006)는 이탈리아 상인들이 공동 책임 덕분에 거래 문제를 극복할 수 있었다고 설명한다. 공동 책임이란 개별 상인들이 동료의 행동에 책임을 지는 것을 뜻한다. 즉 어떤 상인이 채무 상환을 거부하거나 다른 상인을 속이면, 그와 같은 도시 출신의 다른 상인이 가진 상품을 압류할 수 있었다. 개인이 초래하는 비용이 공동체의 부담이 되는 체제

였기 때문에, 공동체의 내적 강제를 활용해서 국내 상인들이 외국인을 속이지 못하게 막을 수 있었다. 앞서 살펴본 플랑드르 상인의 법정은 잉글랜드 상인이 속한 법정이 제기하는 항의를 인정해야 했다. 잉글랜드의 법정은 그 나름대로 진정한 항의만 옹호했기 때문이다. 그리하여 채무자와 대부자가 서로 다시는 무역을 하지 않더라도 전자는 채무를 책임지고 상환했다.

그라이프의 모델은 광범위한 법치가 없는 가운데서도 어떻게 무역이 활성화될 수 있었는지 설명해준다. 제도는 시간과 공간에 따라 달랐지만, 한 가지 공통점이 있었다. 사람들이 약속을 지키도록 유인을 제공한 것이다. 그리하여 국가가 영토 전체에 법치를 제공하기 한참 전에도 무역이 번성할 수 있었다.

국가와 시장 사이
: 길드

국가에서 만드는 공식적인 규칙만이 제도는 아니다. 상업혁명 때는 **길드**가 중요한 제도의 역할을 했다. 중세 후기부터 산업혁명에 이르기까지 다양한 장인, 상인 길드가 유럽 경제의 광범위한 영역을 규제했다. 길드 활동을 말하지 않고서는 중세 경제의 융성에 대해 이야기를 풀어나갈 수 없다.

12세기부터 16세기에 이르는 동안 도시 생활을 지배한 것은 수공업 길드였다. 무역에 참여하려면 우선 길드의 성원이 되어야 했다. 대장장이, 신발 제조공, 도축업자, 제빵업자, 양조업자, 점원, 예능인 모두 마찬가지였다. 길드 가입에는 제한이 있었고, 장인이 되려면 오랜 도제 생활을 거쳐야 했다. 수공업 길드는 상품과 노동 시장을 규제하는 등 다양한 기능을 수행했으며, 지역 정치 당국이 세금을 징수하는 것도 도왔다. 길드는 지역의 정치 당국과 협력하며 특권을 유지했다(Ogilvie, 2019).

수공업 길드는 논쟁의 중심에 있는 주제였다. 길드는 경제 일반에 비용을 부과하는 지대 추구 제도였을까? 아니면 중요한 경제적 기능을 했는가? 이론상 둘 다 가능하다. 길드는 가입을 제한함으로써 회원들에게 높은 이윤을 창출해주었다. 그와 동시에 협력 문제를 해결하고, 상인들을 국가의 약탈에서 보호하고, 시장의 실패를 해결하는 걸 도왔다.

리처드슨(2008)은 수공업 길드가 품질 확인 같은 정보의 비대칭 문제를 해결했다고 주장한다. 길드는 하나의 브랜드였고, 그 '이름값' 덕분에 도시 바깥에서도 물건이 잘 팔렸기 때문에 이를 지키고자 제품의 질을 높게 유지하려 했다. 일부 상품이 지금도 도시와 연결되는 것은 이런 이유 때문이다. 런던의 주석합금 제조업자 길드는 특히 질이 좋은 주석합금을 만들었다(지금도 런던 주석합금이라고 부른다). 부르고뉴의 포도주 제조업자는 향이 훌륭한 포도주를 만들었고 따라서 수요도 많았다. 파르마의 치즈 제조업자는 아주 맛좋은 치즈를 만들었다.

수공업 길드의 역할은 이뿐만이 아니었다. 엡스타인Epstein (1998)은 수공업 길드와 도제 제도가 인적 자본을 유인하는 데 결정적인 역할을 했다고 주장한다. 길드에 속한 장인들이 하는 일은 배우는 데 몇 년이 걸리는 대단히 숙련된 기술이었다. 엡스타인은 장인들이 도제 제도를 통해 노동을 규제하는 것이 기술 이전 비용을 벌충하는 유일한 방법이었다고 주장한다. 기술을 가르치는 데는 선불 비용이 들어갔으나, 즉각적인 이득은 거의 없었기 때문이다. 장인들은 나중에 실현될 가치를 위해 비용을 벌충할 필요가 있었고, 길드 제도를 통해 받을 수 있는 사용료가 이런 유인을 제공했다. 사용료는 또한 혁신의 유인이 되기도 했다. 독점 사용료는 대개 발명가의 몫이었다. 아무나 거래를 시작할 수 없었기 때문이다. 그 결과 중세 후기에는 기술과 자본에서 많은 자잘한 개선이 이루어졌다. 들라크루아De la Croix 외(2017)는 새로운 기술들이 장인들을 통해 유럽 전역에 서서히 전파됐음을 보여준다. 길드의 장인들은 도시에서 도시로 옮겨 다니면서 앞선 일자리에서 얻은 지식('물건 만드는 법')을 활용하곤 했다. 이런 점에서 볼 때 길드는 혁신을 부추기고 뛰어난 기술을 퍼뜨렸다고 할 수 있다.

이와 대조적으로, 오길비Ogilvie(2019)는 수공업 길드에 대한 다른 주장을 편다. 그는 길드가 회원들에게는 이득이 되었지만, 사회 일반에는 종종 비용을 전가하는 지대 추구 조직이었다고 설명한다. 오길비는 길드 활동에 관한 두 데이터베이스를 바탕으로 길드가 회원이 아닌 이들의 경제활동을 일상적으로 제한하고, 정부에 특권을 요구했으며 벌금, 수수료, 몰수, 폭력 등을 사용해 특권을 행사했다는 증거를 보여준다. 길드는 그들의 수익을 위협하는 혁신에 반대했다. 이런 점에서 본다면, 길드는 중세 후기 경제활동을 방해했다고 할 수 있다. 진실은 위의 두 견해 사이 어딘가에 있을 것이다.

한편, 상인 길드는 중세 후기 대부분 시기 동안, 특히 북유럽의 자유도시들에서 무역을 지배했다(Ogilvie, 2011). 이런 길드 가운데 가장 유명한 것은 독일의 한자Hansa동맹이다. 한자동맹 회원들은 오늘날의 독일, 폴란드, 덴마크, 네덜란드, 벨기에, 잉글랜드 전역에 있는 도시들의 다른 회원들과 무역을 했다.

상인들에게 값어치 나가는 화물을 외국 땅으로 운반하는 건 위험한 일이었다. 무법자들이 물리적 위험을 가할 수도 있고, 현지 통치자들이 상품을 몰수하려 들 수도 있었다. 상인들은 이를 막기 위해 어떤 조치를 했을까? 그들은 누구에게 호소할 수 있었을까? 그라이프 외(1994)에 따르면, 상인 길드는 그들의 권리를 침해하려는 통치자에 맞서 집단적 목소리를 냈다. 어떤 상인이 권리를 침해당하면 길드는 그 도시를 대상으로 보이콧을 했다. 이렇게 되면 통치자들이 무역에서 얻는 세입이 고갈되기 때문에 상인들의 권리를 침해하려는 유인이 크게 감소했다. 개인은 이런 일을 할 수 없었지만 길드는 가능했다. 보이콧에는 집단행동이 필요하기 때문이다. 보이콧 기간에 해당 도시에서 거래하는 게 발각된 상인(오늘날의 용어로 하자면 '파업 파괴자')은 길드에서 쫓겨날 수 있었다. 평생 상당한 소득을 올릴 기회가 사라지는 것이었다.

그러나 국가의 규모가 커지고 자국 시민의 권리를 더 많이 보호할 수 있게 되자 상인 길드는 점점 불필요해졌다. 상인 길드는 독점 특권을 통해 사회에 비용을 부과했다(Ogilvie, 2011). 국가와 법적 역량이 제한적이었던 중세에는 이런 비용이 감당할 만했다. 길드 덕분에 교역이 가능했기 때문이다. 그렇다면 국가는 어떻게 상인 길드 제도를 쓸모없게 만들 만큼 법적 역량을 획득하게 된 걸까? 이제 이 질문의 답을 알아보도록 하자.

의회와
제한정부의 부상

산업혁명으로 이어지는 시기, 유럽 정치 제도에 나타난 중요한 변화는 바로 **제한정부의 부상**이었다. 이름이 함축하는 것처럼, 제한정부는 통치 엘리트의 권한을 제한한다. 정부를 이루는 각 부분에 권력을 견제하는 장치가 있으며, 어느 한 집단이 너무 많은 힘을 갖는 걸 제한한다. 이러한 견제는 경제성장에 도움이 된다. 포용적 정치 제도나 개방적 접근 질서는 모두 어느 정도 제한정부의 설립에 도움을 준다.

그런데 사회는 어떻게 제한정부를 얻는 걸까? 세계사를 통틀어 정부들은 제한과는 거리가 멀었다. 소수의 엘리트 집단이 대부분의 권력을 소유했고, 사회의 나머지는 반발할 수 있는 힘이 거의 없었다. 변화가 시작된 것은 상업혁명 시기의 유럽에서였다. 11~12세기에 이탈리아 북부, 저지대 국가, 뒤이어 라인란트 지역과 독일 전역에서 자치 도시나 독립 도시가 등장했다. 단일한 강력한 통치자가 부재한 상황에서 상인들은 정치적으로 두각을 나타낼 수 있었다. 상인들은 그들에게 유리하면서 대체로 무역 팽창에도 유리한 개혁을 실행했다. 이런 이유에서 독립적 도시국가들은 상업혁명 시기에 무역의 부활을 이끈 선구자들이었다.

중세 후기에는 의회가 부상했다. '의회parliament'는 주권자의 권력을 제한하는 능력을 지닌 정치적 회의체를 가리킨다. 의회는 대체로 세 유형의 엘리트 즉 성직자, 지주 귀족, 도시 부르주아지로 구성되었다. 중세 최초의 의회인 일명 코르테스cortes는 중세 에스파냐의 레온과 카스티야에서 등장한 뒤 12~13세기에 유럽 각지로 퍼졌다(van Zanden et al, 2012). 의회는 적어도 이론상으로는 다수의 이익을 **대표하는** 기구였고, 따라서 굉장히 중요했다. 고대 세계에서 민주주의란 언제나 직접민주주의를 의미했다. 고대 그리스 아테네에서는 집회에 모인 시민 전체가 주권을 가졌다. 아테네에 거주하지 않는 사람들은 집회에 참석할 수 없었다. 이런 통치 방식은 규모 조정이 원활하지 않았다. 의회 같은 **대의** 제도가 발전하면서 훨씬 광범위한 정치적 조직체에 있는 사람들도 간접적으로나마 통치 과정에 참여할 수 있게 되었다.

　의회는 중세 시대 왕들이 귀족을 중심으로 소집한 회의에서 등장했다. 잉글랜드에서는 1215년 존 왕(1199~1216년 재위)과 귀족들이 서명한 마그나카르타가 중세 의회의 형성에 결정적 역할을 했다. 마그나카르타는 존 왕이 프랑스 왕에게 패배한 뒤(그리고 노르망디 영토를 빼앗긴 뒤) 그의 권력 남용에 대한 항의로 생겨났다(Koyama, 2016). 마그나카르타가 어떻게 대의 제도의 부상으로 이어졌는지 이해하려면, 우선 존 왕이 관장한 봉건제를 알아야 한다. 노스 외 (2009)가 소개한 '자연 상태'라는 프레임워크를 활용해보자.

　앞서 논의한 이 프레임워크에서 정치 엘리트들은 독점 지대를 창출하기 위해 여러 경제 영역의 진입을 제한했다. 독점 지대는 기존 권력 구조를 혼란에 빠뜨릴 수 있는 강제력을 가진 이들에게 분배되었다. 중세 잉글랜드에서는 상당한 영토를 가진 대귀족들이 그 주역이었다. 이런 상황에서 국가는 모든 국민에게 법치를 제공하지 못한다. 개인들을 다르게 대우하며 정치 질서를 유지하기 때문이다. '자연 상태' 정치체제는 공적인 규칙 대신 개인적 강제와 신분 규칙에 따라 통치한다. 개인들은 종교나 계급, 출생지, 거주지에 따라 다른 대우를 받았다.

1200년 무렵 잉글랜드 국왕이 지닌 권력의 원천은 두 가지였다. 첫째, 국왕은 가장 토지가 많은 지주였다. 왕국의 수입 대부분이 토지에서 나왔기 때문에 이는 무엇보다 중요했다. 둘째, 왕은 봉건 제도의 꼭대기에 있었다. 나라의 모든 영주가 왕에게 충성을 맹세했다. 왕은 직계 남성 상속자가 없는 경우 토지를 분배할 수 있었고, 재판을 열거나 정의를 강제할 권리를 포함해 광범위한 대권을 지녔다. 그러나 평화시에 신민들에게 세금을 부과할 권리는 없었다. 이론상 왕은 자신의 소유지에서 나오는 수익으로 "스스로 생활을 영위해야" 했다.

프랑스와의 전쟁 비용을 충당하기 위해 존 왕은 봉건 통치자가 끌어모을 수 있는 모든 수입원을 활용했다. 후견권(미성년자가 성년이 될 때까지 그의 토지를 관리하는 권리)을 팔았고, 부유한 여성 상속인과 결혼할 권리도 팔았다. 이 같은 봉건적 권리는 전통적으로 귀족 사이의 동맹을 공고히 하는 데 이용되었지만 존 왕은 즉각적인 이익을 위해 활용했다. 존은 봉건 군주라는 지위를 등에 업고 법정에 대한 통제권을 활용해 정의를 판매했다. 그리고 잉글랜드의 유대인 공동체에 가차 없이 세금을 부과했다(Koyama, 2010b).

존은 이렇게 권력을 남용하며 13세기 잉글랜드의 통치 연합을 이루는 유력한 영주들을 소외시켰다. 그러나 영주들은 왕을 물리칠 수 있는 군사력을 보유하고 있었다. 영주들은 왕에게 마그나 카르타에 동의하도록 강제했고, 왕권(특히 동의 없이 세금을 징수할 수 있는 권리)에 제한을 두게 했다. 결과는 영주들의 승리였다. 마그나카르타는 왕이 이 법에 종속된다는 것을 단호히 명시했다.

왕과 주요 귀족들의 회합을 묘사하는 '의회'라는 용어가 등장한 것은 존의 후계자인 헨리 3세(1216~1272년 재위)의 통치기였다.

의회가 처음에 맡은 역할은 사법과 관련된 것이었다. 의회는 여러 법적 소송을 심리했으며 얼마 지나지 않아 재정 문제에서도 중요한 역할을 맡았다. 에드워드 1세(1272~1307년 재위) 치세에 의회는 국왕에게 세금 징수권을 부여하는 데 결정적인 역할을 했다. 에드워드 1세는 정기적으로 의회를 소집했는데, 귀족과 성직자 외에도 도시 부르주아지의 대표들도 참석했다. 나머지 중세 시대 동안 잉글랜드 왕들은 특히 전쟁 시기에 의회에 의지해서 필요한 세금을 거뒀다.

유럽 전역에서는 중세 시대 동안 대의 기관이 번성했다. 하지만 이 기관들이 모두 잉글랜드 의회 같은 국가기관이 된 것은 아니다. 예를 들어, 파리 의회는 잉글랜드 의회와 기원이 비슷했으며 프랑스 왕국 전체를 담당한 기구였지만, 프랑스 왕은 백년전쟁이 발발한 시기부터 툴루즈, 루앙, 기엔, 가스코뉴, 부르고뉴, 프로방스 등의 지방 의회에 권한을 이양했다. 이 의회들은 국가의 이익보다는 지방의 이익을 대표했다. 지방 의회들은 프랑스 군주를 제약할 만큼 강력한 기관이 나타나는 것을 가로막았다. 레온과 아라곤에서도 의회cortes가 열리기는 했지만, 1469년에 아라곤 왕국과 카스티야 왕국이 통일한 뒤 에스파냐 왕국에 맞서 국지적 저항을 할 수 있었을 뿐이다.

오늘날과 달리 의회는 군주가 소집할 때에만 열렸고, 군주는 무언가(주로 세금) 필요할 때에만 의회를 소집하곤 했다. 의회는 그 대가로 몇 가지 유리한 법률이나 정책, 권리를 받아냈다. 의회가 소집되는 빈도는 국왕을 제약하는 의회의 권력을 반영하므로, 제한적 통치limited governance의 정도를 보여주는 지표로 활용될 수 있다(van Zanden et al, 2012). [그림 3.8]은 서유럽 국가들의 의회 활동

빈도를 나타낸 것인데, 한 가지 특징이 곧바로 드러난다. 남유럽의 의회 활동은 시간이 흐르면서 줄어든 반면, 북서유럽의 의회 활동은 16세기와 17세기에 빠르게 증가했다. 이는 북서유럽이 경제적으로 부상하기 직전의 일이다.

이것이 단순한 우연의 일치일까? 타이밍을 보면 그렇지 않다는 걸 알 수 있다. 북서유럽 각국, 특히 잉글랜드와 네덜란드의 의회는 경제성장이 가속화되던 무렵에 강해졌다. 근대적 경제를 구축하는 과정에서 제한정부의 역할을 검토할 때 우리가 기대하는 것이 바로 이런 점이다. 우연의 일치일 수도 있겠지만, 앞서 설명한 문헌들은 이 연관성이 인과적임을 보여준다. 이런 이유에서 제한적 통치의 부상은 근대적 경제가 부상하기 위한 전제조건을 논의할 때 빼놓을 수 없는 쟁점이다. 이에 관해서는 7장에서 자세히 논의할 것이다.

전쟁과 국가 재정

왜 어떤 사회는 개인에게 동등한 권리를 제공하고, 소유권을 보장하고, 요소 시장을 번성하게 하는 제도를 갖게 되는 걸까? 이러한 제도 발전을 좌우한 중요한 요인 중 하나는 바로 전쟁이었다.

고대 아테네에서 성인 남성 시민에게 참정권을 부여한 것은 시민들이 해군을 유지하는 데 결정적인 도움이 됐기 때문이다(Stasavage, 2020). 하지만 유럽 역사에서 이는 일반적이지 않았다. 왜일까? 19세기 전까지 유럽인들은 거의 항상 서로 전쟁을 벌였는

그림 3.8 • 유럽의 의회 활동, 1100~1800년

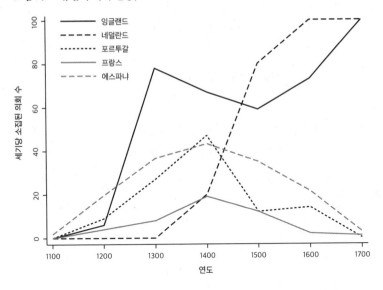

데 말이다. 전쟁이 난무하는 상황은 유럽의 제도를 어떻게 변화시켰을까? 어떤 학자들은 전쟁을 하려면 돈이 필요하다는 단순한 사실에 초점을 맞춘다. 돈을 확보하려면 과세 역량이 필요하다. 경제학자와 정치학자 들은 이를 국가의 '재정 역량'이라고 부른다.

국가는 어떻게 재정 역량을 획득하는가? 국가를 지탱할 충분한 세입을 모으는 건 쉽지 않은 문제다. 사람들은 대가를 기대할 수 없다면 대체로 세금 내는 일을 좋아하지 않는다. 세금을 거둔다고 하더라도 탈세에 대한 처벌이 없다면 무임승차자들이 생길 것이다. 이 문제를 해결하기 위해서는 관련 당사자, 즉 세금을 징수하는 통치자와 세금을 내는 시민에게 적합한 유인과 제도가 필요하다. 하지만 일단 이 문제를 해결하더라도 국가가 전쟁만 벌인다면 시민들에게 세금을 내라고 설득할 수 없다. 국가는 교통망과 교

육, 기반시설 같은 공공재 등도 제공해야 한다.

재정 역량은 진공 상태에서 생겨나지 않는다. 이 역량은 학자들이 말하는 이른바 국가 역량의 다른 측면들과 관련이 있다. 정책을 실행하고, 정의를 실현하고, 시민을 보호하는 등의 능력이 그것이다. 이런 능력이 있는 국가는 장기적으로 더 나은 경제적 가능성을 보여주는 경향이 있다. 국가 역량은 국가의 크기와는 다르다. 정부가 거대하지만 비효율적인 관료제를 갖추었다면 국가 규모가 아무리 클지라도 재정 역량을 신장할 수 없다. 한편 작은 국가라도 적합한 목표와 수단을 갖춘다면 경제성장을 달성할 수 있다.

장기적으로 볼 때, 유럽 국가들이 재정 역량을 탄탄하게 쌓을 수 있던 비결은 '신뢰와 약속 문제'를 해결했기 때문이다. 절대 권력을 열망하거나 법률이나 의회 같은 대의기구의 제약을 받지 않는 통치자의 약속은 신뢰할 수 없었다. 중세와 근대 초 국왕들은 종종 신민들에게 한 약속을 어겼다. 가령 십자군을 구성한다고 돈을 모아서 그 수입을 사적으로 써버리는 식이었다. 그러나 왕이 약속을 어겨도 책임을 묻기는 어려웠다. 어쨌든 왕이니까! 드렐리크먼Drelichman과 보스Voth(2016)는 에스파냐의 펠리페 2세(1556~1598년 재위)를 "지옥에서 온 채무자"라고 부른다. 그가 빚을 갚지 않는 것으로 워낙 악명이 높았기 때문이다. 잉글랜드에서는 이런 약속 문제가 해결되고 나서야 세입이 늘어나기 시작했다. 의회가 상설 기관(군주가 소집하고 해산시킬 수 있는 기관이 아닌)이 되면서 가능해진 일이었다.

산업화 이전 국가들이 부딪힌 또 다른 문제는 재정이 조각조각 나뉘어 있었다는 점이었다. 그 결과 이 국가들은 세금 무임승차로 고통을 받았다(이미 다른 지역에서 충분한 세금을 중앙으로 보내는데,

왜 우리 지역에서도 중앙정부에 돈을 보내야 하는가?). 국가는 무임승차자 문제를 극복하기 위해 재정집중화를 이루었다. 국가는 이 과정에서 세입을 늘릴 수 있었고, 시장 팽창과 노동 분업에서도 도움을 받았다. 책임감 있는 정부가 건전한 재정 정책을 따르게 되면서 신용 위험도를 낮추기도 쉬워졌다. 하지만 통치자가 무분별한 전쟁을 벌여 자금을 낭비할 가능성도 언제나 있었기에, 국가는 정부의 재량권을 제한하고, 더불어 중앙집중화된 재정 체계를 정비하고 나서야 낮은 비용으로 돈을 빌릴 수 있었다(Dincecco, 2009). 덕분에 16세기와 19세기 사이 유럽 각국의 정부 세입은 대대적으로 늘어났다([그림 3.9] 참조).

일부 국가는 왜, 언제, 어떻게 재정 역량에 투자를 했을까? 근대 초 유럽에서 의회는 세금 징수 권한과 정당성을 부여하는 데 핵심적인 역할을 했다. 국가의 재정이 조각조각 나뉘어 있었기 때문에 통치자들은 세입을 거둬들이기 위해 엘리트들에게 동의를 받아야 했다. 의회는 동의를 받는 수단이었다. 지금까지 우리는 의회가 어떻게 통치자의 자의적 권력을 제한했는지에만 초점을 맞추었다. 하지만 의회는 군주의 자의적 권력을 제약함으로써 군주의 약속을 신뢰할 만한 것으로 만들었고, 그 권력을 강화해주었다. 그리하여 통치자는 더 많은 돈을 거둬들이고 더 큰 비용을 들여 더 오랫동안 전쟁을 치렀다. 예를 들어 네덜란드공화국은 1568년 합스부르크의 지배를 떨쳐버린 뒤 에스파냐 제국을 상대로 80년전쟁을 시작했고, 뒤이어 프랑스와도 40년 넘게 띄엄띄엄 전쟁을 벌였다. 잉글랜드의 관점에서 보면 1688년 명예혁명은 프랑스를 상대로 '2차 백년전쟁'을 개시하는 계기가 되었다. 이들은 왜, 그리고 어떻게 그토록 장기간에 걸쳐 값비싼 전쟁을 수행할 수 있었던 걸까?

이 질문을 던진 것은 틸리Tilly(1975, 1990)였다. "전쟁이 국가를 만들고, 국가가 전쟁을 만들었다"는 그의 언명은 이 문제를 간결하게 요약해준다. 중세와 근대 초 유럽 국가들은 모두 전쟁에 몰두했다. 1800년 이전 유럽 각국은 세입의 대부분을 전쟁 비용이나 앞선 전쟁으로 인해 생겨난 부채를 갚는 데 썼다. 틸리(1990)는 국가 형성의 경로를 세 가지로 구분했다. '강압 집약적 경로', '자본 집약적 경로', '혼합 경로'가 그것이다.

강압 집약적 경로를 밟은 것은 프로이센과 러시아였다. 이 국가들은 전쟁으로부터, 전쟁을 위해 만들어졌다. 프로이센과 러시아는 국민에게 세금만 부과하는 게 아니라, 징집을 통해 노동력을 비롯한 자원을 직접 동원했다. 17세기 러시아는 2년 중 1년은 서부 국경에서 전쟁을 벌였다. 남부와 동부 국경에서는 전쟁이 계속 이어졌다(Pipes, 1974). 전쟁 무기가 점점 강력해짐에 따라 국가는 더 광범위한 사람들에게 완력을 행사하고 세입을 요구했다. 하지만 이는 장기적인 경제 성과로 이어지지 않았다. 이런 체제에서는 개인들이 자본에 투자할 유인이 별로 없었다.

반대편 극단에는 자본 집약적 경로를 따른 국가들이 있었다. 이탈리아 북부, 중유럽, 저지대 도시국가 다수가 이 길을 따랐다. 국가의 부가 팽창함에 따라 국가도 팽창했다. 자본 집약적 국가들 또한 종종 전쟁을 벌였다. 이 국가들은 대체로 시민의 권리를, 특히 상업에 종사하는 시민의 권리를 보호했고 그 대가로 경제 엘리트들에게 세입을 징수했다. 이 도시국가들은 **상인을 위해, 상인에 의해** 운영되었기 때문에 비교적 낮은 금리로 돈을 빌릴 수 있었다(Stasavage, 2011). 상인들의 채무 불이행 위험은 낮았다. 국가의 신용도를 유지하는 게 상인들에게도 이득이었기 때문이다. 이는 중

그림 3.9 ✦ 유럽 6개국의 1인당 세입, 1500~1900년

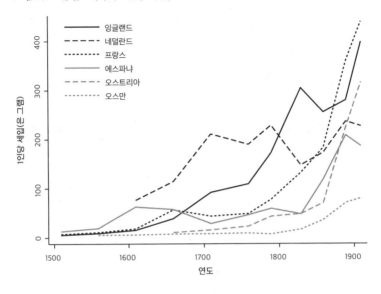

요한 지점이다. 신용 접근성은 근대 국가의 필수적인 특징이기 때문이다. 천연자원이라는 횡재가 없는 상황에서 차입 능력까지 없다면 근대 국가는 제대로 기능할 수 없다. 하지만 스터새비지Stasavage(2014)가 지적하는 것처럼, 일부 집단이 정치 무대를 너무 오랫동안 지배하면 결국 기득권 때문에 성장이 가로막힌다.

중세 말 이탈리아의 도시국가들은 전쟁과 관련된 제도 혁신의 중요한 사례다. 베네치아와 피렌체는 거의 끊임없이 전쟁을 벌이면서 제도 혁신을 이룬 덕분에 훨씬 큰 국가들과 경쟁하면서 용병 부대에 지불할 세입을 모을 수 있었다. 14세기 피렌체의 연간 세입은 250만에서 300만 플로린 정도였지만, 역사학자들은 1375~1378년에 피렌체와 교황 사이에 벌어진 3년전쟁의 직접적 비용이 250만 플로린 이상이었다고 추정한다(Caferro, 2008, 177쪽).

이탈리아 도시국가들은 부족분을 메우기 위해 공채와 상시적인 과세 제도를 발전시켰다(Epstein, 2000). 이런 도시의 자본 보유자들은 정부에 대표로 참여함으로써 채무 상환을 보장받았다. 도시국가는 이러한 정치 제도 덕분에 군주정보다 낮은 채무 이자를 낼 수 있었다([그림 3.10] 참조).

하지만 틸리(1990)는 자본 집약적 도시국가들이 근대 경제로 가는 길을 찾은 건 아니라고 설명한다. 제대로 길을 찾은 건 강압과 자본을 결합한 일종의 혼합 모델 국가들이었다. 잉글랜드가 원형적인 사례다. 혼합 경로를 밟은 국가들은 자본 축적을 장려하는 한편 광범위한 인구에 과세하는 역량을 획득할 수 있었다. 자본을 가진 이들은 소유권을 보호받는 대가로 기꺼이 세금을 냈다.

호프먼(2015)은 이 명제의 수정 버전을 제시한다. 틸리와 마찬가지로 그 역시 유럽이 끊임없이 전쟁을 벌인 것이 경제의 원동력이 되었다고 주장한다. 그러나 그가 주목하는 것은 전쟁이 국가 형성에 도움이 됐다는 사실보다 군사기술 혁신을 장려했다는 사실이다. 특히 기술 진보와 화약까지 갖춘 유럽은 세계의 다른 지역을 식민화하는 데 우위를 점했다. 그렇다면 유럽의 전쟁 양상이 유달랐던 이유는 뭘까? 호프먼은 유럽의 문화적 성향 때문에 군사 경쟁이 유독 더 치열했다고 주장한다.

전쟁은 경제활동의 장소에도 영향을 미쳤다. 로즌솔Rosenthal과 웡Wong(2011)에 따르면 유럽의 농촌 지역은 전쟁으로 막대한 피해를 입었다. 도시는 상대적으로 방비가 잘 되어 있었기에 그보다는 피해가 적었다. 반면 중국은 유럽만큼 전쟁이 많지 않았지만, 도시와 농촌이 똑같이 영향을 받았다. 그 결과 유럽에서는 무역과 제조업이 도시로 몰렸고, 중국에서는 그런 일이 벌어지지 않았다.

그림 3.10 ◆ 도시국가와 영토국가의 금리, 1200~1800년

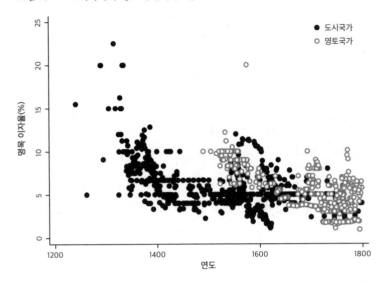

이는 다시 유럽 도시들의 임금 상승으로 이어졌고, 그 결과 노동 절약 기술에 대한 투자가 활발해졌다. 바로 이 기술들이 유럽 산업화의 핵심을 이루게 된다. 이는 8장에서 더 자세히 살펴볼 것이다.

유럽의 제도 발전에서 전쟁의 역할을 강조했지만, 그렇다고 '전쟁이 경제에 좋다'는 것은 아니다. 때로 이런 암시를 담은 순진한 역사적 설명들을 들을 수 있지만, 대게 잘못 짚은 것이다. 전쟁은 파괴를 불러온다. 전쟁의 직접비용으로는 전쟁으로 야기된 파괴뿐만 아니라 방비, 장벽, 무기, 군대에 투자하는 기회비용 등이 있으며, 전쟁이 제도나 문화에 미치는 영향을 비롯한 간접비용은 추산하기도 어렵다.

전쟁은 유럽의 독특한 현상이 아니었다. 예컨대 인도 아대륙에서도 전쟁은 만연했다. 나스Nath(2018, 245쪽, Dincecco et al, 2019에서 재인용)는 "무굴인들은 끊임없이 적과 싸웠다"고 언급한다. "전쟁은 무굴 제국이 변함없이 몰두하는 일이었다." 무굴 제국은 전적으로 군사 활동에 전념했다. 동남아시아에서 버마의 퉁구 제국은 파간, 아바, 시암 등과 거의 끊임없이 전쟁을 벌였다. 2장에서 이야기한 것처럼, 중국의 북부 국경에서는 중국과 여러 유목민 집단 사이에 전쟁이 빈발했다. 하지만 이런 유형의 전쟁들은 유럽 국가 간 벌어진 전쟁과 근본적으로 달랐다.

중세 후기부터 줄곧 유럽에서 벌어진 전쟁은 비슷한 규모의 국가들 사이에서 이루어졌다. 샤이델(2019, 338쪽)은 이렇게 설명한다.

> 로마가 몰락하면서 결국 국가 역량(크기는 작아도 응집력이 좋은 정치체들이 조직력이 약하고 규모가 큰 나라들과 균형을 이뤘다), 동원 강도(로마 스타일의 징집 수준은 프랑스혁명 이전까지 다시 등장하지 않았다), 생산방식(유럽인은 대부분 농민이었고 국경의 초원 지대에서 멀리 떨어진 곳에 살았다), 종교(기독교는 대륙의 북부와 동부 외곽까지 꾸준히 전파되었지만, 이슬람교는 크게 진전을 이루지 못했다) 면에서 크게 다르지 않은 여러 국가가 생겨났다.

유럽의 국가 간 충돌이 대칭적 성격을 보인 탓에 전쟁은 쉽게 끝나지 않은 채 계속 이어졌고, 항구적으로 패권을 유지하는 제국이 등장하지 못했다. 2장에서 이야기한 것처럼, 이 같은 유럽의 대칭성은 유럽의 지리와 지리에서 기인하는 정치경제적 요인들에 뿌리를 두고 있다.

이런 호전적 가설에 반발하는 학자들도 있다. 이들은 세계 다른 지역에서도 전쟁이 빈번했으나, 그렇다고 도시화나 경제 발전, 포용적 제도의 부상으로 이어지지는 않았다는 반론을 제시한다 (Centeno, 1997). 전쟁은 인구밀도가 낮은 경우 국가 건설보다는 노예사냥 습격을 부추겼다는 비판도 있다(Herbst, 2000). 이 논점에 관해서는 6장에서 아프리카의 맥락을 다루면서 자세히 살펴볼 것이다.

1688년 이후 잉글랜드는 재정 역량에 많은 투자를 했으나, 유럽의 모든 국가가 이렇게 한 것은 아니다. 일부 유럽 국가가 다른 국가보다 훨씬 많은 재정 역량을 구축할 수 있던 이유는 무엇일까? 제나이올리Gennaioli와 보스(2015)는 재정 역량을 구축하려는 국가의 유인은 국가가 경쟁자들을 물리칠 가능성에 따라 좌우되었다고 설명한다.

이 관점으로 보면, 국가 간 경쟁은 재정 체계를 표준화하고 더욱 자본 집약적 형태의 전쟁에 투자하도록 하는 유인이 되기도 했다. 그러나 투자의 상대적 이득이 높은 국가만이 이것이 가능했다. 중앙집중화의 초기 비용을 감당하기 어려웠던 다른 국가들은 달랐다. 폴란드-리투아니아 연합왕국처럼 튼튼한 군대를 보유하지 못한 민족은 경쟁국의 먹잇감이 되기 쉬웠다.

이 장의
내용 요약

지금까지 제도가 경제 발전에서 어떤 역할을 하는지 살펴보았다. 제도는 사람들이 일상에서 벌이는 '게임의 규칙'을 만든다.

제도는 정치·경제·법률·사회·종교 등 여러 형태로 존재하며, 사람들의 행동을 유도하는 유인을 형성한다. 역사를 통틀어 제도는 사회마다 달리 나타나기 때문에, 제도를 살펴보면 각 사회가 서로 다른 경제 성과를 거둔 이유를 이해할 수 있다.

특히 제도는 법치를 지탱하고 소유권을 보호함으로써 사회의 성장을 촉진한다. 각 사회의 정치 제도와 법률 제도가 결합한 결과에 따라 이러한 힘이 발휘되기도 하고 그렇지 않기도 한다. 왜 어떤 사회에는 이렇게 결합된(또는 거의 결합된) 제도들이 있고, 다른 사회에는 없는지는 본질적으로 역사에 달려 있다. 이 장에서 우리는 왜 일부 사회는 이런 성과를 이루었고 다른 사회는 그러지 못했는지 살펴보았다.

하지만 여전히 해결하지 못한 질문들이 남는다. 제도는 왜 세계의 여러 지역에서 다르게 작동하는가? 민주주의가 으뜸가는 사례다. 민주적 제도는 몇몇 나라, 특히 유럽 나라들에서 사고의 자유로운 교환을 촉진하고, 폭넓은 시민 집단에 권한을 부여하며, 광범위한 경제적 요구를 다루는 데 대체로 성공을 거두었다. 하지만 소련 몰락 이후의 여러 동구권 국가나 아랍의 봄 이후 중동 등에서는 실패했다. 비슷한 제도인데도 왜 어떤 곳에서는 작동하고 다른 곳에서는 작동하지 않을까? 문화는 제도의 효율성에 어떤 영향을 미칠까? 더 포괄적으로 말하자면, 한 사회의 문화는 경제적 성공을 결정하는 중요한 독립적 요인인 걸까? 다음 장에서는 이런 쟁점들에 관해 살펴보자.

4

우리를 부유하게 하는 문화,
가난하게 하는 문화

헨릭Henrich(2015)은 문화를 학습된 행동 규칙의 집합이라고 정의
한다. 이 규칙은 우리가 복잡한 세계를 파악하기 위해 따르는 지름
길이다. 우리의 인지 자원은 제한적이므로, 우리 주변의 모든 정보
를 매사 철저히 따져서 행동하는 것은 불가능하다. 우리는 낯선 사
람을 어떻게 판단하는가? 어떤 신호에서 정지하는가? 어떤 음식
이 건강에 좋은가? 이 질문들의 답은 문화의 층위 안에 담겨 있으
며, 서로 다른 문화는 서로 다른 답을 제시한다.

사람은 모방(성공한 사람을 따라하는 것)과 직접적 전달을 통해
문화가 제공하는 정신적 지름길을 **학습한다.** 이러한 통찰은 하이
에크Hayek까지 거슬러 올라간다. 하이에크(1982, 157쪽)는 "인간 정
신은 전통적인 구조에 따라 학습된 규칙을 따른다"고 보았다. 인간
은 학습된 규칙에 의지하는데, 이는 "우리가 당연하게 받아들이는
문화 패턴에 따라 경험을 해석"하기 때문이다. 문화는 우리에게 세
계를 어떻게 바라봐야 하는지 알려준다. 이 관점에서 보면, 문화야
말로 인간의 성공을 설명하는 열쇠다. 실제로 일부 문화인류학자

들은 인간이 문화적 진화 덕분에 유전적 진화를 뛰어넘을 수 있다고 주장한다(Boyd and Richerson, 1985; Henrich, 2015). 우리는 문화를 통해 미래 세대에 필요한 것을 전해줄 수 있다. 리처슨Richerson과 보이드Boyd(2010, 109쪽)가 설명하는 것처럼, "문화적 진화의 수레바퀴는 천 년 단위로 굴러가지만, 한 사회를 짧은 시기 동안 면밀하게 들여다보면 변화를 금세 지각할 수 있다."

각 사회는 서로 다른 문화 규범을 갖고 있다. 고향을 떠나 다른 문화권의 도시를 여행해본 사람이라면 누구나 이를 느껴보았을 것이다. 문화는 나라와 대륙에 따라 다르게 진화할 뿐만 아니라 한 나라 안에서도 크게 갈라질 수 있다. 우다드Woodard(2011)는 미국 내 11개 지역의 문화를 확인했는데 개인의 자유, 국가의 역할, 교육에 대한 시각, 종교 등의 문제에서 다양한 차이를 보였다([그림 4.1] 참조). 캘리포니아와 텍사스 내에도 온갖 정치적 스펙트럼과 광범위한 종족적 배경과 종교를 아우르는 서로 다른 하위문화가 존재한다.

문화는 세계가 부유해지는 데 어떤 역할을 했을까? 질문을 뒤집어 생각해보면 답을 알 수 있다. 문화의 어떤 측면이 경제 발전을 **가로막았을까?** 우리가 문화를 통해 학습하는 규범과 믿음은 서서히(종종 경제와 기술의 변화보다 한층 느리게) 발전하기 때문에, 문화적 신념이 경제적 환경에 제대로 적응하지 못할 수 있다. 다시 말해, 같은 문화라도 어떤 환경에서는 경제성장에 유익하지만, 다른 환경에서는 유해할 수 있다는 얘기다. 게다가 문화 규범은 느리게 변화하기 때문에, 새로운 문화가 유입된다고 해도 사회는 그것을 활용하기 어려울 수 있다.

문화가 중요한 이유는 또 있다. 문화는 제도가 기능하는 데도

그림 4.1 ✦ 미국의 하위문화

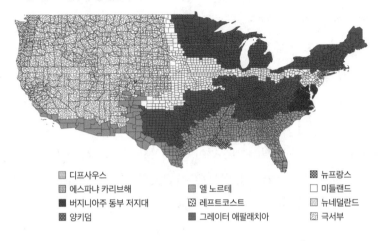

▤ 디프사우스		▨ 뉴프랑스
▦ 에스파냐 카리브해	▨ 엘 노르테	☐ 미들랜드
■ 버지니아주 동부 저지대	▩ 레프트코스트	▩ 뉴네덜란드
▨ 양키덤	■ 그레이터 애팔래치아	▨ 극서부

영향을 미치기 때문이다. 3장에서 그라이프가 제도에 대해 논의한 것을 떠올려보라. 이 관점에서 보면 문화적 신념은 사람들이 어떤 행동을 하는 이유이며, 나아가 왜 어떤 맥락에서는 제도가 사람들에게 특정 행동을 장려하고, 다른 맥락에서는 그러지 못하는지를 설명해준다. 가령 중동이 아랍의 봄을 겪은 뒤에도 민주주의를 확립하는 데 어려움을 겪은 사례를 떠올려보자. 책임감과 선거 결과 존중이라는 민주적 규범이 제대로 확립되지 않으면, 민주적 제도는 원래 의도대로 기능하지 못한다.

　논의를 더 진전시키기 전에 확실히 해두고 싶다. 우리는 문화가 세계의 경제성장에 미친 영향에 관하여 '유럽 중심적' 역사관을 이야기하려는 게 아니다. 20세기 초 역사학자들 사이에는 서구 문화가 우월하며, 서구의 근면성, 혁신성, 위험 감수 등이 근대 세계의 근간이 되었다는 견해가 흔했다. 이런 견해는 역겨울 뿐만 아니라 사회과학이라고 할 수조차 없다. 각 사회는 서로 다른 문화적 특성을 가진다. 그렇다면 애당초 그런 차이는 왜 생겨난 걸까?

20세기 초에 서구 관찰자들이 제시한 이른바 '문화적 차이'는 그들이 관찰한 대상의 실제보다는 그들 자신의 문화적 규범이 많이 반영됐을 것이다. 예를 들어 19세기 말 일본에 머무른 서양인들은 일본 노동자들이 나태하고 게으르다고 평했다. 장하준(2008)은 "미국 선교사 시드니 굴릭이 1903년 저서 『일본인의 진화Evolution of the Japanese』에서 많은 일본인이 '시간의 흐름에 전혀 무관심하고 게으른 인상을 풍긴다'고 언급한" 사실에 주목한다. 굴릭은 우연한 관찰자가 아니었다. 그는 25년(1888~1913년) 동안 일본에 살았고, 일본어를 완벽하게 익혔으며, 일본 대학에서 학생들을 가르쳤다. 미국으로 돌아간 뒤 그는 아시아계 미국인을 위해 인종 평등 운동을 벌였다. 그럼에도 그는 일본인이 "진중하지 못하고 미래에 대한 온갖 걱정에서 자유로우며 주로 현재를 위해 사는" 특징을 가진 "태평스럽고, 감정적인" 사람들이라는 문화적 고정관념을 긍정했다. 하지만 20세기 말에 굴릭과 비슷한 외부 관찰자들은 일본인이 근면하고 규율과 시간을 엄수하며, 이것이 뿌리 깊은 유교 문화 때문이라고 주장했다.

20세기 말의 경제학자들은 이러한 고정관념에 대한 반감으로 인해 문화를 각 사회의 경제적 격차를 설명하는 요인으로 보지 않았다. 하지만 반대 방향으로 너무 멀리 나아간 것은 실수였을지 모른다. 최근 25년 동안 이루어진 연구들은 문화 연구의 통찰을 입증하고 있다. 이 장에서 우리는 사회에 따라 문화적 특성이 왜, 어떻게 다르며 이런 차이가 경제 발전에 어떤 영향을 미치는지에 대해 정교하게 파고든 최신 연구들을 소개할 것이다. 문화적 특성이란 신뢰, 가족 구조, 개인주의, (어쩌면 무엇보다도 중요한) 종교 등과 관련이 있다. 여기서 다루는 그 어떤 문화도 다른 것보다 더 '우월하지' 않지만, 어떤 것은 다른 것에 비해 경제성장에 눈에 띄는 영향을 미쳤다.

유럽의 경제 도약은 문화 덕분일까?

유럽은 세계에서 가장 먼저 부유해졌다. 유럽의 문화에는 그들을 부자로 만든 무언가 특별한 게 있었던 걸까? 이는 대답하기 쉽지 않은 질문이다. 한편으로는 "유럽인에게는 무언가 특별한 게 있다"는 자민족 중심적이거나 인종주의적인 이론화를 유도하기도 한다. 하지만 이런 주장은 아주 간단히 살펴만 보아도 바로 결함이 드러나기 때문에 이 책에서는 검토하지 않을 것이다. 그러나 유럽의 문화적 특성이 18~19세기에 유럽에서 이루어진 도약과 어떤 관련이 있는지 살펴보는 것조차 삼가야 하는 것은 아니다. 최근 연구들에서는 문화가 경제성장 전반에 막대한 영향을 미친다는 것을 밝히고 있다. 즉 우리는 유럽의 문화가 유럽의 발흥에 일정한 역할을 했을 가능성을 배제할 수 없다.

문화가 유럽의 도약을 설명할 수 있는가에 대한 답은 근대 경제성장의 시작을 어떻게 보느냐에 따라 달라진다. 지속적인 경제성장의 개시를 범유럽적 현상으로 본다면 우리는 유럽 전체, 또는 적어도 서유럽 전체에 공통된 문화적 요인들을 연구해야 한다. 하지만 근대의 경제성장이 북서유럽, 특히 브리튼제도에서 시작되었다고 보는 한, 주목해야 할 것은 유럽 전체가 아니라 영국의 문화적 특성이다.

가치관은 한 사회의 경제적 잠재력에 얼마나 중대한 영향을 미칠까? 고된 노동, 위험 감수, 부의 축적을 치켜세우는 가치관이 부재할 때에도 사회는 경제적으로 도약할 수 있을까? 매클로스키McCloskey의 여러 논문에 따르면 이러한 가치관은 17~18세기 북서유럽이 도약하는 데 필수적이었다. 매클로스키는 사람들이 노동과 이윤에 관해 생각하고 이야기하는 방식이 역사적으로 성장을 좌우했다고 설명한다. 가령 고대 그리스인과 로마인들은 모든 유형의 노동을 낮잡아 보았다. 그들은 부를 소중히 여겼는데, 부자는 자유와 여가를 누릴 수 있었기 때문이다(Finley, 1973). 중간계급(부르주아지)은 고대 사회에서 거의 위신을 누리지 못했다. 조금이라도 성공을 거두면 토지를 소유하고 그 수익으로 생활하려고 노력해야 했다. 게으름이야말로 로마의 야심가가 애써 도달해야 하는 목표였다.

이런 문화적 가치관을 가진 사회는 지속적인 경제성장을 이룰 가능성이 적다. 앞으로 살펴보겠지만, 장기 성장을 위해서는 기술 혁신이 필수적이다. 하지만 혁신을 이루려면 생산 과정 전반과 생산 효율을 높일 방법을 면밀히 연구해야 한다. 노동을 업신여기는 사회에서 탄탄한 혁신가 집단이 탄생할 리는 만무하다. 금융을 깔보는 사회에서 기업가 계급이 번성하거나 거액의 투자가 이루어질 가능성도 거의 없다. 그래서 로마 제국은 정교한 시장경제와 발전된 도로망을 갖고 있었지만, 지속적인 경제성장을 경험하지 못했다.

노동을 깔보는 문화는 중세 시대 내내 유럽 엘리트층 사이에서도 계속 이어졌다. 그들이 직접 손을 더럽히는 일이 있다면 전쟁에 나가는 정도였지 노동은 아니었다. 만일 하층계급의 사람이 운좋게 경제적 사다리를 올라가면, 사회적 신분을 획득하기 위해 돈으로 귀족 작위를 사야 했다. 일단 귀족 신분을 얻으면 그는 자신에게 부를 안겨준 직업을 내팽개친 채 토지에서 나오는 수익으로 생활했다. 매클로스키는 이런 문화적 가치관이 17~18세기에 북서유럽에서 바뀌었다고 주장한다. 네덜란드에 이어 영국에서는 부르주아의 이윤 추구가 악마시 되는 게 아니라 찬양받았다. 부르주아지에 관한 현란한 언어들 덕분에 금융가와 혁신가, 상인은 사람들이 열망하는 직업군이 되었고, 경제적 사다리를 올라가면 사회적 사다리도 올라갈 수 있게 되었다. 이제 경제적 성공은 단순히 사회적 위신을 얻는 수단이 아니었다. 이런 문화적 변화가 이루어지자 가장 뛰어나고 똑똑한 사람들이 생산 활동에 종사하게 되었다. 부유한 상인, 금융가, 제조업자 집단이 새롭게 등장해 영국 엘리트층에 진입했다. 섬유 산업에서 재산을 쌓아서 의회에 들어가 준남작이 된 로버트 필(1750~1830)이나 구두 제조업자 출신으로 정치인이 된 조지프 체임벌린(1836~1914) 등이 대표적인 인물이다.

다른 한편에는 중국이 있다. 중국은 2,000년 동안 과학기술에서 세계를 선도했지만 1850년에 이르면 기술, 과학, 공학에서 유럽에 뒤처졌다. 바로 여기서 영국의 위대한 화학자이자 역사학자인 조지프 니덤Needham(1995)의 이름을 딴 그 유명한 '니덤의 수수께끼'가 등장한다. 고대와 중세에는 세계 과학의 선구자였던 중국이 19세기에 이르러 전락한 무엇일까?

이 수수께끼에 대한 답으로 손꼽히는 것이 바로 문화다. 랜즈Landes(2006, 7쪽)는 중국이 "과학적 발전에 따른 경제적 잠재력과 그것이 사회 전반에 미치는 더 큰 가치를 깨닫지 못했다"고 주장한다. 랜즈는 정치적 경쟁, 국가의 힘, 자유로운 토론을 허용하는 제도 등 제도적 요인들도 지적하지만, 가장 강조하는 것은 중국과 유럽의 문화 차이다. 그는 중국이 "유럽 사람들이 즐기는 발견의 즐거움 … 새롭고 더 좋은 것에 대한 기쁨과 발명의 장려"를 누리지 못했다고 주장한다(Landes, 2006, 9쪽).

랜즈의 설명은 과연 타당한 걸까? 우선 중국에 발명을 꺼리는 문화적 성향이 있었다는 사실부터 입증하기가 쉽지 않다. 게다가 그의 평가는 니덤의 수수께끼를 설명하지도 못한다. 어쨌든 중국은 지난 2,000년의 동안 세계의 혁신을 이끈 선구자였고, 랜즈의 주장을 뒷받침하는 증거는 희박하다. 랜즈가 제시하는 주요한 증거는 1793년 청나라에 간 조지 매카트니 사절단의 이야기다. 매카트니 사절단의 임무는 당시 서양과의 무역을 제한한 청나라 건륭제를 설득하여 영국과의 무역을 확대하는 것이었다. 매카트니는 건륭제에게 잘 보이려고 최신 공산품을 선물로 바쳤으나, 황제는 다음과 같이 떨떠름하게 대꾸한 것으로 유명하다. "생소하고 값비싼 물건에는 관심 없다. … 우리는 이미 모든 걸 갖고 있다. 특이하거나 독창적인 물건들은 딱히 흥미롭지도 않고 너희 나라 공산품은 아무 쓸모가 없다." 하지만 건륭제의 이 발언이 과학과 혁신에 부정적인 문화를 보여주는 것은 아니다. 플랫Plat(2018, 97쪽)은 이렇게 설명한다.

건륭제는 개인적으로 … 서양의 발명품들에 깊이 매료되었다. 여러 해 동안 모은 고급 영국제 시계 70점을 소중히 여겼고 아름다운 외국산 유리 제품뿐만 아니라 망원경에 관해서도 시를 썼다. 건륭제는 정기적으로 광둥에 있는 관리에게 칙명을 보내 유럽산 제품이나 장인을 수도로 보내라고 명령했다. 황제는 가톨릭 선교사들을 궁정

천문학자와 지도제작자로 고용하여 그들을 후원했고, 비록 자유를 허용하지는 않았어도 그들이 가져오는 기술을 높이 샀다. 건륭제는 제임스 딘위디James Dinwiddie가 조립한 과학 장비를 아무 쓸모가 없다고 공개적으로 일축했으나, 선교사들에게 딘위디가 하는 것을 잘 보게 한 뒤, 나중에 그의 작품을 똑같이 만들어 보라고 지시했다. 딘위디는 이 사실을 알지 못했다.

랜즈의 주장에 타당성이 부족한 이유는 18세기 중국에 혁신이나 새로운 발상을 꺼리는 문화가 존재했다는 걸 입증할 수 없어서가 아니다. 그보다는 중국과 유럽의 통치자, 지식인들의 유인이 서로 달랐다는 사실에 대한 설명이 없다는 게 문제다. 18세기 유럽의 어떤 통치자도 건륭제처럼 행동하지 않았을 것이다. 건륭제의 행동은 문화보다 지정학으로 설명하는 게 타당하다. 18세기 말 중국은 어떤 군사적 경쟁도 두려워할 필요가 없었다. 건륭제는 자신의 제국 내 질서를 유지하는 데 더 관심을 기울였다. 황제는 만주 출신의 외부인이었고, 따라서 외국의 기술을 배우는 일보다는 전통적인 유교 문화의 보증인이 되는 게 더 중요했다.

종교는 경제성장에 어떤 영향을 미칠까?

종교는 경제성장에 영향을 미칠 수 있는 또 다른 문화적 요소다. 사회과학자들은 대체로 종교가 어떤 사회(프로테스탄트)를 앞서 나가게 했다거나, 다른 사회(무슬림)를 뒤처지게 했다는 식의 단순한 이론은 삼가는 편이다. 최근 연구들은 종교가 훨씬 더 미묘한 방식으로 경제성장에 영향을 미칠 수 있음을 시사한다. 교육을 장려하고, 혼인 규제를 통해 가족 형성에 영향을 미치고, 정치 발전에 영향을 주는 것 등을 통해 말이다. 이번에는 종교와 경제성장을 연결하는 주요 이론들을 검토해보자.

프로테스탄트 노동윤리와 자본주의 '정신'

"문화가 중요하다"고 말하는 가장 유명한 주장은 아마 베버 Weber(1905/1930)가 『프로테스탄트 윤리와 자본주의 정신』에서 제시한 가설일 것이다. 베버의 가설에 따르면, 칼뱅주의의 예정설(사람의 운명은 지상에서 그가 한 행동과 상관없이 결정된다는 것)은 사람들을 **더 열심히 일하고** 저축하도록 장려했다. 그렇게 사는 것이 자신이 천국에 들어가도록 '뽑힌' 사람임을 보여주는 방법이었다. 칼뱅주의에 영향을 받은 지역(미국, 네덜란드)에서 이러한 세속화된 이상은 '자본주의 정신'의 뿌리가 되어 사회에 스며들었다. 베버가 보기에 벤저민 프랭클린 같은 사람이야말로 자본주의 정신을 고스란히 보여주는 이상형이었다. 그들은 열심히 일하고, 체계적이고 검소했으며, 언제나 생산적 활동에 종사했다(프랭클린이 종종 호사스러운 생활에 탐닉했다는 사실은 신경 쓰지 말자).

베버의 가설에 영감을 준 것은 그의 고향 독일이었다. 독일에서는 개신교인이 가톨릭교인보다 훨씬 성공을 거둔 것처럼 보였는데, 이러한 상관관계는 독일을 넘어 확대되었다. 16세기 이래 세계 경제는 줄곧 프로테스탄트 국가가 선도해왔다. 16세기 말부터 18세기 초까지의 네덜란드공화국, 18세기부터 20세기 초까지의 영국, 그리고 현재의 미국까지, 모두 프로테스탄트 국가였다. 일반적으로 프로테스탄티즘은 현대의 1인당 국내총생산과 강한 양의 상관관계가 있고, 가톨릭의 경우에는 상관관계가 약하며 이슬람은 음의 상관관계다(〔그림 4.2〕 참조). 하지만 베버의 **인과적 주장**은 과연 정확한 걸까? 프로테스탄티즘(특히 칼뱅주의)이 모종의 자본주의적 노동윤리를 통해 경제성장을 야기한 걸까? 아니면 이는 단순히 '상관관계와 인과관계는 같지 않다'는 걸 보여주는 사례인 걸까?

베버의 가설과 관련된 두 가지 쟁점이 있다. 첫째, '노동윤리'가 경제성장을 이끌 수 있는가? 그렇다고 주장하는 몇 가지 증거를 살펴보자. 클라크Clark (2007)는 『자선이여 안녕A Farewell to Alms』에서 중세 말과 근대 초 잉글랜드 사람들은 열심히 노동하는 경향이 두드러졌다고 주장했다. 잉글랜드에서 이런 현상이 나타난 것은 고된 노동을 하는 부르주아들이 더 많은 자녀를 남겼고, 그 자녀들에게 부모의 문화적 가치관이 전해졌기 때문이다. 도프케Doepke와 질리보티Zilibotti(2008)는 클라크의 설명을 공식화했다. 두 사람은 사람들이 절약하여 자본 축적에 성공하는 모델(수익을 보는데 시간이 꽤 걸리는)을 도출했다. 이들은 결국 사회에서 경제를 지배하는 집단이 된다. 그러나 절약이 북서유럽과 세계 나머지 지역 사이의 경제적 분기를 추동한 유일한 요인이었을 리는 없다. 문제는 개인들이 인센티브를 위해 일한다는 것이다. 그러므로 서양인이 19세기 일본에서 관찰했던 '느슨한 노동윤리'는 노동에 대한 내적인 선호도의 반영이기도 하지만, 낮은 임금과 기회에 대한 자연스러운 반응이기도 했을 것이다.

베버 가설과 관련된 더 큰 쟁점은 단순한 상관관계에서 인과성을 가려내는 것이다. 베버 명제를 처음으로 전면적으로 비판한 토니Tawney(1936)는 시간상 오류를 지적했다. 일부 지역에는 칼뱅

그림 4.2 ◆ 개신교인, 가톨릭교인, 무슬림의 비율 대 1인당 국내총생산
| 모든 나라는 각 종교에 대해 한 번씩, 총 세 번 표시했다.

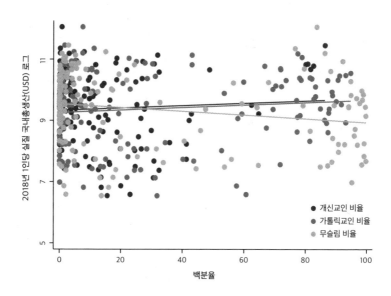

이 등장하기 이미 오래전부터 '자본주의 정신'이 존재했다는 것이다. 그의 지적처럼 중세 후기 이탈리아의 도시국가, 독일의 자유도시, 플랑드르의 도시 등은 자본주의적 활동의 온상이었다. 악초마크Akçomak 외(2016) 또한 네덜란드가 종교개혁 이전에 이미 근대자본주의로 나아가는 경로에 올라 있었다는 비슷한 증거를 제시한다. 이들은 종교 혁신(공동생활형제회Brethren of the Common Life)을 통한 문해력 향상이 핵심 요인이었다고 언급한다. 마찬가지로 안데르센Andersen 외(2017)는 노동윤리의 근원을 베버의 칼뱅주의가 아닌 종교개혁 이전 시토회 수도원의 확산에서 찾는다. 시토회 수사들은 근면하게 일하는 노동자의 원형이었다. 그들이 가는 곳마다 생산성이 향상되었고 인구가 증가했다.

프로테스탄티즘과 경제성장을 연결하는 국가 간 비교 연구는 한층 더 복합적인 결과를 낳고 있다. 매클리어리McCleary와 바로Barro(2006, 2019)는 종교적 믿음이 국가 간 경제성장과 상관관계가 있음을 발견했다. 하지만 국가 간 비교 분석 결과에서는 문화 또는 종교적 가치가 경제 성과에 영향을 미치는 메커니즘이 잘 드러나지 않았다. 개신교 나라들이 비개신교 나라들보다 부유할지는 모르지만, 이런 차이의 원인이 과연 프로테스탄티즘일까? 우리에겐 조금 더 정밀한 접근이 필요하다.

노동윤리가 아니라면, 프로테스탄트 국가들이 더 빠르게 성장한 이유는 뭘까?

'프로테스탄트 노동윤리'로 세계 각국의 경제적 차이를 설명하는 게 조금 과장된 것처럼 느껴질 수 있다. 그렇다면 프로테스탄티즘과 경제성장을 연결할 수 있는 또 다른 채널이 있을까? 베커Becker와 뵈스만Woessmann(2009)은 문해력을 제시한다. 마르틴 루터는 성경을 직접 읽는 것이 중요하다고 강조했고, 실제로 독일어로된, 최초로 널리 사용된 성경 번역본을 만들었다. 하지만 문해력(과 교육)은 성경을 직접 읽는 걸 훌쩍 넘어서는 이득을 불러왔다. 프로테스탄트의 경제적 성공은 하느님의 말씀을 퍼뜨리려는 루터의 바람이 의도치 않게 낳은 결과일까?

베커와 뵈스만은 19세기 프로이센이라는 맥락(베버가 영감을 받았던 바로 그 환경)에서 이런 연관성을 시험했고, 프로테스탄티즘과 교육 사이의 강한 양의 상관관계를 발견했다. 19세기 초 프로이센 각 군郡의 개신교인 비율과 학교 입학률의 관계를 담은 〔그림 4.3〕을 보면 이를 분명히 알 수 있다. 그렇다면 이러한 연관성으로 인해 프로테스탄트 지역이 경제적으로 더 성장할 수 있었을까? 베커와 뵈스만의 연구에 따르면 프로테스탄티즘과 소득 및 산업 고용 사이에도 역시나 강한 양의 상관관계가 존재했다. 베커 외(2011)에 따르면 프로테스탄트 지역들은 산업 기술을 채택하는 데도 유리했다. 개신교인들이 교육을 통해 누린 이점은 이뿐만이 아니었다. 베커와 뵈스만(2008)은 개신교인들이 읽고 쓰는 법을 배운 인센티브가 프로테스탄트 지역의 문해율과 학교 입학에서 성별 격차 축소로 이어졌음을 발견한다. 디트마르Dittmar와 마이젠잘Meisenzahl(2020)은 의무 교육법을 시행한 프로테스탄트 도시들이 엘리트 수준의 인적 자본을 가진 사람들이 모여드는 중심지가 되었다고 설명한다.

이러한 연구 결과를 보면 의문이 든다. 산업 성장은 프로테스탄티즘 **때문에** 이루어진 것인가 아니면 다른 어떤 요인 때문인가? 답은 분명 후자처럼 보인다. 앞서 살펴본 연구들은 개신교인들이 우위를 점할 수 있던 이유를 그들의 높은 교육 수준으로 완벽히 설명한다. 즉 개신교인들이 교육 면에서 우위를 점한 것은 분명하지만, 그 외에 프로테스탄트 지역만이 갖는 특별한 점은 없다는 것이다. 따라서 프로테스탄트의 경제적 우위는 독특한 '노동윤리'와 관련이 있다기보다 교육을 중시하는 전통이 낳은 결과였다. 이런 가치관은 개신교도들만의 것이 아니었다. 보티치니Botticini와 엑스타인Eckstein(2012)의 연구에 따르면 유대인은 서기 70년 예루살렘 신전이 파괴된 후 종교적 개혁을 이룬 덕분에 역사적으로 높은 수준의 인적 자본을 보유했다.

그림 4.3 • 19세기 초 프로이센의 개신교인 비율 대 학교 입학률

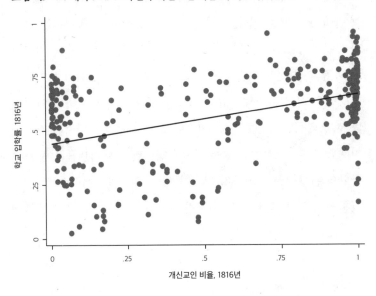

개신교인 비율, 1816년

정치적 정당성의 원천, 종교개혁

프로테스탄티즘은 정치라는 채널을 통해 경제성장에 영향을 미쳤다. 종교개혁을 계기로 기존의 정치 태세는 완전히 뒤집혔다. 종교개혁을 받아들인 국가와 도시 들은 지배적인 기성 교회 체제를 몰아내고 그 부를 몰수했다. 헨리 8세(1509~1547년 재위)는 잉글랜드의 수도원을 해산시키고 그들의 재산을 몰수했고, 그 결과 국왕의 금고에는 정복왕 윌리엄이 잉글랜드 전역을 정복한 1066년에 이어 잉글랜드 역사상 두 번째로 큰 규모의 재산이 쌓였다. 그런데 교회의 약화가 정치와 어떤 연관이 있을까? 왜 우리는 이런 변화가 경제성장에 영향을 미쳤을 거라고 기대하는 걸까?

루빈Rubin(2017)은 종교개혁으로 인해 가톨릭교회를 통해 정당성을 획득하던 프로테스탄트 통치자들이 난처한 상황에 처했다고 주장한다. 중세 시대에 교회는 국왕의 통치에 정당성을 부여하는 중요한 역할을 했다. 교회와 사이가 좋지 않은 통치자는 오래 가지 못했다. 교회가 궁극적으로 가하는 처벌, 즉 파문은 통치자에게 파멸의 신호였다. 그러나 15세기 말에 이르면 교회가 부여하는 정당성은 서서히 약해졌고, 종교개혁 이후로는 완전히 꺾여버렸다. 프로테스탄트 통치자들은 더 이상 기성 교회에 의지해 정권을 지탱할 필요가 없었다. 그리고 프로테스탄트 엘리트들은 좀처럼 국왕의 손아귀를 벗어나지 않으려 했다. 잉글랜드에서 새로 만들어진 국교회가 좋은 예다. 이처럼 프로테스탄트 나라들의 통치자는 교회 권력의 많은 부분을 차지했다.

종교를 통해 정당성을 확보하지 않았다면, 프로테스탄트 통치자들은 어떻게 권력을 유지했던 걸까? 루빈(2017)은 그들이 **의회**에 의지했다고 주장한다. 앞서 우리는 16~17세기에 의회의 부상이 북서유럽의 경제 발흥에서 핵심적인 역할을 했음을 살펴본 바 있다. 이 지역들이 모두 프로테스탄트 지역인 것은 우연의 일치가 아니다. 의회는 귀족, 성직자, 법률가, 상인 등 유력 인사들로 구성되었다. 통치자들이 권력 유지를 위해 의회를 필요로 할수록, 이 유력 인사들은 더 많은 발언권을 얻었고 통치에 영향력을 행사했다. 정치의 세속화가 경제성장에 영향을 미친 것은 이 때문이다. 의회는 경제 엘리트들의 이해를 대변했다. 그들은 (이기적인 이유에서) 안전한 재산권과 인프라 투자 등을 원했고, 그들의 이해는 더욱 폭넓은 경제적 성공을 가져오는 요인들과 일치했다. 경제 엘리트들이 더 많은 발언권을 갖는다는 건 그들이 바라는 대로 정책이 결정된다는 걸 의미했다.

루빈에 따르면, 잉글랜드와 네덜란드공화국은 종교개혁 이후 도약을 시작한 반면, 가톨릭 국가인 에스파냐는 신대륙에서 막대한 은과 금을 들여왔는데도 뒤처지고 만 이유가 바로 이것이다. 칸토니Cantoni 외(2018)는 독일에서도 종교개혁 직후 비슷한 변화가 있었음을 발견했다. 종교 엘리트에게서 세속적 엘리트로 권력 이동이 이루어진 것이다. 칸토니와 공저자들은 프로테스탄트 지역의 대학 졸업생들이 더 많은 공공 부문 일자리를 차지했으며, 건설 공사의 대세 또한 종교 건축물에서 공공 및 행정 건축물로 옮겨갔다고 설명한다. 프로테스탄트 통치자들은 결국 유능한 관료 집단에 의지하게 되었다. 프로테스탄트 국가들에서 관료화가 증대한 것과 동시에 법적 논리 또한 종교에서 세속으로 이동했다. 프로테스탄트 국가들은 종교를 영적 영역으로 밀어내고 속세의 문제는 국가가 다루게 했다(Berman, 2003). 이런 변화들이 합쳐진 결과, 특히 북유럽과 중유럽에는 근대 국가의 전형적인 특징인 관료 체제와 법적 형식주의의 토대가 마련되었다. 베버의 이론과 달리 최근 연구들은 경제성장이 프로테스탄트 교의와는 거의 상관이 없다는 것을 보여주며, 그 대신 종교가 정치에서 수행한(또는 수행을 중단한) 역할에 초점을 맞춘다.

이슬람이 중동의 경제 침체를 초래한 원인인가?

프로테스탄티즘이 (어떤 이유에서든 간에) 경제성장에 유리했다면, 다른 종교들은 경제성장에 불리했을까? 답은 시간과 장소에 따라 달라진다. 한 종교가 경제성장에 한결같이 불리했을 것 같지는 않다. 예를 들어 이슬람과 경제 발전의 부정적 상관관계는 지난 몇 세기의 경우엔 타당할지 몰라도([그림 4.2] 참조), 언제나 그랬던 것은 아니다. 대략 7세기부터 10세기까지, '이슬람의 황금시대'에 중동은 부와 기술, 문화의 측면에서 서유럽을 훌쩍 앞질렀다. 중동의 도시화 수준을 보여주는 〔표 4.1〕를 보면 이슬람의 경제 우위를 알 수 있다. 도시에 인구가 많아지는 것은 잉여 식량이 존재하고, 시장과 교역이 번성할 때만 가능하다. 따라서 이슬람의 몇몇 특성('보수적'이라거나 '신비적인' 성격 등)을 비난하면서(Weber, 1978; Landes, 1998; Lewis, 2002) 여러 세기 동안 이어진 이슬람의 우위를 설명하지 않는 경제성장 이론들을 받아들이기는 어렵다.

그렇다고 해서 중동의 경제 침체에 이슬람의 영향이 전혀 없다는 것은 아니다. 이슬람법은 상업 생활의 수많은 측면을 다루며, 중동의 여러 나라에서는 토지법이기도 했다. 법률의 세속화가 프로테스탄트의 경제성장으로 이어졌다면, 종교법은 중동의 경제 침체로 이어진 걸까? 쿠란(2011)은 그렇다고 주장한다. 그러나 "종교법은 나쁘고, 세속법은 좋다"라는 식의 단순한 논리가 아니라, 더 복합적인 이유를 댄다. 쿠란은 이슬람법의 많은 측면이 진보적이며, 이 법이 등장한 맥락에서 7세기부터 10세기까지는 경제성장에 유리했다고 설명한다. 이슬람법의 비교적 평등한 상속제도, 광범위한 동업법, 재단(와크프waqf) 관련 법 등이 그 예다. 이슬람의 황금시대에는 중동의 경제성장을 도왔던 이 법률들이 어쩌다 정체를 낳은 원천이 된 걸까?

쿠란은 이슬람법이 경제 변화에 느리게 대응했다고 주장한다. 그러나 종교 자체는 이런 사실과 별 관계가 없었다. 단지 상업과 관련된 법률을 바꾸려는 열망이 부족했을 뿐이다. 이슬람법에서 무엇보다 인상적인 것은 상속과 동업에 관한 것이다. 이슬람의 상속제도는 당대로서는 무척 평등한 편이었다. 여성이 자기 몫을 받았고(남성이 받는 상속의 절반에 불과했지만, 유럽의 많은 지역에서는

표 4.1 ✦ 유라시아 서부에서 가장 인구가 많은 도시, 서기 800년

도시	현재의 나라	인구(명)	이슬람인지 여부
바그다드	이라크	350,000	O
콘스탄티노폴리스	터키	250,000	X
바스라	이라크	100,000	O
푸스타트(카이로)	이집트	100,000	O
쿠파	이라크	100,000	O
와시트	이라크	100,000	O
알렉산드리아	이집트	95,000	O
코르도바	에스파냐	75,000	O
다마스쿠스	시리아	50,000	O
카이르완	튀니지	50,000	O
나폴리	이탈리아	50,000	X
락까	시리아	50,000	O
로마	이탈리아	50,000	X

여성에게 한 푼도 주지 않았으므로 그보다는 나았다고 할 수 있다), 사전에 정해둔 비율에 따라 여러 명의 상속자가 정해졌다. 이것이 경제성장에 영향을 미친 이유는 바로 동업과 연관이 있었기 때문이다. 이슬람의 동업법에 따르면, 한쪽 동업자가 사망하는 즉시 동업 관계가 청산되었다. 이론상 동업 관계를 다시 꾸릴 수는 있었지만, 그러려면 상속자들의 협력을 받아야 했다. 상속자 중 누구라도 돈이 필요하다면 동업 관계에 묶인 자산을 청산하려 들 터였고, 이는 사업에 직접 연관된 나머지 사람들에게 커다란 위험이었다. 이런 점 때문에 무슬림 상인과 기업가 들은 동업 관계를 계속 소규모로 유

지했으며 기간에도 제한을 두었다. 단순한 논리다. 동업자가 늘어나거나 동업 기간이 길어질수록 위험은 커진다. 동업자 중 한 명이 사망해서 동업 관계가 강제로 해체되는 사태가 생길 가능성이 커지기 때문이다. 무엇보다 중요한 점은 이 때문에 법을 바꾸자는 요구가 거의 없었다는 것이다. 유럽에서는 사고팔 수 있는 주식이 도입되고 법인 형태가 널리 활용되면서 사업 방식이 점점 복잡해지던 그 순간에도, 무슬림은 법의 변화를 요구할 동기가 거의 없었다. 소규모 사업을 계획적으로 유지하는 한, 매매 가능한 주식이나 법인 형태(둘 다 대기업으로 성장하는 데 도움이 된다) 같은 것은 생각도 할 수 없다.

　이슬람은 정치를 통해서도 경제에 영향을 미쳤다. 이슬람은 지배를 정당화하는 데 몹시 유능하다. 이슬람 교리에는 모든 무슬림은 이슬람에 따라 행동하는 통치자를 따라야 하며, 그렇지 않은 통치자는 끌어내려야 한다고 나와있다(Rubin, 2011, 2017). 그러므로 통치자들은 종교를 정당성의 원천으로 활용했고, 이슬람 종교 지도자들은 그 대가로 정치적 결정에 목소리를 낼 수 있었다(Rubin, 2017; Kuru, 2019). 이것이 반드시 나쁜 결과로 귀결되는 건 아니지만, 부정적인 영향을 미칠 수 있다. 예를 들어 오스만 제국은 구텐베르크의 발명 이후 **300년** 가까이 인쇄기를 만들지 않았다. 인쇄기가 교리의 전달과 해석을 독점하는 기성 종교 체제에 위협이 되었기 때문이다. 인쇄기는 지난 1,000년간 논쟁의 여지 없이 가장 중요한 발명품이지만, 강력한 이익집단이었던 성직자들은 이 혁신을 봉쇄했다(Coşgel et al, 2012).

　종교 지도자들의 힘이 과도했던 까닭에, 이슬람 사회의 통치자들은 세상과 과학에 대한 배움을 저지했으며 종교 교육을 지지했다. 채니Chaney(2016)는 이슬람 종교 제도가 공고해지고 마드라사(이슬람 학교)가 부상한 11~12세기 무렵 종교 서적 발행은 늘어난 반면, 과학서적 발행은 급격히 감소한 것을 발견했다. 인쇄기를 봉쇄했던 경우처럼, 이슬람 과학의 쇠퇴는 종교 엘리트들의 정치적 교섭력이 비대해진 탓일 가능성이 크다.

블레이즈Blaydes와 채니Chaney(2013)는 이슬람 정치의 중대한 특징으로 통치자들이 노예 병사를 활용할 수 있었던 점을 꼽는다. 무슬림 통치자들은 다른 엘리트 집단과 군역이나 군사 자원을 놓고 교섭할 필요가 없었다. 반면 중세와 근대 초 유럽의 통치자들은 노예 군대를 손에 넣지 못했기 때문에 봉건 영주들(중세 시대)과 의회(근대 초기)에 권리를 양보해야 했다. 이 같은 행정적 제약의 부재가 중동 정치에 불안정성(21세기에도 여전한)을 불러온 한 원천이다. 중동에서는 권력이 분산되지 않았기 때문에 언제나 정치권력을 원하는 이들이 존재했다. 따라서 반란은 흔한 일이었다. 유럽에서는 권력이 분산되어 있던 까닭에, 힘을 나눠가진 사람들이 기존 상태를 유지하고자 했고 반란도 흔치 않았다. 그 결과 9~10세기의 봉건 혁명으로 권력 분산이 제도화된 뒤에는 유럽의 통치자들이 더 오래 권력을 지속하는 경향이 있었다(〔그림 4.4〕 참조).

플래토Platteau(2017)는 중동의 정치적 불안정성에 관해 설명하며, 이슬람의 탈집중적 성격(가톨릭교회의 중앙집중적 성격과 대립되는)으로 인해 언제나 지배 연합에서 배제되는 성직자들이 존재했다고 주장한다. 배제된 성직자들은 대부분 급진적이었고, 1979년 이란 혁명 당시 그랬던 것처럼 견고한 기성 권력에 맞서 반란을 일으킬 수 있는 이들이었다.

요약하자면 최근 연구들은 중동이 안고 있는 모든 문제를 이

그림 4.4 ✦ 서유럽과 이슬람 세계의 통치자 집권 기간

슬람과 관련 짓지는 않지만, 이슬람 사회의 특징인 정치와 종교의 뒤섞임, 이슬람법의 지속 등이 경제성장의 가능성을 심각하게 제한했음을 시사한다. 중동의 경제 침체와 정치적 불안은 권력을 지닌 엘리트들이 이슬람교를 도구화한 결과였다. 그러나 서양의 기독교를 비롯해 다른 지역에서도 비슷한 방식으로 종교를 활용했으며, 이는 이슬람교 자체가 반영된 결과는 아니다.

문화의
끈질긴 생명력

문화가 경제성장에 이토록 큰 영향을 미치는 이유는 문화의

지속성 때문이다. 경제적, 기술적 조건이 바뀌는 가운데서도 문화적 가치는 더디게 변화한다. 설령 문화적 가치로 인해 그 사회가 뒤처지고 있다고 해도 문화는 손바닥 뒤집듯 바뀌지 않는다. 문화 규범이 얼마나 끈질기게 이어지는지 보여주는 최근 연구를 소개하고자 한다.

이탈리아 북부와 남부의 분열

인류학자 에드워드 밴필드와 그의 가족은 1954년부터 1955년까지 이탈리아 남부의 한 마을에 살았다. 밴필드는 그곳에서 만난 농민들 사이에서 발견한 현상을 묘사하며 '비도덕적 가족주의amoral familism'라는 용어를 만들어냈다. 밴필드에 따르면, 비도덕적 가족주의자는 자기 가족의 단기적인 물질적 이익을 극대화하고자 애쓰며, 다른 이들도 똑같이 행동한다고 가정한다. 밴필드가 묘사한 이 사회는 공공재가 제공되지 않고, 시민 조직이 거의 또는 전혀 없으며, 사람들이 정치에 무관심하고, 낯선 사람 사이에 신뢰가 거의 존재하지 않는 곳이다.

비도덕적 가족주의는 사회적 차원에도 영향을 미치며, 공공재 공급 부족, 지방 정부에 대한 견제와 균형의 부재, 법 경시, 낮은 신뢰 수준 등을 불러온다. 이런 행태는 바꾸기 쉽지 않다. 만약 모든 사람이 모두를 부패했다고 여긴다면, 부정부패로 인해 잃는 비용이 거의 없으며, 설령 실제로는 부패하지 않았다고 해도 이득이 없다. 밴필드(1958, 94쪽)가 말하는 것처럼, "공직을 맡은 비도덕적 가족주의자는 법망을 피할 수 있다고 생각되는 경우 언제나 뇌물을 받는다. 하지만 그가 뇌물을 받든 안 받든 비도덕적 가족주의자들로 이루어진 사회는 그가 뇌물을 받는다고 생각한다." 따라서 이러한 문화 규범은 저절로 강화된다. 만일 자신을 포함한 모두가 부패를 저지른다고 생각한다면, 자신의 행태를 바꿀 동기가 전혀 없지 않은가. 종종 문화 규범의 지속성이 대단히 높은 것은 이런 이유 때문이다.

퍼트넘 외(1993)는 밴필드의 관찰을 바탕으로 이탈리아 북부와 남부의 시민 참여도가 극명히 차이 난다는 걸 확인했다. 퍼트넘과 공저자들은 이러한 차이가 중세 시대까지 거슬러 올라간다고 주장한다. 예컨대 이탈리아 북부에서는 자유로운 도시국가와 공화국이 번성하면서 시민들이 정치에 참여하는 문화가 발달했다. 그러나 이탈리아 남부를 지배한 것은 봉건 체제와 절대주의였고, 그 결과 정치에 무관심한 문화가 생겨났다. 구이소 외(2016)는 이 가설을 뒷받침하는 추가적인 경험적 증거를 제시한다. 연구자들은 한 지역에 존재하는 비영리조직의 수로 그곳의 시민 참여도를 측정했는데, 이는 중세 코뮌(자치도시)의 존재와 양의 상관관계가 있었다. 과거 코뮌이 있던 지역일수록 현재 운영되는 비영리조직의 수가 더 많았던 것이다. 이 연구들을 종합해보면, 약 1,000년 전에 생겨난 문화 차이가 정치와 경제 발전이 상당히 이루어진 오늘날에도 **여전히 존재한다**는 것을 알 수 있다.

그런데 애당초 이런 문화적 차이는 왜 생겨난 걸까? 슐츠Schulz 외(2019)와 헨릭(2020), 슐츠(2020) 등은 중세 가톨릭교회의 혼인 정책 때문이라고 주장한다. 교회는 친족의 유대를 깨뜨리고자 사촌 간 결혼을 금지했다(최대 14촌까지). 그 결과 교회의 영향력이 센 지역에서는 친족 집단이 작아졌고, 따라서 이런 지역에서는 친족이 아닌 이들과 협력하는 통치 기관이 만들어질 가능성이 컸다. 이탈리아의 경우로 보자면, 이러한 통치 기관이 바로 (퍼트넘 외

(1993)와 구이소 외(2016)가 설명했던) 코뮌이었다. 슐츠(2020)는 문화 규범의 차이가 현재까지 이어진다는 걸 보여준다. 중세 초기에 가톨릭교회의 영향이 한결 약했던 이탈리아 남부에서는 사촌 간 결혼 비율이 더 높고, 신뢰와 투표율(시민 관여의 잣대), 사법의 효율성이 모두 낮다((그림 4.5) 참조).

그라이프(1994, 2006)는 이런 유형의 문화 차이가 경제성장에 어떤 영향을 미쳤는지에 관해 통찰을 제시한다. 그는 제노바(중세 이탈리아에서 가장 유력한 도시국가)의 '개인주의적 문화'와 아프리카 북부 유대인 상인들의 '친족 기반 문화'를 비교한다. 그의 연구에 따르면, 전체 교역 수준이 소규모일 때는 친족 기반 문화가 교역망 구축에 유리하다. 친족 연결망과 교역을 하면서 속임수를 쓰는 이들을 서로 감시하고 벌할 수 있기 때문이다. 이것은 친족 기반 문화의 주요한 이점이다. **협동**이 필요한 상호작용이 이루어질 가능성이 더 큰 것이다(Enke, 2019).

개인주의적 문화를 보유한 사회는 이런 식으로 속임수를 쓰는 이를 가려내지 못한다. 그러므로 이 사회는 속임수를 쓰는 이를 벌하고 신뢰를 촉진하기 위한 **제도**를 만들어야 한다. 이러한 제도는 만드는 데 비용이 들며, 교역의 규모가 작을 때는 그만한 가치도 없을 수 있다. 하지만 교역 기회가 점점 많아질수록 상거래를 촉진하는 제도를 마련한 이득도 커지므로, 개인주의적 사회는 제도를 채택한다. 일단 제도가 자리를 잡으면 훨씬 많은 이들과 교역할 수 있게 된다.

다른 한편, 친족 기반 사회의 협동은 점차 이들에게 불리하게 작용한다. 사적인 연결망에 의존하는 사회는 값비싼 공적 제도를 채택할 동기가 거의 없다. 하지만 그렇게 함으로써 이들은 교역 상대자를 친족 집단 내부로 제한하고, 외부 세계와의 교역을 포기한다. 이것이 경제성장에 미치는 영향은 분명하다. 지역 간 교역을 확대하고 수익성이 높아짐에 따라 점점 더 많은 상대와 거래할 수 있는 사회는 성장하지만, 오래된 (친족 기반) 교역망에 국한된 사회는 결국 정체한다.

중국에도 비슷한 설명을 적용할 수 있다. 중국에서는 씨족이 자원을 모으는 핵심 단위였다. 씨족 성원들은 위험을 공유하고 어려운 시기에 서로를 지원했으며 규모가 큰 사업을 위해 자원을 끌어모았다. 씨족 기반 의무를 중시하는 유교 이데올로기에 뿌리를 둔 것이었다. 그리하여 중국에서는 자본을 더욱 폭넓게 분배할 수 있는 대규모 금융 시장에 대한 수요가 거의 없었다(Chen et al, 2020). 믿을 수 있는 친족들과 거래할 수 있는데, 왜 낯선 사람을 상대하겠는가? 그러나 자본 접근성을 제공할 만한 대규모 가족 단위가 전혀 없었던 서유럽은 사정이 달랐다. 유럽에서는 결국 금융 시장이 등장해 이 공백을 메워주었다(Greif and Tabellini, 2017).

개인주의 문화의 중요성은 사회가 지닌 교역의 유형과 금융 기관을 넘어 확대된다. 개인주의 문화는 개인적 성취를 보상한다. 따라서 자연스럽게 집단주의 사회의 혁신가보다 개인주의 사회의 혁신가가 더 높은 사회적 지위를 얻는다. 고로드니첸코Gorodnichenko와 롤랑Roland(2011, 2017)은 개인주의 성향이 강한 사회일수록 노동자 1인당 소득이 훨씬 높고, 그 소득의 대부분이 더 높은 생산성과 혁신에서 나온다는 것을 발견했다. 이는 중요한 발견이다. 7장과 8장에서 더 살펴보겠지만, 혁신은 근대의 지속적 경제성장을 낳은 핵심적 요인이기 때문이다.

그림 4.5 ◆ 이탈리아 북부와 남부의 차이: 사촌 결혼, 신뢰, 사법의 효율성

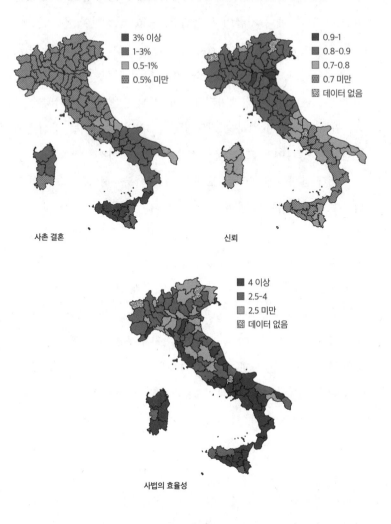

사촌 결혼

- 3% 이상
- 1-3%
- 0.5-1%
- 0.5% 미만

신뢰

- 0.9-1
- 0.8-0.9
- 0.7-0.8
- 0.7 미만
- 데이터 없음

사법의 효율성

- 4 이상
- 2.5-4
- 2.5 미만
- 데이터 없음

신뢰 규범의 지속성

경제학자들은 오래전부터 신뢰가 경제 거래에 필수적임을 알고 있었다. 거래는 대부분 연속적으로 이루어지기 때문이다. 우리는 상대에게 무언가를 주고, 상대가 그 대가로 다른 무엇을 주리라 기대한다(Greif, 2000). 우리는 3장에서 거래의 근본 문제에 대해 논의한 바 있다. 예나 지금이나 바뀐 것은 없다. 당신이 온라인으로 신용카드 번호를 제시하고 물건을 주문하면, 계좌에서 곧바로 돈이 빠져나간다. 온라인 판매자는 며칠 안에 당신이 산 물건을 보내주어야 한다. 만약 판매자가 물건을 보내지 않는다면 어떻게 될까? 판매자는 이미 원하는 것(물건값)을 얻었고, 다시는 당신에게 물건을 팔 생각이 없다면, 왜 물건을 보내야 할까?

그가 당신에게 물건을 보내는 이유는 분명하다. 계속 고객의 뒤통수를 치다가는 평판이 나빠져 장사를 오래 하지 못할 게 뻔하고, 고소를 당해 보상금을 내야 할 것이다. 하지만 사법 체계와 평판 구축 수단이 언제나 존재했던 것은 아니다. 이런 제도가 부재한 경우라면, 우리는 거래하는 상대방을 어떻게 믿을 수 있을까?

바로 여기서 신뢰가 중요해진다. 만약 내가 온라인 판매자를 신뢰한다면(내가 고소할 능력이 있는지와 무관하게), 거래를 밀어붙일 수 있다. 물론 판매자 또한 약속을 이행해야 한다. 신뢰 수준이 높은 사회가 경제적 성과가 더 높은 것은 이 때문이다(Tabellini, 2010). 서로 이득이 되는 거래가 가능한 것은 신뢰 덕분이다. 애로 Arrow(1972, 357쪽)의 말을 빌리자면, "사실상 모든 상거래는 신뢰를 기반으로 한다. 일정한 시기 동안 이루어진 모든 거래가 그렇다. 세계에 만연한 경제적 후진성의 대부분은 상호 확신의 부족으로 설명할 수 있다는 주장은 충분히 타당하다." 국가 간 신뢰 편차를 살펴보면 각국의 빈부 격차를 이해하는 데 도움이 될까? 사회과학자들은 실제로 국가 간 신뢰의 차이에 주목해왔다. 부유한 나라의 국민이 가난한 나라의 국민에 비해 상대를 더 신뢰하며, 상대에게 신뢰받는다((그림 4.6) 참조).

그림 4.6 ◆ 신뢰와 1인당 국내총생산의 관계

| 그림의 국가명은 38~39쪽의 국가 코드를 참조할 것.

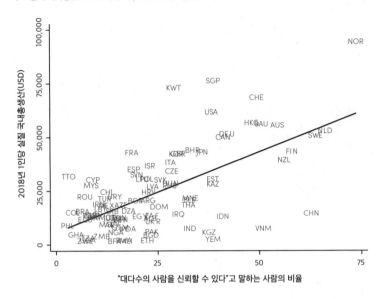

그렇다면 이런 의문이 생겨난다. 왜 어떤 사회는 다른 사회보다 더 신뢰가 높은가? 신뢰는 느닷없이 생기지 않는다. 안전하고 속을 가능성이 낮은 환경일수록 사람들의 신뢰는 높아진다. 따라서 신뢰 수준은 각 사회의 고유한 문화적 특성이라기보다 제도의 질을 반영한다. 경제학자와 정치학자 들은 최근 연구를 통해 이미 존재 이유가 사라진 오래된 신뢰 규범조차 생명력이 매우 끈질기며, 사회에 오랫동안 남는다는 걸 밝혔다. 그러므로 오늘날의 경제적 번영은 신뢰에 영향을 미친 과거의 역사적 사건과 연관이 있는 것이다.

자연 실험은 신뢰 규범 발전에서 역사가 어떤 역할을 했는지 분석하는 데 도움이 된다. 3장에서 논의한 한반도 분단 같은 자연 실험은 마치 의학에서 임상 시험을 할 때처럼, 인구 집단의 일부는 어떤 사건을 '처방받고' 다른 일부는 그렇지 않을 경우에 발생한다. 역사는 국경선의 변화로 인해 생겨난 자연 실험으로 가득하다. 어느 날 한 집단이 어떤 국가의 지배를 받다가, 다음 날에는 그 집단의 일부가 다른 국가의 지배를 받게 되는 식이다. 이런 변화가 그 집단의 신뢰에 영향을 미친다고 본다면, 국경의 양쪽 편에 사는 사람들의 신뢰가 어떻게 변화하는지, 그리고 그 차이는 얼마나 지속되는지 비교해 볼 수 있다.

예를 들어, 베커 외(2016)는 옛 합스부르크-오스만-러시아 국경에서 합스부르크 쪽에 사는 사람들은 **오늘날** 공무원과 법원, 경찰을 더 신뢰한다는 것을 발견했다. 18~19세기 합스부르크 왕가는 동쪽의 이웃들에 비해 더 효율적인 공공서비스를 제공했고 정부에 대한 신뢰를 높였다. 문화 규범의 효과가 아주 오랫동안 지속된다는 것을 분명하게 보여주는 결과다.

17세기 초 현재 콩고민주공화국의 자리에는 쿠바Kuba 왕국이 세워졌다. 로즈Lowes 외(2017)는 이 왕국의 옛 국경선 양쪽에 사는 사람들이 얼마나 규칙을 준수하는지에 관해 연구하며 문화 규범의 지속성을 보여주는 증거를 발견했다. 비교적 강력한 국가의 존재가 사회적 규범을 장려하고 강화했을 거라는 예상과 반대로, 쿠바 후손들은 규칙을 준수하지 않으며 도둑질을 할 가능성이 컸다. 쿠바 왕국의 지배하에 사는 이들은 규칙 준수 규범을 만들어 낼 필요가 적었기 때문이다. 규칙을 준수하지 않는 이들은 왕국의 제도에 따라 처벌하면 그만이었다. 여기서도 역시, 문화는 그것이 등장한 제도와 정치 환경이 바뀐 뒤에도 오랫동안 **지속된다**는 점을 알 수 있다.

젠더 규범

역사상 대다수 사회에는 여성의 노동 역량을 제한하는 문화 규범이 있었다. 따라서 여성은 역사적으로 잠재적 경제성장을 위한 가장 커다란 미개척 원천이었을 것이다. 대다수 사회가 여성의 노동력을 이런저런 방식으로 제한했지만, 일부 사회는 다른 곳보다 더욱 심했다. 왜 그랬던 걸까?

여성 노동에 관한 문화 규범은 정착 농경이 확산된 신석기 혁명까지 거슬러 올라가는 듯하다. 보세룹Boserup(1970)은 쟁기 농경으로 성별 분업이 가속화되었다고 주장했다. 쟁기를 다루려면 상체와 손아귀의 상당한 힘이 필요했는데, 둘 다 여성보다 남성에게 유리했다. 그 결과 남성은 쟁기 농경 사회에서 여성보다 큰 교섭력을 획득했고, 그러므로 남성에게 유리한 젠더 규범이 등장했을 가능성이 있다는 것이다.

알레시나Alesina 외(2013)는 이 가설을 입증했다. 연구자들은 남성은 야외 들판에서, 여성은 실내에 틀어박혀 일하는 쟁기 농경 사회에서 어떤 사회규범이 등장했음을 보여준다. 쟁기가 지배하는 농경 문명에서 발생한 성별 분업은 스스로 강화된다는 것이 입증되었다. 대부분의 영양분을 곡물에서 얻는 농경 중심 사회와 농업 경제에서 여성은 종속적 역할이었고, 여성의 사회적 지위는 더욱 굳어졌다. 알레시나와 공저자들이 제시하는 증거를 보면, 오늘날에도 인구의 절대다수가 야외 농경을 하는 사회에서는 이런 규범이 지속된다는 걸 알 수 있다. 21세기에 전통적인 쟁기를 사용하는 사회에서는 여성의 노동 참여, 기업 소유, 정치 참여가 낮다(〔그림 4.7〕 참조). 연구자들은 미국과 유럽에 사는 이민자 가정을 연구했는데, 부모가 쟁기 농경 유산이 존재하는 나라 출신일 경우 그들의 자녀들이 젠더에 관해 더 불평등한 믿음을 갖고 있다는 걸 발견했다. 마찬가지로, 페르난데스Fernández와 폴리Fogli(2009)는 미국 이민 2세 여성들의 노동과 출산이 선조 나라의 젠더 문화 규범에 영향을 받는다는 것을 보여준다. 이 결과들을 종합해보면, 필요와 의미를 잃은 지 오래된 사회규범도 끈질기게 살아남으며, 유해한 영향을 미칠 수 있다는 것을 알 수 있다.

여성 노동에 대한 문화적 태도는 경제의 변화를 계기로 바뀔 수 있다. 쉐Xue(2020)의 연구에 따르면, 중국에는 1300년부터 발판으로 작동하는 물레가 도입되었고 이후 여성 방적공의 생산성은 3배가량 높아졌다. 이 시기 면직물 생산 지역에 사는 여성의 소득은 상당히 증가했고, 점차 늘어난 여성의 소득은 남성의 소득과 맞먹거나 그 이상이 되었다. 사회는 여성을 더 중요한 성원으로 간주하기 시작했다. 포머랜즈(2005)는 여성의 지위 상승을 묘사하기 위해 '품위의 경제economics of respectability'라는 용어를 사용한다. 여성이 혼자 힘으로 생산적인 경제 구성원이 됨에 따라 부모가 딸을 낳을 때 부담해야 하는 경제적 비용도 줄어들었다. 쉐(2020)는 이러한 지역에서는 여성에 대한 문화적 태도가 변화했다는 증거를 제시한다. 근대 이전 면직물 생산 경험이 있는 지역은 오늘날 성비 편향이 크지 않다. 근대 이전 면직물 생산 경험이 있는 지역에 사는 사람일수록 남성이 더 유능하다거나, 여성은 가족에 집중해야 한다는 의견에 동의하지 않는 경향이 있고, 아들보다 딸을 선호하는 경향이 강하다.

앞에서 인용한 연구들을 종합하면, 문화 규범은 여성의 지위와 경제성장 모두에 영향을 미쳤음을 알 수 있다. 여성의 지위는 과거에도 지금도 경제성장에 중요한 열쇠다. 5장에서는 인구 변동

그림 4.7 ✦ 전통적 쟁기 사용, 여성의 노동력 참여, 여성의 기업 소유

| 그림의 국가명은 38~39쪽의 국가 코드를 참조할 것.

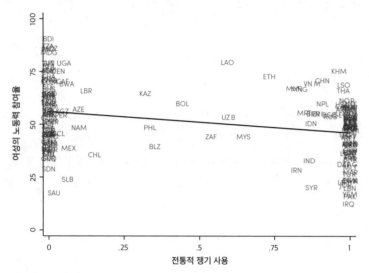

여성의 노동력 참여

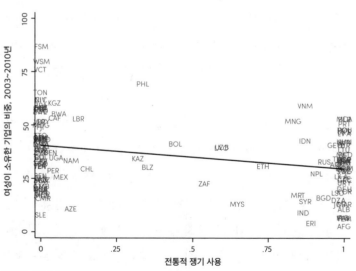

여성의 기업 소유

추세와 인적 자본 투자를 연구하면서 젠더와 경제성장에 관해 더 구체적으로 논의해보자.

이 장의 내용 요약

문화가 경제성장에서 수행하는 역할에 관한 연구들은 점점 늘어나고 있다. 4장에서는 그 문헌들의 맥락을 전반적으로 요약해 보았다.

최근 연구들은 유럽 중심적이거나, 최악의 경우 인종주의적 이었던 20세기 초의 연구들보다 훨씬 섬세하다. 현대 경제학자들 은 인류학의 방식으로 문화를 연구한다. 즉 문화가 사람들의 세계 관을 형성한다고 보는 것이다. 문화는 사람들이 어떤 인센티브에 반응하는지, 어떻게 상호작용하는지, 누구와 왜 결혼하는지, 얼마 나 많은 자녀를 낳는지 등등을 결정한다. 현대 경제학의 문화 연구 는 신뢰, 젠더 규범, 혼인 규범 등이 경제 발전에 어떤 영향을 미치 는지에 초점을 맞춘다. 문화는 사람들의 가치관 깊숙이 자리 잡아 오래도록 지속되며, 따라서 장기적인 경제 발전에 영향을 미친다. 아무리 먼 과거에 생겨난 것일지라도, 문화는 그 사회의 구성원들 이 세계를 바라보는 관점에 영향을 주는 경향이 있다. 이런 이유로 문화는 제도나 인구 변동 같은 장기적 경제 발전의 결정적 요인들 과 상호작용하게 된다. 7장에서 살펴볼 것처럼, 이런 상호작용이 야말로 좋은 쪽으로든 나쁜 쪽으로든 대다수 사회가 따르는 장기 적인 경제 궤적의 핵심이다.

5
아기를 적게
낳아서?

때는 바야흐로 1700년 1월 24일. 살을 에는 듯한 겨울바람이 런던 중심부의 웨스트민스터 사원에 휘몰아친다. 난롯불과 석탄 화로 조차 차디찬 냉기를 이기지 못한다. 잉글랜드 왕위 상속인인 앤 공주는 하인들에 둘러싸인 채 침구에 얼굴을 파묻고 조용히 흐느끼고 있다.

공주는 겨우 서른셋의 나이에 열일곱 번째이자 마지막으로 임신했으나, 또다시 유산한 상태였다. 앤은 상속자를 낳지 못했다. 네 명의 아이만 살아서 태어났으나 한 명만 유아기를 넘겨 살아남았다. 하지만 윌리엄 왕자도 열한 살에 폐렴으로 죽고 말았다. 치료 과정에서 피를 흘리고 물집이 생긴 뒤의 일이었다. 앤이 유산과 사산을 거듭한 정확한 이유는 알 수 없지만, 어쨌든 공주는 건강하지 않았다. 역사학자들은 앤이 루푸스, 당뇨, Rh성 자가면역질환 등 여러 질병에 시달렸을 거라고 추측한 바 있다(Emson, 1992). 공주는 30대 초반부터 극심한 통풍에 시달려서 걸음도 걷지 못했고, 1702년에 열린 대관식에도 들것에 실려 가야 했다. 앤은 마흔아홉

그림 5.1 ✦ 세계 각지의 기대수명, 2015년

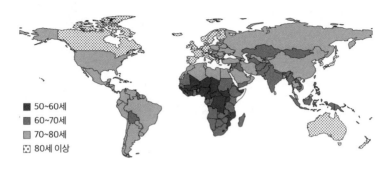

50~60세
60~70세
70~80세
80세 이상

살에 세상을 떠났다.

앤은 당대의 가장 뛰어난 치료를 받았다. 그러나 그에게도, 가족에게도 치료는 별 도움이 되지 않았다. 앤의 어머니는 겨우 서른네 살까지 살았고, 동생 메리는 서른두 살에 천연두로 사망했다. 앤 공주의 사례는 드문 일이 아니었다. 산업화 이전의 세계는 부유층에게도 가혹했으며, 잦은 출생과 사망, 질병에 시달렸다.

이제는 사정이 다르다. 오늘날 세계에서 가장 가난한 지역의 기대수명은 앤 공주가 살던 시대에 세계에서 가장 부유했던 지역의 것보다 높다. 1703년 잉글랜드의 평균 기대수명은 38.5세였으나(Roser, 2021c), 2015년에는 세계 어느 나라도 평균 기대수명이 51세보다 낮지 않았다([그림 5.1] 참조). 무엇이 바뀐 걸까? 이러한 변화는 성장에 어떤 영향을 미쳤을까?

인류 역사의 대부분 시기 동안 사람들은 자녀를 많이 낳았지만, 성인까지 살아남은 수는 많지 않았다. 그렇기에 고전 경제학을 대표하는 우리의 토머스 맬서스Malthus(1798/2007)는 이것이 인류의 항구적인 조건이라는 유명한 결론을 내렸다. 그는 많은 사람이 최저 생활을 벗어나지 못할 거라고 추론했다. 맬서스가 책을 쓴 것은 18세기 말이었는데, 그때까지만 해도 그의 판단은 크게 어긋나지 않았다. 인구와 경제 발전을 연결하는 그의 이론은 산업화 이전 경제에 관해 많은 것을 설명해준다. 하지만 지난 두 세기 동안 놀랍게 달라진 인간의 변화까지 설명하지는 못한다. 어떻게 이렇게 달라지게 된 걸까?

5장에서는 **인구 변동**이 세계가 부유해지는 데 어떤 역할을 했는지 살펴볼 것이다. 맬서스의 이론을 검토하고, 그가 상상한 세계가 우리 조상들의 경제적 현실을 얼마나 적절하게 묘사하는지 확인해 보자. 그런 다음 우리는 이런 질문들을 던지려 한다. 세계의 어떤 지역은 맬서스가 강조했던 힘들을 누그러뜨리고 다른 곳들보다 먼저 부자가 됐다. 이는 어떻게 가능했을까? 이 나라들은 무엇 덕분에 맬서스적 세계를 벗어나 근대적 성장을 이룰 수 있었을까? 인구 변동은 왜 교육과 인적 자본 투자로 이어졌으며, 이 투자는 어떻게 경제성장을 촉진했을까?

맬서스의
압력

산업화 이전 세계에서 지속적인 빈곤을 낳은 원인으로 가장 많이 언급되는 것은 인구 압력이다. 간단히 말하면, 먹여 살려야 할 입이 너무 많았다. 이 이론의 창시자로는 맬서스(1798/2007, 13쪽)가 흔히 거론되는데, 그는 다음과 같이 말했다.

생존 수단이 없으면 인구가 증가할 수 없다는 것은 워낙 자명한 명제라 예시를 들 필요도 없다. 생존 수단이 있는 곳이라면 언제나 인구가 증가한다. 이제까지 존재한 모든 민족의 역사가 그 증거다. 너무 많은 인구를 견제하기 위해서는 빈곤과 악덕이 필요하다. 빈곤과 악덕은 인간의 삶을 비참하게 하지만, 이러한 비극을 낳는 물리적 사건이 연속적으로 일어난다는 것 자체가 이것이 필요하다는 너무나 확실한 증거다.

맬서스의 원리를 간단한 모델로 설명하면 다음과 같다.

Ⓐ 소득이 증가하면 더 많은 어린이가 성인기까지 살아남는다.
Ⓑ 소득이 증가하면 매년 사망자 수가 줄어든다.
Ⓒ 인구가 증가하면 1인당 소득은 감소한다. 노동의 한계 생산이 감소하기 때문이다. 일자리에 한계가 있을 때는 노동력이 한 명 추가될 때마다 생산성이 떨어지게 된다.
Ⓓ 따라서 장기적으로 보면 인구 증가는 소득의 상승을 흡수하게 마련이다.

맬서스 모델은 간단한 도표로 그려볼 수 있다(〔그림 5.2〕 참조). 가로축은 1인당 소득이며, 세로축은 출생률과 사망률을 표시한 것이다. 이 두 선이 만나는 점에서 인구는 고정된다. 아래 그래프는 인구와 1인당 소득의 관계, 즉 Ⓒ의 가정을 보여주는 그림이다. 토지 등의 자원이 고정되어 있을 때 인구가 증가하면, 노동의 한계 생산이 감소하고 결국 각 노동자가 벌어들이는 소득은 줄어든다.

그림 5.2 ♦ 맬서스 모형

| 이 그림은 클라크(2007)를 약간 바꾼 것이다.

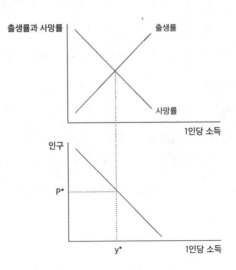

　　1인당 소득이 y*을 넘는다고 가정해보자. 이 경우 출생률이 사망률을 앞질러서 인구가 증가한다. 하지만 인구 증가는 자원에 압력을 가해서 1인당 소득을 감소하게 만든다. 소득이 감소하면 사망률이 올라가고 출생률이 떨어져서(성인기까지 살아남는 어린이가 줄기 때문에) 경제는 다시 y*의 균형점으로 돌아온다.

　　가끔 단발성 기술 향상이나 새로운 작물 도입 등의 긍정적인 충격으로 생산성이 높아져서 인구가 증가하고 소득이 일시적으로 증대할 수 있다. 하지만 장기적으로 보면 1인당 소득은 y*로 돌아간다. 사람들이 아이를 더 많이 낳고, 이 아이들이 잉여분을 먹어 치우기 때문이다. 땅이 더 비옥하거나 기술이 더 발달한 나라들은 따라서 더 높은 생활수준을 영위하는 게 아니라 인구밀도가 더 높아진다.

인구 변동이 나타나면 어떻게 될까? 출생률 저하는 어떤 결과를 불러오는지 생각해보자([그림 5.3]에서 '출생률'이 '출생률'로 바뀌는 경우). 사망률에는 변함이 없으므로 인구가 감소한다. 인구가 감소하면 노동의 한계 생산이 증대한다. 균형 상태에서는 1인당 소득이 y^{**}로 증가한다. 이 증가는 항구적이다. 마찬가지로 사망률이 높아져도 1인당 소득이 증가한다.

그런데 출생률과 사망률이 변하는 이유는 뭘까? 인류 역사에서 사망률의 극적인 변화는 흔한 일이었다. 전염병, 전쟁, 혁명, 국가 붕괴 등 '위대한 평등주의자great leveler'는 되풀이해서 인구 집단에 급속한 대규모 죽음을 안겨주었다(Scheidel, 2017).

맬서스의 논리는 이러한 비극이 오히려 희망일 수 있음을 시사한다. 클라크Clark(2007, 101쪽)는 직관에 어긋나는 이론을 제시한다. "전염병은 복수심에 불타는 구약의 하느님이 죄 많은 유럽에 내린 가혹한 심판이 아니라 인정 많은 신약의 신이 던지는 부드러운 책망이었고, … 그 덕분에 유럽 전역의 생활수준은 높아졌다." 클라크는 심지어 청결, 평화, 자선, 고된 노동, 부모의 걱정 등을 '맬서스적 악덕'으로 나열한다. 이런 관행 덕분에 더 많은 건강한 인구가 생산성의 증대된 부분을 먹어치울 것이기 때문이었다.

맬서스의 예측은 엄중하기 짝이 없지만, 여러 이유에서 의심할 만하다. 생활수준을 높이는 데 전염병이 도움이 된다고 본 것은 높아진 사망률의 비용을 무시했기 때문이다. 더불어 예상치 못한 죽음이 빈번하게 발생하여 야기되는 사회적, 경제적 혼란도 고려하지 않았다. 하지만 맬서스의 단순한 틀은 분명히 진실을 포착하는 측면이 있으며, 과거를 들여다보는 흥미로운 렌즈로 활용할 수 있다.

그림 5.3 · 맬서스 모형: 출생률 감소가 미치는 효과

| 이 그림은 클라크(2007)를 약간 바꾼 것이다.

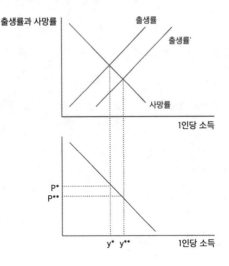

아슈라프Ashraf와 갈러Galor(2011)는 맬서스의 틀이 1500년까지의 세계를 잘 설명해준다고 설명한다. 특히 일찍부터 농경 사회를 이룬 나라들은 1500년에 토지 생산성과 인구밀도가 더 높았다. 하지만 그렇다고 이 나라들의 1인당 소득이 반드시 더 높은 것은 아니었다.

맬서스적 요인들은 점차 다른 요인들과 결합해서 작동했다. 맬서스적 환경에서도 생활수준과 경제성장에 변이가 존재할 수 있다. 앞에서 살펴본 것처럼, 근대 이전에도 상대적으로 번영한 시기들이 있었다. 예컨대 고전 시대 그리스, 로마 제국, 송나라 등에서는 한때 1인당 소득이 최저 생활수준을 훌쩍 넘어서기도 했다.

세계 경제의 장기적 동학이 맬서스의 모델과 대체로 일치한다고 해서 맬서스적 동학이 단기적, 또는 중기적 성장의 변동을 완벽히 설명해주는 것은 아니다. 맬서스의 피드백 메커니즘은 점진적으로 작동했으며, 어떤 경제는 수십 년이나 그보다 오랫동안 '균형 상태를 벗어날' 수 있었다. 전염병 유행이나 전쟁 같은 요인들이 맬서스의 점진적인 피드백 고리보다 훨씬 더 빠르게, 한결 더 크게 산업화 이전 인구에 영향을 미쳤기 때문이다. 그 결과, 산업화 이전 사회들은 맬서스적 균형을 중심으로 변동하면서도 때로 상당한 변이를 보였다.

부의 세 기사: 전쟁, 전염병, 도시화

맬서스 모델이 근대 이전 세계를 얼마나 잘 설명하는지는 어떻게 검증할 수 있을까? 대규모 인구 충격이 벌어진 뒤 어떤 변화가 생겼는지 살펴보는 게 한 방법일 것이다. 그중 가장 유명하고도 가장 치명적인 사례는 14세기 중반에 세계를 휩쓴 흑사병이다.

흑사병은 유럽과 아시아를 강타한 무시무시한 병이었다. 당대 사람들은 세계 인구의 3분의 1이 사망했다고 추산했다. 20세기 역사학자들은 이토록 높은 수치에 코웃음을 쳤다. 그들은 전반적인 사망률은 분명 그보다 한참 낮았을 것이며, 5퍼센트나 10퍼센트 정도였다고 주장했다. 하지만 최근 연구들은 14세기의 추정치가 옳았음을 확인해준다. 일부 역사학자들은 서유럽 인구의 60퍼센트가 사망했을 거라고 주장하기도 했다(Benedictow, 2005).

과학자들은 흑사병을 일으킨 세균이 예르시니아 페스티스 Yersinia pestis, 일명 선페스트라고 확인한 바 있다. 유럽과 중동에서

그림 5.4 ◆ 1347~1352년의 흑사병 사망률

이 지도는 1347~1352년의 흑사병 사망률이 밝혀진 1300년 당시의 모든 도시(주민이 1,000명 이상인)와 서유럽 18개국의 현대 국경선을 표시한 것이다.

사망률(%)

25 50 75 100

는 수백 년간 흑사병이 발발하지 않았기 때문에 사람들은 면역이 거의 또는 전혀 없었다. 오늘날 크림반도의 카파에서 유럽으로 전파된 흑사병은 이탈리아와 서유럽으로 퍼져 나갔다. 흑사병의 사망률은 기존의 병들과는 전혀 달랐다. 도시만큼이나 농촌에서도 많은 수가 사망했다. 남유럽과 지중해가 특히 큰 타격을 받았고 영국도 막대한 피해를 보았다([그림 5.4] 참조).

중세 유럽의 인구는 흑사병이 덮치기 몇십 년 전인 14세기 초에 정점에 달했다. 그러다 1315년에서 1322년 사이에 심한 장마가 왔고 잇따라 흉작이 들었다. 그 결과 북유럽의 많은 지역에는 끔찍한 기근이 덮쳤다. 브루스 캠벨Campbell(2010, 287쪽)은 이 기근이 "사망률 기준으로 유럽 역사상 최악의 생존 위기"였다고 설명한다. 동시에 가축의 몰살을 가져온 우역牛疫도 발생했다. 흑사병이 덮치기 전까지 인구가 회복될 시간이 거의 없었던 것이다. 그 결과 1300년에 잉글랜드 인구는 450~600만 명이었으나, 15세기 중반에 이르면 200만 명 정도로 감소했다(Smith, 1991; Campbell, 2010). 유럽과 중동 전역에서도 비슷한 인구 붕괴 현상이 발생했다(〔표 5.1〕 참조).

이 비극의 규모를 가늠하기란 쉽지 않다. 사회적 혼란이나 심리적 트라우마 같은 경제학의 범위를 훌쩍 뛰어넘는 많은 결과가 나타났기 때문이다. 하지만 그렇다고 해서 그 경제적 함의까지 무시해야 하는 것은 아니다. 흑사병은 인구에 대대적인 충격을 미쳤고, 고립된 사건도 아니었다. 선페스트는 이후 300년간 유럽과 중동 전역에서 간헐적으로 재발했으며, 그로 인해 사망률은 끊임없이 높아졌다. 그리고 맬서스 모델이 예측한 것처럼, 사망률이 증대하자 1인당 소득은 늘어났다.

흑사병 유행 초창기는 경제 위기의 시기였다. 식량은 들판에 방치된 채 썩어갔고 작물 수확이 되지 않는 가운데 교역이 붕괴하고 실질 임금이 떨어졌다. 유럽 각지의 정치 엘리트들은 임금 상승을 막으려고 노력했다. 잉글랜드에서는 노동자법Statute of Laborers(1349)을 제정하여 명목 임금을 제한하려고 했다. 프랑스에서도 1351년에 비슷한 법이 통과되어 임금과 물가, 길드 가입을 규제했다. 피렌체는 도시 노동자의 임금 상승은 허용했지만, 농촌에

표 5.1 ✦ 국가별 흑사병 사망자 수

국가	1300년 인구(단위 100만)	사망률 추정치(%)
오스트리아, 체코, 헝가리	10.0	20
벨기에	1.4	22.5
잉글랜드	6.0	55
프랑스	16.0	50~60
독일	13.0	20~25
이탈리아	12.5	50~60
네덜란드	0.8	30~35
폴란드	2.0	25
스칸디나비아	1.9	50~60
에스파냐	5.5	50

서 막일을 하는 노동자의 임금 상승은 허용하지 않았다. 농촌 노동
자들은 특히 엄격한 규제에 직면했고, 초인플레이션으로 물가는
하늘 끝까지 올라 실질 임금의 하락을 목도해야 했다(Cohn, 2007,
468쪽). 새로운 일을 찾아 농장을 떠난 사람들은 벌금형을 선고받
았다.

하지만 결국 경제적 압력이 엘리트들의 정치적 의지를 능가
했다. 이후 수십 년간 실질 임금이 증가한 것이다. 파묵Pamuk(2007,
292쪽)에 따르면 흑사병으로 인해 1350년 이후 수십 년간 도시의
실질 임금은 무려 100퍼센트 증가했다. 실질 임금은 16세기 말까

지 계속해서 높게 유지됐다. 서유럽과 지중해 서부만이 아니라 지중해 동부에서도 마찬가지였다.

토지 사용 방식도 바뀌었다. 불모지가 방치되고, 지주들은 곡물 농사(노동 집약적)에서 벗어나 목축 농업(토지 집약적)으로 이동했다. 토머스 모어(1516/1997)의 말마따나 "양 떼가 사람을 잡아먹었다." 제드왑Jedwab 외(2019)는 흑사병 유행 직후 사람들이 더 나은 경제적 기회를 찾아 움직였고, 그에 따라 상당한 지리적 이동이 이루어졌음을 확인했다.

흑사병으로 인한 가장 중요한 제도적 변화는 서유럽에서의 농노제 소멸이다. 1300년 잉글랜드에서는 농촌 인구의 절반이 농노였지만, 흑사병이 휩쓸고 간 후에는 상황이 바뀌었다. 베일리Bailey(2014)에 따르면 잉글랜드에서는 1350년부터 농노제가 급격히 감소했다. 이는 노동력 부족과 토지 가치 하락이 농노제 쇠퇴에 결정적으로 작용했음을 보여준다. 베일리가 연구한 중세 장원들은 흑사병 이후 농노제를 부활시키려는 시도를 전혀 하지 않았다. 너무 급격한 인구 충격으로 농노제를 유지하거나 복원하여 농민들에게 봉건적 의무를 부과하는 게 불가능해졌기 때문이다. 장원에서 억압적 노동 요건과 벌금을 요구하면 농노는 다른 일을 찾아 다른 영주의 토지로 가버리면 그만이었다. 서유럽 각지의 지주들은 이런 상황에 일사불란하게 대응할 수 없었다. 그 결과 농노제는 비록 공식적으로 폐지된 적은 없지만 1500년에 이르러 잉글랜드 대부분 지역에서 사라졌다.

브레너Brenner(1976)는 잉글랜드에서 농노제가 종식되면서 농업 자본주의가 부상하게 되었다고 주장했다. 농노였던 이들이 이제는 소작인이 되어 지주에게 지대를 지불했다. 농노들은 토지 사용권을 쉽게 빼앗겼고, 대규모 사유지가 늘어났다. 브레너가 이야기한 농업 자본주의가 농업 생산성 증대를 가능케 했고, 그로 인한 생산성 증대가 결정적으로 산업혁명을 가능케 했다. 잉글랜드와 달리 프랑스 농민들은 토지 지배권을 손에 넣었다. 이는 대규모 사유지의 개발과 통합이 가로막혔음을 의미했다. 여기서 브레너가 전개하는 논증의 세부 사항을 따질 필요는 없다. 그러나 흑사병과 뒤이은 인구 감소는 서유럽과 동유럽, 중유럽에 다른 영향을 미쳤다. 여기에는 논란의 여지가 없다. 잉글랜드와 프랑스에서는 14~15세기에 농노제가 사라졌지만 독일, 폴란드, 러시아에서는 농노제가 사라지지 않았고 많은 경우 한층 더 굳건해졌다.

흑사병은 왜 유럽 국가들에 각기 다른 영향을 미쳤을까? 애쓰모글루와 월리츠키Wolitzky(2011)는 지주들이 농민들에게 동기를 부여하기 위해 당근(임금) 혹은 채찍(강압)을 선택하는 모델을 제공한다. 지주가 당근 혹은 채찍을 선택하는 동기는 노동력의 필요, 농민들의 외부 선택지, 강압을 사용하는 데 따르는 비용 등에 따라 달라진다. 이 관점에서 보면, 흑사병 같은 대규모 인구 충격은 상쇄 효과를 가져왔다. 예컨대 지주들은 흑사병으로 인한 노동력 부족으로 강압을 써서라도 농노제를 유지하거나 복구하고 싶어 하지만, 농민들은 노동력 부족 현상 덕분에 선택지가 늘어났기에 농노제를 받아들일 필요가 없다. 따라서 지주가 농노에게 강압을 행사할 동기는 축소된다. 어떤 효과가 지배적인지는 상대적 규모에 따라 달랐다. 애쓰모글루와 월리츠키는 자신들이 만든 모델을 통해, 서유럽에서는 강압을 사용하는 게 득보다 실이 더 컸다고 해석한다. 농민들에게 좋은 외부 선택지가 여럿 있었기 때문이다. 농민들은 도시로 가거나, 얼마든지 다른 장원에서 일할 수 있었기에 지주들은 그들을 농노로 묶어두는 비용을 감당할 수 없었다. 반면 중유럽과 동유럽에서는 강압이 한결 실용적인 전략이었다. 상대적으로 도시의 숫자가 적고, 그나마 있는 도시들도 규모가 작았기 때문에 농민들은 선택지가 별로 없었다. 지주에게는 강압을 쓰는 게 실용적인 전략이었다.

보이그랜더Voigtländer와 보스(2013b, 776쪽)는 유럽이 흑사병의 충격으로 인해 높은 1인당 소득을 특징으로 하는 맬서스적 정상상태steady-state로 내몰렸다고 설명한다. 소득이 증대하자 사치품을 비롯한 공산품 수요가 늘어났다. 돈을 더 많이 벌게 되면서 노동자들은 도시에서 생산되는 공산품을 더 많이 사들였고, 수요가 많아지자 유럽 여러 지역에서 교역과 도시화 수준이 높아졌다. 게다가 1350년 이후 유럽의 전쟁이 더욱 거세지자, 사람들은 도시로 몰려들었다. 도시화 수준이 높아짐에 따라 사망률은 더욱 높아졌는데, 도시가 건강하지 않은 인구 집단의 소굴이었기 때문이다. 그리하여 서유럽에서 산업혁명 이전에 수백 년간 나타난 (상대적으로) 높은 소득의 기원은 전쟁, 전염병, 도시화라는 '부의 세 기사Three Horsemen of Riches'에서 찾을 수 있다(Voigtländer and Voth, 2013b).

중세 후기는 노동자들의 (상대적인) 황금시대였다. 부유층이 아닌 사람들도 풍부하고 다양한 음식을 먹을 수 있었다. 육류 소비가 증가하고, 주거가 개선되고, 옷과 패션에 더 많은 돈을 쓸 수 있었다(Dyer, 2005). 노동력 부족 현상 덕분에 교섭력이 늘어난 노동자들은 이에 힘입어 임금 인상과 자유 확대를 요구했다.

1500년 이후 다시 인구 증가가 시작되었다. 그 결과 실질 임금은 중세 후기에 달성한 고점에서부터 서서히 하락했다. 맬서스 모델이 제시했던 것처럼 말이다. 1550년부터 1650년까지는 보통

그림 5.5 ◆ 잉글랜드의 인구와 임금, 1209~1750년

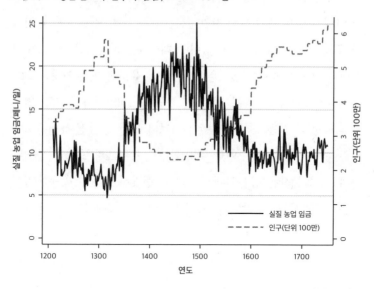

사람들의 생활수준이 하락한 '철의 세기'였다(Kamen, 1971). [그림 5.5]는 산업화 이전 잉글랜드의 사례로, 임금과 인구 사이의 뚜렷한 역逆관계를 보여준다.

유럽적
결혼 양상

맬서스 모델에서 생활수준은 출생률과 사망률의 교차점에서 정해진다. [그림 5.3]에서 살펴본 것처럼, 1인당 소득의 증대는 출생률을 억제할 때 가능하다. 맬서스는 출생률 억제를 일종의 '예방적 억제'로 구분했다(빈곤과 질병이 적극적 억제였다).

예방적 억제의 한 사례는 만혼 관행이었다. 혼인 제도가 시작된 이래 여성은 세계 어느 지역에서든 흔히 10대에 결혼했다. 하지만 중세 후기 유럽에서는 여성이 20대 중반에 결혼하는 경향이 나타났다. 허이널Hajnal(1965)은 이 관행에 '**유럽적 결혼 양상**European Marriage Pattern(EMP)'이라는 이름을 붙였다. 1900년까지 유럽 전역에 나타난 이 결혼 양상의 기원은 이보다 수백 년 앞선 북서유럽에 있었다. 스칸디나비아, 영국, 네덜란드, 독일, 프랑스 북부 등에서 나타난 이 양상은 남유럽에서는 별로 뚜렷하지 않았고 동유럽에서는 전혀 나타나지 않았다. 이런 결혼 양상은 경제성장에 어떤 영향을 미쳤을까?

근대 이전의 출생률은 여성의 결혼 연령에 따라 좌우되었다 ([그림 5.6] 참조). 이 시기의 혼외자 출생은 드문 일이었다. 혼인 관계의 출생률이 높았기 때문에 결혼하는 나이가 많아지면 합계 출생률이 상당히 감소했다. 여성의 결혼 나이가 2년 늦춰질 때마다 출산하는 자녀의 수는 1명 줄었다. 그러므로 맬서스의 이론에 따르면, '유럽적 결혼 양상'은 1인당 소득을 높이는 데 도움이 되었을 것이다. 일부 학자들은 한 발짝 더 나아가 유럽적 결혼 양상이 근대적 경제성장으로 이행하는 데 결정적인 역할을 했을 것이라고 주장했다. 여기서 두 주장을 검토해보자.

유럽적 결혼 양상은 부부 한 쌍을 기반으로 한 소규모 핵가족으로 이어졌다. 사람들은 결혼한 뒤 부모와 함께 살지 않고, 부모의 집을 나와서 새로운 가정을 꾸렸다. 결혼하기 전에는 다른 가정에 들어가 하인이나 임금노동자로 일했다. 일하는 동안 "여성은 어떤 남성 친척의 통제도 받지 않았다. 여성은 어디에서 살고 일할지, 어떤 고용주가 좋을지를 스스로 결정했다"(Hajnal, 1982, 475쪽).

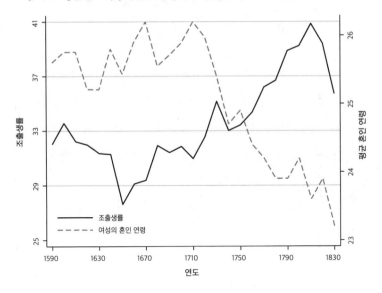

그림 5.6 ◆ 잉글랜드 여성의 혼인 연령과 출생률, 1590~1830년대

그러나 북서유럽 바깥의 사회는 이와 극명하게 달랐다. 이런 지역에서는 둘 이상의 부부로 이루어진 공동 가구, 즉 대가족이 흔했고, 보편적으로 이른 나이에 결혼했으며 출생률도 높았다.

두 체계는 인구 압력에 서로 다르게 반응했다. 대가족 중심의 사회에서는 인구가 증가하면 기혼 성인의 불완전 고용이 늘어났다. 그러나 북서유럽에서는 인구 압력이 단순히 결혼 시기를 늦췄을 뿐이다. 따라서 '유럽적 결혼 양상'의 특징은 다음과 같이 요약할 수 있다.

- 최초 혼인 연령이 높았다. 여성의 경우 25세.
- 사생아 비율이 매우 낮았다.
- 인구의 10퍼센트는 결혼하지 않았다.

- 직계가족(결혼한 성인 자녀가 부모 집에서 생활하는 것)보다 핵가족이 많았다.

'유럽적 결혼 양상' 덕분에 많은 여성이 결혼하기 전에 독립적으로 돈을 벌 수 있었다. 이는 중요한 결과다. 늦게 결혼한 덕분에 젊은 남녀는 부모의 결정과 무관하게 스스로 배우자를 선택할 수 있었다(de Moor and van Zanden, 2010). 노동시장이 이러한 발전을 만드는 데 결정적인 역할을 했다.

'유럽적 결혼 양상'은 상속과 결혼 방식에도 영향을 미쳤다. 남유럽 여성의 유일한 상속 재산은 결혼 지참금이었다. 지참금 제도는 신부와 신부 부모 모두에게 조기 결혼의 동기가 되었다. 여성은 나이가 많을수록 혼인 시장에서 불리했고, 신랑에게 그 보상으로 더 많은 지참금을 줘야 했기 때문이다. 하지만 북유럽에서는 여성이 결혼해도 상속권이 박탈되지 않았으므로 지참금은 중요하지 않았다. 북유럽에서는 부부간 상속이 흔했고, 덕분에 여성은 남편과 갈라서거나 남편이 죽는 경우에도 가구 자산의 상당한 몫을 상속받을 수 있었다. 그리하여 여성도 혼인 관계 안에서 돈을 벌고 자원을 축적할 수 있었다.

'유럽적 결혼 양상'은 흑사병 유행 이후 수백 년간 두드러졌으나, 기원을 분명히 밝히기는 어렵다. 14세기 후반에 인구가 붕괴하면서 노동력 수요가 증가했고, 여성이 임금노동을 할 기회와 보상이 늘어났다. 노동자를 위해 기능하는 시장이 없었다면, 젊은이들이 혼자 힘으로 돈을 모아 부모와 상관없이 가정을 꾸리기는 어려웠을 것이다.

'유럽적 결혼 양상'은 경제성장의 원동력이 되었는가?

유럽적 결혼 양상을 옹호하는 두 가지 주장이 존재한다. 하나는 약한 주장이고 하나는 강한 주장이다. 전자는 유럽적 결혼 양상이 맬서스적 경제에서 출생률을 제한함으로써 1인당 소득을 유지하는 데 중요한 역할을 했다는 것이고, 후자는 이 양상이 근대적 경제성장으로 이행하는 데 결정적인 역할을 했다는 것이다. 두 주장을 다루기 위해서는 (그림 5.3)에서 본 것과 같은 단순한 모델을 넘어서야 한다. 먼저 더 강한 주장을 뒷받침하는 증거를 검토해보자.

이론적으로 볼 때, 맬서스적 세계에서는 유럽적 결혼 양상이 소득의 균형 수준을 적당한 규모로 높일 수 있다. 이것이 경제성장의 지속적 증대로 변환될 수 있을까? 보이그랜더와 보스(2013a)는 흑사병의 인구 충격이 남유럽과 북유럽에 다른 영향을 미쳤다고 주장한다. 남유럽은 토지의 조건 때문에 곡물 농사에 머물렀으나, 북유럽은 토지 사용을 목축 농업으로 전환할 수 있었다는 것이다. 목축 농업으로의 전환은 여성 노동의 수요를 늘렸고, 개인이 늦게 결혼하고 출생률이 낮아지는 노동과 결혼 시장의 결과(유럽적 결혼 양상)를 낳았다.

보이그랜더와 보스는 1700년에서 1850년까지 잉글랜드의 경제 모델을 시뮬레이션했다. 두 사람은 잉글랜드의 낮은 인구 압력이 산업화에 유리하게 작용했다고 밝혔다. 이들이 만든 모델에 따르면, 출생률이 높은 지역에서는 경제 팽창의 초기 단계에 인구 증가 속도가 빨라지며 1인당 소득이 하방 압력을 받고 공산품에 대한 유효 수요가 줄어든다. 그리하여 애초에 지속적 경제성장이 시작되는 게 어려워 진다. 잉글랜드가 이 운명에서 벗어난 것은 출생률이 낮았기 때문이다.

유럽적 결혼 양상과 경제성장을 연결하는 또 다른 통로는 인적 자본 투자다. 포먼펙Foreman-Peck(2011)은 유럽적 결혼 양상이 출생률을 낮춤으로써 사망률을 낮추고 인적 자본에 대한 투자를 부추겼다고 주장한다. 이 주장은 가족이 상대가격relative price에 따라 자녀의 수와 질의 균형을 맞춘다는 베커와 루이스Lewis(1973)의 주장을 기반으로 한다. 포먼펙(2011)은 19세기 잉글랜드의 낮은 출생률이 낮은 유아 사망률, 인적 자본 투자 확대와 관련이 있음을 보여주는 경험적 증거를 제시한다.

유럽적 결혼 양상을 회의적으로 보아야 하는 이유

데니슨Dennison과 오길비Ogilvie(2014)는 유럽적 결혼 양상이 지속적 경제성장과 연관이 있다는 주장을 반박한다. 이들의 연구에 따르면, 유럽적 결혼 양상은 중유럽 지역에서 가장 발전했으나, 근대 초기 중유럽의 경제는 성장하는 게 아니라 정체했다. 데니슨과 오길비는 또한 잉글랜드에 독특한 인구 체제가 존재했다는 주장과 출생률이 잉글랜드 경제에 중대한 영향을 미쳤다는 주장을 반박한다. 초혼 연령을 기준으로 볼 때 잉글랜드의 유럽적 결혼 양상은 다른 지역보다 덜 극단적이었기 때문이다. 중유럽 지역들이 더 느리게 성장한 것은 분명한 사실이다. 데니슨과 오길비는 "우리에게 필요한 것은, 유럽적 결혼 양상이 더 넓은 제도적 맥락과 어떻게 연결되는지, 어떤 인구학적·제도적 특징이 어떤 경제적 결과를 불러왔는지에 관한 이론적으로 일관되고 경험적으로 만족스러운 설명"이라고 주장한다(Dennison and Ogilvie, 2014, 687쪽).

그러나 더 넓은 제도적 맥락을 고려한다고 해서 반드시 유럽적 결혼 양상을 옹호하는 주장과 대립해야 하는 것은 아니다. 실제로 유럽적 결혼 양상이 경제성장에 도움이 되었다는 주장의 주창자인 카마이클Carmichael 외(2016)는 유럽적 결혼 양상이 공동 가구와 자발적 결혼이라는 사고에 기반한 더 넓은 제도적 묶음을 반영한 것이며, 따라서 유럽적 결혼 양상의 경향을 단순히 초혼 연령만으로 측정할 수는 없다고 주장한다. 유럽적 결혼 양상의 제도는 결혼 당사자의 동의와 노동력 참여를 강조했고, 따라서 초혼 연령이 높아졌다. 하지만 여기서 경제 환경이 더 번성하면, 초혼 연령이 낮아졌다. 카마이클과 공저자들(2016, 202쪽)에 따르면, 경제적으로 성공한 지역이면서 유럽적 결혼 양상을 보이는 곳의 결혼 연령은 경제적으로 정체한 지역이면서 유럽적 결혼 양상이 존재하는 곳보다 낮았다.

하지만 유럽적 결혼 양상이 있다고 해서 결혼 당사자들이 언제나 자발적으로 결혼을 결정할 수 있던 것은 아니다. 데니슨과 오길비(2014)는 유럽적 결혼 양상이 여성의 경제적 기회나 지위에 유리했다는 주장에 의문을 제기하며 탄탄한 논거를 제시한다. 두 사람은 초혼 연령이 높은 사회들 사이에서도 여성의 권리와 지위가 크게 달랐다고 설명한다. "스위스, 독일, 프랑스의 많은 지역에서 유럽적 결혼 양상이 우세했으나 이곳의 지방 공동체는 여성의 노동, 임금, 재산권, 그리고 때로는 소비의 선택까지 제한했다"(Dennison and Ogilvie, 2014, 674쪽). 길드 같은 지방 기관들은 여성을 배제했고, 지주들은 종종 경제적으로 독립적인 여성들을 괴롭혔다.

'유럽적 결혼 양상'이 시행된 많은 지역에서 강압이 수반되었다. 결혼은 지방 공동체의 단속을 받았고, 혼전 성관계는 엄하게 처벌받았으며, 노동시장이 언제나 여성을 환영한 것은 아니었다. 오길비(2003)는 근대 초 독일의 길드와 지방 엘리트들이 여성의 노동 능력을 얼마나 통제했는지 자료로 입증한다. 규제가 심하고 길드가 지배하는 17세기 독일의 노동시장은 여성을 해방하기는커녕 종종 여성 노동력을 착취했다.

유럽적 결혼 양상을 비판하는 또 다른 연구에서는 동아시아의 많은 사회에서도 출산을 제한했다고 주장한다. 출산 제한이 북서유럽에서만 나타난 독특한 현상이 아니라면, 이것이 북서유럽 경제 발흥에 결정적인 역할을 했다고 보기는 어렵다. 리Lee 외(2002)는 중국이 광범위한 관행을 통해 출산을 규제했다는 증거를 제시한다. 가령 유아 살해가 널리 행해졌으며, 여아를 무방비 상태로 버려두는 일이 잦았고, 그 결과 성비 불균형이 생겨나 남성 인구의 무려 20퍼센트가 결혼하여 자녀를 낳지 못했다. 게다가 중국에서는 젊은 부부가 부모와 따로 사는 경향이 높았고, 이 또한 출생률을 낮추는 결과로 이어졌다. 더불어 중국은 가족 정책으로 자녀를 띄엄띄엄 낳도록 했고, 자녀 수를 제한했다(Campbell et al, 2002). 그 결과 중국의 부부 출생률은 유럽의 많은 지역보다 낮았다. 마찬가지로, 에도 시대 일본에서도 임신 중절, 유아 살해, 남성 이주 등을 통해 출산 제한이 널리 행해졌다(Hanley and Yamamura, 1977, 25쪽).

이런 관행은 중국과 일본의 인구 통계에 확실히 큰 영향을 미쳤다. 하지만 유럽적 결혼 양상의 중요성에 대한 비판으로는 별로 호응을 얻지 못한다. 카마이클 등은 유럽적 결혼 양상의 중요성을 옹호하는 이들이 강조하는 것은 이 양상이 단순히 출생률을 제한하는 수단이 아니었다는 사실이라고 설명한다(Carmichael et al,

2016). 유럽적 결혼 양상은 가족, 특히 여성을 시장과 인적 자본 축적으로 나아가게 만드는 일련의 제도적 조정이었다. 유아 살해 같은 관행으로 출생률을 줄일 수는 있었겠지만, 이는 큰 비용이 드는 일이었다. 이런 관행이 경제 발전에 유리한 제도적 혁신의 일부였다고 보기는 어렵다.

인구 변천과 근대적 경제성장으로의 이행

근대적 경제성장의 개시는 맬서스적 경제에서 나타날 수 있다. 우리는 지금까지 유럽적 결혼 양상과 서로 다른 인구 체제가 1인당 소득 수준에 영향을 미칠 수 있음을 살펴보았다. 앞으로 이 책의 7, 8, 9장에서 다시 이야기할 테지만, **지속적인 혁신**이야말로 근대 경제의 비밀을 푸는 열쇠다. 모든 사회가 혁신적이지는 않았다. 혁신은 사회에 한 획을 긋는다. 혁신은 사회가 과거의 지식을 미래 세대에게 전달할 역량이 있을 때 나타나는 경향이 있으며, 인구가 많을수록 더 많은 혁신이 생겨난다(Kremer, 1993; Henrich, 2004). 맬서스적 경제에서 지속적인 혁신은 어떻게 나타날까?

갈러와 공저자들(Galor et al, 2000; Galor, 2005, 2011)은 맬서스적 정체에서 근대적 경제성장으로 나아가는 이행을 연구한다. 갈러는 인구 체제와 인적 자본에 대한 투자 유인의 상호작용을 바탕으로 맬서스적 정체에서 지속적인 경제성장으로 나아가는 이행에 관한 통합적 이론을 제안했다. 이것이 **통합적 성장 이론**이다.

통합적 성장 이론은 두 가지 중요한 발전을 설명한다. 산업혁명 시기에 이루어진 성장률의 점진적 증대와 19세기 말과 20세기 초의 인구 변천(출생률과 사망률의 변화)이 그것이다. 인구 변천 이론은 출생률이 급락하고 소득이 상승함에 따라 자연 인구 증가율은 감소한다고 보았다. 오늘날 많은 부유한 나라의 인구 증가는 자연 대체율을 밑도는 수준이다.

갈러의 이론은 역사상 거의 모든 시기 동안 기술 진보 속도가 더뎠다는 사실에서 시작한다. 그 결과 인적 자본에 대한 투자 수익이 낮았고, 부모들은 교육에 투자할 유인이 거의 없었다. 부모들은 자녀의 질보다는 '양'에 투자했고, 경제는 여전히 맬서스의 법칙이 지배했다. 기술이 향상되자 인구수가 늘어나긴 했지만, 1인당 소득까지 높아진 것은 아니었다.

인적 자본에 대한 투자는 인간의 지식이 충분히 축적되어 기술 향상이 두드러질 때 이루어진다. 그렇다면 애당초 지식의 축적은 어떻게, 왜 늘어나는 걸까? 다른 조건이 모두 같다면, 인구가 많을수록 주요한 발명이나 새로운 발상이 나올 가능성이 커진다.

시간이 흐르면서 지식이 축적됨에 따라 마침내 인적 자본에 대한 수익도 높아진다. 그 결과 부모는 자녀의 교육에 투자하게 되고, 경제성장 속도는 한층 빨라진다. 인적 자본의 수익은 부모가 자녀를 적게 낳기 시작하는 시점까지 증가한다. 그리하여 근대적 성장 체제로의 인구 변천이 유도된다. 이 체제에서 부모는 자녀의 양보다 '질'에 초점을 맞춘다. 따라서 이 주장에 따르면, 1850년 이후 두 번째 산업혁명에서는 교육을 더 많이 받은 노동자에 대한 수요가 늘어났다. 인구 증가가 근대 경제의 발흥에 어떤 역할을 했는지에 대해서는 9장에서 다시 살펴보고자 한다.

이 장의
내용 요약

경제사의 많은 부분을 지배하는 건 출생 및 사망과 관련된 단순한 수치들이다. 잉글랜드 왕실이 겪은 유아 사망과 사산을 잠깐만 훑어보아도 부유하고 힘 있는 자들 또한 예외가 아니었음을 알수 있다. 역사학자들은 거시적 수준에서 산업화 이전 역사의 흥망성쇠는 인구 변천에 좌우되었다고 보았다.

이를 가장 극적으로 보여주는 사례가 흑사병이다. 흑사병은 유럽의 인구를 솎아냈고, 그 결과 노동자의 평균 임금이 인상되었다. 하지만 인구학적 요인들은 따로따로 작동하지 않았다. 출생률은 대체로 결혼과 가구 형성 양상(즉 제도적, 문화적 관행)에 따라 결정됐다. 고대 로마에서 여성은 성적으로 성숙하는 즉시 결혼했다. 그로 인해 출생률이 높아졌고, 이것이 로마 제국에서 미숙련 노동자들이 받는 평균 소득이 낮아진 한 가지 이유였다(Harper, 2017). 흑사병 이후 중세 후기 유럽에서는 초혼 연령이 높아졌다. 이러한 유럽적 결혼 양상은 인구 압력을 완화하고, 임금을 상대적으로 높게 유지하지는 데 도움이 되었지만, 이것이 장기적 경제성장으로 이어졌는가에 대해서는 논란의 여지가 있다.

산업혁명에 이어 인구 변천이 나타났다. 인구와 국내총생산이 나란히 증가함에 따라 산업혁명 시기의 1인당 소득은 적당히 증가했다. 1인당 소득이 지속적으로 증가한 것은 인구 변천과 더불어 인구 증가 속도가 느려졌을 때였다. 인구 변천에 관해서는 9장에서 다시 살펴볼 것이다. 인구 변천은 **지속적** 경제성장을 가능하게 한 핵심 동력 중 하나다. 무엇보다 인구 변천은 인적 자본에 대한 투자를 부추겼다. 통합적 성장 이론에 따르면, 기술 진보가 가속화됨에 따라 인적 자본 증대로 얻는 수익은 늘어나고, 부모들은 대가족과 자녀의 낮은 교육 수준보다는 핵가족과 자녀의 높은 교육 수준을 선택한다. 이것이 세계의 일부 지역이 인구학적 요인으로 인해 부유해진 이유다. 그런데 과연 이것이 결정적인 요인이었을까? 인구는 제도와 문화 같은 다른 요인들과 어떻게 상호작용했을까? 이 질문에 관해서는 7장에서 살펴보도록 하자.

6

식민화와 착취가
문제였을까?

15세기 포르투갈(최근에야 무슬림 침략 위협을 극복한 유럽 변두리의 작은 왕국)의 선원들은 아프리카 해안을 탐험하기 시작했다. 해마다 더 멀리까지 나아갔다. 선원들의 동기는 여러 가지였다. 일부는 이슬람에 맞서 전쟁에 가세할 기독교 동맹을 찾아 나섰고, 에티오피아의 통치자이자 전설 속 인물 프레스터 존(사제왕 요한)을 찾기를 기대했다. 다른 이들은 동방의 이국적 산물, 특히 향료를 찾아 여행했다. 또 다른 이들은 아프리카 서부 연안을 따라 생산되는 금 같은 귀금속을 찾아 나섰다. 그리고 다른 이들은 노예를 찾았다.

크리스토퍼 콜럼버스를 고무한 것은 포르투갈의 '항해 왕자' 엔히크(1394~1460)가 잇따라 거둔 성공과 뒤이어 1488년 바르톨로메우 디아스가 희망봉을 발견한 일대 사건이었다. 콜럼버스는 대서양을 가로질러 서쪽으로 항해해서 인도와 중국에 도달하기를 바랐다. 물론 그 대신 아메리카에 도착했다. 1498년, 바스쿠 다가마는 동쪽으로 항해했고 유럽에서 인도에 당도한 첫 번째 주인공이 되었다. 이러한 초기의 항해들이 에스파냐의 대서양 제국과 포르투갈의 동남아시아 제국, 그리고 훗날 네덜란드, 프랑스, 잉글랜드가 벌이는 식민지 개척의 토대가 되었다. 유럽 식민주의 특유의 수많은 폭력적, 착취적 관행은 처음부터 나타났다. 다가마는 현지의 해상 운송을 방해하고, 도시에 폭격을 가했으며, 인도 도시들에서 무슬림을 쫓아내라고 요구했다. 한번은 포로로 잡은 선박의 승선자를 죄다 불태워 죽였다.

아시아와 아메리카로 향하는 무역로가 개통된 것은 세계사에서 획기적인 사건이었다. 이는 세계 제국의 형성으로 이어졌고 새로운 양상의 무역과 정착을 낳았다. 새로운 무역로는 근대적 경제 성장으로 가는 결정적인 열쇠였을까? 6장에서는 서유럽이 어떻게 가장 먼저 부자가 되었는가에 대해 식민 지배의 역할을 강조하는 연구들을 소개할 것이다.

유럽의 식민화 과정은 체계적이지 않았다. 포르투갈이 아시아로 나서고 에스파냐가 아메리카에서 아스테카와 잉카 제국을 정복하자, 다른 유럽 열강도 뒤따라 함대를 마련하고 무장을 갖췄다. 유럽 열강은 정착민들에게 착취할 만한 새로운 영토를 찾아보라고 부추겼다. 처음에 유럽의 식민지가 된 곳은 유럽인과 접촉한 뒤 전염병으로 인해 인구가 급격하게 줄어든 남북 아메리카나 아시아와 아프리카 주변부였다. 유럽인들은 멀리 사하라사막 이남 아프리카까지 진출할 만큼 과감하진 못했고, 인도의 무굴 황제나 명나라 황제를 압도할 만큼 강하지 못했다. 아프리카와 동남아시아, 중동의 넓은 지역까지 유럽의 영역이 된 것은 19세기 말에 이르러서다.

서유럽이 식민화로 어떻게 부유해졌는가에 대한 가장 흔한 설명은 **착취**다. 식민 열강은 식민지의 천연자원을 착취했다. 귀금속(남아메리카), 고무(콩고), 향료와 설탕(인도네시아), 석유(중동), 노예 등이었다. 이런 착취는 두 가지 결과를 불러왔다. 먼저 서유럽은 식민지에서 나오는 저렴한 원료와 노동력 덕분에 극적인 경제 팽창이 가능해졌다. 유럽의 산업화는 거대한 식민 제국이 없었다면 아예 불가능했을 것이다. 반대로 식민지가 된 나라들은 천연자원을 착취당한 탓에 가난해졌다. 아프리카나 남아시아 등을 포함해 세계의 많은 지역이 식민지가 되지 않았더라면 지금보다 훨씬 형편이 좋았을 것이다. 그러므로 식민화를 강조하는 이론들은 유럽이 세계 경제를 선도한 이유와 나머지 지역들이 뒤따른 이유 모두를 설명할 수 있다. 하지만 과연 식민화가 근대적 경제성장의 원인일까?

이 장에서 우리는 식민화가 낳은 **경제적** 결과에 주목할 것이다. 분명히 말하지만 이는 완전한 설명은 아니다. 식민화의 비용과 편익은 금전적으로만 계산할 수 없다. 식민화는 폭넓은 결과를 수반했다. 최악의 경우 유럽인들은 종족 말살을 저지르고, 토착민을 노예로 삼고, 식민지의 기존 사회 구조를 갈가리 해체했다. 이런 비용은 수량화할 수 없다. 식민화가 세계가 부유해질 수 있던 핵심적인 원인이었는지 알아보기 위해서는 식민화가 전혀 벌어지지 않은 가상의 세계를 상정해서 비교해보아야 한다. 최근의 사회과학 연구들은 이러한 질문을 던진다. 영국은 식민지 없이도 산업혁명을 이룰 수 있었을까? 인도와 사하라사막 이남 아프리카는 식민지가 되지 않았어도 상대적으로 빈곤할까? 이제 그 연구 결과를 검토해보자.

식민 지배자들은
어떤 이득을 주었을까?

제국은 역사만큼이나 오래된 것이다. 기원전 8세기 아시리아인들이 이스라엘을 함락시키고 한 세기 뒤 바빌로니아인들이 유다를 정복했을 때, 니네베와 바빌론은 약탈과 노예로 부유해졌다. 지중해와 서유럽을 가로질러 제국이 세워진 결과 로마가 커졌으며 로마의 엘리트들은 부유해졌다. 13세기 몽골의 정복으로 중국과 중동의 인구 집단은 붕괴했다. 오스만인들은 15~16세기에 많은 유럽인과 아프리카인을 노예로 삼았다. 하지만 이런 제국들 가운데 어느 곳도 지속적인 경제성장을 이루지는 못했다. 약탈한 부는 단지 한 곳에서 다른 곳으로 옮겨졌을 뿐이다.

그럼에도, 유럽이 아메리카(그리고 나중에는 아프리카와 아시아)에서 약탈한 자원 덕분에 발흥할 수 있었다는 설명은 꽤 인기가 있다. 물론 많은 약탈이 이루어진 것은 의심의 여지가 없다. 토머스 '다이아몬드' 피트나 로버트 클라이브 같은 사람들은 인도를 약탈해서 막대한 부를 쌓았고, 에스파냐 정복자들도 멕시코와 페루를 약탈했다. 하지만 남북 아메리카와 영국령 인도에서 수탈한 부의 양은 1800년 이후 전반적으로 증가한 국민소득과 비교하면 그리 많지 않다.

과거의 제국 건설 일화들은 근대적 경제성장으로 이어지지 않았다. 식민 열강이 모두 지속적인 경제성장을 경험한 것도 아니다. 에스파냐와 포르투갈의 경제는 17~18세기에 정체했다. 그러나 식민화는 영국에서의 지속적 경제성장이 시작되고 이후 북서유럽과 북아메리카까지 그 성장이 전파되는 데 크게 기여했을 것이다.

이러한 수많은 주장의 궁극적인 원천은 다름 아닌 카를 마르크스다. 정치경제에 관한 기념비적인 저작 『자본론』(1868/1990, 915쪽)에서 마르크스는 본원적 축적 이론의 개요를 설명했다.

아메리카에서의 금과 은 발견, 원주민 절멸과 노예화와 광산 생매장, 동인도제도의 정복과 약탈 개시, 상업적 노예사냥을 위해 아프리카를 황무지로 만든 것 등은 자본주의적 생산의 시대를 알리는 장밋빛 여명이었다. 이런 목가적인 과정은 본원적 축적의 주요한 계기들이다. 그 뒤를 이어 유럽 각국은 지구를 무대로 삼아 무역전쟁을 벌였다. 이 전쟁은 네덜란드가 에스파냐에 맞서 반란을 일으키면서 시작되었고 잉글랜드의 반자코뱅 전쟁에서 거대 규모로 확장되었으며, 중국을 겨냥한 아편 전쟁 등으로 지금도 계속되고 있다.

마르크스의 주장에 따르면, 식민화는 근대적 경제 체제를 세우는 데 필요한 초기 자본을 제공했다. 식민화는 또한 자본주의적 관행을 시험하는 장이었다. 그리하여 마르크스(1868/1990, 918쪽)는 식민 제도가 "마치 온실에서 화초를 키우듯 무역과 항해를 빠르게 육성했다"고 말한다.

식민지 무역을 지배한 무역 독점 회사는 자본 집중의 강력한 지렛대였다. 식민지는 새롭게 싹트는 매뉴팩처에 시장을 제공했고, 본국의 시장 독점으로 보장되는 축적을 거대하게 늘려주었다. 유럽 밖에서 노골적인 약탈과 노예화, 살인으로 포획한 재물은 본국으로 흘러들어와 자본으로 전환됐다.

식민화가 어떻게 영국의 산업혁명과 연결되는지 8장에서 검토할 것이다.

'대분기'라는 용어를 유명하게 만든 케네스 포머랜즈는 유럽이 신대륙에서 손에 넣은 "이 모든 새로운 땅(유령 토지ghost acreage)" 덕분에 중국보다 앞서 부상할 수 있었다고 주장한다. 새로운 땅덕분에 유럽의 인구 압력은 완화되었고 새로운 천연자원을 얻을 수 있었다(포머랜즈(2000)의 주장에 관한 더 자세한 내용은 2장을 참조하라).

유럽이 신대륙의 자원으로 이득을 누렸다는 주장은 분명 타당한 점이 있다. 가령 넌과 첸Qian(2010)은 감자가 식민화의 위대한 발견 중 하나라고 설명한다. 감자는 신대륙의 작물로, 구대륙의 작물보다 영양분이 훨씬 많고 더 효율적으로 자랐다([표 6.1] 참조). 넌과 첸은 감자의 도입이 1700~1900년 사이 구대륙의 인구증가와 도시화 증대를 낳은 원인의 약 4분의 1을 차지한다고 추정했다. 이런 수치를 보면, 새롭게 '발견한' 땅에서 가져온 물품들이 근대 초기 유럽 경제에 중요한 역할을 했다는 걸 알 수 있다. 이런요인들이 근대적 경제성장을 창출하는 데 결정적이었던 걸까?

식민화가 경제성장에 미친 영향은 지역에 따라 달라진다. [그림 6.1]에서 볼 수 있듯이 유럽은 어느 시점에 이르러 세계의 드넓은 지역을 지배하게 되었다. 어떤 나라의 식민 지배 기간은 짧거나 일시적이었으나, 다른 나라는 길었다. 유럽은 1800년 이후까지 중국과 일본 같은 동아시아 사회에는 별다른 영향을 미치지 않았기 때문에, 식민화가 대분기 이전에 이 나라들에 어떤 부정적인 영향을 미쳤는지 파악하기란 쉽지 않다. 따라서 대분기와 관련된 연구들은 유럽이 제국으로부터 얻은 이득에 초점을 맞춘다.

표 6.1 ✦ 18세기 잉글랜드의 곡물 수확량

| 한 가족이 1년간 먹고사는 데 필요한 에너지는 하루에 42메가줄, 또는 약 1만 칼로리다.

	1에이커당 평균 수확량 (단위: 킬로그램)	한 가족이 1년간 먹고사는 데 필요한 토지 (단위: 에이커)
밀	650	1.7
보리	820	1.4
귀리	690	1.6
감자	10,900	0.5

중동의 경우, 연구자들은 식민화가 이곳에 미친 부정적인 측면에 집중한다. 가령 1916년의 사이크스-피코 협정(영국과 프랑스가 기존의 종족적 구분을 무시한 채 이 지역의 세력권을 나누어 통치하기로 한 것)에 초점을 맞춘다. 그러나 쿠란(2011)은 이런 연구들의 타이밍이 어긋난다고 지적한다. 서유럽과 중동의 분기는 중동이 식민화되기 한참 전에 일어났기 때문이다. 그러므로 식민화가 분기를 낳은 주범일 리는 없다.

인도의 경우, 마찬가지로 동인도회사의 정복과 영국령 인도 제국의 수립이 이곳의 경제에 재앙적 영향을 미쳤다는 강력한 주장들이 존재한다. 하지만 이 주장은 사실로 뒷받침되지 않는다. 영국의 식민 지배 당시 인도의 1인당 소득은 거의 증대되지 않았지만, 인도 경제는 영국이 장악하기 이미 수십 년 전부터 극심하게 쇠퇴하던 상태였다(Broadberry and Gupta, 2006; Clingingsmith and Williamson, 2008; Broadberry et al, 2015; Gupta, 2019). 인도의 경제성장에 관해서는 10장에서 더 자세히 살펴보자.

그림 6.1 + 영국, 프랑스, 에스파냐, 포르투갈, 네덜란드, 벨기에의 식민지가 된 나라들, 1500~1950년

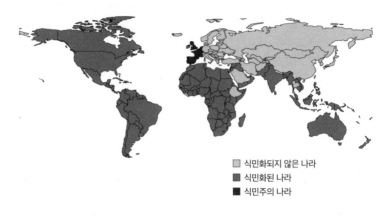

- 식민화되지 않은 나라
- 식민화된 나라
- 식민주의 나라

　　아프리카와 라틴아메리카의 식민 지배자들은 확실히 이 식민지의 자원과 노예, 강제 노동으로 이득을 보았다. 어떤 학자들은 영국의 산업화와 식민지와 노예제의 연관성에 초점을 맞춘다. 영국은 대서양 횡단 노예무역에 처음 관여한 나라가 아니었다. 포르투갈은 16세기부터 줄곧 노예 수백만 명을 브라질 식민지로 보냈다. 그러다 점차 영국이 카리브해를 확보하고 설탕, 담배, 면화를 손에 넣는 데 성공하면서 노예무역을 지배하게 되었다(〔그림 6.2〕참조). 이런 이유로 윌리엄스Williams(1944), 솔로Solow(1987), 이니코리Inikori(2002) 등을 포함한 많은 학자가 노예제와 카리브해의 설탕 경제, 이후의 산업화 사이에 독특한 연관성이 있음을 간파했다.

　　영국의 산업화에 노예와 강제 노동이 어떤 영향을 미쳤는지는 수십 년간, 아니 어쩌면 그보다 더 오랫동안 열띤 토론의 원천이었다. 어쨌든 영국의 산업화는 세계가 부유해지는 과정에서 핵심적인 역할을 했다. 이 쟁점으로 깊숙이 들어가기 전에 먼저 영국

그림 6.2 ✦ 수송선을 이용한 대서양 노예무역의 노예 수

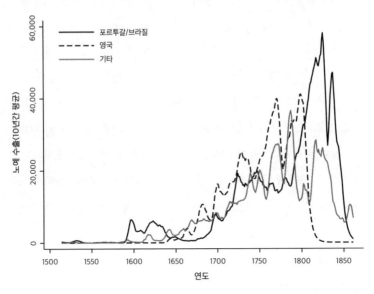

의 산업혁명을 제대로 이해할 필요가 있으나, 이는 8장의 주제이
므로 잠시 미뤄두자.

지금부터는 식민화가 식민지에 미친 다양한 부정적 영향을
살펴볼 것이다. 식민 열강이 식민화로 이득을 보았다면, 식민화를
겪은 세계의 여러 지역들은 그보다 훨씬 큰 피해를 보았을 것이다.
최근에는 식민화가 식민지에 미친 장기적인 효과를 설명하는 문
헌들이 많이 등장했다. 식민 지배를 받은 어떤 지역들은 결국 부유
해졌지만(미국, 캐나다, 오스트레일리아, 뉴질랜드, 홍콩, 싱가포르), 다
른 지역은 오늘날 여전히 가난하다(사하라사막 이남 아프리카와 동
남아시아의 많은 나라). 이런 차이는 어떻게 설명해야 할까? 식민화
는 과연 어떤 역할을 했을까? 왜 많은 식민지에서 **빈곤이 지속되는
걸까?**

노예무역

식민화의 온갖 혐오스러운 측면 가운데 가장 끔찍한 것은 노예무역이다. 노예무역은 역사만큼이나 오래되었다. 로마 제국이 팽창하는 동안 노예 수백만 명이 이탈리아로 이송되었다. 하나만 예로 들자면, 카이사르는 아투아투키족을 물리친 뒤 5만 3,000명을 노예로 팔았다. 카이사르가 직접 추산한 바에 따르면, 골족을 정복하는 과정에서는 100만 명이 넘는 사람을 죽이고 노예로 삼았다. 7~8세기의 아랍도 유럽과 중동을 정복하며 노예제를 부활시켰다.

1400년에서 1900년 사이 아프리카는 네 가지 노예무역을 경험했다. 신대륙으로 가는 대서양 횡단 무역, 사하라사막 횡단 무역, 홍해 무역, 인도양 무역이 그것이다. 식민 열강은 1,200만 명이 넘는 노예를 신대륙으로 보낸 대서양 횡단 무역의 주역이었다(Nunn, 2008). 이 숫자에는 노예사냥 과정에서 살해당한 이들과 항구까지 이동하는 과정에서 사망한 이들은 포함되지 않는다. 노예들은 대부분 아프리카 서부 해안 출신이었다([그림 6.3] 참조). 노예무역이 경제와 인구 증가에 미친 영향은 이루 말할 수 없이 파괴적이다. 매닝Manning(1990)에 따르면, 1850년의 아프리카 인구는 노예무역이 전혀 이루어지지 않았을 때와 비교하면 겨우 절반밖에 되지 않았다.

노예무역에서 발생한 비용 대부분은 직접적인 비용이 아니다. 노예로 전락한 심리적 비용은 수치로 계산조차 할 수 없다. 노예무역이 아프리카 여러 지역사회에 불러온 사회적 비용, 그리고 신대륙에서 뿔뿔이 흩어진 노예 가족이 입은 피해는 경제적 비용

그림 6.3 ✦ 노예무역 때문에 각 지역에서 잡힌 노예 수

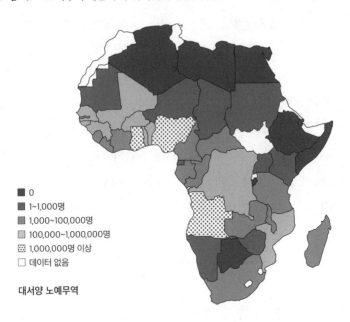

■ 0
■ 1~1,000명
■ 1,000~100,000명
□ 100,000~1,000,000명
▨ 1,000,000명 이상
□ 데이터 없음

대서양 노예무역

■ 0
■ 1~1,000명
■ 1,000~100,000명
□ 100,000~1,000,000명
▨ 1,000,000명 이상
□ 데이터 없음

전체 노예무역

보다 훨씬 클 것이다. 하지만 그렇다고 해서 노예무역의 경제적 비용에 주목할 필요가 없는 것은 아니다. 노예무역은 아프리카의 빈곤이 지속하는 데 커다란 영향을 미쳤기 때문이다.

넌(2008)이 밝힌 바에 따르면, 노예 '수출'(인간에 대해 말하기에 유감스러운 용어다)의 정도가 높은 나라일수록 국내총생산이 작고, 종족적 분할(많은 경제학 연구에서 낮은 소득과 관련된다)이 심하며, 정치 제도가 열악하다([그림 6.4] 참조). 유럽의 식민 지배가 붕괴한 뒤 간극은 더 커졌다. 1950년에서 2000년 사이에 노예 수출을 많이 했던 나라들의 1인당 국내총생산은 하루 3달러 이하의 낮은 수준에서 거의 변화가 없는 반면, 노예 수출이 적었던 나라들의 1인당 국내총생산은 하루 4달러에서 8달러로 거의 두 배가 되었다. 이런 수치를 보면 노예무역이 사하라사막 이남 아프리카의 상대적 빈곤과 아프리카 내부의 소득 격차 **둘 다**의 원인임을 알 수 있다. 하지만 노예무역이 중단된 지 한 세기가 넘었다. 왜 그 찌꺼기가 아직도 남아 있는 걸까?

노예무역이 지금까지 경제적 성과에 영향을 미치는 이유는 그것이 사회의 문화를 형성했기 때문이다. 4장에서 지적한 것처럼, 문화는 그런 특성을 유발한 자극이 사라지고 난 후에도 오랫동안 지속될 수 있다. 노예제로 인한 가장 지속적인 문화적 영향은 노예를 포획한 방식에서 생겨났다. 일부 사람들은 국가가 조직한 사냥과 전쟁을 통해 잡혀갔지만, 많이 이들이 가까운 친구나 가족 성원에게 납치되거나 속아서 노예로 전락했다. 그리하여 노예무역에 영향을 받은 지역에서는 불신의 문화가 자리 잡았다. 넌과 완치콘(2011)은 노예무역에 크게 노출되었던 조상을 둔 사람들은 오늘날에도 여전히 친척, 이웃, 같은 종족 성원, 지방정부를 덜 신뢰

그림 6.4 ✦ 노예 수출과 경제 지표의 관계

| 그림의 국가명은 38~39쪽의 국가 코드를 참조할 것

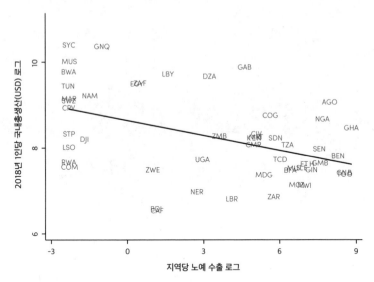

2018년 국내총생산

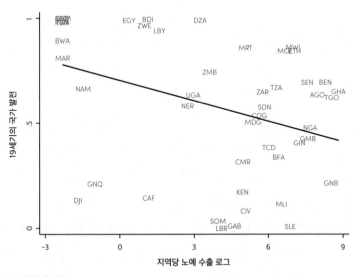

1900년 국가 발전

그림 6.5 · 식민화 이전 아프리카의 종족 경계선

한다는 것을 발견했다. 이런 사실은 앞서 인용한 노예무역과 장기적인 경제 성과를 연결 짓는 넌의 연구를 뒷받침한다. 4장에서 언급한 것처럼, 신뢰는 알지 못하는 상대와의 거래에서 중요한 요소다. 따라서 노예무역으로 인해 초래된 신뢰 부족 현상은 사하라사막 이남 아프리카의 발전을 가로막는 걸림돌이라고 할 수 있다.

노예무역의 여파는 여기서 끝이 아니다. 와틀리Whatley와 질레조Gillezeau(2011)는 노예무역이 극심했던 지역일수록 오늘날 종족 분열이 더 심하다는 것을 발견했다. 즉, 이 지역들은 더 많은 수의 종족 집단으로 나뉘어 있었다. 아프리카에는 실로 많은 종족 집단이 존재한다(〔그림 6.5〕 참조). 이것이 노예무역과 무슨 관계가 있을까?

논리는 단순하다. 노예사냥이 돈벌이가 되던 곳에서는 지방 집단들이 응집력 있는 국가를 이루는 대신 서로를 습격했다. 마을과 종족 집단을 가로지르는 유대도 약했다. 종족 간 연합과 결혼도 상대적으로 드물었다. 그리하여 결국 종족 집단은 시간이 흐르면서 더 많은 수로 나뉘었다.

종족 분열은 여러 이유에서 경제성장에 부정적인 영향을 준다. 종족적으로 분열된 국가에서는 일부 집단이 다른 집단을 지배한다. 집단들 사이에 서로 적대시한 역사가 있다면 특히 재앙이 될 수 있다. 이런 환경에서 종족적 분열은 내전과 공공재 공급 부족, 신뢰 저하 등을 불러올 수 있다. 실제로 이스털리Easterly와 레바인Levine(1997)은 아프리카와 아시아가 경제성장에서 차이를 보이는 원인의 25퍼센트 정도는 종족 분열 때문임을 발견했다. 와틀리와 질레조(2011)의 결론처럼, 이것 또한 노예무역의 찌꺼기일 것이다.

자원 빼앗기

장기적 경제성장의 관점에서 보면, 식민주의의 가장 파괴적인 측면은 식민 지배자들이 수립한 제도일 것이다. 3장에서 살펴본 것처럼, 제도는 좀처럼 바꾸기 어렵다. 제도는 또한 애초의 목적이 수명을 다한 뒤에도 고착되는 경향이 있다. 처음에 만들어진 제도가 애당초 착취적이었다면 경제 발전에 몹시 해로울 수 있다.

유럽의 식민 지배자들은 대체로 자원 추출을 극대화하기 위해 식민지에 제도를 만들었고 이 가운데 일부는 식민화 이전에 존재한 제도를 바탕으로 했다. 자원을 추출하려면 강제 노동과 잔인한 억압 수단이 필요했다. 가령 벨기에령 콩고에서는 현지 족장들에게 고무 할당량이 주어졌다. 강제 노역자들이 할당량을 채우지 못하면, 투옥하거나 불태우거나 살해했다(Lowes and Montero, 출간 예정). 에스파냐인들도 남아메리카 식민지에 비슷한 강제 노동 제도를 만들었다. 토착민들은 은광에서 강제 노동을 해야 했다. 포토시 은광이 가장 유명하다. 제도는 물론 **착취적**이었다. 주요한 목적은 자원을 갈취하는 것이었고, 채굴한 자원 대부분은 식민 지배국으로 가져갔다.

착취 제도가 만들어진 곳에서는 토착민의 권리가 (있다고 하더라도) 제한적이었고, 공공재 투자는 자원 추출을 촉진하는 부문(광산과 항구를 연결하는 도로 등)에 국한되었다. 유감스럽게도 다른 많은 탈식민 정부들 또한 이런 착취 제도가 유용하다는 것을 발견했다. 그 결과 제도는 종종 독립 이후에도 유지되었다. 옛 식민지 세계에서 '나쁜' 거버넌스(견제와 균형, 자유 확보라는 측면에서)가 흔한 이유 가운데 하나다. 하지만 모든 옛 식민지에 나쁜 제도가 있는 건 아니다. 예를 들어 오스트레일리아나 뉴질랜드, 캐나다, 미국에는 국가의 착취를 제한하는 제도가 있다. 왜 어떤 식민지는 '좋은' 제도를 보유하고, 다른 식민지는 '나쁜' 제도를 보유하게 된 걸까?

애쓰모글루, 존슨Johnson, 로빈슨Robinson(2001)은 식민지였던 나라들이 오늘날 제도의 질과 경제성장에서 큰 차이를 보이는 현상에 대해 종합적인 답을 제시한 선구자들이다. 이들은 식민 지배자들이 식민지 정착민들의 사망률에 따라 다른 유형의 제도를 만들었다고 설명한다. 식민 지배자들은 유럽인이 정착하기 어려운 기후의 지역(유럽인의 사망률이 대단히 높았던 아프리카의 말라리아 벨트 등)에서는 자원 추출에만 집중했다. 토착민을 착취할 역량이 제한적인 상황에서 굳이 유럽식 제도를 만들 이유가 없었기 때문이다. 한편, 유럽과 비슷하게 기후가 온화한 지역(미국이나 오스트레일리아 동부 연안)에서는 유럽인이 정착할 유인이 더 많았다. 많은 유럽인이 그곳으로 이동하면서 대륙의 경제성장에 극히 중요한 법률, 정치, 종교 제도도 함께 들어왔다. 애쓰모글루와 공저자들에 따르면, 정착민 사망률이 높았던 지역들은 오늘날 여전히 열악한 제도를 보유하며, 열악한 제도를 가진 지역은 또한 더 가난하다([그림 6.6] 참조). 이런 현상은 그들이 후속 연구에서 발견한 '행운의 반전'을 낳은 원인일 것이다(Acemoglu et al, 2001: 1장에서 논의함. [그림 1.8] 참조). 1500년에 세계에서 가장 부유했던 지역은 20세기 말에 이르러 가장 가난한 축에 속하게 되었다. 손쉽게 착취할 수 있는 천연자원을 보유한 지역들은 열악한 식민 제도를 갖게 되었고, 결국 장기적인 경제 발전이 제대로 이루어지지 않았다.

소콜로프Sokoloff와 엥거먼Engerman(2000)은 '행운의 반전'이 특히 두드러진 곳은 아메리카였다고 주장한다. 농경 적합도가 높은 카리브해, 라틴아메리카의 많은 지역, 미국 남부 지역은 소토지小土地 보유 엘리트에게 크게 유리했다. 엘리트들은 이런 제도를 통해 부를 축적했고, 동시에 막대한 불평등이 생겨났다. 이 불평등은 오늘날까지 이어진다.

한편, 미국 북부와 캐나다의 한계 농지토질이나 경사도 등이 나빠서 생산성이 떨어지는 농지—옮긴이는 환금작물을 재배하는 데 적합하지 않았다. 이곳에서는 원주민을 착취하기보다 상대적으로 높은 수준의 인적자본을 갖춘 유럽계 노동자들에 의존했다. 따라서 작물과 노동 착취에 유리한 제도보다는 현지 사업에 도움이 되는 제도가 생겨났

그림 6.6 ✦ 정착민 사망률, 제도, 장기적 발전

| 그림의 국가명은 38~39쪽의 국가 코드를 참조할 것

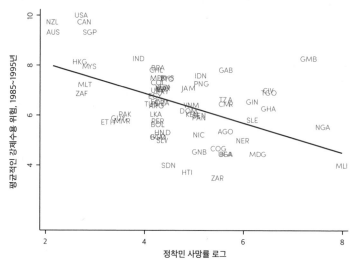

정착민 사망률 대 강제수용 위험

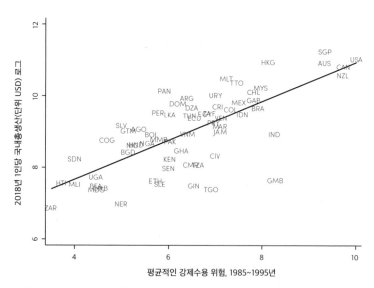

강제수용 위험 대 1인당 국내총생산

고, 이는 대체로 오늘날까지 지속되고 있다.

브룬Bruhn과 갈레고Gallego(2012)는 조금 다른 견해를 제시한다. 남북 아메리카의 노동 착취 제도가 현재의 정치적 대표성의 부족과 관련이 있다는 것이다. 과거에 착취당한 지역들은 오늘날 여전히 정치적 발언권이 부족하다. 따라서 금권정치 계급의 지대 추구가 더 많고 경제 발전은 전반적으로 미약하다.

'자원 갈취'는 남아메리카 식민화를 자행한 에스파냐의 주된 목표였다. 16세기와 17세기에 세계 귀금속의 상당 부분은 남아메리카의 광산에서 나왔다. 광업은 위험하고 노동집약적인 사업이기 때문에 에스파냐인들은 원주민에게 광산 노동을 강제했다. 미타mita는 이런 강제 노동을 촉진했던 가장 치명적인 제도 중 하나였는데, 원주민 공동체는 미타에 따라 성인 남성 인구의 7분의 1을 광산으로 보내야 했다. 델(2010)은 미타가 1812년에 폐지되었음에도 옛 미타 경계선 안에 사는 이들이 **오늘날까지도** 소비가 적고 건강이 나쁘다고 지적한다. 이는 미타 지역에 만들어진 식민 제도 때문일 것이다. 교육이 충분히 제공되지 않았고, 도로망과 연결이 부족했으며, 자급자족형 영농이 증가했다. 이 모든 현상은 오늘날까지 일정한 형태로 이어지면서 옛 미타 지역들의 경제적 잠재력을 짓누르고 있다.

이번에는 벨기에령 콩고(현 콩고민주공화국)의 사례를 보자. 벨기에 국왕 레오폴 2세(1865~1909년 재위)는 식민주의 시기 전체를 통틀어 가장 착취적으로 식민지를 지배한 사람이다. 지방 족장들에게 고무 할당량을 정해주고, 채우지 못하면 폭력을 가했다. 결국 그곳에서는 주민들의 권리를 침해하며 고무 할당량을 채운 족장들이 권력을 유지하게 되었다. 이는 '나쁜' 제도 설계의 원형적인 사례다. 이 영향은 오늘날까지 선명하게 남아 있다. 로즈와 몬테로Montero(2020)는 고무 채취 구역에 속한 지역이 그렇지 않은 지역에 비해 교육과 경제, 건강 관련 지표가 훨씬 나쁘다는 것을 발견했다. 이 지역의 마을 족장들(대다수가 세습 지위인)이 도로 유지 보수나 갈등 중재 같은 공공 행정을 제대로 제공하지 않는다는 게 가장 설득력 있는 이유다.

한편 식민 지배자들은 현지 주민들에게 세금을 부과하기 위한 제도도 만들었다. 중요한 것은 과세 체계가 작동하는 방식이었다. 몇몇 식민 지배자들은 세금을 징수하는 대가로 현지 당국에 상당한 권한을 주었는데, 이는 장기적인 경제 발전에 부정적인 영향을 미쳤다. 현지의 권력 브로커들이 독립 이후에도 자신들의 이익을 유지하고자 했기 때문이다. 착취적 제도는 그대로 이어지기 일쑤였다. 배너지Banerjee와 아이어Iyer(2005)는 식민지 인도의 과세 제도를 연구했는데, 현지 지주들에게 권리를 준 지역은 독립 이후 수십 년이 지난 뒤에도 여전히 불평등이 심하고, 농업 생산성이 낮으며, 보건과 교육에 대한 투자가 부족했다. 이런 차이는 대부분 정부 지출의 격차 때문이었다. 과거에 지주들이 지배한 지역은 오늘날에도 관개와 비료 사용이 부족하며 작물 수확량이 떨어진다([그림 6.7] 참조).

인도의 사례는 식민 지배의 영향을 검토하기에 아주 유용하다. 인도는 유럽 식민지 중 인구가 가장 많았을 뿐만 아니라(식민지 인도에는 오늘날의 파키스탄과 방글라데시도 포함된다) 일부 지역만 영국인들이 통치했다. '번왕국Princely States'이라고 불리는 토후국들은 지방 제후들이 다스렸으며, 어느 정도 정치적 자치를 유지했다. 아이어(2010)의 연구에 따르면, 과거 영국의 지배를 받은 지역은 인

그림 6.7 ✦ 인도의 농업 투자

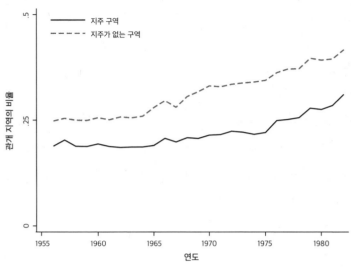

관개 지역의 비율

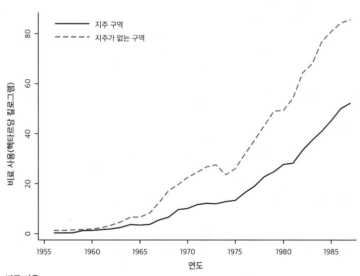

비료 사용

도의 지방 제후들이 다스린 지역들보다 학교와 보건소, 도로 접근성이 훨씬 떨어졌으며, 농업 생산성이나 투자의 측면에서도 전혀 나을 게 없었다.

이러한 차이가 생겨난 이유는 무엇일까? 인도의 지방 제후들이 영국인들보다는 세금을 공공재에 더 많이 지출했다는 것이(자기 주머니에 챙기는 대신) 하나의 설명이다. 영국인들이 식민지 시기에 최악의 제후들을 솎아냈다는 이유도 있다. 이는 제후들에게 좋은 통치를 펼쳐야 할 유인이 되었다. 하지만 이런 결과가 인도를 넘어서 확대되는지는 분명하지 않다. 다른 한편, 랭Lange(2004)은 영국의 직접 지배를 받은(즉 영국 행정기구의 지배를 받은) 옛 식민지들이 간접적으로 지배를 받은(번왕국 같은) 식민지에 비해 정치적 안정, 효과적 관료기구, 법치, 정부 건전성이 더 나은 경향이 있음을 발견했다.

식민화의 또 다른 부정적 영향은 허술한 정치적 설계에서 유래했다. 식민주의 열강은 그들이 지배하려는 사람들에 대해 아는 게 거의 없었다. 그리하여 몇 가지 재앙적인 결정을 내리고 말았다. 미국은 아메리카 원주민을 부족 단위로 묶어 지정 구역으로 이동하게 했다. 하지만 대다수 아메리카 원주민은 역사적으로 하위 부족 단위로 정치적 결정을 내렸다. 디펠Dippel(2014)은 이러한 강제 공존이 아메리카 원주민 부족들에게 미친 영향을 연구하며, 여러 하위 부족 집단이 한데 모인 지정 구역이 오늘날 그렇지 않은 지역보다 30퍼센트 더 가난하다는 것을 발견했다. 지역 차원의 거버넌스가 열악하다는 것이 주된 이유다. 이런 지정 구역에는 정치적 부패와 내부 갈등이 더 많고, 계약 환경에 관한 확실성과 지방 정부의 투자가 더 적다.

그림 6.8 ◆ 종족 분할과 '아프리카 쟁탈전'

분할된 집단
분할되지 않은 집단

　미할로풀로스Michalopoulos와 파파이오아누Papaioannou(2016)는 '아프리카 쟁탈전'에서 식민지의 정치적 설계가 얼마나 허술했는지 보여주는 추가 증거를 발견했다. 19세기 말, 사하라사막 이남 아프리카의 많은 지역은 아직 식민 지배 아래로 들어가지 않은 최후의 지역이었다. 유럽 열강은 이를 그대로 두고 싶어 하지 않았다. 영국, 프랑스, 독일, 이탈리아, 벨기에, 포르투갈, 에스파냐 등은 베를린의 회담장에 모여(1884~1885년) 아프리카를 나눠 가졌다. 그들은 그 대륙에 관해 아는 게 거의 없었고, 결과는 재앙이었다. 식민 열강은 기존의 종족적 구분을 거의 고려하지 않았다. 그냥 자기 몫의 파이를 최대한 챙기기만을 원했다. 그리하여 서로 경쟁 관계에 있는 종족들이 같은 국가에 포함되었다. 독립 이후에도 식민지 경계선은 고스란히 남았기 때문에 이 상황은 유지되었다. 미할로풀로스와 파파이오아누는 이런 분할이 아프리카 전역의 여러 종족 집단에 영향을 끼쳤으며, 정치적 폭력과 불안정, 차별, 종족 간 전쟁을 촉발했음을 발견했다([그림 6.8] 참조). 특히 일부 집단이 다른 집단을 지배하는 환경이라면, 혹은 두 집단 사이에 오랜 적대의 역사가 있는 경우라면, 이 같은 비극은 필연적이었다. 미할로풀로스와 파파이오아누는 분할된 여러 종족으로 구성된 국가들이 교육과 경제적 성과에서 더 열악한 상황에 처했다고 설명했다.

불행 속
한줄기 희망?

모든 것을 고려할 때, 식민화가 피식민 세계에 미친 영향은 확실히 부정적이다. 특히 아프리카의 경우 피해가 심각하다. 노예무역의 경제적 비용은 노예가 된 이들과 그 후손들이 마주해야 할 전체 비용의 일부일 뿐이다. 라틴아메리카, 남아시아, 동남아시아도 마찬가지다. 그러나 식민화는 각 식민지에 제각기 다른 영향을 미쳤다. 식민 지배 아래서 일부 지역은 정체했지만, 다른 지역은 급속하게 발전했다. 물론 경제 발전이 식민 지배의 구실이 될 수 없음은 말할 나위도 없다.

식민화는 몇 가지 경제적 이득을 불러오기도 했다. 오늘날 상대적으로 가난한 나라들에도 마찬가지였다. 프랑케마Frankema와 판바에이엔뷔르흐van Waijenburg(2012)에 따르면 식민지 시기 영국의 아프리카 식민지에서 실질 임금이 크게 증대되었다. 이런 경향은 도시화 및 구조적 변화와 동시에 나타났다. 그 결과 1950년에 이르면 많은 아프리카 나라의 소득이 아시아 국가들보다 높았다. 프랑케마와 판바에이엔뷔르흐(2012, 912쪽)는 "1900년에서 1960년 사이에 가나 아크라의 연평균 성장률은 19세기 런던 (1840~1900)의 평균 성장률에 육박했다"고 설명한다. 마찬가지로, 파이러Feyrer와 새서도트Sacerdote(2009)는 유럽 열강의 식민지였던 섬들이 식민 지배 기간이 길수록 더 잘사는 경향이 있음을 발견했다. 물론 모든 식민지가 이런 것은 아니다. 에스파냐와 포르투갈의 식민화는 식민지에 부정적인 결과를 초래했다. 그렇다면 네덜란드나 영국, 프랑스의 식민 활동은 왜 이보다 긍정적인 결과를 낳았을까? 이 나라들이라고 해서 이타적인 이유로 식민화를 한 것은 결코 아니었다. 하지만 식민 지배자들은 이따금 근대적 운송 기술(철도 등), 의학, 교육 접근성을 들여왔고, 이런 것들이 그 나라의 근대 경제 성과에 영향을 미쳤을 수 있다. 최근에는 이에 관한 연구가 속속 등장하고 있다.

공공재와 교육

식민주의가 주로 착취를 위한 것이었다고 해도, 일부 식민 열강이 식민지에 투자를 한 것은 사실이다. 투자의 목적이 착취를 더 효율적으로 하기 위한 것이었다 할지라도 말이다. 철도 같은 고정 투자나, 학교나 보건소처럼 최소한의 유지 보수만 필요한 것 등은 독립 이후에도 유지되었다. 식민 지배를 받지 않았을 경우 그곳에 어떤 유형의 공공재가 등장했을지는 알 수 없지만, 이런 공공재가 공급된 것은 식민화라는 비극이 남긴 작은 긍정적 요소다.

식민 열강이 공급했던 가장 중요한 공공재로는 군사적, 경제

적 이유(본국의 이익을 위한)로 부설한 철도가 있다. 도널드슨Donald-
son(2018)은 영국이 1853년(철도가 군사 목적에 유용하다는 사실이 여
실히 드러났던 1857년 세포이 항쟁 직전)부터 시작한 인도 철도 투자
가 미친 영향을 연구했다. 인도에는 1930년까지 6만 7,247킬로미
터의 철로가 깔렸고, 이는 규모 면에서 세계 4위였다([그림 6.9] 참
조). 영국인들이 이렇게 많은 철로를 설치한 건 주로 군사 목적을
위해서였지만, 이를 통해 얻는 경제적 이득도 있었다. 철로가 깔
리며 전에는 고립 상태였던 인도 지역들이 국내와 국제시장 모두
와 연결되었기 때문이다. 도널드슨에 따르면 철도 투자 덕분에 영
국령 인도 전역에서 소득, 무역, 시장 통합이 증대했다. 차우다리
Chaudhary와 펜스케Fenske(2020)는 철도의 확대로 문해율이 향상되
었음을 보여주는 증거를 제시했다. 가나를 연구한 제드웝과 모라
디Moradi(2016)는 식민지 시대에 철도가 깔린 지역들이 오늘날 더
발전했다고 주장한다. 독립 이후에 철도가 거의 사용되지 않았음
에도 불구하고 말이다. 철로망 덕분에 노선을 중심으로 도시화가
빠르게 이루어졌고, 도시 인구가 조밀한 곳에서는 투자와 경제 활
동이 뒤를 이었다.

때로는 착취적 제도가 의도치 않게 긍정적인 이득을 불러오
기도 한다. 델Dell과 올켄Olken(2020)은 이런 제도 중 하나인 자바
(인도네시아)의 네덜란드식 경작 제도를 연구했다. 농민들은 강제
동원되어 사탕수수를 재배해야 했고, 근처 공장에서 가공한 사탕
수수는 유럽으로 수송됐다. 사탕수수는 대단히 수익성이 좋은 무
역 상품으로 네덜란드 정부 세입의 3분의 1을 차지했다. 이 경작
제도는 자바의 경제생활을 완전히 재편했다. 식민 지배를 받기 전
까지 자바는 압도적인 농촌 사회였으나, 수백만 명이 강제로 설탕

그림 6.9 ◆ 인도의 철도망, 1930년

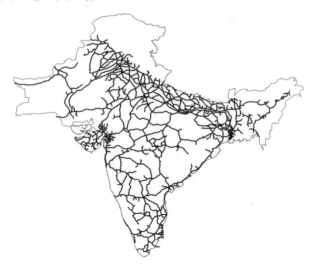

공장에서 일하게 되면서 대규모 인구 유출이 이루어진 것이다. 공
장 주변의 마을들도 사탕수수 재배를 위해 재조직되었다. 네덜란
드인들은 자원 추출을 극대화하기 위해 이런 시도를 한 것이지만,
이는 예상치 못한 결과로 이어졌다. 델과 올켄의 연구에 따르면,
예전 설탕 공장 근처에 사는 사람들은 오늘날 농업보다는 제조업
이나 소매업에 종사할 가능성이 훨씬 컸다. 다시 말해, 예전 공장
근처 지역이 다른 지역보다 더 발전한 것이다. 이 지역의 가구들은
예전 공장에서 멀리 떨어진 곳에 사는 가구보다 소비가 10퍼센트
정도 더 많다. 이런 차이가 발생한 이유는 무엇일까?

첫째, 전방 산업downstream industry(자바의 경우 가공된 설탕을 원료
로 사용하는 산업)이 예전 설탕 공장 근처에 자리를 잡았다. 둘째, 공
장 주변에 운송망이 발달했다. 원당을 공장으로, 가공된 설탕을 항
만으로 운송할 수단이 필요했기 때문이다. 셋째, 설탕 공장을 중심

으로 증대된 부의 일부가 그 지역에 재투자되었다. 이 지역들은 평균적으로 인근 지역보다 빠르게 전기와 학교가 보급되었다. 앞서 언급한 연구들과 마찬가지로, 이 연구도 주의 깊게 살펴볼 필요가 있다. 이 연구는 식민화가 이루어지지 않은 자바와 현재의 자바를 비교하는 게 아니다. 따라서 단지 식민 경험의 일부 측면은 (의도하지는 않았지만) 장기적으로 볼 때 경제에 미치는 부정적 영향이 더 적다고 지적할 수 있을 따름이다.

지금까지 유지되는 식민지 유형의 투자는 일반적으로 물리적 시설이거나, 현지에 긍정적 효과를 미친 것들이다. 바로 이것이 운송 인프라가 경제 발전에 기여하는 이유다. 일단 철로가 깔리면 뜯어내는 데 비용이 든다. 학교나 보건 시설도 마찬가지다. 윌르리 Huillery(2019)의 연구에 따르면 프랑스령 서아프리카의 교육, 보건, 교통 인프라의 현재 성과 중 약 30퍼센트는 식민지 투자로 인한 것이었다. 윌르리가 제시하는 증거를 보면, 식민지 투자 시설 중 물리적 시설과 현지에서 공공재 수요가 증대하는 시설에는 투자가 계속해서 이어지고 있음을 알 수 있다.

그리어Grier(1999)는 아프리카 식민지 나라들을 비교해 보았는데, 영국의 옛 식민지가 프랑스의 옛 식민지보다 잘 산다는 것을 발견했다. 앞에서 언급한 연구들과 마찬가지로, 이 차이는 공공재(이 경우에는 교육) 투자의 차이로 설명할 수 있다.

하지만 프랑케마(2012)는 이를 영국인들의 어떤 '자비로운 정책'으로 보아서는 안 된다고 경고한다. 식민지 신민들을 교육하는 건 결코 영국의 우선순위가 아니었다. 영국 식민지가 교육에서 우위를 누릴 수 있었던 건 선교사들이 교세를 확장하기 위해 학교를 세웠기 때문이었다. 영국인들은 선교사들의 활동을 장려하는 경향이 있었고, 선교사들은 식민지에 이득이 되는 여러 가지 비종교적 재화를 제공했다. 다음으로는 식민주의의 '작은 긍정적 요소' 중 하나인 선교사들에 관해 이야기해보자.

선교사들

앞서 언급한 것처럼, 식민 지배를 받은 지역 중 일부는 다른 곳보다 훨씬 잘산다. 영국의 부유한 옛 식민지들(미국, 캐나다, 오스트레일리아, 뉴질랜드)뿐만이 아니다. 아르헨티나, 브라질, 코스타리카, 보츠와나는 향후 수십 년간 계속 성장할 가능성이 큰 중간소득 국가들이다. 한편 식민 지배를 경험한 아이티, 말리, 수단, 니제르 같은 나라들은 여전히 절망적인 가난에 시달린다. 이런 차이의 원인은 무엇일까? 왜 일부 지역에서만 경제 발전이 이루어진 걸까?

한 가지 특징으로 이런 차이의 많은 부분을 설명할 수 있다. 바로 **선교사의 존재**다. 기독교 교회는 식민지 주민들을 개종시킨다는 목표 아래 선교사들을 멀리 떨어진 땅으로 보냈다. 이에 관해 연구하는 학자들은 기독교의 가치나 신학이 일부 식민지들을 빈곤의 덫에서 탈출하게 했다고 주장하지 않는다. 그보다는 선교사들이 개종이라는 목표를 달성하기 위해 여러 일을 했고, 이 일들이 의도치 않게 경제에 장기적인 영향을 미쳤다는 사실에 주목한다.

우드베리Woodberry(2012)는 선교사들이 식민주의가 불러올 최악의 결과 가운데 일부를 방지했을 거라고 설명한다. 그 증거는 **민주주의**다. 그는 아프리카, 아시아, 라틴아메리카, 오세아니아에 개신교 선교회가 배치된 것이 이곳들에서 나타나는 민주주의의 차이를 50퍼센트 정도 설명할 수 있다고 주장한다. 선교사들이 진출한 지역에서 민주주의가 더 번성할 수 있었던 건 종교적 교의 때문이라거나 선교사들이 민주적 사고를 장려했기 때문이 아니다. 훨씬 더 중요한 점은 개신교 선교사들이 대중 교육, 출판, 신문, 시민 사회를 장려했다는 사실이다. 이 가운데 가장 중요한 건 교육일 것이다. 란키나Lankina와 게터추Getachew(2012)는 인도의 교육이 선교 활동과 긍정적인 관련이 있었음을 발견했다.

교육은 민주주의와 어떤 관련이 있을까? 시민사회가 발전하고 문해력이 높은 사회일수록 민주주의가 번성하기 쉽다. 이런 사회에서는 더 많은 사람이 정치적 발언을 원하며 그런 권리를 얻기 위해 싸울 수단도 있다. 과거의 선교사들은 교육 그 자체, 또는 교육이 경제적 복지에 기여하는 바를 소중히 여겼다. 선교사들이 추구한 주요 목표는 개종이었고, 사람들이 직접 성경을 읽고 해석하기를 바랐기 때문에 교육을 장려했다. 이는 식민화의 일부 측면이 의도치 않게 정치, 경제 발전에서 막대한 역할을 한 또 다른 사례다.

좀 더 폭넓게 보자. 관련 연구들에서는 선교사들이 작업장을 만들었던 지역들이 오늘날 학업성취도가 월등하다는 사실을 공통으로 지적한다. 가령 카제Cagé와 루에다Rueda(2016)는 인쇄기를 갖춘 개신교 선교회와 가까웠던 지역이 오늘날 훨씬 좋은 사회경제적 성과를 여럿 거둔다는 것을 발견했다. 더 나은 교육, 더 많은 신뢰, 더 많은 정치 참여, 더 높은 신문 구독률 등이 그것이다. 발렌시아 카이세도Valencia Caicedo(2018) 또한 과거 (가톨릭) 예수회 선교회와의 근접성이 오늘날 더 높은 학업성취도(따라서 더 높은 소득)와 관련이 있음을 밝힌다. 예수회 선교사들은 1767년에 쫓겨났는데도 말이다(〔그림 6.10〕 참조). 이런 결과는 예수회 선교회가 (세계 각지의 다른 선교회와 마찬가지로) 읽기와 쓰기를 강조했기 때문일 가

그림 6.10 ♦ 아르헨티나, 브라질, 파라과이의 현대 문해율과 예수회 선교회와의 근접성

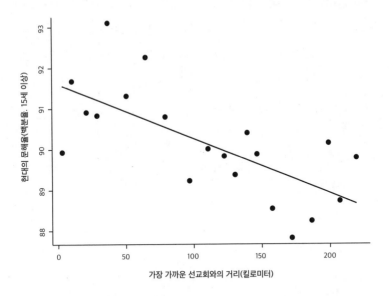

가장 가까운 선교회와의 거리(킬로미터)

능성이 크다. 월딩거Waldinger(2017)는 멕시코에서 탁발선교회(원주민을 교육하여 빈곤을 줄이는 데 전념했다)가 진출했던 지역이 현대에 문해율과 학업성취도가 더 높다는 사실을 밝혔고, 바이Bai와 쿵Kung(2015)도 19세기 중국에서 개신교 선교회에 관해 비슷한 연구 결과를 보고했다.

선교사가 소득 증대와 관련이 있는 공공재를 장려했기 때문에 식민화가 현지 사람들에게 좋은 일이었다고 말하려는 게 결코 아니다. 요지는 단순히 선교사들이 진출한 지역이 식민화된 다른 곳들보다 성과가 더 좋다는 것이다. 이는 이 지역들이 더 발전했기 때문이다. 역사는 풍부하며 복잡하다. 식민주의는 대단히 다양한 영향을 미쳤다. 어떤 곳에서는 매우 파괴적이었고, 다른 곳에서는 덜 파괴적이었으며, 일부 지역에서는 좋은 영향도 미쳤을 것이다. 식민화가 현대의 부와 부의 분배에 어떤 역할을 했는지 이해하려면 이런 미묘한 차이를 식별해야 한다. 선교사들은 교육에 긍정적인 역할을 했을 수 있고, 이것은 최선의 경우다. 더 많은 경우 선교사들은 식민 지배의 파괴적 영향 가운데 일부를 완화하는 데 그쳤을 것이다.

이 장의
내용 요약

식민화는 근대 세계를 만드는 데 커다란 역할을 했다. 일부 유럽 국가에 거대한 부를 안겨주었으며, 과거 식민지였던 많은 지역에는 지금까지 지속되는 다양한 여파를 남겼다. 과연 식민화는 세계가 부유해지는 데 얼마나 큰 역할을 했을까? 이에 대한 증거는 복합적이다.

하지만 식민화가 식민 지배를 경험한 나라들에 파괴적인 영향을 끼쳤다는 점에 관해서는 논쟁의 여지가 없다. 지금까지 우리는 세계 많은 지역에 남아 있는 식민주의의 유산과 그것이 여전히 영향을 미치는 다양한 경로를 살펴보았다. 제도의 발전, 신뢰 규범, 인적 자본 축적, 공공재 공급 등이 그것이며, 이 모든 것은 경제 성장을 촉진하거나 방해하는 핵심적 요인들이다. 이런 관점에서 볼 때 식민주의의 유산은 실로 암울하다고 할 수 있다.

2부

선도와 추격의 역사,
그리고
성장과 빈곤의 미래

7

왜 북서유럽이
먼저 부유해졌을까?

지금까지 우리는 "세계는 어떻게 부유해졌는가?"라는 질문의 답을 찾기 위해 지리, 제도, 인구, 문화, 식민주의의 역할을 검토해보았다. 이 중 근대적 경제성장이 시작된 시점과 위치를 가장 잘 설명해주는 요인은 무엇일까?

쟁점을 정확히 정리해보자. 19세기에 서유럽과 그 후예들(미국, 캐나다, 오스트레일리아)은 지속적인 경제성장을 경험하기 시작했다. 그다음으로는 일본과 러시아, 이후에는 동아시아의 나라들이 뒤를 이었다. 매클로스키(2006)는 이를 위대한 풍요Great Enrichment라고 부른다. 어떻게 이런 일이 일어난 걸까? 1700년의 어떤 나라도 지속적인 경제성장의 조짐을 보이지 않았는데 말이다. 위대한 축적은 경제구조 변동과 함께 일어났다. 농업에서 벗어나 산업과 서비스업이 중심이 되었으며, 월등히 높은 수준의 도시화를 동반했다. 장기적인 관점에서 보면, 낮은 출생률과 사망률로 인한 인구 변화가 도움이 되었으며, 혁신의 속도가 대대적으로 높아진 것도 한몫했다. 18~19세기 북서유럽에서는 이러한 양상들이 합쳐졌고 19세기 중반에 이르러 근대의 지속적인 경제성장으로 이어졌다. 왜 다른 시간대가 아닌 그때, 다른 곳이 아닌 그곳에서 이런 일이 벌어진 걸까?

지금까지 이 책을 읽은 독자라면 '산업혁명'을 답으로 떠올릴지 모른다. 완전히 잘못 짚은 건 아니다. 영국의 산업혁명은 분명히 근대 경제로 나아가는 핵심적인 디딤돌이었다. 영국은 18세기 전반을 시작으로 먼저 산업화를 이뤘고, 19세기에 미국과 몇몇 유럽 나라들이 그 뒤를 이었다. 이런 산업적 전환이 벌어지자 전 지구적 분업화가 발생했다. 예컨대 오스트레일리아와 덴마크 같은 나라들은 상업적 농업 같은 비산업 부문을 전문화하며 부유해질 수 있었다.

하지만 산업화는 근접원인일 뿐이다. 북유럽이 가장 먼저 산업화와 지속적인 혁신(그리고 그 뒤를 이은 근대적 경제)을 이룬 이유는 무엇일까? 왜 남유럽(중세에 유럽 경제를 지배했던)은 아니었을까? 왜 중동(이슬람이 전파된 뒤 수백 년 동안 유럽을 앞질렀던)은 아니었을까? 왜 중국(1500년 무렵까지 기술 분야에서 세계를 제패했던)은 아니었을까? 이전까지는 성장이 급등하면 혁신의 속도는 저하되는 양상을 보였는데, 왜 이번에는 그렇지 않았을까?

앞서 우리는 이러한 질문들에 답하는 가장 주요하며 유명한 연구들을 개괄해보았다. 몇몇 연구는 다른 것보다 충실했고 설득력 있는 답을 내놓았다. 좋은 연구라면 적어도 다음 세 가지 질문을 다뤄야 한다. 첫째, 왜 유럽은 서로마 제국이 몰락한 뒤 수백 년간 유라시아의 다른 지역들보다 뒤처졌을까? 유럽의 경제적 지배가 불가피했다고 가정하는 연구들은 이 질문에 제대로 답할 수 없어 곤욕을 치른다. 둘째, 유럽에서 '위대한 풍요'의 무대가 마련되는 19세기 이전 200~300년 동안 그곳에서는 무슨 일이 일어났는가? 근대 경제는 무無에서 생겨나지 않았다. 18세기 영국은 지속적인 경제성장을 달성하는데 유리한 위치에 있던 게 분명하다. 왜 그랬던 걸까? 셋째, 왜 **북서유럽**이 처음으로 근대적 경제성장을 이룬 걸까? 근대적 경제성장은 범유럽적 현상이 아니었다. 단순히 유럽과 유럽 아닌 지역을 비교하다가는 오해를 낳을 소지가 있다. 19세기 남유럽과 동유럽은 경제적 차원에서 북서유럽보다는 중동이나 동아시아에 가까웠다. 1700년에 이르러 유럽 경제의 지리적 중심지는 이탈리아와 지중해에서 벗어나 북쪽으로, 특히 대서양에 면한 네덜란드공화국과 브리튼제도 쪽으로 이동했다. 이러한 점을 모두 고려해야 설득력 있는 설명이 가능하다.

지금까지 우리는 여러 유력한 이론을 냉철한 시각으로 살펴보았다. 7장에서는 앞서 개괄한 주장들을 전부 모아서 근대적 경제성장의 기원에 관한 우리의 견해를 제시하고자 한다. 근대 경제의 기원처럼 복잡한 문제의 원인이 하나일 수는 없다. 우리가 생각하는 가장 설득력 있는 설명이란 여러 주장을 종합하고, 이 주장들이 어떻게 상호작용하면서 공백을 메우는지 검토하는 것이다.

지속적인 성장의 개시를 종합적으로 설명하려면 유럽과 나머지 유라시아 지역 사이의 분기와 더불어 유럽 내부의 분기도 살펴야 한다. 또한 성장의 시점도 설명할 수 있어야 한다. 시간순으로 볼 때, 근대 초 유럽을 다른 지역과 구별 짓는 제도의 발전은 중세 시대로 거슬러 올라간다. 대의제도의 부상, 도시국가, 로마법의 재발견, 법인 형태의 발전 등이 바로 이때 등장했다. 이 제도들은 근대적 경제성장의 개시보다 몇 세기 앞서 등장했고, 근대적 경제성장은 이 제도들에 의존했다.

우리는 이 책의 여러 장에 걸쳐 우리가 선호하는 주장들을 소개했다. 첫째, 우리는 제도가 경제성장의 핵심이며, 상당히 중요하다고 생각한다. 하지만 제도 발전은 공백 속에서 이루어지지 않는다. 예컨대 경제성장과 제도 변화는 모두 지리의 제약을 받았다. 유럽의 분열된 지리, 변경 초원과의 먼 거리는 지속적인 정치적 파편화로 이어졌다. 덕분에 중세 유럽에서는 자치적 도시국가와 의회 같은 대의기관이 부상했고 국채, 정교분리 개념 등 중요하고도 독특한 제도 발전이 이어졌다.

또 다른 핵심적 상호작용은 제도 발전과 문화 사이에서 이루어졌다. 문화는 제도, 정치, 경제 요인들과 긴밀히 연결되어 있다. 예컨대 중세 성기High Middle Ages에 가톨릭교회는 친족 집단을 해체했다. 이는 가톨릭교회가 남긴 중요한 유산이다. 또한 가톨릭 학자들은 로마법을 부활시키는 데 결정적인 역할을 했다. 이와 대조적으로 이슬람법은 중동에서 제도 발전을 제약했으며, 특히 법인의 형성을 저지했다(Kuran, 2011). 가톨릭과 이슬람의 법 제도는 각 종교의 문화적 가치 및 규범과 분리하기 어렵다.

7장에서는 중세 후기부터 서유럽에 존재했던 독특한 제도들이 어떤 경로로 만들어졌는지 살펴보고자 한다. 그러나 먼저 **제도의 궤적**과 **경제의 궤적**을 구별할 거라는 점을 분명히 밝혀둔다. 중세 시대가 막을 내릴 때 유럽에서 가장 부유했던 지역들조차 현대의 기준으로 보면 가난하다. 유럽이 중동을 앞질렀을 시기에도 유럽은 아마 중국보다 덜 발전했었을 것이다. 주요한 경제적 분기는 그 후까지도 일어나지 않았다.

북서유럽과 세계 나머지 지역 사이의 분기를 설명하려면 먼저 대서양 무역 연결망의 부상, 문화와 종교의 발전 등 몇 가지 요인을 살펴보아야 한다. 이 요인들은 북서유럽과 남유럽 사이의 소규모 분기를 낳은 원인이기도 했다. 아마 가장 중요한 종교적 발전은 프로테스탄트 종교개혁일 것이다. 그러나 중요한 것은 베버의 그 유명한 '우월한 노동윤리'가 아니었다(4장 참조). 그보다는 종교개혁으로 **제도의 변화**가 나타났고, 그것이 북서유럽에서 대의제도의 부상을 불러왔다는 점이 중요할 것이다.

이 장의 마지막에서는 영국에서 시작된 지속적인 경제성장의 가장 중요한 전제조건들을 꼽아본다. 18~19세기 영국 경제의 특징적 구조 변화와 이 변화를 만드는 데 궁극적인 역할을 했던 제도들을 살펴볼 것이다. 네덜란드도 영국과 비슷한 전제조건들을 갖추고 있었지만, 영국보다 한참 늦게 지속적인 경제성장을 달성했다. 영국의 경제적 부상, 특히 산업혁명에 관한 이야기는 8장에서 이어진다. 이번 장에서는 애초에 근대적 경제가 등장할 수 있었던 조건은 무엇이었는지 알아보자.

지리가 제도 발전에 미친 영향

2장에서 우리는 경제성장의 기원에서 지리가 얼마나 중요한지 살펴보았다. 최근 연구들에 따르면 지리는 역사적으로 오늘날보다 산업화 이전 시기에 영향력이 훨씬 컸다. 교통과 통신 기술이 제한적이었기 때문이다. 하지만 지리 자체는 기껏해야 경제 활동이 벌어지는 **위치**를 설명해 줄 뿐, 경제성장의 **시점**에 관해서는 거의 말해주지 않는다. 지리의 가장 주요한 영향력은 제도를 통해 작동한다.

'좋은' 지리적 유산이 언제나 경제적 성공으로 이어지지는 않는다. 때로는 경제 발전을 해치는 요인이 되기도 한다. 이른바 '자원의 저주'다(Sachs and Warner, 2001; Mehlum et al, 2006; Robinson et al, 2006; Ross, 2015; Desierto, 2018). 자원의 저주는 풍부한 자원을 가진 나라가 매우 가난한 처지를 벗어나지 못하는 사정을 설명해준다. 특히 사하라사막 이남 아프리카에서 빈곤은 여전히 심각한 문제다. 왜 어떤 나라들은 그들이 지닌 천연자원을 활용해 부국의 길로 나아가지 못하는 걸까? 이 질문에 대한 답은 주로 그 사회의 **정치 제도**에 있다. 3장의 구절을 빌리자면, 천연자원을 보유한 나라의 정치 제도가 착취적일 경우, 지배 세력은 권력을 장악하고 자원을 활용해서 친구들을 매수하고 자신의 부를 늘린다. 이는 한층 더 착취적인 제도로 이어진다. 천연자원은 축복일 수도 있고, 때로 저주로 작용할 수도 있다.

자원의 저주는 지리와 제도가 어떻게 상호작용하는지 보여주는 한 사례일 뿐이다. 지리는 경제성장을 촉진하는 제도 발전으로 이어질 수도 있다. 그런 사례 가운데 하나가 '균열된 땅' 가설이다. 다이아몬드(1997)와 존스Jones(2003)가 발전시킨 이 가설에 따르면 유럽은 지리적 요인 때문에 지속적인 정치적 파편화를 유지했고, 정치적 파편화는 미래의 제도 발전에 중대한 영향을 미쳤다. 산맥과 해안이 주요한 경계를 이루는 유럽의 지형 구조는 "팽창하는 국가들이 서로 만나서 멈출 수 있는 경계선을 형성했다. … 이런 자연적 장벽으로 인해 다양한 종족과 언어 집단으로 구성된 유럽인들은 서로를 견제하게 됐다"(Jones, 2003, 226쪽).

특히 유럽을 가로지르는 산맥들 덕분에 비슷비슷한 크기의 지리적 중심지가 생겨났고, 이는 미래에 유럽 국가들이 형성되는 중핵으로 기능했다(Fernández-Villaverde et al, 2020). 알프스산맥은 이탈리아반도를 유럽의 나머지 지역과 갈라놓았고, 피레네산맥은 이베리아반도를 나머지 유럽과 분리했다. 한편 중국을 지배한 것은 양쯔강과 황허강 사이의 대평원이었다. 페르난데스비야베르데 등은 중국에는 토지 생산성이 높은 핵심 지역(북중국 평원)이 있었고, 유럽에는 없었다는 점이 중국에서는 정치적 통일체가 등장하고 유럽 사회는 파편화되었던 결정적인 이유라고 설명한다.

유럽의 지속적인 파편화와 중국의 정치적 통일은 유라시아 초원지대와의 거리와 연관이 있다. 동유럽과 동아시아를 연결하며 거대한 고속도로처럼 뻗은 이 초지는 국가 발전에 핵심적 역할을 했다((그림 7.1) 참조). 초원지대 유목민들은 서기 첫 번째 밀레니엄에 말을 길들였고, 그 후 18세기까지 아주 오랫동안 정주 인구에 피할 길 없는 위협을 가했다. 칭기즈칸과 몽골인들이 가장 악명이 높았다. 그러나 초원지대의 생태계는 취약했고 유목민들은 가뭄이나 냉해가 들면 이웃한 인구 집단을 침략하곤 했다(Bai and Kung, 2011). 중국은 초원지대와 가까웠고 변경을 방어해야 했기 때문에 강력한 국가가 필요했다. 만약 국가가 초원지대에서 넘어오는 위협을 물리칠 수 있다면, 중국의 나머지 지역도 통일할 만큼 충분히 강력한 힘을 가진 셈이었다(Ko et al, 2018).

서유럽에서 초원지대와 가장 가까운 도시(빈)는 중국에서 초원지대와 가장 먼 도시(광저우)만큼이나 멀리 떨어져 있었다. 따라서 서유럽에서 '초원지대의 위협'은 별로 강력하지 않았다. 하지만 그렇다고 해서 유럽이 침략을 면한 것은 아니다. 로마 제국 이후의 정착민들은 여지없이 침략을 당했다. 여러 세기에 걸쳐 훈족, 아바

그림 7.1 ◆ 유라시아 초원지대와 중국과 유럽의 도시

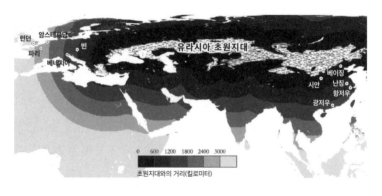

르인, 마자르인, 아랍인, 무어인, 바이킹 등이 사방에서 유럽을 침략했다. 따라서 유럽에서 제국을 세우려 하는 자는 자원을 압박하는 다차원적 위협에 직면해야 했다. 이것이 로마 제국의 몰락 이후 유럽에서 거대한 중앙집권 국가를 세우려는 시도가 번번이 물거품으로 돌아간 이유다.

유럽의 지속적인 정치적 파편화는 왜 중요할까? 2장에서 소개한 스미스적 경제성장의 관점에서 보면, '제국'은 여러모로 굉장히 유리한 조건이었다. 로마 제국은 지중해를 아우르는 통일된 시장경제를 창출했다. 제국은 해적을 제압하고, 내부 무역 관세를 제한했으며, 표준화된 통화 체계를 도입했다(Temin, 2006). 마찬가지로 중동과 중앙아시아에서는 '팍스 이슬라미카'와 '팍스 몽골리카' 덕분에 수백 년간 무역이 번성할 수 있었다. 중국의 역대 왕조들 또한 운송 기반시설에 투자했다. 18세기 중반의 추정치에 따르면, 중국의 물가 통합 수준은 비교적 높은 편이었다(Shiue and Keller, 2007. 하지만 18세기 말에 급격히 떨어졌다. 이에 관해선 Bernhofen et al,

2020 참조). 이와 대조적으로 유럽은 고질적인 파편화로 빈번하게 전쟁을 벌였고, 이로 인해 지역 간 무역도 종종 끊어졌다.

하지만 유럽의 파편화는 예상치 못한 긍정적 영향을 미쳤다. 몽테스키외(1748/1989)와 흄(1762)을 비롯한 학자들은 유럽의 파편화가 제도 발전에 가장 중대한 영향을 미쳤다고 주장했다. 3장에서 살펴봤듯이, 샤이델(2019)은 유럽이 로마의 몰락 이후 대륙 차원의 제국을 재건하는 데 실패하면서 경제가 쇠퇴하고 군사력도 허약해지는 시기(이른바 '암흑시대')를 겪었지만, 결국 이런 실패가 장기적인 경제성장을 위한 토대를 닦았다고 설명했다.

로마 제국을 계승한 서유럽 국가들은 모두 허약했다. 이 나라들은 국민에게 세금을 거두거나 기본 재화를 제공할 능력이 부족했고, 그 결과 정치권력과 경제력, 군사력이 분리되었다. 이데올로기적 권력은 가톨릭교회가 거의 독점했다. 통치자, 교회, 귀족 사이의 주권 분리는 의회, 독립 도시, 대의기관이 등장하기 위한 중요한 전제조건이었다. 이러한 권력의 분산은 중세 시대 유럽의 독특한 현상이다. 유럽에서 대안적 권력의 원천이 등장할 수 있었던 이유는 아이러니하게도 통치자들의 힘이 약했기 때문이었다. 통치자들은 권력을 유지하기 위해 엘리트들에게 더 많이 양보해야 했다(Blaydes and Chaney, 2013; Salter and Young, 2019). 게다가 국가 간 경쟁이 극심했던 탓에 경제·정치·과학·기술에서 새로운 돌파구를 찾는 추동력이 생겨났다(Hoffman, 2015; Mokyr, 2016; Scheidel, 2019; Kitamura and Lagerlöf, 2020). 뒤에서 논의하겠지만, 이런 것들이야말로 미래의 경제성장을 위한 중요한 전제조건이었다.

왜 중세 유럽에서는 지속적인 발전이 이루어지지 않았을까?

11~12세기 옛 카롤루스 제국의 가장자리(이탈리아 북부, 저지 대 국가, 나중에는 라인란트와 독일 북부)에는 자치도시와 독립 도시 들이 등장했다. 3장에서 살펴본 것처럼, 이곳에는 강력한 단일 통치 자가 부재했고, 상인들이 정치적으로 강력한 목소리를 냈다. 상인 들은 자기들에게 유리하면서도 대체로 무역 팽창에 유리한 개혁 을 실행했고 덕분에 유럽의 상업혁명이 가능했다. 새로운 도시들 은 제조업 중심지이자 무역 화물 집산지였고, 중앙 권력이 부재한 가운데 시장경제에 근거한 무역 연결망이 등장했다. 매클로스키 (2006)가 말한 이른바 '부르주아적 가치'가 이 도시들의 특징을 이 뤘다.

유럽에서는 정치적 다중심성 덕분에 여러 권력의 원천이 등 장할 수 있었다. 이는 비잔티움 제국이나 이슬람 세계, 중국과는 다른 유럽만의 특징이었다. 유럽에서는 상인들뿐 아니라 가톨릭 교회도 전례 없는 정치적 역할을 떠맡아 지적, 문화적으로 의미 있 는 결과를 낳았다. 가령 후쿠야마Fukuyama(2011)는 교회가 씨족과 확대가족의 권리 주장을 잠식하는 역할을 했다고 설명한다. 시덴 톱Siedentop(2014)은 '개인'의 등장을 주목하며 기독교가 자유로운 사회의 등장에 결정적인 역할을 했다고 본다. 우리가 4장에서 다 뤘던 슐츠 외(2019)와 헨릭(2020), 슐츠(2020) 등의 연구는 교회가 전통적인 친족 연결망을 잠식했다는 주장을 뒷받침한다. 이들의 연구에 따르면 교회가 사촌 결혼을 금지한 것과 중세 코뮌(자치 도 시)의 형성은 연관성이 있다. 바로 이런 코뮌 안에서 거대한 중세 도시국가들이 탄생했다. 코뮌은 로마 제국의 몰락 이후 유럽의 경제 침체를 막은 하나의 정치 단위였다. 유럽을 제외한 유라시아 나머지 지역 대부분은 강력한 통치자가 지배했고, 이런 사회에서는 독립적이고 자유로운 도시들이 생겨날 수 없었다.

만약 지속적 경제성장을 위한 전제조건이 중세 시대에 등장했다면, 유럽은 왜 그때 경제적으로 도약하지 못한 걸까? 중세 유럽에서는 실제로 몇 세기 동안 상업혁명이 이어졌고, 그 시기에 성장을 경험했다. 이러한 발전은 왜 지속적인 경제성장으로 이어지지 않았을까? 무엇이 중세 유럽 경제의 발목을 잡은 걸까?

이런 질문들에 확실한 답을 내놓기는 불가능하다. 역사를 놓고 통제된 실험을 할 수는 없다. 예를 들어 흑사병이 유럽을 휩쓸지 않았더라면(5장에서 논의한 것처럼) 유럽 경제가 어떻게 발전했을지 우리는 알지 못한다. 장기적 관점에서 본다면 흑사병이 제도에 긍정적인 영향을 주었을 수도 있지만, 그 당시 중세 경제 전반과 무역에 미친 영향은 재앙과도 같았다. 그러나 중세 경제는 흑사병이 발발하기 전에도 이미 위태로웠을 수 있다. 사학자들은 흑사병이 덮치기 전에도 유럽의 경제 위기는 거의 불가피한 것이었다고 설명한 바 있다(Postan, 1973).

중세 시대에는 실제로 경제성장이 이루어졌다. 하지만 성장은 지속적이지 않았으며 쉽게 엎어졌다. 그 이유를 알기 위해서는 중세의 경제성장이 **어떻게** 이루어졌는지 검토해야 한다. 시장의 팽창과 무역은 상업혁명 시기에 경제성장을 낳은 중요한 원천이었다. 판잔덴과 프라크Prak(2006)에 따르면 중세 도시국가들은 신뢰와 협동을 바탕으로 성공적인 정치 공동체를 창출할 수 있었다. 도시국가들은 무임승차자를 비롯한 행위자 문제를 극복하는 한편, 능동적 시민권 개념을 통해 주민들에게서 돈과 시간의 기여를 끌어낼 수 있었다. 더불어 재산권을 시행하고 시장을 지탱하는 공공재를 공급했다.

그런데 이것으로 충분했을까? 피렌체, 제노바, 베네치아 같은 중세 도시국가들은 12~13세기에 급속한 경제성장을 경험했다. 하지만 학자들이 밝혀낸 증거에 따르면 이 도시들의 경제적 역동성은 흑사병 이전에도 쇠퇴하고 있었다. 이 도시국가들은 성장했을지 몰라도 발전하지는 않았고, 따라서 성장세는 언제든 뒤집힐 수 있었다. 스타새비지(2014)에 따르면, 독립 초기에는 자치적인 도시국가들이 비자치 도시보다 빠르게 성장하지만, 그 뒤에는 더 느리게 성장했다. 그리고 성장은 지속되지 않았다. 상인 과두 지배자들이 자신과 후계자의 지위와 재산을 공고히 하기 위해 진입 장벽을 세우는 경향이 있었기 때문이다. 다시 말해, 도시국가는 완전히 개방된 사회 질서로 이행하지 않았다.

이런 점에서 중세 도시국가는 파멸의 씨앗을 품고 있었다. 피렌체가 대표적인 예다. 피렌체는 15세기에 국제 무역과 금융의 중심지였지만, 제조업 중심지로서의 위업은 한 세기 전에 정점을 찍었다. 피렌체는 토스카나 내부의 지역적 우위를 유지하기 위해 지역 경제 통합을 방해하는 비용을 무릅쓰면서 시장 접근성을 조작하고 제한했다(Epstein, 1991, 2000). 나아가 농민들에게 대대적으로 왜곡된 세금을 부과했다. 피렌체 은행가들이 제공한 금융 서비스는 점차 소수의 가문이 독점했는데, 그중 가장 위세가 등등한 것은 메디치가였다. 15세기에 메디치가는 피렌체의 경쟁적인 정치 제도를 전복시켰다(Belloc et al, 2021). 이게 바로 지대를 추구하는 지배 엘리트들이 낳은 결과였다.

또 다른 사례는 베네치아에서 나온다. 베네치아는 상업적 성공을 바탕으로 제국을 건설했다. 베네치아는 10~11세기부터 줄곧 무역으로 번영을 이뤘고, 이는 새로운 상인 계급의 등장으로 이어졌다. 이들은 곧 정치 체제에 결정적인 영향을 미칠 만큼 강력해졌다. 무역은 사회적 계층 이동을 촉진했다. 푸가와 트레플러(2014)는 1297년 전까지는 많은 가문이 대평의회를 들락날락했고, 정치 엘리트 집단은 점차 유동적이며 경쟁적으로 바뀌었다고 설명한다. 하지만 이러한 정치적 개방성 확대는 기존 엘리트들이 베네치아의 해외 무역을 통제하며 벌어들이는 수익을 위협했다. 그들은 이를 두고 보지 않았고, 결국 14세기 초에는 세라타Serrata(폐쇄) 시기가 이어졌다. 기존 엘리트(기성 상인들)들은 평의회의 권력을 활용해서 무역 접근을 제한하는 법률을 통과시켰다. 1297년에는 새로운 인물의 평의회 진입을 막는 법률을, 1323년에는 장거리 무역 진입을 제한하는 법률을 통과시켰다. 그 결과 평의회 의석은 귀족들만 나눠 갖는 완전한 세습직이 되었다. 귀족들은 계속해서 국가 권력을 이용해 이전까지 개인이 소유하던 갤리선 관리를 집단화하며 국제 무역을 독점했다. 갤리선을 사용하는 권리는 귀족들끼리 경매에 부쳤다.

번영을 이뤘던 이탈리아의 도시국가들은 1300년 무렵부터 점차 제한적이고 배타적으로 바뀌었고 경제는 쇠퇴하기 시작했다. 르네상스 시기 이탈리아에서 문화적 개화가 이루어진 것은 공교롭게도 경제가 정점에 달하고 150년이 흐른 뒤였다.

중세 경제의 기술적 기반 역시 제한적이었다. 중세 후기에는 시계 제조, 안경, 그리고 나중에는 인쇄 등에서 일정한 혁신이 이루어졌고 항해 기법 또한 향상되어 15세기 포르투갈과 에스파냐가 대항해시대로 나아가는 길을 닦았다. 하지만 혁신의 속도는 여전히 너무 느렸고 인구수를 비롯해 성장의 발목을 잡는 요인들을 압도하지 못했다(Mokyr, 1990). 가동식 인쇄기가 발명되기 전에는 지식을 재생산하는 비용이 여전히 너무 높았기 때문이다(Buringh and van Zanden, 2009).

요약하자면, 중세 시대에는 유럽이 경제적으로 도약하는 데 필요했던 많은 전제조건이 등장했다. 중세 유럽의 삶을 특징 지은 다수의 권력 중심지는 유럽 대륙이 마침내 부상하는 무대를 마련해 주었다. 하지만 이는 결코 운명 지어진 게 아니었고, 결실을 보기까지 수백 년이 걸렸다. 중세 말에 이르러 유럽이 경제성장의 길로 들어서리라는 사실이 확실해진 것도 아니다. 역사는 결정론적이지 않다. 몇 가지 상황이 달라졌더라면 근대의 경제성장은 유럽에서 시작되지 않았을지도 모른다. 실제로 이탈리아 북부와 에스파냐 등 중세 말에 가장 부유했던 많은 지역이 20세기까지 근대적 경제성장을 경험하지 못했다.

하지만 그렇다고 해서 역사를 이해하는 게 불가능하거나 한 장소에서 일어난 어떤 사건이 다른 곳에서 벌어질 가능성이 없는 것은 아니다. 뒤에서 논의하겠지만, 중세 말 유럽의 정치적 조건은 이후 사건들에 중대한 영향을 미쳤다. 이 사건들은 운명이 아니었지만, 중세의 유산이 없었더라면 발생하지 않았을 것이다. 그렇다면 이 유산은 왜 중요하며 어떻게 기능했던 걸까? 근대 초기(대략 1500~1750년)에는 무슨 일이 벌어졌을까? 이 시기의 일들은 북서유럽이 세계에서 처음으로 부유해질 수 있었던 이유와 밀접한 관계가 있다. 이제 이 시기를 살펴보자.

도약 직전
유럽 내부의 분기

중세가 끝날 무렵 유럽은 더 이상 세계의 나머지 지역들보다 뚜렷이 뒤처지지 않았다. 중세 유럽의 부활을 이끈 것은 베네치아, 제노바, 피렌체, 밀라노 등 이탈리아 북부의 무역과 제조업 중심지였다. 하지만 16~17세기를 거치면서 유럽의 경제적 중심은 지중해를 벗어나 다른 곳으로 이동했다. 1800년에 이르면 이탈리아 도시국가들은 독립과 번영을 상실한 지 오래였고, 이탈리아는 서유럽에서 경제적으로 가장 뒤처진 지역에 속했다. 행운의 반전은 17세기에 영국과 네덜란드가 섬유 생산에서 이탈리아를 몰아내며 더욱 분명해졌다. 역사학자들은 이런 쇠퇴가 생활수준의 절대적 하락으로 이어졌는지 아니면 단순한 상대적 쇠퇴로 귀결됐는지를 놓고 논쟁을 벌여왔으나(Braudel, 1949/1973; Cipolla, 1952), 말라니마Malanima(2003, 2005, 2007)가 집계한 실질 임금과 1인당 국내총생산 추정치를 보면 이 쇠퇴는 절대적이었다.

한 가지 극적인 사건은 아메리카 대륙과 희망봉 항로의 발견이었다. 이는 유럽뿐만 아니라 중동의 경제에까지 결정적인 영향을 미쳤다. 아시아와 유럽을 연결하는 예전 무역로가 가치를 상실하면서 이탈리아뿐만 아니라 중앙아시아와 중동 도시들의 경제 운도 쇠퇴했다(Blaydes and Paik, 2021). 16~17세기에 두각을 나타낸 것은 대서양 경제였다. 바로 이런 변화가 궁극적으로 근대 경제의 무대를 만들어주었다. 그렇다면 이 변화는 어떻게 일어난 것일까?

유럽 내에 나타난 이런 소분기mini-divergence를 설명할 때 흔히 거론되는 요인은 인구 변동이다. 5장에서 우리는 자발적이고 늦은 결혼(유럽적 결혼 양상)이 유럽의 발전에 어떤 영향을 미쳤는지 검토했다. 이런 인구학적 양상은 유럽 역사에 뿌리를 둔 것일 테지만, 흑사병 이후에 두드러진 것으로 보인다. 재앙 때문에 노동력이 부족해지자 여성이 노동시장에 진출할 수 있었고, 농업 노동력을 위한 활발한 시장이 생겨났다. 이는 임금 상승으로 이어졌고, 이는 다시 급속한 인구 회복으로 이어져야 했으나, 자발적이고 늦은 결혼과 핵가족 관행으로 인구는 빠르게 늘어나지 않았다. 덕분에 맬서스적 압력은 누그러졌고 임금은 계속 높게 유지됐다. 유럽의 특별한 인구 동태는 분명 유럽의 실질 임금이 중세 시대부터 중국과 인도, 일본 같은 아시아 나라들보다 더 높았던 이유 가운데 하나였다.

유럽적 결혼 양상이 가장 강했던 북유럽의 실질 임금이 남유럽보다 높았던 이유는 인구학적 요인으로 어느 정도 설명할 수 있다. 그러나 인구학적 요인만으로는 지속적인 경제성장이라는 결과를 낳을 수 없었다. 만일 그것만으로 충분했다면 산업혁명은 독일 북부에서 일어났을 것이다. 순전히 인구에 근거한 설명은 근대적 경제성장이 등장한 시점과도 합을 맞추기 어렵다. 유럽적 결혼 양상은 산업화와 지속적인 경제성장보다 적어도 400년 앞서 나타났다.

하지만 그렇다고 해서 지속적인 경제성장이 등장하는 데 인구가 중요하지 않았던 것은 아니다. 인구 변천은 산업화가 곧바로 소득 증대로 이어지지 않은 핵심적인 이유일지 모른다. 이 문제에 관해서는 8장에서 다시 살펴보도록 하자.

유럽의 경제적 발흥에 관한 많은 설명이 대서양 항로 개척에 초점을 맞춘다. 대서양이라는 완전히 새로운 세계에 접근할 수 있는 나라들이 자연적인 이점을 누렸다는 단순한 사실에 주목하는 건 물론 타당하다. 하지만 대서양의 개방이 유럽 각국 경제에 한결같이 좋은 영향만 끼친 것은 아니다. 각 나라는 대서양의 개방으로 서로 다른 이득을 보았다. 아메리카 대륙의 발견은 다른 무엇보다도 화폐에 영향을 미쳤다. 아메리카 광산에서 유입된 금과 은은 에스파냐의 합스부르크 왕가에 부를 안겨주었고 유럽 각지에서 전쟁 자금으로 사용됐다. 하지만 이 때문에 이들이 앞서 나간 것은 아니다. 귀금속의 유입은 궁극적으로 가격 상승으로 이어졌지만, 산출 수준 증대로 이어지지는 않았다. 인플레이션은 적어도 1000년 동안 경험한 적 없는 수준으로 치솟았다. 에스파냐가 이끈 이른바 '가격 혁명'은, 이 지역의 경제에 해를 끼쳤다.

　에스파냐의 쇠퇴는 흥미로운 사례다. 유럽의 장기적인 경제 발전에서 무엇이 중요했는지에 대해 많은 것을 알려주기 때문이다. 포르투갈과 에스파냐는 유럽 국가 중 처음으로 대서양 개방의 혜택을 누렸다. 에스파냐는 16세기 초에 세계를 아우르는 제국이었고, 교황 알렉산데르 6세는 페르난도와 이사벨에게 '가톨릭 왕'이라는 명예로운 호칭을 수여했다. 에스파냐 합스부르크 왕가는 결혼을 통해 부유한 저지대 국가를 제국의 일부로 삼았다. 16세기에 에스파냐는 아마 유럽에서 가장 강력한 나라이자 가장 부유한 축에 속했을 것이다. 한편 잉글랜드는 유혈이 낭자한 내전(장미전쟁)에서 벗어나고 있었는데, '유럽 경제의 최전선'과는 영 거리가 먼 모습이었다.

　그러나 역전의 씨앗이 뿌려진 것도 바로 16세기였다. 16세기가 끝날 무렵 잉글랜드와 에스파냐는 경제적으로 큰 차이가 없었다(잉글랜드는 에스파냐의 무적함대가 자국 항구로 접근하지 못하게 하는 데 큰 행운이 필요했지만). 다시 한 세기 안에(1700년 즈음) 에스파냐는 유럽의 경제적 선도자들에 뒤처졌고, 얼마 전 에스파냐의 지배에서 해방된 네덜란드공화국과 잉글랜드가 한참 앞서 나갔다. 18세기에 이르면 에스파냐는 기껏해야 유럽의 이류 강대국 정도였다. 몇백 년 사이에 무슨 일이 벌어진 걸까?

에스파냐의 쇠퇴는 아이러니하게도 아메리카 대륙의 발견과 밀접한 관계가 있다. 새로운 무역로는 유럽의 제조업과 무역에 새로운 세계를 열어주었다. 하지만 모두가 이 기회를 활용할 수 있었던 것은 아니다. 나라들이 대응하는 방식은 각국의 제도에 따라 달랐다. 애쓰모글루 외(2005b)에 따르면 대서양 무역에서 나오는 수익을 국왕이 장악하는 곳에서는 대서양 접근성이 전제 권력의 강화로 이어졌다. 에스파냐 합스부르크 왕가 통치자들, 특히 카를로스 1세(1516~1556년 재위)와 펠리페 2세(1556~1598년 재위)는 대서양의 이윤을 전쟁 자금으로 쓰면서 권력을 공고히 했다. 아메리카 대륙에서 들어오는 모든 귀금속과 상품의 20퍼센트(왕실세 20퍼센트royal fifth)가 왕실 금고로 직행했다. 에스파냐의 왕가는 이러한 부 덕분에 의회보다 훨씬 힘이 셌다.

유입되는 귀금속(주로 은)의 양은 어마어마했다. 1500년에서 1600년 사이에 아메리카 대륙에서 유입된 귀금속은 1492년 당시 유럽의 귀금속 보유액의 10배에 육박했다(Palma, 2019). 아메리카 대륙의 광산에서 캐낸 금과 은은 에스파냐 왕가를 부유하게 만드는 동시에 정화正貨 공급이 부족하던 유럽 경제에 활력을 불어넣으며 즉각적인 영향을 미쳤다. 하지만 중장기적으로는 인플레이션을 낳았다.

노스(North, 1981, 1990)는 에스파냐가 쇠퇴한 원인을 합스부르크 군주들이 길드에 독점권을 부여하고, 귀족에게 세금을 부과하는 데 실패하고, 채무를 갚지 못하고, 재산을 몰수하는 등 경제적으로 비효율적인 정책을 추구했던 것에서 찾았다. 이런 착취적 정치 제도는 상업의 토대를 훼손했다. "정부의 재정 정책에 대응하여 발전한 소유권 구조는 생산적 활동을 수행하려는 의욕을 꺾었으며, 그 대신 국가의 손이 미치지 않는 곳에 숨어서 생산적이지 않은 활동을 하게 부추겼다"(North, 1981, 151~152쪽).

에스파냐에서는 국왕이 식민지 무역을 독점했다. 식민지 무역로와 관련된 독점 지대地代는 상당한 규모였다. 예를 들어 필리핀에서 멕시코로 아시아 상품을 운반하는 마닐라 갈레온선의 화물은 에스파냐 국내총생산의 약 2퍼센트에 달했다(Arteaga et al, 2020). 독점 사업과 관련된 비용은 막대했다. 에스파냐는 소수의 엘리트들을 위해 무역을 엄격하게 제한했다. 애덤 스미스(식민 제국과 독점 무역 체제에 대한 격렬한 비판자)가 설명한 것처럼, 이는 자원 할당의 심각한 왜곡으로 이어졌다(Smith, 1776/1976).

최근 연구들은 에스파냐의 합스부르크 군주들이 전능함과는 거리가 멀었음을 보여준다. 특히 군주들은 세금을 매기는 능력이 떨어졌다. 하지만 에스파냐의 쇠퇴에 관한 제도적 설명은 여전히 설득력이 있다. 드렐리크먼Drelichman과 보스(2008)는 아메리카산 은이 대량 유입되며 발생한 자원의 저주가 지대 추구 수익을 증대시킨 한편 군주, 귀족, 성직자의 권력을 제한하는 제도를 잠식시키며 에스파냐 경제를 정체하게 했다고 주장한다. 더불어 자원 유입으로 인해 파편화되고 비효율적인 재정 체계를 표준화하거나 중앙집중화하려는 시도까지 잠식됐다(Grafe, 2012).

하지만 에스파냐의 제도적 약점은 이야기의 일부일 뿐이다. 설득력이 있으려면 근대 초기 잉글랜드와 네덜란드공화국이 어떻게 앞서 나갈 수 있었는지 해명해야 한다. 네덜란드공화국은 16세기 말을 시작으로 세계 경제를 지배했다. 잉글랜드는 18세기에 산업화를 위한 준비를 마쳤다. 무엇이 두 나라의 경제를 뒤바꾼 걸까? 왜 근대 경제는 다른 곳이 아닌 그곳에서 탄생한 걸까?

의회와
제한적 대의정부의 부상

3장에서 우리는 제도의 역할을 논의하며 **의회**의 중요성을 이야기했다. 의회는 힘 있는 사람들(귀족, 성직자, 도시 엘리트)의 집합체로서 통치자, 그리고 통치자가 부리는 최악의 변덕을 제약했다. 그러나 모든 의회가 강력한 힘을 발휘한 건 아니었다. 에스파냐 의회는 합스부르크 왕실의 권력 남용을 제대로 막지 못했다. 그러나 잉글랜드나 네덜란드공화국의 의회는 달랐다. 두 나라의 의회는 시간이 흐르며 더욱 힘을 얻었고 결국 중앙 권력에 상당한 제약을 가할 수 있었다. 1600년 이후 네덜란드공화국에 이어 잉글랜드에서도 대의적 정치 제도가 부상했다. 한편 남유럽에서는 군주의 권력이 공고해졌다. 이유가 무엇일까? 도대체 왜 북서유럽에서는 제한적 통치가 발생하고 남유럽에서는 발생하지 않은 걸까?

이 질문에 답하려면 역사의 일부를 다시 음미해볼 필요가 있다. 17세기에 경제적으로 가장 성공한 국가는 네덜란드공화국이었다. 저지대 국가(오늘날의 벨기에와 네덜란드)의 도시들은 중세 후기부터 번성했다. 15세기의 네덜란드 북부 도시들은 양모 무역과 발트해 무역로를 장악한 덕분에 번성했다. 당대의 유화 작품을 보면 이 도시의 부르주아지가 쌓은 부가 분명하게 드러난다. 합스부르크 황제 카를 5세(에스파냐 왕 카를로스 1세)는 왕실 간 결혼과 몇 번의 행운으로 이 부유한 도시들을 수중에 넣었고, 그 후로는 그의 아들이자 에스파냐의 통치자 펠리페 2세에게 대물림되었다. 이 도시들에서 나오는 세입은 합스부르크 왕조가 오스만 제국에 맞서 벌이는 전쟁 자금으로 쓰였다.

부유한 네덜란드의 시민들은 멀리 떨어진 합스부르크 군주에게 세금을 내는 것에 분개했다. 처음에는 할 수 있는 일이 별로 없었다. 합스부르크 왕가는 강력했고, 네덜란드를 지배할 정당한 권리가 있었다. 그러다 1540년대와 1550년대에 프로테스탄트 사상이 저지대 국가 전역에 퍼지기 시작했다. 에스파냐의 멍에를 벗어던지기를 고대하던 이들에게 이는 기회였다. 합스부르크 군주의 가혹한 대응(무려 2,000명의 프로테스탄트를 이단으로 낙인찍고 산 채로 불태웠다)은 네덜란드 귀족과 도시 지도자들의 저항에 기름을 부었다. 그리하여 종교개혁은 폭넓은 정치적 반란을 촉진했다. 네덜란드 북부에서는 독립적인 네덜란드공화국이 수립되었고, 에스파냐와 8년간 전쟁을 벌이는 결과로 이어졌다.

바로 이것이 떼려야 뗄 수 없는 문화와 제도의 상관관계를 보여주는 좋은 예다. 프로테스탄트(칼뱅주의) 사상이 널리 퍼지지 않았다면 네덜란드의 반란은 성공하기 어려웠을 것이다. 프로테스탄트 사상은 합스부르크에 맞선 반란에 동기와 정당성을 부여해주었다. 단순한 경제적 이해만으로는 할 수 없는 방식으로 반란자들을 하나로 묶은 것이다. 한편 가혹한 가톨릭 왕가인 합스부르크에게서 네덜란드의 독립을 지켜낸 정치, 제도의 변화가 없었더라면 종교개혁 같은 종교운동이 성공을 거두기는 어려웠을 것이다.

네덜란드가 일으킨 반란의 결과로 연방 공화국이라는 정치체가 생겨났다. 오라녜 공 빌럼은 반란을 이끈 가장 영향력 있는 귀족이었다. 그는 독립 네덜란드의 군주가 될 수도 있었지만 암살당하고 말았다. 네덜란드는 잉글랜드의 엘리자베스 1세에게 군주의 지위를 맡아달라는 제안을 하기도 했다. 이런 선택지들을 소진하고 나서야, 마침내 네덜란드 의회States General가 완전한 주권을 떠맡았다. 네덜란드 반란은 상인과 상업 세력이 정치권력을 잡는, 종교적으로 분리된 공화국이라는 결과를 낳았다(de Vries and van der Woude, 1997).

네덜란드공화국은 경제 엘리트 구성원에게 유리한 제도를 창출했다. 그 결과 에스파냐와 계속 전쟁을 벌이는 와중에도 1580년 이후 100년간 급속한 경제성장을 경험했다. 이 성장은 1576년 에스파냐 군대가 안트베르펜을 격파한 덕분도 있겠지만, 무엇보다 네덜란드 경제의 **구조적 변화**가 만든 결과였다. 암스테르담은 유럽 금융의 중심지가 되었다. 네덜란드는 인구가 두 배로 증가하는 와중에도 실질 임금이 나머지 유럽 지역보다 빠르게 상승했고, 도시화도 급속하게 증대했다. 운하를 비롯한 내륙 운송에 대규모로 투자한 덕분에 무역 호황에 불이 붙었고, 곧 네덜란드 해상 운송이 발트해를 지배하게 되었다. 1603년에는 연합동인도회사(네덜란드 동인도회사)를 창설하고 동남아시아 식민지를 확보했다. 17세기와 18세기 내내 네덜란드의 실질 임금과 1인당 소득은 세계에서 가장 높았다(〔그림 7.2〕참조).

네덜란드의 경제적 성공은 제도 변화의 결과였다. 제한적인 대의정부의 부상은 네덜란드의 경제 팽창을 이끈 핵심적인 원동력이었다. 자원을 강탈하거나 소유권을 짓밟거나 개인의 자유를 침해하는 중앙집중적인 권력은 전혀 없었다. 그렇다고 네덜란드 의회가 완벽했다는 건 아니다. 네덜란드 의회는 일부 구성원의 이익을 다른 이들의 이익보다 우선할 힘이 있었고(실제로 그렇게 했다), 그들이 선호하는 종교가 승리를 거둔 뒤에는 종교의 자유를 딱히 지지하지 않았다. 의회는 근대적 민주주의에 의해 움직이지 않았으며 일곱 곳의 지방이 상당한 권력을 갖고 있었다.

제한된 정부의 부상은 장기적 경제성장을 위한 중요한 전제조건이었지만, 그 자체만으로는 충분하지 않았다. 네덜란드는 여전히 세계의 주요 경제에 속했지만 결국 산업화 경주에서는 뒤처지고 말았다. 그럼에도 제한적 대의정부를 이토록 강조하는 이유는 이것이 네덜란드가 한 세기가 넘는 기간 동안 세계 경제를 선도할 수 있던 원인이자, 나아가 영국이 산업화를 이루고 부상하기 위한 전제조건이었기 때문이다.

18세기에는 경제성장의 중심이 네덜란드공화국에서 잉글랜드로, 1707년 이후의 이름으로 말하자면 영국으로 옮겨갔다. 산업혁명 이전에도 영국은 이미 세계 주요 경제국이었다. 이런 발전에서 결정적으로 중요했던 것은 제도적 변화였다.

노동시장 제도의 변화는 국내 경제 해방에 영향을 미쳤다. 중세 경제는 자유로운 진입을 규제하던 수공업, 상업 길드가 지배했지만, 1700년에 이르면 잉글랜드 길드의 힘은 크게 감소했다. 영국과 네덜란드를 제외한 유럽 대륙 대다수 나라의 길드는 여전히 힘이 굳건했다. 강력한 길드의 내부자들은 경쟁하고 혁신을 이룰 필요가 없었고, 따라서 경제 발전은 가로막혔다(Ogilvie, 2019).

잉글랜드가 근대적 경제성장으로 나아가는 수백 년 동안 의회는 지배적인 법적, 정치적 세력으로 등장했다. 3장에서 우리는

그림 7.2 ✦ 1인당 실질 국내총생산, 1450~1700년

| 2021년 달러는 1990년 달러와 2.03:1의 비율로 전환된다.

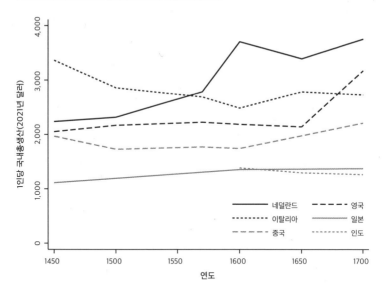

마그나카르타에 이어 13세기 잉글랜드에서 의회가 등장한 과정을 검토했다. 특히 중요한 발전(에드워드 1세(1272~1307년 재위) 치세에 굳어진 발전)은 의회가 귀족만이 아니라 도시의 이익을 대표하게 되었다는 것이다. 중세 시대 잉글랜드는 의회를 자주 소집했다([그림 3.8] 참조). 이는 군주가 자주 전쟁을 벌였음을 뜻한다. 추가 세입이 필요하지 않으면 국왕은 의회를 소집할 필요가 없었기 때문이다. 중세 시대의 강력한 왕들은 대개 의회를 지배했다. 왕권에 도전하는 세력은 대게 의회보다는 사병을 거느린 귀족이었다.

이러한 제도적 지형은 15세기 말에 바뀌기 시작했다. 장미전쟁(1455~1485) 이후 헨리 7세(1485~1509년 재위)가 왕위에 올랐다. 헨리 7세는 전쟁으로 왕위를 손에 넣은 탓에 왕권에 대한 정당성이 매우 약했다. 그라이프와 루빈(2021)은 그가 정당성을 강화하기 위해 전임자들보다 의회에 의지했으며 의회의 법령에 따라 통치했다고 주장한다. 더불어 헨리는 귀족 가문, 특히 혈통적으로 자신의 잠재적 도전자가 될 수 있는 가문의 권력을 약화시켰다(Penn, 2011). 그의 아들인 헨리 8세(1509~1547년 재위)는 의회에 훨씬 더 많이 의지했다. 종교개혁 이후 국왕의 통치에 정당성을 부여해주던 가톨릭교회의 힘이 한층 약해졌기 때문이다. 국왕은 계속해서 종교를 정당성의 원천으로 활용했지만, 영국국교회는 왕의 손아귀 안에 있었으므로 가톨릭교회처럼 지배를 정당화해주지 못했다. 이런 양상은 헨리 8세의 튜더 왕조 계승자들, 즉 에드워드 6세(1547~1553년 재위), 메리 1세(1553~1558년 재위), 엘리자베스 1세(1558~1603년 재위) 아래서도 나타났다. 세 왕 모두 정당성이 충분하지 않은 가운데 왕위에 올랐다. 메리와 엘리자베스는 잉글랜드 역사상 최초의 여왕이었고 둘 다 사생아 판정을 받은 적이 있었다. 따라서 두 여왕은 의회에 크게 의존했고, 더 큰 힘을 갖게 된 의회는 더 불어난 의지와 능력으로 국왕의 권력을 제한했다. 결국 의회는 17세기에 소란스러운 사태를 벌인다. 스튜어트 왕조의 국왕을 두 차례나 폐위한 것이다. 의회의 권리를 침범했다는 게 그 이유였다.

최근 연구들이 보여주는 것처럼, 잉글랜드의 정치 제도가 유럽 대륙의 제도와 분기한 것은 17세기의 일이다(Henriques and Palma, 2020). 17세기에 벌어진 첫 번째 핵심적 사건은 의회와 국왕 찰스 1세(1625~1649년 재위)의 지지자들이 벌인 잉글랜드 내전(1642~1651)이다. 수많은 연구자가 이 내전의 원인을 다양한 관점에서 검토해왔다. 우리는 이 내전이 잉글랜드의 거버넌스에 어떤 제도적 구조가 적합한지를 두고 벌어진 것으로 보기로 했다 (Greif and Rubin, 2021). 국왕은(찰스 1세가 내전에 앞선 10년 동안 하려고 한 것처럼) 의회 없이 통치할 정당한 권리가 있는가? 아니면 왕은 정당성을 갖추기 위해 의회법Acts of Parliament을 따라야 하는가? 튜더 왕조 아래서 잉글랜드는 점차 후자 쪽으로 기울어졌다. 애초부터 이것이 국왕의 의도였던 것은 아니다. 헨리 7세와 헨리 8세는 둘 다 독재를 열망했다. 헨리 8세는 로마와 단절하면서 의회의 지지가 필요했고, 게다가 미성년자 하나와 여성 둘이 그의 후계자가 되는 역사적 우연 때문에 이런 일이 벌어진 것이다. 제임스 1세(1603~1625년 재위)와 그의 후계자 찰스 1세가 의회를 왕권에 종속시키려고 하자, 국왕과 의회는 전면적으로 충돌했다. 승리는 결국 의회파에게 돌아갔고 찰스 1세는 처형되었다.

잉글랜드 내전은 중요한 전환점이었다. 내전은 정계의 권력 구성에 변화를 가져왔다. 자Jha(2015)는 새롭게 나타난 해외의 기회가 왕권을 제약하는 연합이 형성되는 데 어떤 역할을 했는지 탐구했다. 많은 지주 엘리트가 해외 무역 회사의 주식을 사들이면서 상인 계급과 이해가 일치하게 되었다. 해외 무역 주식을 소유한 지주 엘리트들은 관점을 바꿔 의회의 개혁가들을 지지했고, 둘은 힘을 합쳐 국왕에 맞서 싸웠다. 경제 엘리트 집단과 권력 집단의 이해가 같아지면서, 권력 집단은 다시 경제 엘리트들에게 정치적 교섭 테이블의 중심 자리를 내주게 되었다.

잉글랜드 내전을 거치며 제한적 통치의 우세는 더욱 가속화됐다. 이런 제도적 변화는 근대 경제의 부상에 주요한 영향을 미쳤지만, 의회파의 승리가 곧바로 제한적 통치로 이어지지는 않았다. 의회와 스튜어트 왕조 사이의 충돌은 내전으로 모두 해결되지 않았다. 이 앙금은 다시 한 세대 뒤 찰스 1세의 아들이자, 프랑스의 노선을 따라 더욱 강력한 전제 군주정을 열망했던 제임스 2세(1685~1688년 재위)와 의회 내 반대파 사이의 충돌로 이어졌다. 의회파는 1688년 제임스를 타도하기 위해 제임스 2세의 딸인 메리와 그의 남편인 네덜란드 총독 윌리엄을 영국으로 불러들였다. 제임스가 도망치자 윌리엄과 메리는 유혈사태를 거의 벌이지 않고(적어도 잉글랜드에서는 그랬다. 스코틀랜드와 아일랜드에서는 딴판이었다) 왕위에 올랐다. 이로써 이른바 명예혁명이 완료되었다. 이 과정에서 윌리엄과 메리는 권리장전을 받아들여 수많은 권리를 포기하고 왕권을 제한하는 데 동의했다. 제한적 통치의 역사에서 중요한 전환점이었다.

잉글랜드 정부의 이런 변화는 프랑스를 상대로 한 전쟁의 일환이었다. 명예혁명 이후의 안정된 환경은 전쟁에 필요한 자금 조달에 도움이 되었다. 이제 잉글랜드의 재정권은 의회의 손에 있었기 때문에 채권자들의 신뢰를 얻을 수 있었고, 돈을 더욱 쉽게 빌릴 수 있었다(North and Weingast, 1989). 윌리엄은 네덜란드의 고문들과 재정 및 금융 지식을 잉글랜드로 들여왔다(Hart, 1991). 1694년에는 잉글랜드은행(영란은행)이 설립되었고, 이는 전쟁 자금을 조달하는 데 큰 도움이 되었다. 이로써 점차 차입 비용이 줄어들었다([표 7.1] 참조). 덕분에 국가권력이 크게 신장되었고, 이는 18세기 이후까지 잉글랜드 경제에 주요한 영향을 미쳤다.

명예혁명은 잉글랜드(1707년 이후는 영국)를 입헌군주국으로 등극시키며 정당 체계와 의원내각제의 토대를 닦았다(Stasavage, 2002, 2003; Pincus and Robinson, 2014; Cox, 2016). 그렇지만 1688년 직후 모든 발전이 이뤄진 것은 아니다. 명예혁명에 담긴 함의가 온전히 실체를 갖추기까지는 수십 년이 더 필요했다. 하지만 이는 이후 영국이 경제성장을 이루는 데 중요한 정치적, 제도적 안전망이 되어주었다.

노스와 와인개스트Weingast(1989)는 1688년 이후 잉글랜드 군주정의 채무 상환 신뢰도가 높아지자 전반적으로 재산권이 더욱 확고해졌다고 주장했다. 이 주장은 세밀한 검토를 거치며 살아남지 못했지만, 1688년 이후 제도의 질이 향상되었다는 것만은 분명한 사실이다. 높아진 채무 상환 신뢰도는 재산권을 공고히 하기보다, 새로운 투자 기회를 활용할 수 있도록 재산권의 재정비를 촉구했다.

다시 말해, 중요한 것은 추상적인 의미의 재산권 '확실성'이 아니라 새로운 경제적 기회가 등장하는 가운데 잔여 재산권 청구자를 재조정하는 능력이었다. 봉건적인 재산권은 '안전'했지만, 생산성을 극대화하는 게 아니라 봉건 사회를 지탱하게끔 설계되어 있었다. 17세기 잉글랜드의 토지 권리는 복잡하고 제약이 많았다. 토지 소유권은 남성에게만 상속되었는데, 이는 잠재적 상속인이 해당 토지의 향후 자본 가치를 손상하는 행위(숲에서 나무를 베거나 호수에서 물을 빼는 행위 등)를 거부할 수 있음을 의미했다.

명예혁명 이전에는 종종 정치적 갈등 때문에 토지법이 지켜지지 않곤 했다. 하지만 명예혁명으로 변화가 생겼고, 의회에서는 토지를 더 생산적인 용도로 재할당하자는 공론이 벌어졌다(Bogart and Richardson, 2009, 2011). 그 결과 도로와 내륙 수상 운송에 대한 투자가 극적으로 향상되었고, 이는 이후의 경제성장에 중대한 영향을 미쳤다(Bogart and Richardson, 2011). 잉글랜드 의회는 신성로마제국이나 프랑스보다는 상대적으로 자국 상업을 보호했다(Bo-

표 7.1 · 영국의 차입금과 금리, 1693~1739년

일시	금액(파운드)	금리(%)
1693년 1월	723,394	14.0
1694년 3월	1,000,000	14.0
1694년 3월	1,200,000	8.0
1697년 4월	1,400,000	6.3
1698년 7월	2,000,000	8.0
1707년 3월	1,155,000	6.25
1721년 7월	500,000	5.0
1728년 3월	1,750,000	4.0
1731년 5월	800,000	3.0
1739년 6월	300,000	3.0

gart, 2012). 잉글랜드 의회는 도로와 운하망의 통행료를 규제했고 통행료는 저렴한 수준을 유지했다. 이는 의회 규제 때문이기도 했지만 시장 경쟁 때문이기도 했다. 유료도로는 이용자들이 낸 요금으로 유지되었고 내륙 수운과 경쟁했다.

그러나 이로써 민주주의가 확대된 것은 아니었다. 오직 성인 남성, 그 가운데 소수만이 투표할 수 있었고 1715년 이후로는 선거도 자주 치르지 않았다(7년에 한 번씩 치러졌을 뿐이다). 부자들의 권력은 여러모로 견고했다. 역사학자들은 18세기 영국의 제도가 유산계급에 유리하게 설계되었다고 지적했다. 영국은 실제로 빈민에게 인클로저법과 형법을 무자비하게 집행했다(Hay et al, 1975). 18세기 초 영국 의회의 특징은 뻔뻔할 정도의 지대 추구였다. 의

회는 일반 대중을 희생시키면서 몇몇 이익집단에 이득을 몰아주는 여러 법령을 통과시켰다(대표적인 예로 대다수 면직물의 수입을 금지한 1721년 캘리코법이 있다). 현대의 우리가 정치인의 부패에 그리 놀라지 않듯이, 당대 사람들도 이런 법령들에 놀라지 않았다. 의원들은 물질적 이익을 좇고, 돈에 휘둘리는 게 당연시되었다(Root, 1991). 이런 행태는 18세기를 거치면서 바뀌었다. 모키르와 나이 Nye(2007, 58쪽)는 "오로지 돈만 신경 쓰는 행위는 … 지지를 받기 어려워졌다. 18세기가 지나면서 많은 이익집단이 입법화한 노동자의 이동과 직업 선택 제한, 기술 혁신에 대한 특권, 독점, 배제가 수세에 몰리게 되었다"고 설명한다.

다시 말해, 산업혁명 직전 영국 정치체제의 특징을 찾아보고자 한다면, 부패나 비민주적 관행 같은 특징에 주목하는 건 별로 유용하지 않다. 이런 특징은 거의 모든 전근대 국가가 공유하는 것이기 때문이다. 영국이 높은 수준의 정치적 안정과 번영을 달성하는 데 있어 어떤 요인이 결정적이었는지 검토하는 게 더 많은 통찰을 얻는 길일 것이다.

영국 체제는 군주정의 권력을 제약하는 데 성공한 한편, 지주와 상인, 금융 엘리트층의 이익 균형을 맞췄다. 이로써 국내 경제를 파탄내지 않고서도 전쟁을 위한 막대한 자원을 동원할 수 있었다. 영국 체제는 정치적 대표성을 유산 계급에 제한했기 때문에 민주주의가 아니었다. 하지만 정기 선거를 통해 '발언권'의 여지를 제공했다. 또한 가톨릭 교인과 국교 반대파가 지위에 오르는 것은 금지했지만(Johnson and Koyama, 2019, 179~183쪽), (네덜란드를 예외로 치면) 유럽의 경쟁국들에 비해 종교적 소수자에게 더 많은 자유를 제공한 편이었다.

이 장의
내용 요약

18세기에 이르자 북서유럽은 지속적인 경제성장에 필수적인 조건들을 갖춰나갔다. 산업화 이전 기준으로 다른 지역에 비해 1인당 소득과 실질 임금도 높았다. 시장은 비교적 순조롭게 발전하고 광범위하게 퍼졌으며, 제도는 국내 상업의 팽창을 유도했다. 정치체제도 안정되었고 법률 역시 평화를 유지할 만큼 강력했다. 하지만 이런 요인들만으로는 근대적 경제성장을 이룰 수 없었다.

이는 네덜란드공화국의 사례로 입증할 수 있다. 네덜란드공화국은 '최초의 근대적 경제'로 치켜세워졌지만(de Vries and van der Woude, 1997), 무역으로 추동된 네덜란드의 상업적, 스미스적 성장 양상은 19세기 이후 서유럽과 북아메리카에서 나타난 지속적 경제성장보다는 앞선 시기에 나타난 일시적 성장에 더 가까웠다. 골드스톤Goldstone(2002, 340쪽)의 말처럼, "황금시대의 네덜란드는 농업에서 혁신과 증강, 생산성 향상의 '개화'를 이뤘고 인구도 상당히 늘어났으며, 동시에 안정된 1인당 소득을 경험했다. 그럼에도 이런 양상은 네덜란드에만 나타난 독특한 현상도 아니고 전 지구적 기준에서 '근대적'인 것도 아니었다."

18세기에 네덜란드공화국은 여전히 부유했지만, 성장세를 계속 유지하지는 못했다(de Vries and van der Woude, 1997). 정체를 낳은 요인은 여러 가지다. 불평등이 증대되었고, 암스테르담을 기반으로 한 상인들이 권력을 독점했으며(van Bavel, 2016), 네덜란드 동인도회사 같은 기관들은 소수 주주의 이익을 위해 움직였다. 그리하여 네덜란드공화국은 무역에 힘입어 부유해졌다가 결국 정체하고 만 이탈리아의 도시국가들(피렌체와 베네치아)과 비슷한 양상을 띠게 됐다. 네덜란드를 정체하게 만든 또 다른 요인은 프랑스에 맞서 수많은 전쟁을 치르며 떠안게 된 높은 세금과 정부 부채였다. 중상주의 정책과 재정 역량에 추가로 투자하지 않은 점 또한 네덜란드의 상대적 쇠퇴에 기여했다(O'Brien, 2000). 전반적으로 볼 때, 네덜란드는 생활수준에서 극적이고 **지속적인** 증대를 달성하지 못했다. 19세기 이후 시작된 '위대한 풍요' 시기까지 그런 일은 일어나지 않았다.

네덜란드공화국은 과학혁명의 선두를 달렸다. 크리스티안 하위헌스는 천문학과 수학에 중대한 기여를 했다. 안토니 판레벤후크는 미생물학 분야를 개척했다. 공학, 특히 수리공학에서도 네덜란드에서 중요한 발전이 이루어졌다. 하지만 네덜란드는 영국 산업혁명의 특징인 산업의 성장과 구조적 변화의 결합을 경험하지 못했다.

반면 영국은 18세기와 19세기에 이런 결합을 경험했다. 그 결과가 바로 최초의 근대적 경제였다. 경제성장이 역전되지 않고 **지속되는** 경제 말이다. 왜 영국이 최초였을까? 이 장을 시작하면서 우리는 영국이 몇 가지 전제조건을 갖추고 있었다고 설명했다. 무엇보다 중요한 것은 영국이 (상대적으로) 제한적인 대의정부를 갖고 있었다는 점일 것이다. 하지만 이것만으로는 충분하지 않았다. 만약 그것으로 충분했다면 네덜란드가 최초의 근대적 경제성장을 달성했을 것이다. 영국은 무엇이 달랐던 걸까? 다음 장에서 이 질문을 살펴보자.

8

영국 산업혁명의
모든 것

"세계는 어떻게 부유해졌는가?" 우리는 지금 이 거대한 수수께끼를 풀고자 한다. 수수께끼의 답은 영국의 산업혁명에서 시작된다. 영국의 산업화는 근대적인 지속적 경제성장으로 귀결되는 일련의 사건들을 초래했다. 19세기의 처음 몇십 년 이래 세계는 더욱 부유해졌고, 수십억 인구가 빈곤에서 벗어났다. 이 모든 것이 지속적인 경제성장 덕분에 이뤄진 일이며, 이것이 우리가 지속적 성장에 이토록 관심을 기울이는 이유다.

　〔그림 8.1〕을 보면, 잉글랜드의 1270년부터 1700년까지, 이후 영국의 1700년부터 1870년까지 전체 국내총생산과 인구, 1인당 국내총생산의 증대를 알 수 있다. 1700년에서 1870년 사이에 전체 경제의 규모는 10배로 증가했다. 인구 또한 약 4배 늘어났다. 1인당 국내총생산은 2배 이상 늘었다. 이런 경제적 변모는 맬서스적 경제 논리에 도전하는 것이었다. 19세기 중반에 이르러 영국 경제는 근대적 경제성장을 나타내기 시작했다. 즉, 인구가 계속 증가하는데도 1인당 국내총생산 또한 계속해서 증대한 것이다. 전쟁

그림 8.1 ✦ 잉글랜드의 국내총생산, 1인당 국내총생산, 인구, 1270~1870년 (1700년=100)

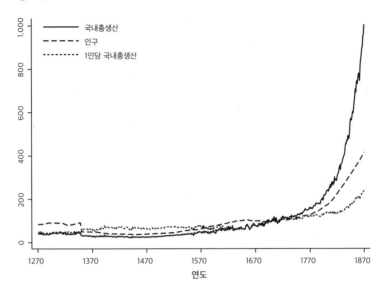

과 경기 순환의 성쇠에도 불구하고 성장의 심각한 역전은 전혀 없었다.

우리는 지금까지 왜 어떤 곳에서는 근대적인 지속적 경제성장이 일어났고, 다른 곳에서는 일어나지 않았는가에 관한 다양한 이론들을 개괄하여 살펴보았다. 이번에는 한 걸음 더 나아가고자 한다. "세계는 어떻게 부유해졌는가?"라는 수수께끼를 풀려면 근대적 경제성장이 일어난 **장소**와 더불어 그 **시점**을 확인해야 한다.

먼저 산업혁명을 낳은 원인이 무엇인지 탐구해보며 이 과제를 시작하자. 산업혁명은 18세기 전반의 어느 시점에 시작되었다. 여기에는 논쟁의 여지가 없다. 우리가 던져야 할 질문은 왜 산업혁명이 하필이면 **그때 그곳에서** 시작됐는가 하는 점이다. 7장에서 성장을 위한 제도적 전제조건들은 무엇인지 알아보았으니, 이번에는 18세기와 19세기에 이뤄진 영국의 경제 발전을 전반적으로 검토해보자. 나아가 무엇이 산업혁명을 '혁명'으로 만들었는지도 알아볼 것이다. 산업혁명을 혁명으로 만든 요인은 여전히 높지 않은 수준에 머물렀던 경제성장의 속도가 아니다. 중요한 건 성장의 지속성이다.

산업혁명 시기에 이루어진 무엇보다 주요한 변화는 **혁신의 속도**였다. 혁신의 가속화 덕분에 경제성장은 힘을 잃지 않고 이어질 수 있었다. 18세기 말과 19세기 초 영국에서는 새롭고 중요한 기술이 빠른 속도로 속속 등장했다. 어떻게 그럴 수 있었을까? 부의 기원에 관한 이론이라면, 영국이 어떻게 그토록 혁신적일 수 있었는지를 반드시 설명해야 한다.

우선 산업혁명 직전의 영국 경제를 검토하며 영국 사회가 지녔던 중요한 전제조건에 주목해보자. 시장 지향적 사회 분위기, 그에 따라 달라진 노동과 소비 양상, 국내 경제의 규모, 상업적 농업, 문화와 사회 규범, 대서양 경제의 중요성 증대 등이다. 이러한 특징은 상당 부분 네덜란드도 공유하는 것이었다.

하지만 산업혁명은 네덜란드에서 시작되지 않았다. 그러므로 우리는 영국이 경쟁국들과 달랐던 점에 주목한다. 영국은 국가 역량의 수준이 높았고, 대서양 횡단 노예무역에서도 지배적인 역할을 했다. 덕분에 영국은 경제적 성공을 거두었지만, 이 가운데 어느 것도 왜 이런 성공이 산업화로 이어졌는지에 대해서는 완전히 설명하지 못한다.

"왜 영국인가?"라는 질문의 답을 찾기 위해 우리는 두 가지 주장을 검토할 것이다. 첫 번째로는 영국의 높은 임금과 저렴한 자본 및 에너지가 혁신을 불러왔다는 로버트 C. 앨런Allen(2009a)의 주장을 살펴본다. 두 번째로는 조엘 모키르(2009, 2016)의 주장을 검토한다. 그는 영국과 유럽 사회에 나타난 문화적, 지적 발전과 더불어 나란히 증대된 인적 자본과 기술력이 영국의 산업화를 낳은 원인이었다고 주장한다. 이론을 깊이 살펴보기에 앞서, 먼저 산업화 직전의 영국 경제에 관한 배경 설명을 해보겠다.

소비자 혁명과 근면 혁명

산업화 이전 100여 년간 영국 사회와 경제는 어떤 모습이었을까? 산업화의 전제조건이 무엇인지 확실히 알기 위해서는 이를 알아야 한다. 영국은 내전(1642~1651년)을 겪은 이후로는 평화로웠다(스코틀랜드는 아니더라도 잉글랜드에서는 그러했다). 국내에서는 **시장경제**가 확실하게 자리 잡았다. 은화 주조에 문제가 있어서 화폐를 널리 유통할 수는 없었지만, 경제 활동의 중심은 시장 거래였다. 모름지기 대규모 사회는 어느 정도 시장에 의지한다. 심지어 소련 시절 러시아에도 합법적 시장과 암시장이 모두 존재했다. 그러나 시장이 재화의 할당에 중요한 역할을 하는 사회일지라도, 많은 경우 생산 요소(토지, 자본, 노동)의 할당은 비시장적 체계에 의지한다.

1700년 영국은 완전히 발전된 시장경제 국가였다. 국내시장의 확대와 통합은 18세기에 이 나라가 누린 상대적 번영의 많은 부분을 설명해준다. 2장에서 검토한 것처럼, 영국은 18세기에 크게 개선된 국내 도로와 운하 연결망에 의지해 비교적 규모가 컸던 국내시장의 통합을 이룰 수 있었다(Bogart, 2014). 앨런(2009a, 106쪽)에 따르면 "도시들이 커지고, 런던의 임금은 높아졌으며, 농업이 개선되고, 농촌 지역에도 제조업이 확산했다." 시장경제의 또 다른 특징이 이 시기에 등장했다. 바로 **소비자의 부상**이다. 역사학자들은 이 시기를 소비자 혁명Consumer Revolution이라고 부른다. 간단히 말해, 가계가 점점 시장 지향적이 된 것이다(McKendrick et al, 1982: Brewer and Porter, 1993).

소비자 혁명은 가내 생산과 소비를 벗어나 시장 지향적 생산과 소비로 나아가는 움직임이었다. 사람들이 재화와 서비스를 소비하는 방식에서 일대 변혁이 이루어졌다. 중세 말까지 사람들은 완전히 자급자족은 아니더라도 많은 생산품을 집에서 만들었다. 가령 도매업자에게 산 실이나 옷감으로 직접 옷을 만들거나 맥주를 담가 먹는 식이었다. 17~18세기에는 사정이 바뀌었다. 소매상점이 등장해 고객들은 즉석에서 상품을 살 수 있었다. 직물을 도매로 사서 양재사에게 맡기거나 집에서 직접 옷을 만드는 게 아니라, 기성복을 살 수 있었다(Mui and Mui, 1989).

그 결과 영국의 소비 습관이 바뀌었다. 웨더릴Weatherill(1988)은 런던 고아 법원London's Orphans' Court이 조사한 물품 목록을 검토했는데, 1675년에서 1725년 사이에 내구재를 소유한 가정의 수가 뚜렷하게 증가한 사실을 발견했다. 냄비, 숟가락과 포크, 시계, 도자기, 백랍 술잔, 질그릇 같은 상품이 등장하는 빈도가 극적으로 증가했다. 17세기 물품 목록에는 뜨거운 음료용 주방 도구가 전혀 등장하지 않았는데, 1725년에 이르면 목록의 80퍼센트에서 발견되었다. 르미어Lemire에 따르면 심지어 하인들도 "6~7실링을 모아서 가운을 만들 옷감을 사거나, 8실링으로 기성복 가운을 샀다." 그리하여 일하는 여성들 사이에 거대한 시장이 만들어졌다. "여성들에게 이 정도 가격은 1주일 치 급여거나 그보다도 적은 액수였기 때문이다"(Lemire, 1991, 97쪽).

학자들은 소비자 혁명이 이 시기에 점점 불어난 번영과 관련이 있다고 본다. 더프리스De Vries(1993, 2008)는 시장의 팽창과 발전에 힘입어 생겨난 새로운 소비 기회가 '근면 혁명industrious revolution'을 낳았다고 주장한다. 사람들이 시장경제에 더 적극적으로 참가함에 따라, 새로운 상품들을 살 돈을 벌기 위해 더욱 열심히 일했다는 것이다. 새로운 소비 기회란 가정 안에서 손수 만드는 재화가 줄어든다는 의미였다. 사람들은 가정에서 만들지 못하는 재화를 구매하기 시작했다. 잉여 소득을 여가로 소비하는 대신 점점 광범위해지는 소비재에 썼다(Koyama, 2012). 따라서 근면 혁명과 소비자 혁명은 동전의 양면으로 볼 수 있다.

더프리스에 따르면, 근면 혁명은 17세기 네덜란드에서 시작되어 17세기 말과 18세기 초를 거쳐 잉글랜드를 비롯한 대서양 경제의 다른 지역들로 전파되었다. 근면 혁명이 산업혁명의 중요한 전제조건이었던 이유는 무엇일까? 노동 투입이 늘어나거나 자본 투자가 증가하거나 효율성(종종 혁신과 동일시되는)이 향상되면 1인당 국내총생산이 증가할 수 있다. 17세기와 18세기 초에 나타난 1인당 국내총생산 증가는 노동 투입이 늘어난 결과이기도 했다. 노동 시간과 노동하는 날 모두가 늘어난 것이다. 더프리스에 따르면, 주요한 원인은 노동자들의 '근면성'이었다. 사람들은 새로운 소비 기회를 누리기 위해 추가 소득을 원했고, 따라서 더 열심히 일했다.

높아진 근면성은 임금 및 산업화와 관련된 또 다른 수수께끼를 푸는 데 도움이 된다. 19세기 잉글랜드의 실질 임금은 극적으로 상승하지 않았다. 흑사병 유행 이후에 실질 임금이 가파르게 상승한 것과 이를 대조해보라(5장 참조). 하지만 흑사병 유행 이후 1인당 국내총생산은 실질 임금만큼 증가하지 않았으며, 임금 상승도 장기적으로 이어지지는 않았다. 두 시기에는 핵심적인 차이가 있다. 첫째, 중세 시대 말에는 노동시장이 빈약했다. 측정된 임금이 높았다고 해서, 노동자들이 그런 임금을 주는 믿음직한 일자리를 쉽게 찾을 수 있었던 것은 아니다. 둘째, 임금노동자가 일자리를 찾는다고 해도, 그들은 높아진 소득을 늘어난 여가의 형태로 '소비'했다. 따라서 흑사병 이후 일정 시간 동안 일당 임금이 높았다고 할지라도 연간 소득은 훨씬 느린 속도로 증가했다(Humphries and Weisdorf, 2019).

상황이 바뀐 것은 1500년에서 1700년 사이이다. 더프리스와 판 데르 바우더van der Woude(1997)에 따르면 1550년에서 1650년 사이 네덜란드 일용 노동자의 1일 평균 노동시간은 25퍼센트 증가했다. 보스(2001)가 발견한 증거에 따르면 특히 1750년 이후 잉글랜드의 1일 노동시간이 극적으로 증가했다. 이런 추정치는 활용하는 데이터에 따라 민감하게 달라지지만, 이 시기에 전체 노동 투입이 증가했다는 사실에는 의문의 여지가 없다(Allen and Weisdorf, 2011). 사람들이 새로운 소비재를 사는 데 필요한 임금을 벌려고 기꺼이 더 오랜 시간을 일하려 한 것은 공장 체제의 부상을 위한 전제조건이었다(Clark, 1994). 뒤에서 논의하겠지만, 공장에는 대규모 고정자본 투자가 필요했다. 공장 체제는 오랜 시간 힘들게 일할 수 있는 자발적인 노동력이 존재할 때만 가능했기 때문이다.

자본주의적
농업

산업혁명 이전 100년간 잉글랜드의 농업은 유럽의 다른 나라들보다 대단히 상업화되어 있었다. 시장에 맞춰 농사를 지었고 노동자의 다수가 임금노동자였다. 농장의 규모는 유럽 대륙의 그 어떤 곳보다 커서 규모의 경제를 활용할 수 있었다. 18세기 중반에 이르러 잉글랜드는 주요 식량 수출국이 되었다. 많은 역사학자는 이런 뚜렷한 '자본주의적' 농업을 산업혁명이 일어나기 위한 중요한 전제조건으로 본다.

산업혁명 이전에 잉글랜드 농업의 노동 생산성이 상대적으로 높았음은 분명하다. 1500년 잉글랜드의 노동자 1인당 생산량은 이탈리아나 프랑스와 비슷했으나, 1750년에 이르면 잉글랜드와 저지대 국가의 생산량은 다른 유럽 국가들보다 높아졌다. 이러한 생산성 증대의 원인은 무엇일까?

중세 시대 잉글랜드에서 가장 지배적인 농업 형태는 공동 경작지와 공유지를 중심으로 조직된 소규모 농사였다. 농민들은 장원 곳곳에 흩어져 있는 작은 땅뙈기에서 농사를 지었다. 이 공동 경작지 덕분에 농민들은 위험을 공유할 수 있었다. 마을 곳곳에 흩어져 있는 작은 땅뙈기를 소유한 농민은 우박, 폭풍, 홍수, 마름병 등의 위험을 피할 수 있었다(McCloskey, 1976). 공동 경작지 체계는 국지적인 충격으로 발생할 수 있는 피해를 제한해준다는 장점이 있었지만 단점도 있었다. 각기 다른 땅뙈기를 오가는 데 비용과 시간이 들었고, 땅뙈기들의 크기와 모양도 불규칙했던 탓에 새로운 작물이나 장비를 도입하기가 쉽지 않았다.

앞서 5장에서는 흑사병의 충격으로 인한 변화를 살펴보았다. 서유럽 전역의 농촌 인구가 감소했고, 요소가격과 수요가 바뀌자 결국 토지 사용에서도 변화가 나타났다. 특히 북부와 서부의 토지는 목축업으로 넘어갔다. 지주들은 인클로저(농경지를 대단위 목장으로 만들기 위해 공동으로 사용하던 토지에 울타리를 둘러 사유지로 삼은 일)를 통해 많은 조각 땅들을 하나로 합쳤다. 중세 시대의 많은 인클로저는 대개 개인적 교섭을 통해 이루어졌다. 토지에 울타리를 치고자 하는 농민들은 그것을 원하지 않는 다른 이들의 땅을 사들여야 했다. 의회에 인클로저법을 청원하는 것도 가능했다. 지주의 4분의 3이나 5분의 4 정도가 지지하면 법령은 통과되었다. 동의하지 않는 사람은 보상을 받았다. 1500년에 이르면 잉글랜드 농지의 45퍼센트에 울타리가 쳐졌다(Allen, 1994, 99쪽).

브레너Brenner(1976) 같은 역사학자들이 '자본주의적 농업'이라고 이름 붙인 농지 규모 확대 추세는 1500년 이후 가속화되었다. 경제사학자들은 산업혁명 직전에 별개로 농업혁명이 일어났다고 생각하곤 했지만, 최근 수집된 노동 생산성 데이터를 보면 전반적인 증대가 몇 세기에 걸쳐 나타났음을 알 수 있다. 농장은 점점 규모가 커졌고, 자본 집약적으로 바뀌었다. 18세기에는 의회 입법을 통해 인클로저 속도도 높아졌다. 인클로저는 오랫동안 격렬한 논쟁거리였다. 인클로저를 지지했던 당대 사람들과 후대의 역사학자들은 인클로저가 수확량 증대에 크게 도움이 된다고 보았다. 인클로저는 결국 19세기 농업의 기계화를 불러왔다. 탈곡기 같은 기계가 등장한 것이다. 반면 카를 마르크스를 비롯한 비판자들은 인클로저를 계급 간의 전쟁 행위로 보았다. 가난한 소작농들이 탐욕스럽고 부유한 농민들에게 보상도 거의 받지 못한 채 땅을 빼앗겼다는 것이었다. 게다가 앨런(1992)에 따르면 실제로 사우스미들랜드에서는 18세기에 진행된 인클로저로 수확량이 늘어난 증거가 거의 없었다.

하지만 인클로저를 통해 더 많은 땅이 개간되고 농장의 규모가 커졌으며 더욱 자본집약적인 농업이 성장했음을 보여주는 증거가 있다. 앨런은 이런 변화로 생긴 이득이 부유한 지주들에게 돌아갔다고 주장한다. 최근 헬드링Heldring 외(2021)는 잉글랜드 전역에서 인클로저가 미친 영향을 연구한 바 있다. 이들의 추정치에 따르면 인클로저는 생산성 향상으로 이어졌다. 인프라 개선 또한 인클로저와 연관이 있었다.

1500년에서 1700년 사이 북서유럽의 농업 생산성이 높아진 것은 중요한 일이었다. 덕분에 기근의 망령을 떨쳐버릴 수 있었고, 극적인 도시 인구 증가를 지탱할 수 있었다. 어쨌든 도시의 발전은 도시 주민들을 먹여 살릴 수 있을 만큼 농업 잉여분이 충분할 때만 가능하다. 1600년부터 줄곧 이어진 영국의 수확량 증가와 상업적 농업은 번영의 토대가 되었을 것이다. 하지만 이 두 요인만으로 1800년 이후의 지속적인 경제성장을 설명할 수는 없다. 영국이 마침내 산업화를 이뤘을 때 농업 생산 증대는 인구 증가를 따라잡지 못했고, 농업 경제는 제조업 상품을 위한 대규모 시장을 제공하지 못했다. 실제로 영국은 산업혁명 시기에 식량 수입국이 되었다.

정치 제도로 영국의 산업화를 설명할 수 있을까?

이제 산업화 직전 영국의 경제 상황을 더 잘 이해하게 되었으니, 경제성장의 전제조건과 관련된 7장의 논의로 다시 돌아가보자. 우리는 7장을 마무리하면서 영국과 네덜란드공화국의 정치적 환경이 유럽의(그리고 세계의) 다른 지역보다 경제성장에 더 유리했다고 언급했다. 두 나라 모두 제한된 대의적 통치구조를 보유하고 있었다. 1688년 이후 영국의 정치 제도는 안정적이었고 이는 정치와 경제에 두루 영향을 미쳤다. 정치 영역에서는 정부 차입이 극적으로 증가했고, 이는 재정과 군사 역량이 커지는 결과로 이어졌다. 정치적 안정 덕분에 스미스적 성장이 가능해진 것이다. 하지만 이런 점들이 영국을 특별하게 만든 것은 아니었다.

영국의 정치적 안정과 재산권 보호가 중요하기는 했지만, 이것만으로 이 나라의 발전을 완전히 설명할 수 없다. 역사학자들은 산업혁명을 '혁명'으로 만든 것은 18세기 후반부에 영국에서 시작되어 커다랗게 불어난 **혁신의 물결**이었다고 주장해왔다. 영국에는 지적 재산권과 특허 제도가 존재했고, 산업혁명의 유명한 혁신가들(가령 제임스 와트)이 이 제도를 가차 없이 활용하긴 했으나, 특허는 이 시기 영국이 경험한 혁신의 물결을 설명하는 데 필수적이지 않고 충분하지도 않았다. 가령 코크스 제철법을 개발한 혁신가인 에이브러햄 다비는 특허를 취득하지 않았다(Mokyr, 2009). 어차피 누군가의 발명품을 그대로 베끼는 건 거의 불가능한 일이었다. 너무 많은 정보와 지식이 필요했기 때문이다. 다른 혁신가들은 그들의 발명품을 비밀에 부치거나 선별적으로 공개했다. 어느 쪽이거나 지적 재산권은 필요하지 않았다.

그렇다면 어디에서 원인을 찾아야 할까? 여러 가지 가능성을 고려해볼 수 있다. 첫째, 제도만으로 영국의 산업화를 설명할 순 없지만, 다른 나라가 산업화를 이루지 못한 이유는 설명할 수 있다. 18세기 중반의 영국 시민들은 정부나 강제력을 가진 누군가가 자신들의 재산과 혁신, 산업 생산을 호시탐탐 노리거나 빼앗지 않을 거라고 믿을 수 있었다. 현대의 관점에서 보면 당시 영국의 정치 제도는 미흡한 점이 많고 확실히 부패했지만, 인구의 다수가 재산권을 상당히 잘 보호받았고, 행정 권력에 충분한 제한이 가해졌다. 세계의 다른 지역, 특히 독재 통치가 이루어지는 지역은 사정이 달랐다. 예를 들어 오스만 제국과 청나라는 걸핏하면 국민의 권리를, 특히 경제 엘리트들의 권리를 침해했다(Balla and Johnson, 2009; Kuran, 2011; Ma and Rubin, 2019). 유럽 안에서는 특히 에스파냐 국왕이 상인들의 소유권을 거침없이 침범했다. 카를 5세(카를로스 1세)와 펠리페 2세는 수시로 부채 상환 약속을 어기고 대서양 무역에서 들어오는 보화를 몰수했다(Drelichman, 2005; Drelichman and Voth, 2011). 두 왕은 외국 상인들에게 돈을 받고 국내 상인을 압도하는 특권을 주었다. 게다가 종교적 소수자들의 권리를 짓밟았다. 이런 행위는 국내 생산이 큰 규모로 발전하는 것을 가로막았다.

중상주의와 제국

산업화로 이어지는 100여 년간 내내 경제 정책은 노골적으로 중상주의 노선을 따랐다. 중상주의는 수입보다 수출을 선호하는 경제 정책을 묘사하는 데 따라붙는 딱지다. 중상주의 정책을 지지하는 이들은 국내시장의 통합을 선호했고, 무역수지 흑자를 달성하기 위해 관세 활용, 보조금, 특수 이익집단의 독점 등을 지지했다. 따라서 중상주의 경제 정책은 역동적이고 폭력적인 충돌이 난무했던 17~18세기 유럽 사회와 뒤얽혀 국가 간 관계를 특징지었다.

18세기에 등장한 대서양 경제는 영국이 프랑스와 에스파냐를 상대로 잇따라 승리를 거둔 전쟁의 결과였다. 대서양 경제의 기원은 영국이 자메이카를 획득했던 1655년이다. 그 후 카리브해의 풍요로운 농업 생산성을 중심으로 대서양 경제는 호황을 누리기 시작했다. 18세기 영국은 해상에서 주요 경쟁자들을 모두 물리쳤고 남북 아메리카, 유럽, 서아프리카 사이의 무역로에서 제일 좋은 몫을 확보했다.

대서양 경제의 부상은 영국 경제의 풍경을 바꿨다. 국제 무역이 서쪽으로 방향을 바꾸면서 영국 경제의 구조와 지리가 변화한 것이다. 점점 몸집을 불리는 영국의 대서양 제국이 새로운 기회를 제공함에 따라 런던, 브리스틀, 리버풀 같은 항구가 발달했다. 런던은 폭발적으로 성장하여 1800년에 세계 최대 도시로 올라섰는데, 런던을 예외로 하면, 영국의 경제적 지리는 북서쪽으로 이동했다((그림 8.2) 참조). (표 8.1)을 보면 1520년에서 1801년 사이 영국 최대의 도시(런던 제외)가 어디인지 알 수 있다. 1520년에는 노리치가 최대 도시였다. 양모 무역에서 두각을 나타냈고 저지대 국가와도 가까웠기 때문이다. 인구 1만 명이 넘은 다른 도시는 북부의 역사적 수도인 요크와 주요 항구인 브리스틀뿐이었다. 1801년에 이르면 순위가 뒤바뀐다. 산업 중심지 맨체스터의 인구는 17세

그림 8.2 ✦ 잉글랜드와 잉글랜드의 대도시들, 1520~1801년

표 8.1 ✦ 런던을 제외하고 잉글랜드에서 가장 인구가 많은 도시 (1만 명 이상)

1520년	1600년	1700년	1801년
노리치	노리치	노리치	맨체스터
브리스틀	요크	브리스틀	리버풀
요크	브리스틀	뉴캐슬	버밍엄
	뉴캐슬	엑시터	브리스틀
		요크	리즈
		야머스	셰필드
			노리치
			포츠머스
			바스

기에 약 2,000명으로 잉글랜드에서 82번째였으나, 1801년에 이르면 9만 4,876명을 헤아렸고 1841년에 이르면 31만 1,269명에 달했다. 맨체스터보다 빠르게 성장한 유일한 도시는 리버풀이다. 리버풀은 인구순으로 233위였으나, 1801년에는 3위로 올라섰다.

영국 경제와 인구가 북서쪽으로 이동한 이유는 두 가지다. 첫째, 대서양 무역의 부상은 서부 해안에 있는 항구에 유리했다. 리버풀 같은 도시가 그렇게 급속하게 성장한 것은 이 때문이다. 둘째, 18세기에 제조업이 팽창하기 시작함에 따라 요크셔, 랭커셔, 뉴캐슬처럼 석탄이 풍부한 지역에 제조업이 집중되었다.

웨스트미들랜즈 같은 지역은 야금을 전문으로 삼았다. 리버풀은 시계 무역의 중심지가 되었다(Kelly and Ó Gráda, 2016). 셰필드(철강 관련)나 버밍엄(총기, 시계, 자물쇠, 장난감 관련) 같은 제조업 중심지들도 생겨났다(Kelly et al, 2020). 이런 도시에는 상품을 생산할 수 있는 **고숙련 노동자**가 필요했다. 앞으로 살펴보겠지만, 영국을 독보적으로 만든 요인 중 하나가 바로 이 고숙련 노동자들이 도시 중심지에 모여 있었다는 점이었다.

대서양으로 경제 중심이 이동한 것은 소비자 혁명을 부채질했다. 대서양 무역으로 유럽에 차, 담배, 설탕 등 새롭고 이국적이며 중독성 있는 생산물이 소개됐다. 처음에 이 상품들은 사치품이었지만 얼마 되지 않아 대중도 손에 넣을 수 있게 되었다. 버그 Berg(2004, 365쪽)는 다음과 같이 묘사한다. "식민지 식료품의 역사는 이국적 사치품이 생필품으로 변모한 역사다." 17세기에 차는 부유층이 소비하는 사치품이었으나, 1800년에 이르면 노동계급의 주요 식품이 되었다. 차에는 설탕을 타서 마셨는데, 설탕 또한 대서양 경제 덕분에 값싸고 손쉽게 구할 수 있었다. 18세기 말에 이르면 설탕은 영국 경제에 가장 중요한 수입품이 되었다(de Vries, 2003, 151~158쪽).

이런 상품의 다수는 노예노동으로 생산했다. 열대지방의 상품, 특히 설탕을 거둬들이는 것은 위험하고 고된 일이었다. 계약 하인들은 카리브해 지역의 예속 기간이 더 짧은데도 이 지역을 꺼렸다. 노예노동으로 벌어들인 높은 이윤은 노동력 착취와 높은 수요를 모두 반영한 결과였다. 대서양에 면해 있으며 노예무역과 관련된 영국 도시들은 당연히 중요해졌다. 그렇다면 노예제는 영국의 산업화에 얼마나 결정적인 역할을 했을까? 학자들은 이 질문을 두고 열띤 논쟁을 벌인다. 다음으로는 이 논쟁에 대하여, 영국의 산업화에서 설탕과 노예제의 연계가 얼마나 결정적인 요소였는지 검토해보자.

대서양 노예무역으로 영국의 산업화를 설명할 수 있을까?

수많은 학자가 영국의 산업혁명과 유럽 식민주의의 연관성을 주장한다. 가장 강력한 주장은 윌리엄스(1944)와 이니코리(2002)의 것이다.

윌리엄스(1944)는 고전에 오른 저서 『자본주의와 노예제Capitalism and Slavery』에서 처음으로 노예무역과 18세기 영국의 상업적·경제적 발전의 연관성을 설명했다. 그는 노예무역에서 나온 이윤이 산업혁명을 부채질했다고 주장했다. 더불어 영국의 제조업 수출과 서아프리카의 노예무역 및 남북 아메리카의 설탕, 담배, 목화

플랜테이션 농장을 연결한 무역에 주목했다. 솔로(1987, 732쪽)는 이 시기를 다음과 같이 묘사한다.

> 전체 무역이 크게 늘었고, 제조업 상품을 운반하는 영국 선박들은 아프리카, 서인도제도, 브라질, 포르투갈, 영국령 북아메리카로 대서양을 어지럽게 가로질렀다.
>
> 포도주, 아프리카의 노예, 브라질의 금, 서인도제도의 설탕과 당밀 등이 대서양 무역으로 유통되었다. 북아메리카의 영국령 식민지들은 영국으로 쌀과 담배를 보냈고, 다른 식민지들은 생선, 목재, 말, 밀가루를 서인도제도로 보내 그 수익금으로 영국산 제조품을 사들였다. 이 흐름에 속하는 모든 이가 노예노동의 생산물에 의지했다.

솔로의 묘사처럼, 노예제는 이 무역의 중심이었다. 사탕수수 플랜테이션 농장의 노동은 극도로 가혹했다. 따라서 자유로운 노동자는 좀처럼 농장에 정착하지 않았다. 처음에는 백인 노동자들이 계약 하인으로 일했는데, 18세기에 이르면 노예노동에 의존하게 되었다. 물론 노예는 노동 조건에 대해 아무런 발언권이 없었다. 노예제 덕분에 플랜테이션 농장주들은 무덥고 가혹한 환경에서 강제 노동으로 창출한 잉여분을 전부 착취할 수 있었다(Wright, 2020). 설탕이 대서양 무역의 핵심이었음을 고려하면(담배가 그다음이었다), 18세기의 대서양 경제는 아프리카인들을 노예화한 것, 그들을 착취한 것과 분리해 생각할 수 없다.

18세기 영국 경제에 관한 전통적인 연구들은 이런 사실을 종종 무시했다. 노예무역으로 벌어들인 이윤이 산업화를 부채질했다는 윌리엄스의 주장은 둘 사이의 중요한 연관성을 확인해주었다. 그렇지만 과연 노예무역이 산업화의 원인일까?

윌리엄스 이후의 학자들은 카리브해에서 노예노동을 착취해서 이득을 본 투자자와 지주들이 잉글랜드 북부에서 발생한 혁신적 발전과 연관이 없다고 봤다. 여기에는 두 가지 이유가 있다. 첫째, 산업혁명에서 핵심적 역할을 한 기업가, 공장주, 혁신가 들은 자신들의 이윤과 저축으로 기업 자금을 댔으며, 런던에 기반을 둔 자본 시장과 통합되지 않았다. 즉 노예제는 몇몇 산업에 결정적으로 중요했고 많은 영국 가정을 부유하게 만들어주었지만, 혁신적인 제조업과 직접 연결되지는 않았다. 석탄, 철, 섬유에 비해 설탕은 경제 전반과 연계가 약했다(Eltis and Engerman, 2000). 둘째, 경제사학자들에 따르면 설탕의 높은 이윤은 오래 유지되지 않았다. 초반에는 이윤이 평균을 훌쩍 넘길 만큼 높았으나 경쟁 때문에 점차 줄어들었다. 따라서 학자들은 설탕 산업이 영국 경제 전반에서 차지하는 비중은 작았다고 지적해왔다(Eltis and Engerman, 2000, 140쪽). 노예제가 영국 경제에 직접 보탬이 된 것은 간단히 계산해보아도 크지 않았다.

그렇다고 하더라도 영국 경제에서 노예무역이 전략적으로 중요했던 것은 사실이다. 솔로(1987)를 비롯한 학자들은 영국 경제와 노예제 사이의 많은 연관성을 지적한 바 있다. 노예무역 덕분에 '근면 혁명'을 부채질한 상품인 차와 설탕이 유연하게 공급될 수 있었다. 데러논코트Derenoncourt(2019)는 1600년에서 1850년 사이에 대서양 노예무역과 연결된 도시들이 다른 도시들보다 빠르게 성장했다고 설명했다. 노예제는 전반적으로 제국 전역의 투자 수익을 높여주었다. 그리하여 더 빠른 구조적 변화와 산업 성장이 가능해졌을 수 있다. 이니코리(2002)는 17세기 말과 18세기 초에 해상 무역의 부상에서 설탕과 노예제가 한 역할에 초점을 맞춘다. 그에 따르면 해상 무역의 팽창으로 초기의 생산성이 증대되었고 이렇게 늘어난 생산성은 기술 발전의 바탕이 되었다. 하지만 단순히 그럴듯한 경험적 연관성을 확인하는 것으로 이 주장을 평가해서는 안 되며, 한 걸음 더 나아가야 한다. 우리에게 필요한 것은 이 연관성이 경제에 미친 영향에 대한 정량적 평가다.

이니코리(2002)와 대러티Darity(1992)는 해외 무역과 영국 내 제조업 사이의 연관성을 강조한다. 노예무역은 당연히(영국의 해외 무역에 너무도 중요했으므로) 이 연관성의 핵심이었다. 하지만 이렇게 중요한 연계를 뒷받침하는 증거는 아직 제시되지 않았다. 이런 이유로 오늘날 학계의 평가는 "노예제가 영국의 경제성장에 중요했다고 주장한다고 해서 노예제가 산업혁명을 야기했다는 말은 아니"라는 솔로(1987, 733쪽)의 견해에서 크게 벗어나지 않는다. 엘티스Eltis와 엥거먼Engerman(2000, 138쪽)은 어떤 산업도 산업혁명에 필수적이지는 않았다고 주장한다. 그렇지만 노예제가 18세기 영국이 군사, 경제에서 두각을 나타낼 수 있었던 배경이었다는 건 명백한 사실이다.

그렇다면
면화가 답일까?

윌리엄스와 이니코리는 18세기 카리브해 경제에서 노예제의 역할에 초점을 맞췄다. 이보다 조금 더 최근에 베커트Beckert(2014)는 19세기 근대 경제 체제를 창출하는 데 면화가 어떤 역할을 했는지 주목했다. 그의 주장으로 면화는 '새로운 자본주의의 역사'의 일부로 부상했다.

홉스봄Hobsbawm(1968)은 면화가 바로 산업혁명이었다고 주장했다. 베커트의 논증은 그의 주장을 기반으로 삼는다. 확실히 면섬유 생산은 산업화하는 경제에서 가장 역동적인 부문이었다. 면섬유 공급이 외부로 이동하면서 1780년에서 1850년 사이에 면직물 가격은 85퍼센트 떨어졌다(Mokyr, 1990). 한때 부유층만을 위한 사치품이었던 면제품이 싸게 공급된 것은 모든 계급의 소비자에게 엄청난 혜택이었다. 역사상 처음으로 거의 모든 영국인이 가볍고 쉽게 빨 수 있는 옷을 살 수 있게 되었다.

하지만 영국은 어떻게 면섬유 산업을 선도할 수 있었던 걸까? 베커트에 따르면 이는 정책 덕분이었다. 영국은 해외에서 공격적인 식민주의를 추구하고 국내에서는 노동자들을 상대로 국가 개입, 규제, 강압을 가했다. 따라서 베커트의 말을 빌리자면 "노예제, 식민주의, 강제 노동을 비롯한 여러 형태의 폭력은 자본주의 역사에서 일탈이 아니라 핵심이었다"(Beckert, 2014, 441쪽).

이런 주장의 문제점은 산업혁명의 원인을 면섬유로 축소시킨다는 것이다. 모키르(2009, 296쪽) 같은 경제사학자들은 면섬유가 산업혁명 시기에 영국에서 가장 역동적인 산업이기는 했지만, 산업혁명을 한 가지 산업으로 축소시킬 수는 없다고 주장한다. **면화가 없었더라도 산업혁명은 이루어졌을 것이다. 물론 그 모양은 달랐겠지만 말이다."**

그렇다면 수출과 경제성장 사이에는 어떤 연관성이 있을까? 매클로스키(2010, 222쪽)는 "경제학을 알지 못하는 사람들은 … 무역이 곧 성장이라고 믿는다"고 말한다. 하지만 외국인과의 교역을 자국 내 교역보다 특권시할 이유는 전혀 없다. 베커트 같은 역사학자들은 수출 산업에 초점을 맞춘다. 흔히 수출 산업을 경제성장을 추동하는 핵심 요인으로 생각한다. 하지만 수출은 수입을 위해 치르는 대가다. 할리Harley(2004, 192쪽)는 다음과 같이 언급한다. "고용이 안정된 국가는 다양한 상품에 대한 욕구 때문에 수입이 증가한다. 수출은 수입을 위해 유감스럽지만 반드시 치러야 하는 대가다."

더 나아가 할리는 국민소득에서 국제무역이 차지하는 비중이 무역의 **경제적** 중요성을 드러내는 것은 아니라고 지적한다. 그는 다음과 같은 추정치를 제시하며 영국 경제에서 국제 무역의 중요성을 평가한다.

> 영국이 1860년에 자급자족을 했으면 … 국민소득의 약 6퍼센트에 달하는 비용만 들었을 것이다. 국민소득의 6퍼센트(또는 현실적이지는 않지만, 무역의 효과가 두 배, 그러니까 12퍼센트였다고 하더라도)는 영국이 해외 무역에 '의존한다'는 대담한 은유에 비하면 작아 보인다(Harley, 2004, 194쪽).

이러한 계산을 보면, 무역이 영국의 산업혁명에 대단히 중요하긴 했지만, 결정적이라거나 본질적인 요인이었다고 할 수는 없다는 걸 알 수 있다.

시장의 규모가
답인가?

어떤 나라들은 제도로 인해 지속적인 경제성장을 경험하지
못했다. 그러나 영국이 지속적인 성장을 경험한 (온전한) 이유를
제도만으로 설명하기는 어렵다. 국제시장에 대한 접근성과 과세
에서 비교적 자유로운 대규모 국내시장 같은 다른 전제조건도 마
찬가지다. 영국은 둘 다 갖고 있었는데, 이는 대체로 영국의 정치
제도가 발전한 덕분이었다. 영국의 제도는 (앞 장에서 논의한 것처럼)
점차 경제 엘리트들에게 유리해졌다. 앞서 우리는 대서양 무역의
증대가 영국이 경제 강국으로 부상하는 데 어떤 도움이 되었는지
살펴보았다. 영국에서 생산한 상품을 떠넘길 수 있는 대규모 국내
시장의 존재 또한 중요했다. 18세기에는 교통 연결망이 대대적으
로 개선되어 국내 운송 비용이 줄어들었다. 영국은 자유로운 국내
교역에 전념했다. 이는 의심의 여지 없이 영국 의회에서 경제 엘리
트들의 입김이 세졌기 때문이다. 반면 신성로마제국이나 프랑스
는 이와 전혀 달랐다. 이 국가들에서는 국내 관세로 인해 국내 교
역이 질식되었다. 라인강을 따라 도시들 사이를 일상적으로 오가
는 상인들은 여러 주를 넘어갈 때마다 관세를 내야 했다. 이 나라
들은 19세기 중엽에 관세동맹Zollverein이 결성되고 나서야 국내 교
역에 관세를 매기지 않았고 국내시장을 통합할 수 있었다(Shiue,
2005).

일부 경제학자들은 영국의 시장 규모가 지속적인 성장을 야
기하는 데 결정적인 역할을 했다는 이론을 내세웠다. 이런 생각의
뿌리는 시장의 규모가 시장의 범위를 결정한다고 주장한 애덤 스

미스(1776/1976)까지 거슬러 올라간다. 이는 다시 노동과 자본의 생산성과 투자와 혁신의 유인까지 결정했다. 데스메트Desmet와 패런티Parente(2012)는 이런 통찰을 바탕으로 점증하는 시장 규모와 점점 커지는 기업 규모를 연결하면서 상호 연관된 이 두 발전이 산업혁명을 초래하는 결정적인 역할을 했다고 주장했다. 17~18세기 잉글랜드에서는 시장, 특히 도시 시장의 규모가 크게 확대되었고, 덕분에 지역에 따라 전문화가 이루어지며 스미스적 성장이 촉진됐다. 북서부와 중부 지방처럼 토질이 나쁜 지역은 제조업 중심지로 부상하며 비교 우위를 갖게 됐다(Kelly et al, 2020). 하지만 제도와 시장만으로는 모든 걸 설명할 수 없다.

  왜냐하면 영국만 그러한 제도와 시장을 가진 게 아니었기 때문이다. 이미 수많은 연구에서 산업화 이전 유럽 지역들의 시장 통합 수준이 비교적 높았다는 걸 밝힌 바 있다(Bateman, 2011, 2012). 잉글랜드는 이미 중세 시대 말에 고도로 통합된 시장을 갖고 있었다(Federico et al, 2021). 시장 통합의 열풍은 이전에도, 그리고 세계 다른 지역에서도 있었지만, 혁신 활동의 지속적인 증가는 일어나지 않았다. 가령 청나라 시대의 중국은 비교적 높은 수준의 통합을 달성했다(Bernhofen et al, 2020). 네덜란드는 소유권 제도도 상당히 안정적이었으며 대규모 국제시장 접근성도 확보했다. 그런데 왜 네덜란드는 산업혁명을 이루지 못했을까? 어째서 무역망과 물리적 자본, 인적 자본이 지속적인 성장과 혁신으로 이어지지 못한 걸까?

국가의 역량은
어떨까?

지금까지 논의한 전제조건들은 모두 영국만이 지닌 특수한 것이 아니었고, 혁신과 직접 관련된 것도 아니었다. 그렇다고 해서 중요하지 않은 조건인 것은 아니다. 이 조건들은 모두 산업혁명이라는 커다란 수수께끼를 풀기 위해 필요한 퍼즐 조각들이다. 그러나 아직 몇 조각이 더 남았다. 그 가운데 하나는 바로 국가 역량이다.

영국의 국가 역량은 당시 유럽에서 가장 앞섰다. 특히 영국은 네덜란드보다 훨씬 넓은 영토를 다스렸기 때문에 더욱 그러했다. 네덜란드는 17세기에 경제를 선도했으나, 1672년부터 1678년까지, 다시 1688년부터 1697년까지, 또 다시 1701년부터 1714년까지 프랑스의 침략을 물리치기 위해 막대한 자원을 소비해야 했다. 네덜란드가 프랑스와의 전쟁으로 발생한 재정적 부담으로 붕괴하지 않았다는 사실은 네덜란드 경제의 회복력을 보여주는 증거다. 당시 네덜란드가 짊어진 비용은 막대했다. 더프리스와 판데르 바우더(1997, 681쪽)는 18세기 중반 무렵 네덜란드공화국의 국내총생산의 7퍼센트가 부채 상환에 쓰였다고 추정한다. 이자 지불만 세금 수입의 70퍼센트를 차지했다. 네덜란드는 여전히 부유했지만(1820년 이후까지도 1인당 국내총생산에서 영국을 앞질렀다), 신속하고 지속적인 성장을 이룰 역량은 부족했다.

18세기 내내 네덜란드공화국은 세계 무역에서 큰 비중을 차지했고 암스테르담은 여전히 금융의 수도였다. 하지만 대프랑스 전쟁 중에 떠안은 대규모 부채를 갚아야 했기 때문에 결국 세금을 인상할 수밖에 없었다. 1780년대에 새롭게 위기가 닥쳤을 때 네덜란드는 대응할 수 없었다. 공화국은 결국 1795년 프랑스의 침략으로 종언을 고했다.

반면 영국은 프랑스와 1688년에서 1815년 사이에 이른바 '2차 100년전쟁'을 치렀으나, 전쟁의 비용을 감당할 수 있었다. 엄청난 양의 공공부채를 떠안은 것은 영국도 마찬가지였다(Vries, 2015). 1815년에 이르면 국내총생산 대비 부채 비율이 250퍼센트까지 치솟았다. 하지만 네덜란드와 달리 영국은 가혹한 수준의 과세를 거두지 않고도 이 부채를 지탱할 여력이 있었다. 영국의 세금은 프랑스보다 높았지만(프랑스는 국민소득의 6~7퍼센트를 거둬들였으나 영국은 12퍼센트 정도였다), 성장을 방해할 만큼 높지는 않았다. 브루어Brewer(1988)가 입증한 것처럼, 영국은 간접 과세를 통해, 특히 맥주 같은 상품에 붙은 과세를 통해 세금의 규모를 증가했다.

네덜란드공화국은 근대적 경제성장의 선결 조건을 여럿 갖추었으나, 전쟁이 난무하는 세계에서 산업화를 이뤄낼 정도의 경제성장을 지탱하기에는 나라가 너무 작았다. 영국은 자금이 풍부한 경쟁자들과 역동적이고 상업적인 전쟁을 벌이면서도 자국 경제를 파괴하지 않을 수 있었으나, 네덜란드는 그럴 여력이 없었다. 그럼 전쟁을 피할 수는 없었을까? 물론 노력을 할 수는 있었겠지만, 이 시기에는 어려운 일이었다. 폴란드-리투아니아처럼 강한 군대를 가진 게 아니라면, 언제든 다른 나라를 집어삼킬 기회를 노리는 경쟁자들에게 시달려야 했다. 하지만 국가 역량으로는 왜 네덜란드공화국에서 산업화가 시작되지 않았는지를 설명할 수 있을 따름이다. 18세기 후반의 영국이 어떻게 그토록 혁신적인 성장을 할 수 있었는지를 알려면, 그 당시 영국의 사정을 조금 더 자세히 들여다봐야 한다.

숙련된 노동자가
답일까?

영국의 독특하고도 중요한 특징은 바로 수공업자, 인쇄공, 시계 제조공, 목수, 기술자 등 고숙련 노동자가 대규모로 공급되었다는 사실이다(Kelly et al, 2014, 2020). 영국에는 기계 수공업자들도 상당히 많았다(Mokyr et al, 2020). 이들은 수력 기계를 전문으로 만들었는데, 이 기계 덕분에 영국은 증기력이 수력을 대체하는 19세기까지 줄곧 우위를 누렸다.

이 모든 노동자를 하나로 묶어준 것은 **정교한 기계 기술**이었다. 바로 이들이 산업혁명의 수많은 혁신을 창조했고, 그 혁신을 적절한 규모로 생산하고 수리한 주역이었다. 산업혁명의 특징인 금속 기계를 만들려면 정밀한 측정과 제작 감각이 필요했다. 이 노동자들은 그 모두를 갖추고 있었다(Kelly et al, 2020). 상업 활동과 국제무역에 모든 힘을 쏟아부었던 네덜란드는 이에 대적할 만한 노동력이 없었다. 뒷부분에서 더 살펴보겠지만, 숙련 노동자들의 존재는 영국의 산업화에 상당히 결정적이었다. 네덜란드는 이런 부분이 상대적으로 빈약했기 때문에 산업혁명의 가능성이 가로막혔다.

고숙련 노동자의 존재를 뒷받침해준 결정적인 요인은 바로 도제 제도였다. 영국에서는 도제와 장인이 사적으로, 그리고 자발적으로 계약을 맺었다(Humphries, 2010). 이러한 계약은 인적 자본 시장의 근본적인 문제를 해결할 수 있는 방편이었다. 즉, 도제 제도는 재능은 있지만 가난해서 전문 기술 훈련을 받을 수 없는 사람들의 문제를 해결했다. 도제 계약을 맺으면 도제는 일정 기간(보통 7년 정도) 동안 잠자리와 식사, 교육과 훈련을 제공받았고 그 대가로 장인에게 노동을 제공했다. 도제의 숙련도가 높아짐에 따라 그의 노동이 생활비와 훈련 비용을 커버하고도 남았기 때문에 장인은 그에게 들인 비용을 회수할 수 있었다.

도제 제도 자체는 영국에만 있는 게 아니었다. 그러나 영국의 도제 제도는 유럽의 다른 지역과 달리 길드에 묶여 있지 않았다. 월리스Wallis(2008, 854쪽)는 근대 초 잉글랜드의 도제 제도가 "길드 때문이 아니라 길드에도 불구하고 번성했다"고 지적한다. 실제로 도제들은 종종 일찌감치 계약에서 벗어났고(Minns and Wallis, 2012), 기술자가 되어 한 도시에서 다른 도시로 기술을 퍼뜨렸다. 그들이 퍼뜨린 기술들은 당시 개인이 전파할 수 있는 최상의 것이었다(de la Croix et al, 2017). 노동력의 이동과 런던의 도제들을 위한 유동적인 노동시장 덕분에 수공업 기술은 런던을 넘어 멀리까지 확산되었다. 이것이 영국이 높은 수준의 인적 자본을 보유할 수 있었던 하나의 이유다. 더불어 숙련 노동자와 비숙련 노동자의 임금 격차가 비교적 작았던 이유이기도 하다(van Zanden, 2009).

요컨대, 영국은 산업이 팽창하기 위한 여러 전제조건(적어도 후대에 사후적으로 파악이 가능한)을 갖고 있었다. 소유권을 보호하는 한편 조정과 재협상을 허용하는 정치 제도를 보유했고, 혁신과 발명에 개방적이었다(지적 재산권을 너무 엄격하게 집행해서 탈이었다). 또한 대서양과 대서양 노예노동에 접근할 수 있었던 한편 자원의 저주는 피했다. 영국의 정치 엘리트들은 중상주의자였음에도 국내 교역을 장려했으며, 관세를 비롯한 제한에도 불구하고 국제무역을 억압하지 않았다. 더불어 영국은 길드의 특권이 초래하는 비용은 피하면서도, 숙련된 노동자를 키워낼 수 있는 대규모 노동시장 제도를 보유하고 있었다.

영국만이 이러한 특징들을 갖추었던 건 아니었다. 신성로마제국의 자유도시들은 대륙에서 최고로 숙련된 노동자를 다수 보유했다. 네덜란드는 확실한 재산권과 국제시장 접근성을 갖고 있었다. 에스파냐와 포르투갈은 세계 곳곳에 식민지를 보유했다. 다만 영국이 달랐던 점은 이 요인들을 **전부** 가지고 있었다는 사실이다. 이 가운데 하나만 빠져도 영국은 원래의 방식대로 산업화를 이루지 못했을지 모른다. 자, 그렇다면 영국은 과연 어떻게 산업화를 이룬 걸까? 이제 이 결정적인 수수께끼로 들어가보자.

혁신적 경제

영국 경제는 산업혁명을 거치며 특정 부문에서 다양한 혁신을 달성했다. 그 획기적 발견의 성격과 효과를 살펴보기 위해, 가장 주요했던 부문 중 하나에 초점을 맞춰보자. 바로 면섬유 산업이다.

수백 년간 방적공은 하나의 물레만을 사용해 작업했고, 당연히 생산성에는 한계가 있었다. 14세기 중국에서는 여러 개의 가락(방추)을 사용하는 실험을 했으나, 유럽에서는 18세기 중반까지 이런 발전이 이루어지지 않았다. 이 기법을 차용해 처음으로 만들어진 기계는 제임스 하그리브스가 1764년 혹은 1765년에 발명한 제니방적기였다(〔그림 8.3〕 참조). 하그리브스의 발명 이전에 방적은 노동 집약적 활동이었고, 보통 집에서 여성이 수행하는 일이었다. 방적은 유럽과 아시아 모두에서 대개 농촌의 탈집중적인 가내 생산 체계를 통해 이루어졌다. 상인이나 '선대업자putter-outer'가 방적

공에게 원면을 나눠주고 1주일 정도 뒤에 다시 와서 면사를 거둬 갔다. 방직(역시 노동 집약적 활동이었다)은 대개 남성의 특권적인 일이었으며 방적보다 임금이 많았다.

하그리브스는 방적기(가락에 동력을 제공하는)를 물레 측면에 두는 한편 가락 자체는 수직으로 세워 여러 가락을 동시에 가동할 수 있게 했다. 설계상의 문제를 해결하는 데 몇 년이 걸렸지만, 일단 이를 해결하고 나자 잉글랜드 북서부 각지에서 제니방적기가 팔리기 시작했다. 앨런Allen(2009a)이 입증하는 것처럼, 제니방적기 덕분에 방적 비용은 절반 이하로 줄어들었다. 노동을 조직하는 방식도 바뀌었다. 가정에서 개인이 작업하는 방식으로는 그렇게 값비싼 기계를 감당할 수 없었으므로, 큰 규모의 사업체를 만들어 기계를 활용해야 했다. 그리하여 제니방적기는 자본주의적 기업가가 자본 집약적 기계를 소유하고, 고용된 방적공들은 임금을 받는 공장의 등장을 재촉했다. 이런 발전은 노동시간 증대로 이어

그림 8.3 ◆ 제니방적기

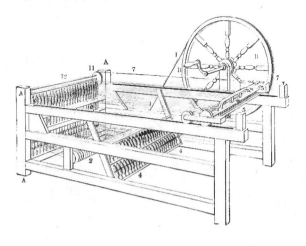

졌으며, 인간 노동을 기계 노동으로 대체할 수 있는 전제조건이 되었다.

제니방적기가 획기적인 발명이긴 했지만, 씨실만 잣을 수 있다는 점(Styles, 2021), 물레를 여전히 손으로 돌려야 한다는 점은 한계로 남아 있었다. 1769년 리처드 아크라이트는 수력을 동력으로 삼는 수력방적기를 개발했다. 수력방적기의 발전에서 무엇보다 중요했던 것은 섬유를 뽑아내는 롤러였다. 아크라이트는 다른 분야의 혁신을 바탕으로 삼았는데, 롤러는 야금술에서 사용하는 기법에서 빌려온 것이었다. 수력방적기는 상당히 의미있는 진전이었다. 수력방적기 덕분에 강에서 가까운 곳에 대규모 면직 공장들이 들어섰다.

다음에 이루어진 발전은 새뮤얼 크럼프턴의 뮬방적기였다(〔그림 8.5〕 참조). 제니방적기와 수력방적기를 결합한 뮬방적기가 등장하자, 증기를 동력으로 삼는 섬유 공장이 속속 설립됐다. 제니방적기나 수력방적기와 달리, 뮬방적기는 인도의 수작업 방적공들이 생산한 제품과 경쟁할 수 있는 고운 방적사를 생산할 수 있었다. 이런 기계들의 발명과 더불어 다른 많은 과정이 기계화되고 개선되었다. 그 결과 면사의 가격이 큰 폭으로 떨어졌다. 1760년대에서 1830년대 사이에 영국의 명목 임금이 4~5배 높아졌는데도 전반적인 생산성은 2배 증대했다(Allen, 2009a, 151~155쪽).

면섬유 산업은 놀라운 생산성 증대를 보였다. 18세기 후반에 지속적인 생산성 향상을 이룬 제철이나 시계를 비롯한 많은 산업 가운데서도 으뜸이었다(Mokyr, 1990; Kelly and Ó Gráda, 2016). 이후 수십 년간 더 많은 변화가 연쇄적으로 나타난다. 왜 다른 때가 아닌 바로 그때, 다른 곳이 아니라 바로 영국에서 그런 변화가 나타

그림 8.4 ✦ 아크라이트의 수력방적기

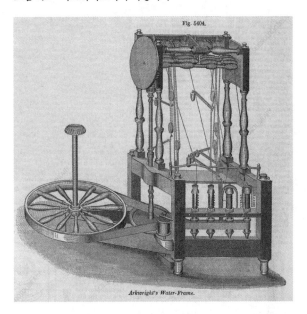

그림 8.5 ✦ 크럼프턴의 뮬방적기

난 걸까? 이는 여전히 경제사학자들 사이에 열띤 논쟁을 불러일으키는 핵심적인 질문이다. 이제 이 논쟁으로 다시 눈을 돌려보자.

높은 임금과 유도된 혁신

앨런(2009a)은 산업혁명이 그때 그곳에서 일어난 이유를 노동, 자본, 에너지의 상대적 가격에 대한 대응으로 설명한다. 이는 경제학자들이 흔히 '유도된 혁신' 혹은 '편향적 기술 변화'라고 부르는 주장이다. 앨런은 영국에서 노동 절감형 기술이 발전하고, 다른 나라는 그러지 않았던 이유가 영국의 노동력이 비쌌고, 반대로 자본과 에너지는 비교적 저렴했기 때문이라고 설명한다.

앨런은 기본적인 생산 기능은 똑같지만, 요소 부존도(토지, 노동, 자본)의 차이로 요소가격이 다른 두 경제를 비교한다. 논증은 두 단계로 이루어진다. 첫 번째 단계에서는 초기의 상대적 요소가격에 따라 최초의 기술 선택이 결정된다. 노동력이 비싸면 생산자는 노동 절감형, 자본 집약적 기술을 선택한다. 반대로 노동력이 저렴하면, 생산자는 노동 집약적 생산을 선택한다. 두 번째 단계로 나아가면 자본 집약적 기술에서 급속한 기술 진보가 이루어진다. 그리하여 노동 비용이 낮고 자본과 에너지가 더 비싼 곳에서도 자본 집약적 기술의 수익성이 좋아진다.

앨런의 모델은 면섬유 부문에서 나타난 혁신의 양상을 설명하는 데 가장 적합하다. 제니방적기를 만드는 건 고급 수학이나 과학 지식이 필요한 일이 아니었다. 그보다는 자잘한 공학 문제들을 해결하는 일에 가까웠다. 하지만 자본은 필요했다. 하그리브스는 지방의 선대제 상인이자 농민인 로버트 필의 지원을 받았다. 마찬가지로 아크라이트의 수력방적기 또한 기술적 문제를 해결하는 게 관건이었다. "독창성은 롤러를 생각해 낸 것에 있지 않았다. 그보다는 롤러를 응용해서 작동하게 하는 것이 현실적으로 해결해야 할 과제였다"(Allen, 2009a, 200쪽).

증기기관은 달랐다. 이 경우에는 앞서 이루어진 과학적 진전이 중요했다. 특히 대기압을 이해하고, 물이 증발하면서 진공 상태가 생긴다는 사실을 깨달아야 했다. 1657년 오토 폰게리케는 공기펌프를 사용해서 이 점을 증명했다. 크리스티안 하위헌스는 '화약기관' 발상을 실험해서 피스톤을 기반으로 한 개발을 이루었다. 드니 파팽은 이 지식을 활용해서 17세기 말에 몇 가지 실험적 증기기관을 만들었다. 이 가운데 어느 것도 상업적인 실행 가능성은 없었지만, 토머스 뉴커먼은 이 초기 모델들을 바탕으로 대기압기관을 개발했다(〔그림 8.6〕 참조)(Wooton, 2015).

증기기관의 초기 용도 가운데 하나는 석탄 채굴이었다. 석탄광산에서는 위험한 홍수가 빈번하게 일어났다. 기관을 이용하면물을 퍼낼 수 있어서 광산 작업을 더 안전하게 수행할 수 있었다. 앨런(2009a, 161쪽)이 말한 것처럼, "토리첼리, 보일, 하위헌스 등을 비롯한 과학자들은 과학적 호기심과 궁정의 후원으로 시간과 돈을 쏟아 기압을 연구했지만, 뉴커먼은 상업적 이득을 좇아 연구에 몰두했다." 뉴커먼이 대기압기관을 발명한 이후 설계는 점진적으로 개량됐다. 1712년에서 1760년대 사이에 증기기관 한 대를 운영하는 데 필요한 석탄 소모량은 마력시당 약 20킬로그램에서 약 13.6킬로그램으로 감소했고, 1770년대에는 존 스미턴의 개량 덕

그림 8.6 ✦ 뉴커먼 증기기관의 모형도

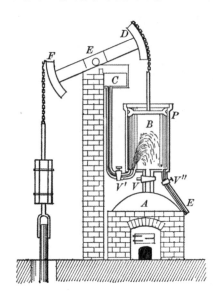

분에 약 약 7.7킬로그램으로 줄어들었다(Allen, 2009a, 165쪽).

증기 기술의 획기적 돌파구를 찾아낸 건 제임스 와트와 그의 동업자 매튜 볼턴이었다. 와트는 기관에 별도의 응축기를 도입하는 식으로 효율을 개선했다(〔그림 8.7〕 참조). 앨런(2009a)은 와트의 시도가 민간 연구개발의 전형적인 모델이라고 설명한다. 와트의 특허가 만료될 때까지 펌프의 개량은 미뤄졌지만, 1800년 이후에는 증기 기술이 극적으로 개선됐다. 증기기관이 널리 도입되기까지는 수십 년이 더 걸렸지만, 결국 이 기술 덕분에 운송을 포함한 많은 산업에서 일대 변혁이 일어났다. 19세기에는 증기기관차와 증기선이 지배적인 운송 수단이 되었다.

앨런(2009a)에 따르면, 증기기관 같은 발명품이 등장하고 나아가 발명품이 개량될 수 있었던 건 영국의 높은 임금 덕분이었다.

그림 8.7 · 와트의 증기기관

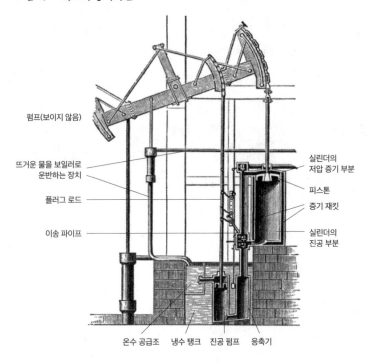

펌프(보이지 않음)

뜨거운 물을 보일러로
운반하는 장치

플러그 로드

이송 파이프

실린더의
저압 증기 부분

피스톤

증기 재킷

실린더의
진공 부분

온수 공급조   냉수 탱크   진공 펌프   응축기

기업가들은 임금 부담을 덜기 위해 노동을 절감할 방법을 찾았다. 그렇다면 영국의 임금은 왜 그렇게 높았을까? 이는 앞서 개략적으로 살펴본 영국의 발전과 관련이 있다. 앨런은 17~18세기에 영국이 상업적 성공을 달성한 덕분에 임금이 높게 형성되었다고 설명한다. 이 성공에는 해외무역이 특히 큰 비중을 차지했다.

앨런은 영국의 저렴한 에너지에도 주목한다. 이 역시 어느 정도 앞서 이뤄진 발전의 결과였다. 16세기 잉글랜드에서는 목재가 부족해진 탓에 석탄 산업이 발전하게 됐다. 특히 런던이 성장하면서 인근의 목재 자원이 고갈되자 석탄을 태우는 쪽으로 전환이 이뤄졌다. 이는 굴뚝 개량 같은 혁신이 필요한 기나긴 과정이었고, 또한 광산업을 팽창시키는 유인이 되기도 했다. 값싼 석탄은 증기 기관의 발전에 특히 중요한 자극제였다((그림 2.10) 참조).

그러나 이후 앨런의 주장은 비판을 받았다. 첫째, 기술 변화가 언제나 가장 값비싼 요소를 절약하는 것은 아니다. 이윤을 극대화 하려는 기업가 입장에서는 모든 비용을 아껴야 한다. 값비싼 요소를 절약하려는 기술 변화의 조건은 노동과 자본의 대체 가능성 정도에 따라 달라진다. 아직 우리는 산업혁명 당시 영국이 이런 조건을 충족했는지 확실히 추정할 수 없다.

둘째, 18세기 중반 랭커셔 지역의 면섬유 산업에 관한 앨런의 설명에 대하여 후대에 더 자세한 연구가 이루어졌다. 한 예로, 스타일스Styles(2021)는 영국의 기업가들이 신기술을 채택한 건 전반적으로 높은 임금 때문이 아니었다고 주장한다. 중요한 것은 랭커셔 같은 섬유업 중심지의 노동 비용이었다는 것이다. 험프리스Humphries와 슈나이더Schneider(2019)는 여성 방적공들이 앨런이 주장하는 만큼 높은 임금을 받지 못했음을 보여주는 반증을 제시했다.

셋째, 앨런은 영국의 임금이 높았던 이유를 노동력이 비쌌기 때문이라고 추론한다. 하지만 높은 실질 임금은 노동력뿐만이 아니라 높은 수준의 인적 자본을 반영한 결과였다. 영국 노동자들은 다른 나라의 노동자들보다 더 잘 먹고, 키가 크고, 더 오랜 시간 일할 수 있고, 더 숙련됐고, 숫자에도 밝았다(Kelly and Ó Gráda, 2014). 따라서 그들이 받은 높은 임금은 정확히 노동 비용만을 측정한 게 아닐 수 있다.

마지막으로, 앨런은 영국 산업화의 한 가지 핵심적 측면을 다루지 않는다. 산업혁명을 추동한 주역인 고숙련 노동자의 대규모 공급이 그것이다. 앨런은 또한 많은 핵심 산업을 혁명적으로 변화시켰던 과학 발전에 관해 논하지 않는다. 물론 면섬유 기계의 발전에서는 과학이 중요하지 않았지만, 증기기관과 야금에서는 중요했다. 산업혁명을 완전하게 설명하기 위해서는 이러한 요인들을 다루는 한편 왜 그것이 영국에서 시작됐는지도 살펴봐야 한다. 이제 이 부분을 파고들어보자.

계몽된 경제

지금까지 우리는 산업화의 전제조건이 무엇이었는지 따져보았다. 대규모의 고숙련 노동자, 대규모 국내 경제, 제한적이고 안정된 통치 구조, 점증하는 대서양 경제에 대한 접근성까지. 산업화 직전 영국은 분명히 이 조건들을 모두 갖추고 있었다. 하지만 이제까지 살펴본 설명들 가운데 어느 것도 어떻게 영국의 혁신가들이 그토록 능숙하게 최신 과학기술을 활용할 수 있었는지에 대해서는 답을 내놓지 못했다. 이것이 우리에게 남은 마지막 수수께끼다.

우리에게 마지막 퍼즐의 향방을 알려줄 사람은 모키르(2009, 2016)다. 그는 정확히 이 수수께끼에 관한 이론을 제시한다. 모키르는 계몽주의의 문화 엘리트들이 유럽(특히 영국)의 기술 혁신을 재촉했다고 설명한다. 특히 편지 공화국Republic of Letters은 혁신을 보상하고 장려하는 문화를 만들었다. 편지 공화국이란 계몽주의 엘리트들이 첨단 과학 연구 결과와 당대의 철학적 통찰을 널리 퍼뜨리면서 논쟁을 벌였던 유럽 차원의 공론장이었다. 편지 공화국은 견해를 검증하고, 좋은 행동 규범과 과학기술을 발전시키기 위한 장을 제공했다. 앞선 시대나 다른 사회의 혁신가들은 종종 자기만의 탑에 갇혔다. 탁월한 지식인들은 흔히 고립 상태에서 활동하거나(르네상스의 레오나르도 다빈치처럼), 개인의 후원에 의지하곤 했다. 개인별로 흩어진 천재들은 혁신의 문화를 만들어낼 수 없었다. 그리고 근대 이전 사회의 대다수 후원 제도는 혁신적이고 새로운 발상을 장려하지 못했다.

편지 공화국은 국가와 종교의 경계선을 가로지르며 지적 참여의 장을 열었다. 이런 공론장이 없었다면 엘리트 지식인들의 연결망 형성은 불가능했을 것이다. 한 예로, 프랑스의 철학자 볼테르는 고향인 파리에서 멀리 떨어진 곳에 사는 문화 엘리트들과 편지를 교환했다(잉글랜드, 에스파냐, 이탈리아, 포르투갈, 독일, 네덜란드, 그 밖에 여러 지역이었다. (그림 8.8) 참조). 편지 공화국은 기존의 정설을 뒤집는 새로운 견해에 활짝 열려 있었으며, 돌팔이와 사기꾼을 성공적으로 걸러냈다. 편지 공화국의 참가자들은 '능력의 위계 제도'를 만들어서 사회적 계보가 아닌 견해에 근거해 개인을 평가했다. 편지 공화국이 성공을 거둔 것은 나쁜 견해를 솎아내고 좋은 견해를 널리 전파했기 때문이다.

모키르(2016)에 따르면, 위대한 개인과 과학자들이 중요하기는 했지만, 이들이 혼자 모든 것을 이뤄낸 건 아니었다. 모키르는 새로운 진보 이데올로기를 퍼뜨리는 결정적인 역할을 했던 이들과 그 외 인물들을 생생하게 묘사한다. 예를 들어, 새뮤얼 하트리브는 1660년 영국에서 창설된, 세계에서 가장 오래된 과학 아카데미인 왕립학회 설립에 중심적인 역할을 했다. 옥스퍼드 워덤칼리지의 학장이자 왕립학회의 또 다른 창립자인 존 윌킨스도 마찬가

그림 8.8 ✦ 편지 공화국에서 볼테르가 주고받은 편지의 수, 1755~1776년

그림에는 러시아와 주고받은 100통, 스웨덴과 주고받은 3통, 에콰도르와 주고받은 1통, 아이티와 주고받은 1통, 인도와 주고받은 3통, 카자흐스탄과 주고받은 1통, 파나마와 주고받은 1통, 터키와 주고받은 1통, 미국과 주고받은 1통이 표시되어 있지 않다.

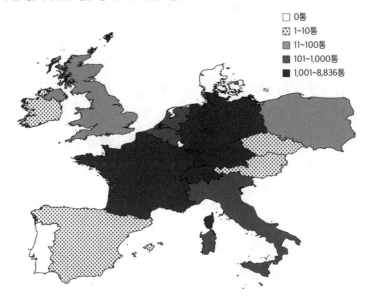

☐ 0통
▨ 1~10통
▨ 11~100통
■ 101~1,000통
■ 1,001~8,836통

지였다. 아이작 뉴턴 같은 당대의 유명한 사상가들과 함께였던 이 (덜 유명한) 과학자들이 여러 견해가 경쟁하는 장을 건설했던 것이다. 이는 의도하거나 계획한 과정이 아니었다. 유럽 각지의 다양한 작가, 지식인, 과학자 들의 행동이 사상가와 혁신가 들이 함께 생각을 나누는 공동체를 만들었고, 이로부터 편지 공화국이 등장했다.

이러한 **성장의 문화**는 다른 발전과 분리하여 생각할 수 없다. 가령 모키르(2016)는 유럽 전역에 우편 서비스가 등장했기 때문에 학문적 소통이 활발하게 이루어질 수 있었다고 강조한다. 15세기 이탈리아에서 타소 가문이 조직하기 시작한 우편 제도는 한 세기 뒤 신성로마제국으로 전파되었고, 17세기에 이르면 유럽 전역이 우편망으로 연결되었다. 따라서 여러 나라에 흩어져 있는 학자들이 지속적이고 안정적으로 편지를 교환할 수 있었다.

정치적 파편화 또한 중요했다. 모키르에 따르면, 유럽을 독특하게 만들어준 것은 문화적 통일성과 정치적 파편화의 결합이었다. 7장에서 논의했던 것처럼 파편화 자체는 수많은 비용을 초래했다. 파편화가 이득이 되었던 유일한 이유는 지적인 문화가 정치적 경계선을 가로지르며 피어나고 번성했기 때문이다. 혁신적이고 이단적인 사상가들은 유럽의 정치적 분열 덕분에 정치적으로 보수적이고 가혹한 정부의 압력을 피해 도망칠 수 있었다. 이런 탈출로가 있었기에 1600년 이후 남유럽에서 반종교개혁이 지배하게 된 뒤에도 르네상스와 종교개혁이 사라지지 않을 수 있었다. 파편화와 다중심성 덕분에 데카르트와 피에르 벨은 프랑스에서, 홉스와 로크는 잉글랜드에서 도망칠 수 있었다.

유럽의 정치적 분열은 또한 다수의 잠재적 후원자와 보호자가 존재함을 의미했다. 어떤 작가나 과학자도 전능한 한 명의 군주에게 의존할 필요가 없었다. 또한 문화적 통일 덕분에 잉글랜드와 네덜란드의 발명가, 혁신가, 땜장이 들은 유럽 전역에서 발전하는 과학기술을 두루 참고할 수 있었다. 편지 공화국이 만들어낸 유럽의 상호 연계는 대륙 전체에 계몽주의 문화를 불러오는 데 일조했다.

그렇다면 편지 공화국과 산업화의 개시는 어떤 연관이 있을까? 더 정확히 말하자면, 이토록 범유럽적인 제도가 왜 **다른 곳이 아닌 영국**에서의 산업화를 촉진했던 걸까? 바로 이 지점에서 다른 전제조건들이 중요해진다. 모키르(2009)는 계몽주의 사상만이 아니라 이런 사상을 받아들이고 실천할 수 있는 사람들의 역량 또한 중요했다고 주장한다. 즉 수공업자, 장인, 땜장이처럼 실용적인 기술을 지닌 사람들이 필요했다. 산업화 직전 영국에는 이런 사람들이 넘쳐났다. 도제 훈련을 받아 숙련된 거대한 수공업자 집단은 새로운 과학적 탐구와 아이디어들을 환호했다. 다른 나라에는 이처럼 대규모의 고숙련 기계 노동자들이 없었다. 신성로마제국의 독립 도시들에 수공업자 집단이 있기는 했지만, 그곳에는 성장을 위한 수많은 전제조건이 부족했다. 다른 나라들도 마찬가지였다. 중세 시대 중동과 근대 이전 인도는 정치적으로 파편화되어 있었고, 혁신을 부추기지 못했다. 청나라는 정치적으로 통일되어 있었으나, 자유로운 사고를 질식시키는 보수적인 엘리트 문화가 지배했다.

모키르(2009)에 따르면, 영국의 숙련 노동자들은 계몽주의의 핵심적인 문화 관념을 내면화하고 있었다. 즉 세계를 변화시켜 인류의 향상을 가져올 수 있다고 믿었다. 그들이 지닌 능력의 밑바탕이 된 이 사고방식mentality이야말로 기술 변화의 속도를 높인 열쇠였다(Howes, 2017). 그 시대의 많은 혁신가가 자기 전문 분야나 배경을 넘어서는 영역에도 새로운 아이디어를 내며 참여했던 것도 이 때문이다(Mokyr, 2009). 동력방직기를 발명한 것으로 유명한 에드먼드 카트라이트가 좋은 예다. 그가 개선하고자 한 것은 섬유 방직만이 아니었다. 그는 또한 "농기계를 개발하고, 내화 건축 자재를 고안하고, 의학적 발견을 하고, 소리 없이 크랭크로 작동하는 '켄타우로스 마차centaur carriage'를 연구하고, 베드퍼드 공작의 시범 농장에서 감독관으로 일하면서 거름과 감자 실험을 했다(Howes, 2017, 3~4쪽)." 카트라이트뿐만이 아니라 그 시대의 유명한 혁신가들은 대부분 광범위한 분야에 기여했다. 이런 이상적인 분위기는 런던을 중심으로 한 '산업계몽주의Industrial Enlightenment'에서 정점에 달했다(Mokyr, 2009).

크래프츠Crafts(2011)가 지적한 것처럼, 산업혁명에 관한 앨런과 모키르의 견해는 조화를 이룬다. 산업혁명기의 기술 변화는 높은 임금에 대응하기 위한 비용 절감 시도였을 수 있다. 그와 동시에, 모키르가 묘사한 것처럼 문화적 변화 덕분에 발명가, 땜장이, 기업가 들이 불어났을 수 있다. 우리는 후자의 주장이 더 결정적인 지점을 짚고 있다고 생각하지만, 두 주장 모두 영국의 산업화라는 수수께끼를 상당히 해명해준다.

이 장의
내용 요약

이 장에서 우리는 세계가 어떻게 부유해졌는가에 관한 가장 중요한 수수께끼를 다뤘다. 산업혁명은 왜 그때 그곳에서 일어났는가? 먼저 영국은 산업화 직전에(1750년 무렵) 많은 전제조건을 갖추고 있었다. 제한적인 대의적 통치 구조부터 거대한 국내 경제, 대서양 경제에 대한 접근성, 폭넓은 기반의 고숙련 기계 노동자까지. 유럽과 세계 각지의 다른 나라들도 이러한 전제조건 중 일부를 갖추었지만, 모두를 가진 것은 영국뿐이었다. 우리는 영국의 산업화가 (적어도) 역사와 똑같이 진행되기 위해서는 이 모든 조건이 다 필요했다고 가정했다. 실제로 전제조건들은 하나가 있을 때에만 다른 조건도 갖춰지는 식으로 상호작용했다.

산업화의 전제조건을 확인한 뒤에는 왜 영국이 가장 먼저 산업화를 이뤘는가에 관한 최근의 주요한 두 이론을 검토했다. 먼저 영국의 높은 임금과 상대적으로 저렴했던 에너지를 강조하는 앨런의 이론을 살펴보았다. 높은 임금과 저렴한 에너지는 생산자들에게 산업혁명의 핵심인 노동 절감형 기술을 개발하고 혁신하게 하는 유인이 되었다. 하지만 이 이론은 왜 산업화 직전 영국에 그렇게 많은 고숙련 기계 노동자들이 있었는지를 설명하지 못한다. 산업혁명의 발명품을 창조하고, 수리하고, 아이디어를 적용했던 주역이 바로 이 노동자들이다. 게다가 앨런의 주장은 산업혁명의 많은 발명품이 과학 지식을 바탕으로 만들어졌음을 설명하지 않는다. 특히 증기기관과 야금 분야의 발전은 첨단 과학의 원리를 이용한 것이었다. 이런 공백들을 설명해주는 게 모키르의 이론이다. 모키르는 18세기 말부터 영국에는 '산업계몽주의'가 널리 퍼져 있었다고 주장한다. 산업계몽주의는 유럽 각지에서 꽃피운 최신 과학 지식을 기반으로 했다. 영국은 다른 유럽 국가들과 달리 이러한 과학 지식을 활용해 기계 기술을 발전시킬 수 있었다. 산업혁명의 많은 혁신을 가능케 한 것, 영국의 산업화가 일시적 사건에 그치지 않을 수 있었던 건 바로 이런 조합 덕분이었다. 이후 혁신의 속도는 줄곧 증가했다.

영국은 이제 더는 혁신을 독점하는 나라가 아니며 세계에서 가장 부유한 나라도 아니다. 영국의 1인당 소득은 산업화 직후에 곧바로 증가하지 않았다. 근대의 지속적인 경제성장이 시작된 것은 산업혁명 직후가 아니라 19세기 중반에 이르러서였다. 왜 그랬을까? 영국은 어떻게 부유해졌을까? 세계의 다른 지역들은 어떻게 부유해진 걸까? 영국 경제와 사회를 이해하는 게 중요한 까닭은 근대적 경제성장이 그곳에서 처음 등장했기 때문이다. 그러나 수십억 인구가 빈곤을 벗어나고 그보다 더 많은 인구가 어느 정도 편안한 생활을 누리게 된 과정을 이해하고 싶다면, 영국을 벗어나 세계의 나머지 (일부) 지역들이 어떻게 부유해졌는지 살펴보아야 한다. 다음 장에서는 이 문제에 초점을 맞춰보자.

9

근대 경제의
발흥

1인당 소득이 대규모 역전 없이 지속적으로 증대되는 것, 이것이 근대적 경제성장의 특징이다. 그러나 이러한 성장은 19세기 중반까지도 시작되지 않았다. 그렇다면 이 성장은 왜, 어떻게 일어난 걸까? 산업화는 어떻게 근대적 경제성장으로 이어졌을까? 산업화 이전의 모든 성장 사례들은 부정적인 충격이나 맬서스적 힘에 압도되어 금세 꺾이고 말았다. 반면 산업화 이후의 혁신과 팽창은 지속되었는데, 그 비결은 무엇이었을까? 나아가 영국의 산업화는 어떻게 다른 나라로 전파된 걸까? 왜 세계의 일부 지역에는 산업화가 빠르게 퍼지고, 다른 지역에는 몇 세기가 걸린 걸까? 우리는 결론에 해당하는 9장과 10장에서 이 질문들에 대한 답을 찾을 것이다. 끝까지 읽고 나면, 우리가 사는 이 세계가 어떻게 형성되었고 나아가 어떻게 부유해졌는지 알게 될 것이다.

산업화의
결실

산업혁명은 인류사의 '도약'으로 일컬어진다(예를 들어 Rostow, 1960). 이 은유는 경제성장의 속도가 가속화되었음을 의미한다. 하지만 여기에는 오해의 소지가 있다. 산업혁명 시기의 전반적인 경제성장은 20세기의 기준에서 보면 그다지 대단한 게 아니었다. 산업화 시기 영국의 성장 속도는 21세기의 중국, 2차 세계대전 이후의 서독이나 일본, 20세기 전환기의 미국에 비하면 한참 느렸다.

하지만 산업혁명은 실로 혁명이었다. 산업혁명이 진정한 혁명인 이유는 영국이 처음으로 **지속적이고 항구적인 1인당 국내 총생산 증대**를 달성했기 때문이다. 영국은 또한 경제 기반을 농업에서 산업으로 전환한 최초의 대규모 경제국이었다. 크래프츠Crafts(2018, 11쪽)는 산업혁명의 성과를 다음과 같이 묘사한다. "19세기 중반의 경제는 100년 전과는 다른 궤적 위에 세워졌다. 특히 꾸준한 기술 진보와 대규모 투자에 바탕을 둔 지속적인 노동 생산성 증대는 급속한 인구 증가에도 불구하고 1인당 실질소득이 상당히 증가하는 토대가 되었다." 다시 말해, 당시는 영국의 **경제 발전** 시기였다.

오늘날 우리가 아는 경제가 만들어진 것이 바로 이 시기였다. 산업혁명은 보통 사람에게 어떤 영향을 미쳤을까? 1인당 국내총생산은 전체 그림의 일부일 뿐이다. 국가가 부유해진다고 해도 부가 반드시 대중에게 분배되는 것은 아니다. 하지만 분명 어느 시점에 대중의 삶은 이전보다 월등히 나아졌다. 1장에서 언급한 것처럼, 오늘날 부유한 나라의 가장 가난한 사람도 300년 전에 살았던 거의 모든 사람보다 여러모로 형편이 좋다. 이런 엄청난 변화는 어떻게 가능했을까?

어쩌면 산업혁명이 불러온 가장 중요한 경제적 변화는 경제 구조가 바뀌었다는 점일 것이다. 6,000년에서 1만 년 전 신석기혁명 이래, 정주 사회에 사는 세계의 대다수 사람은 농업에 종사했다. 몇몇 작은 국가(중세 이탈리아의 도시국가나 근대 초 네덜란드 등)들이 무역을 바탕으로 세워지긴 했지만, 이전의 큰 국가들은 전부 압도적으로 농업이 중심이었다. 그러나 영국의 산업화를 기점으로 상황이 바뀌었다.

사실 변화는 산업혁명 이전부터 시작되었다. 노동자들은 농업을 떠나 제조업과 산업으로 이동했다(Taylor and Wrigley, 2014). 1700년 잉글랜드 전체 노동력에서 농업 노동자가 차지하는 비중은 40퍼센트도 되지 않았다. 이는 잉글랜드 도시 경제가 상당히 발전했음을 보여주는 증거다. 1851년에 이르면 농업에 종사하는 노동자의 비중은 23.5퍼센트로 떨어졌다. 이와 대조적으로 산업에 고용된 노동자의 비율은 45퍼센트에 달했다(Crafts, 2018, 28쪽).

산업화의 결실은 폭넓게 분배되었을까? 단기적으로 보면 그렇지 않았다. (그림 9.1)을 보면, 18세기 말과 19세기 초 1인당 국내 총생산은 급증했으나 임금은 1830년대까지 정체했다는 것이 드러난다. 영국이 막 산업화를 이루던 18세기 후반에도 실질 임금은 인상되지 않았고 심지어 약간 감소했다. "1830년대 중반에 약간의 진전이 이루어졌지만 … 1840년대 중반이 되어서야 마침내 실질 임금이 오르기 시작했다"(Feinstein, 1998, 649쪽).

영국에서는 산업화를 이룬 북부와 나머지 지역 사이에 실질 임금 차이가 나타나기도 했다. 켈리 외(Kelly et al, 2020)에 따르면,

그림 9.1 ✦ 영국의 1인당 국내총생산과 실질 임금, 1270~1870년
(1700년=100)

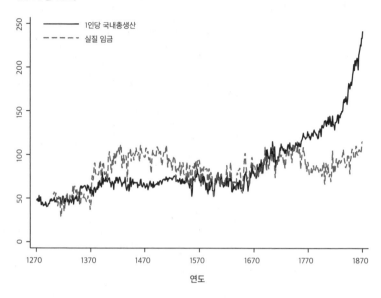

맨체스터나 리버풀 같은 지역은 1770년에서 1840년 사이에 임금
이 급속하게 상승했지만, 잉글랜드 남부는 탈산업화와 임금 하락
을 경험했다. 따라서 산업혁명 시기에 임금이 정체했다는 경제사
학자들의 연구 결과는 두 현상을 평균 내는 과정에서 나타난 착시
일 것이다.

　하지만 분명한 것은 1780~1850년대에 상당한 경제성장이 이
루어졌으나, 노동계급의 실질 임금 상승률은 15퍼센트도 미치지
못했다는 것이다. 산업혁명 시기의 높은 경제성장률에 비해 실질
임금이 오르지 않은 이유는 무엇일까? 이에 관해서는 몇 가지 설
명이 가능하다. 첫 번째 요인은 인구다. 잉글랜드와 웨일스 인구는
1750년 610만 명에서 1851년 1,790만 명으로 증가했다. 맬서스의

이론에 따르면, 이런 급속한 인구 증가는 실질 임금을 떨어뜨리는 요인으로 작용했을 것이다.

두 번째 요인은 전쟁이다. 영국에서 산업혁명이 일어났을 때 프랑스혁명이 일어났고, 영국은 나폴레옹이 이끄는 프랑스와 25년간 전쟁을 벌였다. 인구가 증가함에 따라 영국은 식량 수입국이 되었다. 전쟁과 봉쇄, 혼란으로 식량 가격이 급등해 노동자들의 가처분소득을 집어삼켰다. 식량 가격은 1841년 곡물법이 폐지될 때까지 보호주의 정책으로 인해 계속 높았다. 영국 정부는 나폴레옹전쟁이 끝난 뒤 금본위제로 복귀하여 전쟁에 무리하게 끌어 쓴 재정을 구조조정하기 위해 노력했고, 불황은 계속 이어졌다.

세 번째 요인은 기술 변화의 양상이다. 이 시기에 나타난 기술 변화는 대체로 노동 절감형이었다. 노동조합이 등장하기 이전, 산업혁명 초기에 이루어진 기술 변화는 국내총생산에서 노동의 비중을 감소시켰다. 이와 대조적으로 자본가의 이윤은 증가했고, 그 결과 불평등이 증대했다. 증가된 소득은 대부분 노동자가 아니라 토지와 자본 소유자에게 돌아갔다. 앨런Allen(2009b)은 이 시기를 카를 마르크스와 『공산당 선언』(1848)을 공저하고 『1844년 영국 노동계급의 상태』(1845)를 쓴 프리드리히 엥겔스의 이름을 따서 '엥겔스의 휴지기Engels' Pause'라고 부른다.

이런 이유로 산업화에 관한 비관적 견해가 생겨났다. 윌리엄 블레이크나 로버트 사우디 같은 시인들은 제분소와 섬유 공장이 뿜어내는 연기와 스모그를 비난했고 비인간적인 노동에 저주를 퍼부었다. 블레이크가 쓴 '시커먼 사탄의 공장'이라는 문구도 유명해졌다. 아마 그가 살던 곳 가까이에 있던, 볼턴과 와트가 지은 증기력을 이용한 밀 제분소를 가리킨 말일 것이다. 물론 이런 비관적 견해로 가장 유명한 이는 마르크스와 엥겔스다. 두 사람은 『공산당 선언』에서 산업화와 기계화로 생활수준이 전혀 향상되지 않을 거라고 보았다. 에릭 홉스봄이나 E.P. 톰슨 같은 좌파 성향 역사학자들도 비관적 견해를 밝혔다. 톰슨은 '착취와 불안정성, 빈곤 증대'를 특징으로 하는 시기인 산업혁명의 '참으로 재앙적인 성격'을 여전히 확신했다(Thompson, 1965, 198쪽).

많은 고전파 경제학자들은 명백히 비관적 견해를 보였다. 데이비드 리카도는 노동자의 임금이 장기적으로 생계 수준으로 압박받는다는 '임금 철칙iron law of wages'을 구상했다. 맬서스는 성생활을 억제해야만 생활수준을 생존 상태 이상으로 유지할 수 있다고 믿었다. 존 스튜어트 밀조차 1848년에 쓴 글에서 기계화로 지속적인 생활수준 증대를 이룰 수 있는지에 대해 회의적인 견해를 밝혔다(Berg, 1980, 332~342쪽).

그러나 뭔가 특별한 일이 일어나고 있다는 것을 인식한 이들이 있었다. 토머스 매콜리(Macaulay, 1830, 560쪽)는 사우디에게 보내는 글에서 1830년대 영국 경제에 관해 낙관적 견해를 펼쳤다.

이 섬에 인구가 희박했을 때는 몹시 야만적이었다. 자본도 별로 없고, 그나마도 불안정했다. 지금 영국은 세계에서 가장 부유하고 고도로 문명화된 나라이며 인구 또한 조밀하다. 우리는 미국의 하층계급이 현재 누리고 있는 황금시대를 알지 못했다. 우리는 자유와 질서와 교육의 시대, 기계 과학이 최고점에 다다랐으나 가장 비옥한 계곡을 경작할 사람들조차 남아 있지 않은 시대를 경험하지 못했다. 하지만 우리와 우리 조상들의 상태를 비교해보면, 문명의 진보로 생겨나는 이점이 인구의 증진으로 발생하는 불이익을 상쇄하고도 한참 남는다는 걸 분명히 알 수 있다. 우리의 수는 10배로 늘어난 반면, 우리의 부는 100배로 늘어났다.

매콜리의 전망은 확실히 장밋빛이었다. 지속적인 경제성장의 결과를 정확히 예상한 것은 사우디나 스미스, 맬서스가 아니라 바로 그였다.

만약 1930년에는 이 섬의 인구가 5,000만 명으로 늘어나고, 그들이 우리보다 잘 먹고, 잘 입고, 좋은 데서 잘 것이며 … 아직 발견되지 않은 원리에 따라 만들어진 기계가 모든 집에 설치되고, 철로가 간선도로를 대체하고 증기로만 여행하며, 지금 우리에겐 엄청난 부채도 증손자들은 1, 2년 안에 갚아버릴 수 있을 거라 감히 예언한다면, 많은 이가 제정신이 아니라고 할 것이다. 나는 어떤 예언도 할 수 없지만, 이 말만은 하고 싶다. 만약 1720년의 폭락 이후 공포에 사로잡힌 의회에서 누군가가 1830년의 영국은 그 어떤 허황한 꿈도 능가할 만큼의 부를 달성할 것이며, 연간 세입은 도저히 감당할 수 없다고 여겨지는 부채의 원금과 맞먹을 테고, 1720년에는 1만 파운드 재산가가 한 명이었다면, 1830년에는 5만 파운드 재산가가 다섯은 될 것이며, 런던의 면적과 인구가 두 배로 늘어날 테고, 사망률은 2분의 1로 감소할 것이라고 말했다면, 조상들은 그 말을 『걸리버 여행기』만큼도 신뢰하지 않았을 것이다. 하지만 이 예측은 모두 사실로 밝혀졌다(Macaulay, 1830, 563쪽).

19세기 초 이래 경제사학자들은 비관론과 낙관론으로 나뉘어 논쟁을 벌였다. 장기적으로 보면 낙관론이 옳았음이 분명하다. 매콜리는 놀라운 선견지명을 보여주었다.

초기에는 불평등을 증대하고 임금을 정체시킨 바로 그 요인들이 1840년 이후로는 인구 전체의 생활수준을 지속적으로 상승시켰다. 이런 변화는 왜 생겼으며, 어떻게 가능했던 걸까? 그리고 어떻게 영국 바깥으로 확산했을까? 이번에는 이런 문제들로 고개를 돌려보자.

2차 산업혁명

우리는 세계를 바꾼 기술에 관해 생각할 때 로봇공학, 컴퓨터, 반도체, 로켓, 항공학, 우주비행, 핵기술 같은 과학에 토대를 둔 첨단기술을 떠올린다. 하지만 언제나 첨단 과학만이 우리의 삶을 바꾼 건 아니다. 8장에서 논의한 것처럼, 1차 산업혁명(약 1750~1830년)을 지배한 기술 대부분은 과학에 기반을 둔 것이 아니었다. 가령 섬유 생산에서 이뤄진 획기적인 발전들은 이미 알려진 기법을 단순히 기계화한 것이었다.

이와 대조적으로 1870년대 이래 이뤄진 기술 진보의 대부분은 과학에 바탕을 둔 것이었다(Mokyr, 1990, 2002). 노스(1981)는 이런 과학 기반 기술로의 변화를 '과학과 기술의 결합'이라고 이름 붙였다. 우리는 이를 흔히 2차 산업혁명이라고 부른다.

1870년부터 1914년까지 진행된 2차 산업혁명은 과학을 활용한다는 면에서 1차 산업혁명과 달랐다. 과학을 활용하기 시작하면서 기술 변화는 가속화되었다. 의료, 화학, 에너지 등에서 나타난 새로운 발명은 더 많은 발명과 과학적 발견을 가능케 했다. 이 시기 기술의 바탕이 된 과학 이론은 오늘날까지도 지배적인 패러다임으로 자리하고 있다(Mokyr, 1998).

이 기술들은 모키르가 말하는 이른바 '유용한 지식', 즉 발명품을 작동시킬 수 있는 과학적이며 심층적인 지식이 필요했다. 과학의 진보는 응용이 가능한 폭넓은 유용한 지식을 토대로 할 때 강화될 수 있다. 이를 위해서는 일단 지식의 기반을 충분히 넓혀야 한다. 인류는 언제나 시행착오를 거치며 발전을 이루었지만, 과학 원리를 활용하면 성공을 거둘 확률이 훨씬 높아진다.

2차 산업혁명의 기술은 거의 모든 산업에 영향을 미쳤다. 먼저 운송에 일대 변혁이 일어났다. 저렴하고 내구성 높은 강철 덕분에 철도의 효율은 한층 높이고, 비용은 줄일 수 있었다. 자전거, 자동차, 비행기가 등장했고, 전기를 사용하면서 통신, 철도, 실내조명이 개선되었다. 보건도 향상되어 현대식 하수도, 소독제, 아스피린 같은 의약품이 널리 퍼져나갔다.

1차 산업혁명과 달리 2차 산업혁명의 개시는 **영국에 국한되지 않았다.** 수많은 나라가 이 움직임의 선두에 섰다. 독일은 화학 분야에서 앞장섰다. 프랑스와 미국 또한 선도자였다. 왜 어떤 나라들은 영국을 따라잡고, 다른 나라들은 따라잡지 못한 걸까? 2차 산업혁명은 무엇이 달랐을까?

2차 산업혁명의 핵심은 다름 아닌 과학이었고, 따라서 이 혁명을 확산시킨 열쇠는 **교육**이었다(Galor, 2005). 넬슨Nelson과 펠프스Phelps(1966, 70쪽)의 고전적인 논문을 인용하자면, "교육받은 사람은 훌륭한 혁신가가 되며 … 교육은 기술 확산 과정을 가속한다." 1차 산업혁명은 이와 달랐는데(Mitch, 1999), 당시 영국은 정규교육 선도국이 아니었다(Mokyr, 1990, 240쪽). 1차 산업혁명이 영국

표 9.1 ◆ 2차 산업혁명의 주요한 발명품

발명품	혁신적으로 개선됨
저렴한 철 (건설, 선박, 철로에 사용됨)	전력 (전신, 철도, 전구에 사용됨)
자동차	철도와 디젤기관
비행기	전신(과 네트워크)
내연기관	하수도 시설
다이너마이트	상수도
철조망	마취제와 방부제
자전거	소독제
전화	재봉틀
타자기	통조림
합성플라스틱	탄산음료 제조
화학 염료	황화고무
화학 비료	
황산	
아스피린	
살균제	

에서 일어난 이유는 국민들의 교육 수준이 아니라 7장과 8장에서 언급한 전제조건들 때문이었다.

　인구의 다수가 읽고 쓸 줄 아는 것과 소수가 수준 높은 교육을 받는 것은 다르다. 모키르(2009)는 후자를 상층 인적 자본upper-tail human capital이라고 지칭하며 이것이 18세기 말과 19세기 초에 혁신의 속도를 높인 요인이었다고 설명한다. 실제로 프랑스의 상층 인적 자본은 산업혁명 이후의 도시 성장과 산업 혁신을 예견케 하는 요인이었다(Squicciarini and Voigtländer, 2015). 하지만 2차 산업혁명 시기가 되자 점차 기본 교육을 받은 인구 비율을 높이는 게 더 유리해졌다. 공장의 규율에 따라 기계를 다루려면 기본적인 문해력과 산술 능력을 갖춘 노동자가 필요했기 때문이다.

2차 산업혁명은 '자본-기술 상보성'이 경제 발전을 추동한 첫 번째 시기였다(Goldin and Katz, 1998; Galor and Moav, 2006). 단순히 과학자와 발명가의 수가 늘어나는 게 중요한 건 아니었다. [표 9.1]에서 강조한 것처럼 이 시기에는 **교육 수준이 높은 노동자**가 필요했다. 기술만으로는 경제성장을 초래할 수 없다. 기술을 생산적인 것으로 변형시켜야 한다. 노동자들(기술자, 사무원, 약사 등)의 교육 수준이 높을수록 그 사회는 신기술을 생산적으로 활용할 수 있다.

따라서 두 번째 산업화로 생겨난 경제적 기회를 가장 잘 활용했던 건 교육을 선도하는 나라들이었다. 프로이센이 대표적인 사례다. 프로이센은 상대적으로 후발 산업국이었지만 19세기에 산업화를 이루며 여러 분야에서 선도국들을 빠르게 따라잡았고 심지어 앞질렀다. 그럴 수 있던 데에는 다양한 이유가 있지만, 프로이센이 유리했던 건 무엇보다 처음부터 교육에서 앞서 나갔기 때문이다(Becker, et al, 2011). 프로이센은 19세기 첫 10년 동안 나폴레옹에 패배한 뒤, 교육을 강조하는 개혁을 강행했다. 이는 프로이센이 훗날 영국을 비롯한 여러 나라의 기술을 흡수하고 나아가 개선할 수 있게 하는 토대가 되었다. 19세기 초 프로이센 내에서는 교육 수준이 높던 지역이 산업을 선도했다. 1871년 통일을 이룬 독일은 2차 산업혁명의 선도자가 되었다.

두 번째 산업화의 흐름에서 성공의 가장 중요한 요인은 교육이었다. 노동자들의 교육 수준이 높은 나라일수록 신기술을 채택하고 실행할 가능성이 컸으며, 더 나아가 새로운 기술을 창조할 저력을 갖추게 되었다. 교육률(특히 새로운 유형의 자본에 '유용한' 교육률)이 낮은 지역은 새로운 세계에 적응할 준비를 하지 못했다. 하지만 이 또한 전체 그림의 일부분일 뿐이다. 몇몇 나라들은 애당초 어떤 이유로 교육에 투자했던 걸까? 이 질문에 대한 답은 여러 가지다. 모두 앞선 장에서 논의한 특징과 관련이 있다.

인구 변천

2차 산업혁명이 굳건하게 자리를 잡은 곳에서는 생활수준이 지속적으로 상승했다. 앞선 1차 산업혁명에서는 그렇지 않았다. 영국은 1750년에서 1830년 사이에 전반적인 경제성장을 이뤘음에도 생활수준이 뚜렷이 개선되지 않았다. 2차 산업혁명은 무엇이 달랐던 걸까? 1차 산업혁명 당시 생활수준의 상승을 억누른 요인 중 하나는 인구였다. 특히 1차 산업혁명 초기 몇십 년간 출생률이 상승했다((그림 9.2) 참조). 이는 대체로 경제적 기회 향상과 도시화 때문이었다. 사생아 출생률이 급증했고 초혼 연령은 낮아졌다. 그 결과 영국 인구는 1750년 약 600만 명에서 1801년 1,050만 명, 1851년에는 2,700만 명으로 불어났다. 점점 늘어난 인구는 임금 하락 압력으로 작용했고, 생산성이 증대되었음에도 임금은 오르지 않았다. 산업화 초기에 맬서스는 이런 이유로 경제성장이 인구 재앙을 막지 못할 것으로 예측했다.

하지만 결국 맬서스는 틀렸다. 특히 그는 기혼 부부가 자녀의

그림 9.2 ✦ 영국의 출생률과 사망률, 1541~1839년

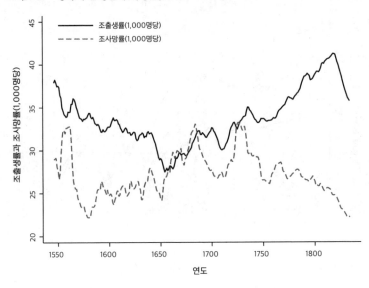

수를 제한할 거라는 점을 예상하지 못했다. 경제사에서 이러한 인구 변천은 결정적인 전환점이었다. 사람들은 결혼 후에 가족 규모를 의도적으로 조절하기 시작했다. 18세기 말과 19세기 초 프랑스에서 시작된 이런 움직임은 19세기 말 2차 산업혁명 중에 북유럽과 미국 전역으로 전파되었다((그림 9.3) 참조). 인구 변천이 일어나기 전에 기혼 여성은 아이를 8명 이상 낳았다(Guinnane, 2011). 한 사회에서 현실적으로 가능한 최대 출생률은 1,000명당 약 40~50명인데, 이 비율은 주로 혼인 제한이나 유아 살해 관행에 의해 좌우되었다.

출생률 변천의 시점과 성격은 여전히 논쟁적인 주제다. 서유럽과 중유럽(동유럽 제외)의 유대인을 비롯한 일부 인구 집단은 일찍부터 출생률을 제한했다. 인구 변천을 처음으로 경험한 나라는

그림 9.3 ✦ 서유럽과 미국에서 여성 1인당 출생아 수, 1800~2000년

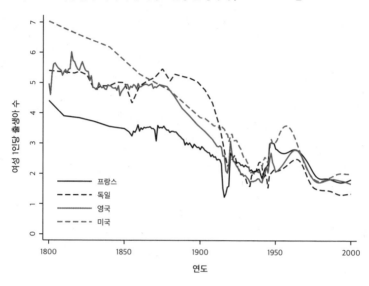

프랑스였는데((그림 9.3) 참조), 혁명 이전부터 출생률이 감소하기 시작했다. 이렇게 감소한 이유는 다 밝혀지지 않았다. 스폴라오레 Spolaore와 바치아그Wacziarg(2021)는 인구 변천이 문화적 접촉 때문에 발생했다고 본다. 두 사람은 프랑스의 일부 지역이 인구 변천을 먼저 경험했으며, 브르타뉴처럼 문화적으로 동떨어진 지역에는 더 느리게 퍼졌다는 사실에 주목한다. 근대의 출산 규범은 근대적 경제의 발상지인 영국이 아니라 근대적 문화의 발상지인 프랑스에서 시작된 것이다.

영국의 인구 변천은 1880년대에야 일어났다. 상층계급의 혼인 출생률은 중간계급과 노동계급에 비해 일찍부터 감소하기 시작했지만(Clark and Cummins, 2015), 출생률 변천이 정확히 언제 시작됐는지는 여전히 설명할 수 없다. 맬서스의 관점에서 보면, 인구

그림 9.4 · 잉글랜드의 인적 자본과 인구 변천, 1730~1890년

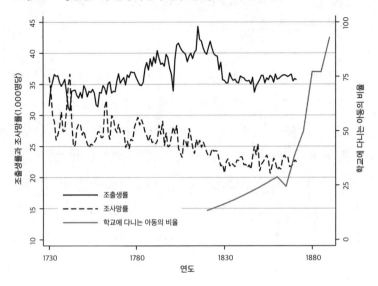

변천은 출생률과 소득의 관계가 역전되었음을 나타내는 지표다 (5장 참조). 19세기 중반 이후로는 소득이 높아져도 자녀 수가 늘어나지 않았다.

인구 변천은 경제성장에 다양한 영향을 미쳤다. 가장 직접적으로는 맬서스적 인구 압력이 완화되었다. 하지만 이보다 중요한 것이 있다. 바로 인적 자본에 대한 투자 증대라는 동반 효과다.

인구 변천과 인적 자본 투자 증대는 서로 관련이 있다. 5장에서 소개한 통합적 성장 이론에 따르면, **후자가 전자를 초래했다.** 기술 진보 덕분에 인적 자본의 수익이 늘어났고, 부모들은 자녀를 위해 인적 자본에 투자하기 시작했다(Galor, 2011 참조). 부모들이 자녀의 양 대신 '질', 즉 교육에 투자하게 된 것이다. 영국에서 이런 변화는 19세기 중반에 시작되었다((그림 9.4) 참조).

근대적 경제성장의
불균등한 확산

이 책 한 권으로 세계의 각 지역이 어떻게 부유해졌는지 일일이 검토하는 것은 무리다. 하지만 세계가 어떻게 부유해졌는지 알고 싶다면, 세계 각국이 밟아온 번영의 역사를 어느 정도 알아야 한다. 20세기 경제를 선도한 미국을 포함해서, 유럽 바깥의 다른 지역과 식민 지배를 받았던 나라들이 어떻게 부유해졌는가에 대해서도 검토할 필요가 있다. 다음 장에서는 동아시아의 첫 번째 산업국인 일본, 한국과 대만을 포함한 동아시아의 호랑이 국가들, 그리고 중국까지 확산한 부의 이동 과정을 다루고자 한다.

지속적인 경제성장 추세는 19세기 말에 이르러 세계 여러 지역들로 널리 퍼졌다. 특히 주목할 만한 사례는 미국으로, 뒤에서 더 자세히 살펴볼 것이다. 산업화는 벨기에에 이어 독일까지 서유럽 전역으로 확산했지만 세계의 모든 지역으로 퍼져 나가진 않았다. 이유가 무엇일까?

경제학자들은 근대적 경제성장을 연구하기 위해 1987년 노벨 경제학상 수상자 로버트 솔로의 이름을 딴 솔로 모델Solow model을 활용한다. 솔로 모델에서 장기적 경제성장을 궁극적으로 추동하는 요인은 **혁신**이다. 이 모델은 지속적 경제성장의 기원에 관해서는 거의 말해주지 않지만, 경제성장의 **확산**에 관해서는 귀중한 통찰을 제공한다.

솔로 모델의 관점으로 보면, 개발도상국이 선진국 경제의 혁신을 이용할 수 있다면, 부유한 나라보다 더 **빠른** 속도로 성장할 수 있다. 이것을 **따라잡기 성장** 혹은 **수렴**이라고 한다. 단순하게 생각해보자. 경제와 기술의 첨단에서 멀리 떨어진 나라들은 자본의 한계 생산성이 높다. 그 나라들이 이미 자본이 풍부한 경제국보다 원활하게 투자를 유치하고 더 빠르게 성장하는 건 당연하다.

19세기 말부터 많은 유럽 국가가 계속해서 가속적인 성장을 경험한 이유도 이것으로 설명할 수 있다. 따라잡는 나라들은 1차, 2차 산업혁명의 기술을 수입했다. 독일이 좋은 사례다. 독일은 1840년대부터 줄곧 이례적으로 빠른 경제성장을 보였고, 심지어 2차 산업혁명의 혁신을 선도했다.

거셴크론Gerschenkron(1962)은 그의 고전적인 저작에서 '따라잡기 성장'의 다른 판본을 제시했다. 거셴크론은 상대적으로 원시적인 출발점에서 산업화에 착수한 나라들이 일정한 경제적 이점을 누린다고 주장한다. 독일이나 일본, 러시아 같은 나라들은 상당히 빠르게 첨단 기술을 갖춘 나라가 되었다. 이 나라들은 특히 자본 집약적 부문에서 중간 단계를 건너뛰었다. 후발 산업국들은 종종 민간 자본시장에 의존하는 대신 투자은행이나 국가 투자를 통해 자본을 동원했다.

왜 어떤 나라는 경제성장을 이루었고 다른 나라는 그러지 못했는지에 대해서는 앞서 검토했던 요인들로 설명할 수 있다. 제도를 생각해보자. 독재적인 정치권력을 제대로 견제하지 못하는 곳에서는 기술 도입이 이루어지지 않게 마련이다(Scheidel, 2019). 다음 장에서 살펴볼 것처럼, 에도 시대 일본과 명·청대 중국은 국내 정치 상황 때문에 서양 기술의 도입이 수백 년 늦어졌다. 오스만 제국은 인쇄기 도입이 250년이나 늦었다(Coşgel et al, 2012). 기술의 혜택은 널리 퍼졌지만, 엘리트 집단이 이를 달갑게 받아들이지 않을 경우 발전은 제대로 이루어지지 않았다. 특히 통치자의 권력을 견제할 장치가 없을 경우 기술은 쉽게 전파되지 못했다.

마찬가지로 제도는 19세기 말과 20세기 초 세계 나머지 지역에서 나타난 수렴과 분기에 결정적인 영향을 미쳤다. 특히 서유럽과 북아메리카에서는 정치 제도의 질이 극적으로 향상되었다. 즉 제도는 19세기에 시작된 경제성장이 흐지부지되지 않은 중요한 원인이었다. 제도가 자리 잡은 곳에서는 기존 엘리트나 현상 유지로 이득을 얻는 이들이 혁신을 막을 수 없었다. 경제 선도국들은 경제성장으로 사회가 변화하는 가운데 정치체제 전반을 개혁하고, 새로운 정책을 도입하며 상황에 대처해나갔다.

수렴하는 나라들은 다양한 경로로 제도를 발전시켰다. 18세기 말 독립한 미국은 백인 남성에게 부여한 권리를 기준으로 볼 때 지구상에서 가장 민주적인 사회로 손꼽혔다. 하지만 노예제로 인해 인구의 17퍼센트는 가장 기본적인 권리도 보장받지 못했다. 8장에서 본 것처럼, 영국은 재산권을 보호하고, 혁신을 장려하며, 혁명을 피할 수 있는 입헌적 합의체를 갖추고 19세기에 접어들었다. 하지만 동시에 영국은 대단히 불평등한 사회였다. 소수만이 투표권을 가졌고, 아동 노동이 흔했으며, 법률의 시행과 효과는 매우 불공평했다. 여성의 권리를 엄청나게 제한했음은 말할 나위도 없다. 프랑스혁명 전까지 유럽 대륙의 대부분을 다스린 절대주의 왕정은 복잡한 규제와 다양하고 혼란스러운 조세 체계, 지방 독점으로 경제성장의 발목을 잡았다.

이 사회들은 19세기를 거치며 자유로우면서도 민주적인 방향으로 변화했다. 노스와 공저자들(2009)의 용어를 빌리자면, 완전한 '개방적 접근 질서'를 이루었다. 프랑스혁명은 유럽 대륙의 봉건적 제도를 해체하는 데 중요한 역할을 했다(Acemoglu et al, 2011).

영국의 엘리트들은 혁명을 피하기 위해 선제적으로 민주화를 이뤄냈다(Acemoglu and Robinson, 2006). 포용적인 정치 제도로 나아가는 과정에는 다양한 경제 제도 개혁이 동반됐다. 세기말에 이르면 서유럽의 대다수 나라가 자유롭게 계약할 권리를 확대하고, 고리대금법을 폐지하고, 아동 노동을 제한했으며, 노동자들은 단결권과 투표권을 획득했다.

문화 또한 수렴과 분기의 양상에 영향을 미쳤다. 4장에서는 문화를 사람들이 세계를 바라보는 '렌즈'라고 정의했다. 만약 어떤 사람이 서양은 열등하다는 믿음을 지녀왔다면, 그는 '서양은 열등하다'는 렌즈로 세상을 보기 때문에 자연히 서양 기술을 쉽게 받아들일 수 없다. 여기서 중요한 점은 **문화적 요인이 제도적 요인과 상호작용한다**는 사실이다. 오스만 제국과 중국이 산업 기술을 흡수하는 게 더뎠던 이유도 이 때문이다(Iyigun et al, 2021). 둘 다 한때는 여러 면에서 유럽을 앞질렀기에, 유럽의 산업 기술이 (일시적으로나마) 우월하다는 것을 받아들이려면 세계관의 변화가 필요했다. 이런 변화는 하룻밤 새에 일어나지 않는다.

하지만 반대로 외국 기술을 열망한다고 해도 여러 조건이 맞아야 한다. "전쟁은 발명의 어머니"라는 명제는 이제 옛말이 되었다. 전쟁은 기술 확산에 전혀 도움이 되지 않는다. 경쟁국의 군대가 첨단 기술을 획득하기를 원하는 나라는 없다. 나폴레옹전쟁 당시 영국은 기술자들이 해외로 나가는 걸 금지했고 기계 수출도 금지했다. 유럽 전반에 기술이 그토록 빠르게 전파될 수 있었던 건 1815년 이후 자리 잡은 평화 덕분이 컸다. 유럽사의 대부분 시기와 비교하면 나폴레옹전쟁과 1차 세계대전 사이의 시기는 **평화로웠다**고 할 수 있다. 특히 1870년 이후로 평화는 오래 지속됐다. 장기간 이어진 안정으로 경제성장은 널리 확산할 수 있었다. 이 시기는 흔히 첫 번째 세계화 시대라고 불린다. 세계 무역은 400퍼센트 이상 증가했다. 전 세계 국내총생산에서 무역이 차지한 비중은 21세기까지 회복되지 않았다.

이 시기에는 제조업 기술만 퍼져 나간 게 아니다. 새로운 운송과 통신 기술 또한 확산되었다. 2장에서 언급한 것처럼, 이런 기술에 대한 투자는 '나쁜 지리' 문제를 극복하는 데 도움이 되었다. 국제 화물 운송료 인하와 운송 기술 개선 덕분에 땅이 풍부한 북아메리카에서 유럽으로 곡물을 수출할 수 있었다(O'Rourke and Williamson, 1999). 북아메리카산 곡물이 쏟아져 들어오자 실질 임금의 상승을 경험한 유럽 도시의 노동자들이 큰 이득을 누렸다. 수에즈운하 같은 기반시설에 이루어진 투자 또한 큰 영향을 미쳤다. 공급과 수요가 함께 팽창했다. 해상 화물 운송료가 50퍼센트 감소하기도 했지만, 화물 비용의 감소만으로는 무역 팽창의 규모를 설명할 수 없다(Jacks et al, 2011). 운송에 대한 투자를 추동한 것은 무역 상품에 대한 수요 증가와 세계 곳곳의 제도 개선이었다.

이 시기에 이루어진 운송 개선 가운데 가장 중요한 것은 증기선의 발명이다. 증기선이 발명되기 전에는 범선의 접근성에 따라 무역 비용이 달라졌다. 하지만 증기선의 등장으로 사정이 달라졌고, 무역은 호황을 이뤘다. 하지만 모든 나라가 무역 증가와 글로벌 경제의 통합으로 이득을 얻은 건 아니었다. 국제무역에 더 많이 노출되면서 경제 발전을 이룬 것은 정치 권력을 강하게 제한하는 제도를 갖춘 나라들뿐이었다(Pascali, 2017).

모든 나라가 똑같은 경로를 통해 근대적 경제성장으로 나아간 것은 아니다. 산업화만이 나라를 부유하게 만드는 유일한 길이라고 가정할 수는 없다. **산업화 없이** 부유해진 나라도 있기 때문이다. 덴마크, 네덜란드, 오스트레일리아, 뉴질랜드 등이 대표적이다. 이 나라들은 수출용 식품 생산이나 가공을 전문화했다. 이를 위해 국제시장에 편입되어야 했으며, 어느 정도의 세계화도 필요했다.

예를 들어, 덴마크는 버터 산업을 발전시켰다. 따라서 제조업보다는 낙농업에 집중할 필요가 있었다. 덴마크는 특정한 제도와 문화를 바탕으로 성공을 이뤘다. 람페Lampe와 샤프Sharp(2018)가 입증한 것처럼, 교육받은 엘리트층이 자본을 제공하며 새로운 과학적 기법을 도입했고, 이후 소규모 농민과 낙농업 협동조합들이 이런 기법들을 채택해 사용했다. 하지만 모든 나라가 이런 긍정적인 발전을 이룬 건 아니었다. 가령 아일랜드에서는 정치적 갈등 때문에 협동조합 방식의 혁신이 확산하지 못했다(O'Rourke, 2007a, 2007b).

오스트레일리아 또한 세계화를 계기로 경제 발전을 이루었다. 범죄자 식민지로 세워진 이 나라는 1840~1850년대에 금이 발견되며 이민자가 급증했고 실질 임금 상승을 경험했다. 다른 소규모 경제국처럼, 오스트레일리아의 번영은 글로벌 무역과 안정된 국제 정세에 좌우되었다(McLean, 2013). 오스트레일리아의 첫 번째 주요 수출품은 뉴사우스웨일스산 메리노울이었는데, 이는 영국 섬유 산업의 중요한 원료가 되었다. 따라서 오스트레일리아 경제는 1890년과 1차 세계대전을 겪을 때처럼 국제 경제가 하강할 때마다 충격을 받았다. 하지만 전반적으로 오스트레일리아는 번영했다. 덴마크와 마찬가지로 오스트레일리아는 19세기 말에 닥쳐온 세계화의 물결을 따라 부유해질 수 있었다.

세계화의 첫 번째 시대에는 지속적인 경제성장의 확산이 이어졌다. 하지만 동시에 엄청난 경제적 분기도 나타났다. 서유럽과 북아메리카의 경제는 성장했지만 중국, 인도, 중동의 1인당 소득은 정체했다. 원인은 여러 가지다. 6장에서 논의한 것처럼, 식민 제도가 한 가지 이유다. 게다가 전 지구적 무역이 팽창하면서 세계의 여러 지역이 연결되었고 가난한 나라들은 점차 1차 생산품 수출에 뛰어들게 되었다. 예컨대 20세기 초 서아프리카는 환금작물 수출로 경제 발전을 이뤘지만, 위험을 떠안아야 했다. 1차 생산품의 가격은 극심하게 변동하는 경향이 있었기 때문이다(Wiliamson, 2006). 그리하여 주요 수출 상품의 가격이 하락하면 그 나라의 경제도 속수무책으로 폭락하곤 했다.

이제 고개를 돌려 미국에는 근대적 경제가 어떻게 전파되었는지 살펴보도록 하자. 미국 이외의 다른 후발국들의 사례도 물론 귀중하지만, 미국의 사례는 '부유해지는 세계'를 이해하는 데 특히나 더 중요하다고 할 수 있다.

미국은 어떻게 부유해졌는가?

19세기 후반에 미국은 세계에서 가장 빨리 성장하는 나라가 되었다. 20세기 초에 이르면 미국은 세계에서 가장 거대한 경제와 가장 높은 생활수준을 갖추게 되었다. 따라서 경제성장과 산업화가 미국으로 어떻게 전파되었는지를 이해하는 것은 세계가 어떻게 부유해졌는지를 이해하는 데 몹시 중요하다. 미국은 어떻게 해서 영국을 따라잡고 심지어는 추월할 수 있었을까?

미국은 처음엔 기술 후발 주자였지만, 대단히 빠르게 성장했다. 1790년에서 1860년 사이에 이 나라의 성장을 추동한 것은 효율성이 아니라 생산성 있는 토지와 천연자원의 막대한 증가였다. 인구가 빠르게 증가했지만, 토지와 천연자원이 훨씬 빠른 속도로 개발되었다.

19세기 중반에 이르면, 미국 제조업은 매우 높은 수준의 생산성을 달성했다(Broadberry, 1994, 1998). 하지만 그 시점에서 제조업은 경제의 극히 일부분일 뿐이었다. 제조업이 미국의 경제성장을 이끄는 원동력이 된 것은 1880년대가 되어서의 일이다([그림 9.5] 참조). 이제부터 이러한 미국의 발전을 검토해보자. 영국의 산업 부상에 결정적인 역할을 했던 (7장과 8장에서 논의한) 전제조건들과 미국의 발전을 연결해볼 생각이다.

독립 이후 미국의 국제 무역은 상당히 증대했다. 급속한 인구 증가가 이루어졌고 인구가 서쪽으로 퍼져 나갔다. 이 발전의 두 가지 측면에 주목해보자. 하나는 미국 남부가 주요한 면화 수출 지역으로 등장한 것, 다른 하나는 북동부가 제조업 중심지로 부상한 것이다.

1793년 일라이 휘트니가 조면기(목화씨에서 면섬유를 분리하는 기계)를 발명하면서 남부 주들은 수익성이 대단히 좋은 이 수출 작물에 주력할 수 있었다. 그전에는 내륙 지역에서 자라는 이른바 단섬유 목화short-stable cotton, 섬유 길이가 짧은 목화─옮긴이를 꼼꼼하게 손질해야 했기 때문에 면화 생산에 한계가 있었다. 평균적으로 보면, 목화 따는 일꾼 한 명이 하루에 손질할 수 있는 단섬유 목화는 1파운드(약 0.45킬로그램)에 불과했다. 조면기는 목화를 나무로 만든 원통에 통과시켜 손질하면서 가는 구멍으로 섬유를 뽑아내는 기계였다. 조면기는 처음에 사람 손이나 말을 동력으로 삼았지만, 시

그림 9.5 • 세계 산업 생산고에서 주요국이 차지하는 비중, 1750~1938년

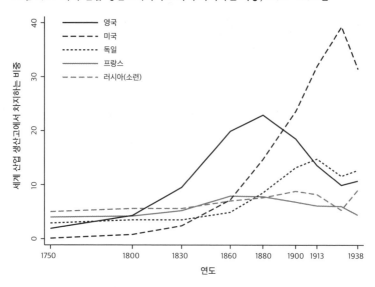

간이 흐르면서 기계로 대체되었다. 노스(1966, 68쪽)가 말한 것처럼, "시장 규모가 커지고 경제가 팽창하는 데 가장 중대한 역할을 한 것은 다름 아닌 면화였다." 면화는 또한 노예제의 확산으로 이어졌다. 목화를 따는 일은 힘들지만 감독하기는 쉬웠기 때문에 강제노동에 딱 맞았다.

면화의 부상은 미국의 경제뿐 아니라 정치에도 영향을 미쳤다. 면화 무역이 호황을 누리면서 노예 수요가 증가했고 남부와 서부의 노예제 중심지가 버지니아와 노스캐롤라이나에서 루이지애나와 미시시피, 앨라배마의 '블랙벨트black belt'로 옮겨갔다.

노예노동으로 생산하는 면화는 수익성이 대단히 좋아서 남부의 많은 대농장주에게 부를 안겨주었다. 야만적이기 짝이 없는 노예제로 유지된 면화 생산은 미국 남부 사회에서 중심적인 역할을

했다. 하지만 면화 수출이 미국 전체 경제에서 차지하는 비중은 겨우 6퍼센트였다. 6퍼센트가 사소한 수치는 아니지만, 노예제와 면화가 미국의 경제성장에서 중심축을 담당했다는 주장은 과장된 것임을 알 수 있다.

실제로 남부에서는 노예제의 존재 때문에 산업화와 도시화가 지연됐다. 남부 엘리트들은 주로 그들의 재산을 노예를 사는 데 썼다. 노예에 투자하는 게 수익성이 좋았기 때문이다. 따라서 다른 산업 활동에는 투자하지 않았다(Ransom and Sutch, 1988). 시장 규모는 점차 제한되었고 산업 생산의 매력도 더욱 줄어들었다. 머주스키Majewski(2009, 17쪽)가 말한 것처럼, "노예제는 남부 제조업자들의 시장 규모를 크게 제한했다. 인구가 희박한 오지를 배후지로 삼은 리치먼드, 노퍽, 찰스턴 같은 도시들은 북부의 경쟁 도시들에 뒤처졌다. 이 지역의 많은 대농장주와 농민은 상당한 부를 누렸으나 도시와 산업, 인구 성장이 정체되면서 남부 경제가 쇠퇴한다는 인식이 생겨났다."

그러나 노예제를 없앤다고 해도 면화가 사라지는 건 아니었다. 노예제가 없었다면 면직 제조업자들은 노예를 사용하지 않는 농장에서 면화를 구매했을 것이다. 중기적으로 본다면 면화 생산은 소규모 농업을 통해 확대될 수도 있었다(Wright, 2020). 남부 엘리트들은 노예제가 없었다면 확실히 가난했을 것이다. 강제 노예 노동이 없었다면 면화 가격도 올랐을 터다. 하지만 섬유 생산이 일시적으로 중단되는 것 이상의 사태가 벌어졌을 것 같지는 않다. 클레그Clegg(2015, 296쪽)는 이렇게 언급한다. "영국이 1812년 전쟁 때문에 미국산 면화 수입을 잠시 중단했을 때, 면화 가격의 상승폭은 1860년대보다 크지 않았다. 앞선 시기에 의존도가 더 낮았기 때문이다."

다른 중요한 발전은 1차 산업혁명의 기술을 더 일찍부터 받아들인 북동부에서 나타났다. 산업 생산 성장이 1790년에서 1850년 사이에 100배 확대된 것이다. 이런 발전은 8장에서 앨런과 모키르가 제시했던 요인들로 설명할 수 있다. 미국은 영국과 같은 앵글로색슨 문화를 공유했기 때문에, 영국의 새로운 발상을 쉽고 빠르게 흡수했다. '문화'가 뉴잉글랜드의 산업화를 낳은 유일한 원인은 아니었지만 분명 도움이 되기는 했다. 모키르가 영국의 부상에 결정적인 역할을 했다고 강조한 문화적 특성을 가진 나라는 얼마 되지 않았다. 적절한 문화의 부재는 산업화를 지체시켰다. 영국과 문화를 공유하는 뉴잉글랜드는 이런 지체를 거의 겪지 않았다.

앨런의 주장(상대적 요소가격을 중심으로 한 주장)은 미국의 경제 성장 또한 설득력 있게 설명해준다. 미국은 독립혁명 이전에도 실질 임금이 높았고, 일부 추정치를 보면 영국보다도 높았다(Lindert and Williamson, 2016). 에너지도 저렴했고, 수력을 포함해 목재 같은 천연자원 또한 풍부했다. 그리하여 노동 절감형 혁신이 나타날 유인이 매우 컸다. 1782년 올리버 에번스가 발명한 자동 제분기와 휘트니가 발명한 조면기 등이 대표적인 사례다. 앨런(2011a, 83쪽)은 이렇게 말한다. "미국 경제의 성공은 산업 전반에 걸친 창의적 공학기술의 응용에 좌우되었다. 높은 노동비용이 기계화에 유인을 제공했다. 많은 잠재적 발명가들이 이에 관심을 보였고, 이런 도전과 응전의 상호작용 덕분에 미국은 생산성 향상을 이끈 세계의 선도자가 되었다." 1880년까지 미국의 미숙련 노동에 대한 상대 가격은 영국보다 낮았다. 하지만 1880년 이후 "더 생산성 높은 기술을 발명하려는 유인 덕분에 미국은 세계를 선도하게 됐다. 이 시기에 미국에서는 노동자당 더 많은 동력을 사용하려는 유인이 크게 상승했다. 영국에서는 그에 상응하는 변화가 나타나지 않았다"(Allen, 2014, 332쪽).

7장에서 우리는 제한적인 대의정부의 역할이 얼마나 중요한지 살펴보았다. 영국과 마찬가지로 미국에도 이런 정부가 있었지만 모든 사람을 위한 것은 아니었다. 영국에서는 공공재, 특히 교통망 공급에 제한적인 대의정부가 큰 역할을 했다. 미국도 마찬가지였다. 특히 중요한 것은 주 간 통상 조항Interstate Commerce Clause이었는데, 이 조항은 주 정부가 지역 간 통상을 방해하는 법을 제정하는 걸 막고 운송 독점을 금지했다. 예를 들어 1824년 뉴욕주는 로버트 풀턴에게 증기선 운항 독점권을 부여하려 했으나 이 조항으로 인해 그럴 수 없었다.

운송 인프라는 19세기 초에 본격적으로 개선되기 시작했다. 아마 1825년에 완공되어 뉴욕시를 오대호와 연결한 이리운하가 가장 유명한 사례일 것이다. 이와 같은 개선은 다양한 지역과 시장을 하나로 엮는 역할을 했다. 그 결과 지역 간 통상이 이루어지면서 전문화가 확대되고 제조업이 발달했으며 국내시장이 통합되었다(North, 1966). 대규모 국내시장은 경제성장의 또 다른 전제조건이었다. 이러한 시장은 미국 전역이 연결된 뒤에야 가능했다.

가장 많은 투자가 이루어진 부문은 철도였는데, 공공과 민간 자금이 모두 투입되었다. 2장에서 우리는 철도의 중요성을 둘러싸고 벌어진 논쟁을 검토했다. 최근의 연구 결과를 보면, 철도가 미국의 경제성장에 막대한 영향을 미친 이유는 시장 접근성을 개선해주었기 때문이다(Donaldson and Hornbeck, 2016). 철도가 없었더라면 미국의 총 생산성은 25퍼센트 정도 낮아졌을 것이다(Hornbeck and Rotemberg, 2021). 요컨대 철도는 미국을 대규모의 동질적인 시장으로 통합하는 데 도움을 주었다.

미국의 정치 제도는 교육 투자를 통해 경제에 중대한 영향을 미쳤다. 영국이 주로 기계 기술을 바탕으로 인적 자본의 우위를 누린 것과 달리, 미국은 공교육에 투자했다. 이런 투자의 대부분은 자치체 수준에서 이루어졌다. 엥거먼Elgerman과 소콜로프Sokol-off(2012)는 이것이 정치 제도에 따른 현상이라고 주장한다. 식민지 시대 아메리카의 지방정부, 특히 북동부 지방정부는 대단히 탈중심적이었고 평등을 지향했으며 민주적이었다. 한편 남부에서는 대규모 지주들이 노동자들의 교육 수준을 낮게 유지하려 했다. 농사를 짓는 일에 문해력은 별로 중요하지 않았다. 대중(노예와 가난한 백인 둘 다)의 교육 수준을 억누른 결과, 엘리트들은 그들의 임금을 낮게 유지할 수 있었다(Galor et al, 2009). 북부는 사정이 달랐다. 북부 기업가들은 생산성 높은 노동력을 확보해 이득을 얻고자 했다. 그 결과 북부 주들은 상대적으로 시민들의 문해율과 기본 교육 수준이 높았다.

19세기 중반에는 산업화와 급속한 이민 유입으로 문해율이 잠시 정체했다. 하지만 20세기 초, 고등학교운동이 등장하며 중등교육이 극적으로 늘어났다(Goldin and Katz, 2008). 20세기 미국의 성장에서 이런 인적 자본의 부상은 핵심적인 역할을 했다. 골딘Goldin(2001)은 이 시기를 '인적 자본의 세기'라고 지칭할 정도다.

미국만이 지닌 특별한 요인들 중에는 이 나라를 부자로 만든 중요한 요인도 있었고, 딱히 중요하지 않은 것들도 있었다. 예를 들어, 미국은 보호관세를 활용했다. 관세 주창자들은 이것이 '유아적 산업'을 보호해준다고 보았다. 하지만 과연 관세가 미국의 산업화에 필수적이었을까? 대다수 경제사학자들은 (몇 가지 단서가 붙긴 하지만) 그렇지 않았다고 판단한다. 관세 덕분에 뉴잉글랜드의 섬유 산업에서 제조업의 성장이 가속한 것은 사실이지만(Harley, 1992a, 1992b; Rosenbloom, 2004), 관세는 어쨌든 일어났을 과정을 재촉했을 뿐일 가능성이 크다(Irwin, 2000, 2002).

미국의 문화 또한 독특했다. 하지만 미국 문화의 어떤 측면이 19세기에 이루어진 경제성장을 가속화했는지 가려내기란 쉽지 않다. 4장에서 소개한 베버의 가설을 상기해보라. 베버는 칼뱅주의가 경제성장에 적합한 가치를 제시했다고 보았다. 그 원형적인 사례가 바로 벤저민 프랭클린이다. 하지만 4장에서 역시 살펴본 것처럼, 구체적인 프로테스탄트 노동윤리를 뒷받침하는 증거는 탄탄하지 않다. 아마 칼뱅주의 자체보다 중요한 것은 상업을 사회적 출세의 수단으로 여기는 사회의 전반적인 태도였을 것이다(Appleby, 2010). 미국에는 세습 귀족이 없었기 때문에 상업을 천시하고 성공한 상인과 기업가들이 귀족사회에 진입하는 것을 가로막는 사회규범 또한 없었다.

프레드릭 잭슨 터너(Turner, 1893)는 미국의 독특한 개인주의의 기원을 외딴 서부 개척지의 변경에서 찾아낸다. 미국의 개인주의는 이 나라의 정치, 과세, 복지국가 형성에 상당한 영향을 미쳤지만(Bazzi et al, 2020), 이런 변경 문화가 산업화에서도 중요한 역할을 했는가는 분명하지 않다. 초기의 산업화는 대부분 변경에서 먼 곳에서 이루어졌다. 처음에는 북동부에서, 그다음에는 중서부였다. 기꺼이 변경으로 이동하려는 미국인들의 의지(토크빌 같은 19세기 유럽의 관찰자들이 논평한 태도)는 경제적 향상의 가능성에 대한 미국의 폭넓은 문화적 믿음을 반영하는 것이었을 가능성이 크다.

이민은 미국의 성장을 이끈 또 다른 중요 요인이었다. 미국 인구는 1790년 400만에 미치지 못하는 수준에서 1900년에 이르러 7,600만 명을 넘어섰다. 물론 자연적 인구 증가(즉 사망자보다 많은 신생아 수)도 있었지만, 이민으로 인한 인구 유입이 핵심적인 역할을 했다([그림 9.6] 참조). 이민 유입은 경제성장과 산업화에 폭넓게 영향을 미쳤다. 첫째, 국내시장의 성장을 도왔다. 1850년대에 이르면 외부 전문가들도 미국의 거대한 제조업과 국내시장에 주목하게 되었다. 둘째, 이민자들은 미국이 주요한 제조업 중심지로 올라서는 데 필요한 대규모 노동력을 제공했다. 셋째, 이민자들은 인적 자본을 갖고 미국에 왔다. 이는 미국의 창의성에 기여했다. 미국 발명가 중 많은 이가 이민자거나 이민 2세였다. 실제로 이민 유입이 많은 카운티일수록 제조업 시설이 더 크고 더 많았으며, 농업 생산성이 더 높고, 혁신의 수준도 더 높았다(Sequeria et al, 2020). 역사적으로 이민 유입이 많았던 카운티들이 **지금도** 소득이 훨씬 더 높고, 빈곤과 실업은 더 적으며, 도시화 수준이 더 높고, 교육 성취도 또한 더 높다.

소비에트
우회로

산업화로 나아가는 또 다른 경로는 러시아가 개척했다. 이 경로는 시장보다는 국가의 통제에 기반을 두었다. 왜 이런 일이 벌어졌을까? 그리고 왜 이 경로는 결국 실패하고 말았을까?

최근의 경험적 연구는 소비에트 이전 러시아 경제에 관한 전

그림 9.6 + 미국의 인구와 이민자 비중, 1850~2010년

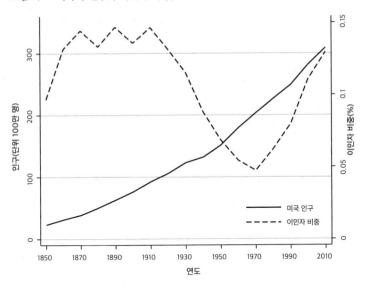

통적인 견해를 뒤집고 있다. 19세기 중반까지 러시아는 폐쇄적이
고 후진적인 농업 경제였다. 하지만 19세기 말 일련의 근대화 개혁
을 거친 끝에 러시아는 메이지 시대 일본과 나란히 후발 산업화 경
제국 대열에 합류할 수 있었다. 20세기 초에 이르면 러시아는 세계
에서 가장 빠르게 성장하는 경제로 손꼽혔다(Gregory, 1994).

급속한 성장에도 불구하고 러시아는 여전히 농업 국가였다.
1913년 러시아에서 농업은 경제의 60퍼센트 가까이를 차지했다
(Gregory, 2004b, 185쪽). 19세기 대부분 시기 동안, 심지어 1861년
농노제를 공식 폐지한 뒤에도 비효율적인 농노 기반 농업은 러시
아 경제의 생산성을 저해했다(Markevich and Zhuravskaya, 2018). 하
지만 토지개혁, 특히 1906년과 1911년의 스톨리핀 개혁으로 농민
들은 잔여청구권자residual claimant, 주식회사에서 주주는 기업의 부채를 제외한 모

든 자산의 청구권자이기 때문에 주주를 잔여청구권자라 일컫는다. 토지개혁으로 각종 굴레에서 해방된 러시아 농민들도 고정 비용을 제한 모든 수익의 주인이 되었기 때문에 잔여청구권자라고 지칭하는 것이다―옮긴이가 될 수 있었다. 이는 농업 생산성을 폭발적으로 올리는 잠재력을 발휘했다(Castañeda Dower and Markevich, 2018). 하지만 이런 급속한 성장은 1차 세계대전(1914~1918), 러시아혁명(1917), 러시아내전(1917~1922) 발발 이후 러시아 경제의 붕괴로 끝이 났다.

붕괴가 한창인 가운데 레닌은 전시 공산주의War Communism 정책을 시행했다. 사실상 시장과 사유재산을 폐지한 이 정책은 기근과 빈곤을 낳았다. 공산주의 시대를 제대로 설명하려면 엄청난 지면이 필요할 것이다. 여기서는 근대 경제성장과 관련한 대략적인 개요만 소개하겠다. 소비에트 경제는 레닌의 신경제정책New Economic Policy(NEP) 아래서 1920년대 초의 파국적 저점을 벗어나 회복하기 시작했고 시장 활동도 부활할 수 있었다. 일찍이 마르크스주의 이론은 고도로 산업화한 경제에서 사회주의 혁명이 일어날 것이라고 가정한 바 있었다. 하지만 러시아 경제는 1차 세계대전 이전에 급속한 성장을 이뤘지만, 산업화는 이루지 못했다. 스탈린의 '업적'은 농업 집단화와 일련의 5개년 계획을 통해 산업화를 급속하게 달성한 거라고 할 수 있다. 이는 파괴적 대가를 치르고 만들어낸 성과였다. 집단화로 농업 수확량이 곤두박질쳤고, 강제 징발은 대규모 기근으로 이어졌다. 550만 명에서 1,080만 명이 굶어 죽었는데, 사망자의 대다수가 우크라이나인이었다(Markevich, et al, 2021; Naumenko, 2021).

빠른 속도로 이루어진 소련의 산업화는 2차 세계대전 직후에 다른 개발도상국에도 대안적인 경로를 제공했다. 소비에트 국가는 무엇보다도 훌륭한 기술교육과 필수 보건의료를 비롯한 많은 기본적 공공재를 제공하는 데 성공했다. 소련은 또한 천연두를 비롯한 각종 질병을 미국보다 앞서 근절했다(Troesken, 2015).

하지만 이렇게 가속화된 산업화 속도는 지속되지 못했다. 급속하게 성장했던 초기 단계에도 비효율과 낭비가 터무니없이 많았다(Gregory and Harrison, 2005). 처음에는 소비에트 경제가 동원할 수 있는 노동력 규모(많은 부분이 노예노동이었다)와 물리적 자본, 천연자원 때문에 많은 문제가 가려졌다. 하지만 독재자가 모든 결정을 통제하게 되면서 결국 혼돈으로 치달았다. 스탈린은 지하철 요금을 정하고 관리자를 꼼꼼하게 임명하는 등 사소해 보이는 결정을 내리느라 시간을 보냈다(Gregory, 2004a, 112~114쪽). 사회에는 부패와 지대 추구가 만연했다(Anderson and Boettke, 1997; Boettke, 2001). 스탈린 사후에 개혁이 이루어졌지만, 소비에트 경제는 1950~1960년대에 발전하는 가운데서도 사람들이 원하는 기본 소비재를 제공하지 못해 분투했다.

경제성장은 결국 경제적 가치 생산의 문제인데, 소비에트 경제는 이를 달성하지 못했다. 소비에트 엘리트들은 서구 상품을 판매하는 특별한 상점을 이용할 수 있었지만, 보통 시민들은 그런 상점에 들어갈 수 없었다. 소비에트 경제는 점점 더 원유와 천연가스 수출에 의존하게 되었다. 그러다 1980년대에 원유 가격이 폭락하자 소비에트 경제를 개혁하려는 압력이 거세졌고 미하일 고르바초프가 개혁 정책을 내놓았다. 이는 곧 소비에트 경제와 공산주의 체제의 붕괴로 이어졌다(Boettke, 1993).

소비에트 산업화 이야기에는 두 가지 교훈이 있다. 하나, 공산주의는 장기적 성장과 양립 불가능하다. 소련은 야심차게 꿈꾸었던 경제적 청사진을 실행할 수 없었다. 소비에트 경제는 암시장에 의지했으며 이윤 동기를 억누를 수 없었다. 시간이 흐르면서 경제는 점점 경직되었다. 둘, 독재 정부는 장기적인 성장을 질식시킨다. 독재 아래서는 경제성장을 이룰 수 없다는 이야기는 아니다(최근 중국의 경제성장에 관해서는 다음 장에서 논의할 것이다). 제한적 통치 구조가 근대적인 성장을 지속하는 만병통치약인 것도 아니다. 소비에트의 사례는 견제받지 않는 정치권력이 경제에 얼마나 파괴적인 영향을 미칠 수 있는지 보여주는 증거일 것이다.

이 장의
내용 요약

근대적 경제는 영국에서 생겨났지만, 그 경제의 결실은 영국에 국한되지 않았다. 이 장에서 우리는 근대적 경제가 어떻게 서유럽과 미국에 전파됐는지 살펴보았다.

미국은 몇 가지 우위를 누렸다. 영국과 언어와 문화를 공유한 덕분에 전쟁 이후에도 지적 발전을 빠르게 흡수할 수 있었다. 미국은 높은 임금과 풍부한 땅, 천연자원을 보유하고 있었고 그래서 노동 절감형 기술을 도입하는 데 적합했다. 영국이 산업화 이전 경제에서 비교적 커다란 내부시장을 보유했던 것처럼 미국도 거대한 국내시장을 갖고 있었다. 미국의 인구가 팽창하고 서쪽으로 확장되며 내부 교통망이 개선되었고 시장은 더욱 넓어졌다. 이 모든 요인이 미국이 19세기 말에 이르러 거대 산업국가가 되는 데 유리하게 작용했다. 물론 다른 요인도 많았지만, 그걸 다 쓰려면 책을 한

권 더 쓰게 될 것이다.

세계의 나머지 지역은 어땠을까? 20세기에 근대적 경제의 과
실은 서유럽과 그 파생 지역을 훌쩍 넘어 확대되었다. 어떻게 이런
일이 벌어진 걸까? 앞의 여러 장에서 강조한 요인들이 결정적으로
작용했을까? 다음 장에서 이 문제를 살펴보자.

10

산업화와
그 결과로 탄생한 세계

지금까지 우리는 일부 서유럽 국가와 미국이 어떻게 부유해졌는 가를 살펴보았다. 하지만 이 나라들은 세계 인구의 10~15퍼센트에 불과하다! 세계가 어떻게 부유해졌는지 알기 위해서는 **세계의 나머지 지역들이 근대적 경제의 과실을 획득한 과정**을 이해할 필요가 있다.

1장의 내용을 잠시 돌이켜보자. 우리는 전 세계가 부유하지 않다는 사실을 잘 알고 있다. 10억 명이 넘는 사람들이 여전히 비참한 빈곤 상태에 놓여 있으며, 이런 빈곤을 뿌리 뽑는 것이 세계의 주요한 목표가 되어야 마땅하다. 우리는 인류가 이 대담한 과제를 달성하는 길 위에 서 있다고 믿는다.

세계 전체는 지난 200년 동안과 비교하면 확실히, 훨씬 부유해지고 있다. 지난 100여 년 동안 부의 과실은 마침내 유럽과 미국을 넘어, 소규모 엘리트 집단을 넘어 퍼져 나갔다. 이 양상을 가장 뚜렷이 보여주는 예가 바로 아시아다. 1960년까지만 해도 아시아의 많은 나라는 극도로 빈곤했다. 세계사 속 대다수 문명보다

그림 10.1 • 아시아 나라들의 1인당 국내총생산, 1960~2019년

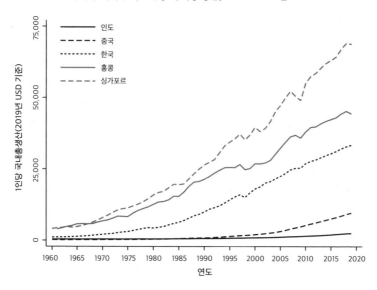

더 가난하진 않았지만 말이다([그림 10.1] 참조). 어쨌든 1800년 이전에 살던 거의 모든 사람이 빈곤이나 빈곤의 경계선에 있었으나, 20세기를 거치며 사정이 바뀌었고 변화는 현재에도 계속되고 있다. 아시아는 부유해지는 중이며, 그와 같이 세계도 부유해지고 있다. 이 장에서는 이 모든 것이 어떻게 가능했는지 살펴볼 것이다.

물론 아직 갈 길이 멀다. 사하라사막 이남 아프리카, 라틴아메리카의 여러 나라, 중앙아시아와 남아시아의 경로는 여전히 걱정스럽다. 하지만 우리는 현실적이며 확실한 진보를 이루는 중이다. 세계는 점점 부유해지고 있다.

따라잡기의 훼방꾼:
식민화의 그림자, 그리고 다른 요인들

일부 나라들의 따라잡기가 그토록 오래 걸린 이유는 식민화의 그림자 때문이었다. 6장에서 살펴본 것처럼, 옛 식민지 국가가 다른 국가들보다 먼저 산업화를 이루지 못한 이유는 식민화 때문만은 아니었다. 그러나 식민화로 인해 많은 지역의 따라잡기 성장이 지체됐다는 사실에는 의심의 여지가 없다.

식민 지배자들이 설립한 제도는 독립 이후의 발전에 지속적인 영향을 미쳤다. 노동력이 부족하고 토지가 넓었던 북아메리카, 오스트레일리아, 뉴질랜드, 아르헨티나는 19세기 말에 번성했다. 이 나라들은 식민 지배국을 따라 제도를 발전시켰고, 많은 양의 자본과 이민자를 끌어모았다. 가령 오스트레일리아는 죄수들을 가혹하게 대우하는 형벌 식민지로 설립되었지만, 지역 자치 체계를 발전시켰고 이 과정은 1900년에 입헌 군주정이 수립되면서 정점에 달했다. 그러나 다른 나라에는 이보다 훨씬 착취적인 경제와 정치 제도가 들어섰다.

지금도 일부 옛 식민지 국가들은 착취적인 제도를 유지하며 경제 선도국을 따라잡지 못하고 있다. 사하라사막 이남 아프리카의 대다수 지역, 남아시아, 라틴아메리카 일부 지역 등이다. 이 중 일부 국가에는 독립 후에도 식민 지배자들이 세운 착취적 제도가 그대로 남았다.

하지만 식민 지배자들이 세운 제도가 이 나라들의 발전을 가로막은 유일한 요인은 아니었다. 식민 지배 전의 상태도 중요했다. 예를 들어 나이지리아는 식민지가 되기 전에 대단히 파편화되어 있었고, 대다수 사람은 겨우 최저생활을 유지했다. 규모가 큰 중앙집권 국가는 등장한 적이 없었다. 나이지리아는 노예무역에 크게 영향을 받았다. 6장에서 살펴본 것처럼, 노예무역은 국가 형성과 신뢰, 사회적 자본에 파괴적인 영향을 미쳤다. 영국은 이렇게 분열된 사회를 통치하기 위해 체제를 만들었는데, 이것이 탈식민 이후에도 부정적인 유산으로 남았다. 식민지 체제는 "권한을 중앙집중화하고, 효과적인 행정 조직을 발전시키고, 주민에게 직접 과세하는 역량을 발전시키는 데 실패했다"(Kohli, 2004, 292쪽). 독립 이후 나이지리아는 내전에 시달렸고, 경제는 여전히 1차 생산물, 특히 석유 수출에 의존했다. 극심한 종족적, 종교적 분열 때문에 독립 이후 들어선 어떤 정부도 동아시아 국가들이 1960년대 이후 실행해온 종류의 발전 프로그램을 시도하지 못했다. 더불어 지속적인 폭력과 고질적인 거버넌스 문제 때문에 경제성장이 계속 제한되었다.

정책 선택 또한 중요했다. 가령 케냐의 도시 엘리트들은 독립 이후 식민 정부가 대공황 시기에 농산물 가격을 안정시키기 위해 세웠던 판매위원회marketing board를 장악했다. 엘리트들은 위원회를 활용해 농민들의 자원을 착취했고 그들의 뜻대로 도시에 재분배했다. 베이츠(Bates, 1981, 111쪽)에 따르면 "세네갈의 정부는 마케부트Makebout(이슬람 종파 지도자)들에게 특권을 부여하는 지원금을 지급했고, 농촌 대중에 대한 그들의 권력을 공고히 해주었다. 덕분에 정부는 농촌을 다스리는 정치기구를 세울 수 있었다." 이런 정책은 정치적으로는 편리했을지 몰라도 경제적으로는 큰 손해를 초래했다.

인도는 옛 식민지 국가 중 규모가 가장 크다(영국령 인도에는 오늘날의 파키스탄과 방글라데시도 포함되었다). 인도는 쭉 가난했지만, 최근 수십 년간 성장세가 좋아지고 있다. 이런 현상은 인도에만 국한된 것이 아니다.

역사적으로 인도는 주요한 섬유 수출국이었고, 번영이 최고조에 달했던 1600년 무렵에는 1인당 소득이 영국의 60퍼센트에 달했다. 그러나 인도 경제는 17~18세기부터 쇠퇴하기 시작했다. 1600년 인도의 도시 인구 비중은 15퍼센트 정도였으나, 이 비율은 이후 수백 년간 감소했고 1870년에 이르면 8.7퍼센트에 불과했다. 1인당 국내총생산은 같은 기간에 30퍼센트 정도 감소했다 (Broadberry et al, 2015, 67쪽). 브로드베리와 공저자들은 인도가 "악바르 시대에 무굴 제국이 정점에 달했을 때 … 상대적으로 번영했지만, 18세기에 이르면 이런 번영은 대부분 사라져버렸다"고 결론 짓는다.

점점 나빠지는 기후, 여러 차례의 침략, 고질적인 전쟁 등 인도 경제는 여러 요인을 겹쳐 겪으며 쇠퇴했다(Clingingsmith and Williamson, 2008). 1739년 페르시아의 나디르 샤는 무굴 제국의 수도를 짓밟고 수만 명을 살해했다. 그 후 영국 동인도회사가 인도 아대륙 대부분을 정복했고, 장기간의 전쟁과 약탈로 인도는 경제 혼란과 쇠퇴가 지속됐다. 숙련 노동자들의 저임금에 의지했던 인도의 섬유 산업 또한 수십 년 동안 쇠퇴했고 영국에서 공산품 면직물이 들어오자 큰 타격을 입었다. 이는 영국의 상업 정책이 아니라 기술 혁신이 낳은 결과였다(Gupta, 2019, 808쪽).

영국은 세포이 항쟁을 무자비하게 진압한 뒤 영국령 인도 제국을 수립했다. 이것이 성장의 기회가 될 수도 있었을 것이다. 실제로 인도 제국이 수립된 뒤 국내총생산은 늘어났으니까. 그러나

1인당 소득은 정체했다. 왜 그랬을까? 이유는 여러 가지였다. 첫 번째, 영국은 인도에 투자를 하긴 했으나 주로 철도 구축에만 집중했다. 20세기 초에 관개와 비료 부문이 대규모로 개선되긴 했으나, 다른 기반시설은 대체로 방치됐다. 게다가 재산권 체계를 정비하려는 시도가 지주 계급을 창출하는 의도치 않은 결과를 낳기도 했다. 인도의 요소 시장, 특히 신용 시장은 여전히 저발전 상태였고, 농민들은 계속해서 대부업자에게 의존했다.

인구 변동도 중요했다. 인도 경제는 여전히 맬서스적 상태였다. 생산성 증대는 생활수준 향상보다는 인구 증가로 이어졌다. 이것은 영국이 강제한 무역 체제가 반영된 결과이기도 했다. 인도는 여전히 1차 상품 생산국이자 영국산 공산품의 수입국이었다(Galor and Mountford, 2008). 인도의 농업 투자는 지연되었고 교육 개선도 거의 이뤄지지 않았다. 인도 독립 당시 기본 문해력을 갖춘 인구는 17퍼센트밖에 되지 않았다(Gupta, 2019, 805쪽). 교육 분야에서 인도는 브라질이나 일본보다 한참 뒤처졌다.

인도는 1947년 독립했으나, 이런 이유로 성장을 이룰 기회를 잡지 못했다. 인도 역시 다른 개발도상국들처럼 소련의 사례에 영향을 받았다. 자와할랄 네루(1947~1964년 총리 재임) 같은 인도 정치인들은 국가 주도 산업화를 추구하면서 산업적 자급자족을 목표로 삼았다. 랄Lal(2005, 263쪽) 같은 사람들은 카스트 제도에 뿌리를 둔 상업에 대한 깊은 불신을 바탕으로 이러한 테크노크라시(기술관료제) 계획을 비판했다. 반면 존 케네스 갤브레이스와 조앤 로빈슨 같은 서구의 경제 조언자들은 이 체제를 떠들썩하게 지지하며 넉넉한 원조까지 지원했다(White, 2012, 250~259쪽). 갤브레이스는 이렇게 조언했다. "이 저발전 국가에 계획이 필요하다는 사실에는 의심의 여지가 없다. … 이런 정책이 부재하면 시장은 커다란 걸음을 내디딜 수 없다"(White, 2012, 253쪽에서 재인용).

하지만 이 정책은 매우 실망스러운 결과를 안겨주었다. 따라 잡기 성장은 어느 정도 이루어졌지만, 전반적인 경제성장은 지체했다. 1950년에서 1980년 사이 인도의 1인당 국내총생산 증가는 평균 1.2퍼센트로, 동아시아 주요국 경제보다 한참 못 미쳤다. 앞으로 살펴보겠지만, 이는 대체로 동아시아 나라들이 국제무역에 한층 더 개방적이며 보호주의 성격이 약했기 때문이다. '규제 왕국 License Raj' 인도는 고질적인 지대 추구와 부패가 문제였다. 1980년 대에는 수입 대체와 중앙계획이 초래한 열악한 결과가 분명하게 드러났다. 결국 인도 정부는 1990년대에 경제 규제를 완화하기 시작했고, 그제야 인도는 고비를 넘길 수 있었다.

중국과 남아시아의 빈곤을 줄이는 일은 세계의 빈곤을 줄이는 데 있어 몹시 중요하다. 2015년 통계에 따르면 전 세계의 7억 3,100만 명이 극빈 상태(하루에 1.9달러 이하)로 살아가고 있으며, 이 가운데 2억 1,600만 명이 남아시아에, 4억 1,300만 명은 사하라사막 이남 아프리카에 산다(World Bank, 2020a). 하지만 전반적인 추세는 고무적이다. 1990년대의 자유화 개혁으로 인도 경제는 현재 성장하고 있다.

성장은 불평등과 환경 파괴를 동반했다. 세계보건기구에 따르면 세계에서 가장 오염이 심한 도시 11곳 중 10곳이 인도에 있다(WHO, 2018). 하지만 성장은 또한 빈곤을 감축시켰다. 그리고 미래는 희망적이다. 1977년 극심한 빈곤 환경에서 살아가는 인도인의 비율은 61.6퍼센트였지만, 2011년에는 21.2퍼센트로 감소했다([그림 10.2] 참조). 같은 시기에 높은 소득(하루에 5.5달러)을 버는

그림 10.2 ◆ 인도의 극빈층 비율, 1977~2011년

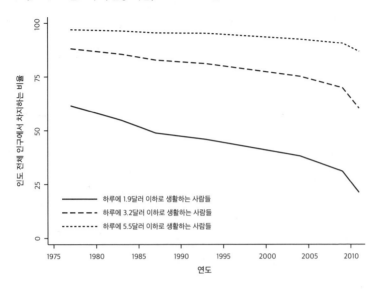

비율은 3퍼센트에서 13.2퍼센트로 증가했다. 인도가 부유해지기까지는 아직 시간이 더 필요하겠지만, 추세는 올바른 방향을 가리키는 중이다.

일본은 어떻게 부유해졌는가

비서구권에서 처음으로 지속적인 경제성장을 달성한 나라는 일본이다. 쇼군을 끌어내린 1868년 메이지 유신 이후, 일본은 신속하게 국가 건설과 산업화 프로그램을 실행했다. 즉 서양의 제국주의에 저항할 수 있는 근대적 육군과 해군을 창설하는 데 초점을

맞추었다. 그러나 이 개혁은 군사 부문을 넘어서 일본 사회 전체에 변화를 불러왔다. 일본이 청일전쟁(1894~1895)에 이어 러일전쟁(1904~1905)에서도 승리를 거둔 것은 그들의 개혁이 성공적이었음을 보여준다. 일본은 과연 어떻게 산업화와 국가 건설 정책을 성공적으로 이끌 수 있었을까?

많은 외부 관찰자들은 메이지 유신 시기의 일본을 매우 후진적이고 억압적인 사회로 묘사했다. 이는 어느 정도 사실에 가까웠다. 에도 시대(1603~1868)의 일본은 사무라이, 농민, 수공업자, 상인(사농공상)의 네 계급으로 조직된 엄격하고 세습적인 사회였다. 통일된 국가는 존재하지 않았다. 가장 강력한 쇼군도 나라의 14퍼센트만을 통치했다. 나머지 영토는 260여 개의 번으로 나뉘었고, 각각 독자적인 군대를 거느리는 번주(다이묘)가 이끌었다(Koyama et al, 2018). 게다가 지역마다 화폐와 세금이 달랐고 외부 세계와의 무역은 엄격하게 제한되었다. 나가사키항의 데지마에 있는 네덜란드 상관商館이 유일하게 서양인들과의 접촉이 허용되는 장소였다.

1인당 국내총생산과 실질 임금에 관한 최신 추정치를 보면, 일본인들은 평균적으로 19세기까지 유럽이나 북아메리카 사람들에 비해 상당히 가난했다([그림 10.3] 참조). 그렇지만 최근 연구에 따르면 에도 시대 일본은 산업화 이전에도 여러 면에서 성공적인 경제였다.

예컨대 에도 시대에는 몇 가지 눈에 띄는 경제 발전이 이루어졌다. 첫째, 도시화 수준이 비교적 높았다. 1800년 당시 일본 인구의 13퍼센트가 주민이 1만 명 이상인 도시에 살고 있었다. 중국의 비율이 3~4퍼센트였던 것에 비하면 이는 상당한 수치다. (Vries,

그림 10.3 ✦ 영국과 일본의 1인당 국내총생산, 1280~1850년

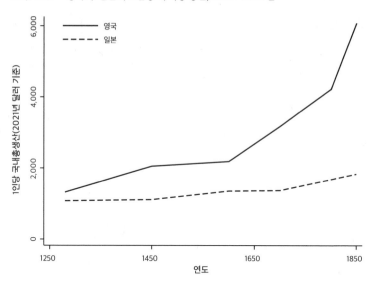

2020, 68쪽). 둘째, 에도 시대를 거치면서 일본은 시장과 내부 교역의 팽창을 바탕으로 한 스미스적 성장을 경험했다(Sugihara, 2004). 농민들이 점차 시장에 참여하고 연결된 것이다. 농지가 적어 이모작을 실행했고, 농업에 노동력이 집중되었다(Saito, 2005). 농민들은 종종 수공예품을 만들어 시장에 내다 팔았다. 이러한 프로토산업화(산업 혁명의 원형이 되는 경제 형태) 과정은 근대 초 일부 유럽 지역의 발전과 유사한 모습이다.

앞서 우리는 제대로 기능하는 요소 시장이 지속적 경제성장을 위한 전제조건이었을 가능성이 크다는 것을 확인했다. 에도 시대 일본에도 이런 시장이 존재했다. 농민들이 공식적인 재산권을 소유한 것은 아니었지만, 자기 토지에 대한 실질적인 권리를 갖고 있었다. 이론상 토지를 판매할 수는 없었지만, 실제로는 저당권 계

약을 통해 제한된 기간에 재산을 양도할 수 있었다. 따라서 토지 시장이 존재하고 기능했다고 볼 수 있다(Saito, 2009).

하지만 일본의 요소가격은 북서유럽과 달랐다. 일본의 실질 임금은 유럽에 비해 낮은 편이었다. 그 결과 일본의 발전 경로는 제니방적기 같은 노동 절감형 기술의 개발로 이어지지 않았다. 게다가 앨런의 이론(8장에서 검토한)에 따라 희소한 토지, 에너지, 자본을 절약하기 위한 노동 집약적 기술 향상을 혁신하려는 유인도 거의 없었다. 그러나 다행히 일본은 쓸데없이 시간을 낭비할 필요가 없었다. 선도 국가들의 기술을 채택하여 신속하게 따라잡기 성장을 이룰 수 있었기 때문이다. 그러나 이를 위해서는 일정한 제도와 문화적 전제조건이 충족되어야 했다. 일본에는 이런 전제조건들이 존재했을까?

에도 시대 일본에서는 제도와 문화가 장애물이 되지 않았다. 일본은 메이지 유신 이전에도 인적 자본의 수준이 높았다. 인적 자본에 대한 투자는 제도(자금이 필요하다)와 문화(교육이 뒷받침되어야 한다) 둘 다의 영향을 받는다. 일본의 문해력과 산술 능력은 서유럽의 수준과 맞먹었을지 모른다. 플랫(Platt, 2004, 4쪽)은 도쿠가와 시대에 "평민 학교 수만 곳과 번 학교번교藩校라고도 한다. 사무라이, 즉 무사들의 교육을 위한 학교—옮긴이 276개소, 사설 학원 1,500곳이 세워졌다"고 설명했다. 덕분에 일본은 2차 산업혁명의 기술들을 수월하게 채택했을 것이다.

산업화 이전 일본의 인적 자본 수준이 높았던 이유는 무엇일까? 메이지 유신 이전에 일본 국가는 매우 분권적이었지만, 지방 차원에서는 비교적 효과적으로 공공재 공급이 이루어졌다. 1인당 세입 또한 청나라보다 쇼군이 통치하는 토지에서 더 높았다. 이 격차는 시간이 흐를수록 더 커졌다(Sng and Moriguchi, 2014). 에도 시대 일본의 번주들은 도로 인프라와 배수 사업 같은 지방 공공재에 투자했다. 또한 지방 토목 사업이 이뤄져서 새로운 토지가 경작지로 편입되었다(Kanzaka, 2019).

전반적으로 살폈을 때, 에도 시대의 유산은 비교적 높은 세금과 지방정부의 개입이라고 할 수 있다. 이러한 제도와 문화적 요인은 1868년에 도쿠가와 막부를 대체한 연합이 국가 건설 프로그램을 성공적으로 실행할 수 있는 탄탄한 기반이 되어 주었다. 하지만 이를 위해서는 국가적 차원의 정치혁명이 필요했다(Koyama et al, 2018).

메이지 유신 직후 개혁은 급진적으로 실행됐다. 일본은 수십 년 만에 대대적으로 개조되었고, 국가 근대화의 가장 두드러진 사례로 손꼽힌다. 메이지 정부는 의무교육 체계를 확립하고 세금을 대폭 인상하며 반란과 봉기를 자초했으나, 적지 않은 폭력으로 이를 진압했다. 새로운 체제가 들어서면서 사무라이 계급은 폐지되었지만, 저항은 거의 없었다. 사무라이들에게 그들이 이전에 누리던 법적 특권 대신 채권을 나눠주었기 때문이다.

프리스(2020)는 메이지 체제를 '자본주의 국가'로 묘사한다. 하나로 통합된 노동시장을 창출하기 위해 길드와 지방의 독점을 폐지하는 국가라는 뜻이다. 메이지 체제는 또한 재정 정책과 규제 정책에서도 기업에 우호적이었다. 이 정책에는 자이바쓰財閥, 즉 재벌들의 대규모 복합기업 형성을 지원하는 것도 포함되었다.

메이지 정부는 친기업적이었으나, 보호주의를 내세우지는 않았다. 사실 정부가 원한다고 해도 산업을 보호할 수는 없었다. 에도 시대 말에 체결한 조약들 때문에 메이지 시대 일본은 수입품에 높은 관세를 부과할 수 없었다(관세는 평균적으로 4퍼센트 이하였다). 일본은 세계경제에 고도로 통합되면서 국내에서 광범위한 제품을 생산하고, 나아가 생산비가 많이 드는 제품은 수입하면서 저렴하게 생산할 수 있는 제품은 수출하는 방향으로 나아갔다. 이런 변화는 일본 소비자들에게 상당한 이득을 가져다주었다. 베른호펜Bernhofen과 브라운Brown(2005)은 일본이 자유무역을 선택함으로써 자급자족 상태로 남았을 때보다 국내총생산이 8~9퍼센트 늘어났다고 추정했다.

이러한 수출 주도 성장은 제조업 부문이 성장하는 바탕이 되었다. 20세기 초에 이미 일본의 경제구조는 주요 산업국들과 비슷했다. 비록 일본이 미국보다 훨씬 가난하긴 했지만, 국가의 전체 생산고에서 제조업이 차지하는 비중은 미국과도 맞먹었다(Perkins and Tang, 2017, 173쪽).

이 같은 산업경제를 창출하기 위해서는 높은 수준의 투자와 산업 노동력의 동원이 두루 필요했다. 산업혁명 시기 영국에서 그랬던 것처럼, 농촌 출신 노동자들은 공장의 규율에 따라 긴 시간을 노동했다. 대다수 여성이 섬유 공장에서 일했는데, 대개 가혹한 환경에서 생활하고 노동해야 했다(Hunter, 2003).

일본이 따라잡기 성장에 성공할 수 있었던 또 다른 이유는 교육이었다. 앞서 살펴본 것처럼, 교육은 노동 생산성에서 중요한 요소다. 일본은 메이지 유신 이전부터 비교적 문해율이 높았지만, 고등교육은 부족했다. 막부는 1864년부터 유니버시티칼리지런던과 케임브리지대학교를 비롯한 서양 대학으로 학생들을 보냈다. 메이지 시대에도 유학생 파견은 계속됐는데(Koyama, 2004), 이 시기에는 서양 모델을 기반으로 고등교육 체계가 도입되기도 했다. 프리스(2020, 212쪽)는 "1880년에서 1940년 사이 고등 과학기술 교육기관에 입학한 학생의 수는 40배 늘어났고, 더 상위의 기술·상업 교육기관에 진학한 학생 수는 80배 증가했다"고 언급한다.

일본의 교육 우위는 선진국들을 따라잡는 데 도움이 되었다. 일본도 다른 후발주자들처럼 서양의 주요국 경제와 요소가격이 달랐고, 이 점을 극복해야 했다. 일본의 임금 수준은 유럽보다 훨씬 낮았다. 이는 산업화를 가로막는 장애물이었다. 서양의 기술을 채택하는 걸 더 어렵게 만들었기 때문이다. 노동력이 저렴하므로 서양의 값비싼 기술을 택할 이유가 없었다. 하지만 바로 이 지점에서 일본의 교육 우위가 중요한 역할을 했다. 앨런(2011a, 122쪽)은 다음과 같이 말한다. "몇몇 저임금 나라들은 적합한 기술을 채택할 수 없어 성공을 거두지 못했지만, 일본의 대응은 훨씬 창의적이었다. 일본인들은 서양의 기술을 재설계해서 자국의 저임금 경제에서 효율적으로 기능할 수 있게 만들었다." 서양의 기술을 점차 수정하여 자국의 요소가격에 더 적합한 형태로 만든 것이다. 그리하여 일본은 20세기 초에 이르러 세계에서 으뜸가는 저비용 면직물 생산국이 되었다. 마Ma(2004)의 연구에 따르면, 비단 산업은 물론 다른 산업들에서도 비슷한 발전이 이루어졌다.

일본은 1867년 이후 인상적인 성장을 기록했지만, 서유럽이나 북아메리카의 주요국 경제를 완전히 따라잡을 만큼 성장세가 빠르지는 않았다. 메이지 시대에 등장한 일본 경제는 19세기 말의 전 지구적 경제 발전에 영향을 받았다. 그 경제란 상품, 자본, 인력의 자유로운 이동에 기반을 둔 것이었다. 일본은 석탄, 석유, 가스 등 천연자원이 부족했고, 제조업을 발전시키려면 국제시장에 접근할 필요가 있었다. 일본은 1차 세계대전 중에 섬유 수출로 성공을 거두며 세계시장에서 영국을 몰아냈다. 그러나 대공황 직후 전세계에 속속 등장한 보호주의 추세에 심각한 타격을 받았다.

경제 위기를 맞이하자 일본 강경파들은 아시아 내 제국을 추구하며 전 지구적 경제 충격으로부터 일본을 보호하려 했다. 그러나 결국 이 전략은 2차 세계대전에서 파국을 낳았고, 일본 경제는 1950~1960년대가 되어서야 다시 성장하기 시작했다.

전쟁이 끝난 후 일본의 성장은 메이지 시대의 경로를 따르는 듯 보였다. 그러나 일본 경제는 시간이 흐르면서 새로운 첨단 기술 산업에 진입했다. 이는 숙련된 노동력 덕분에 가능한 일이었다. 1980년대에 이르러 일본은 세계 경제 강국 대열에 합류 하게 되었다.

동아시아의 호랑이들은
어떻게 부유해졌는가

20세기에는 세계의 많은 지역이 부유해졌다. 이 가운데 주요한 나라는 바로 '동아시아의 호랑이들' 즉 홍콩, 싱가포르, 한국, 대만이었다. 〔그림 10.4〕와 〔그림 10.5〕를 보면 동아시아의 성장 맥락을 알 수 있다. 〔그림 10.4〕는 한국과 나이지리아의 1인당 국내총생산을 비교한 것이다. 두 나라의 소득 수준은 1960년대 초까지는 비슷했으나, 1960년대 말과 1970년대 초에 분기가 시작됐다. 당시 나이지리아는 사하라사막 이남 아프리카의 많은 나라처럼 내전과 군부 통치에 접어들었다. 또한 나이지리아는 1973년 석유 파동 이후 전반적인 성장 속도 저하를 경험했다. 이와 대조적으로, 한국은

그림 10.4 ◆ 한국과 나이지리아의 1인당 국내총생산, 1960~2019년

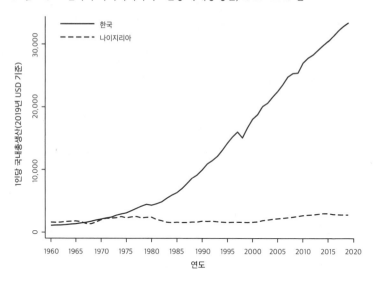

1970~1980년대 내내 계속해서 높은 경제성장률을 기록했다. 1장에서 논의한 것처럼, 근대적 경제성장의 특징은 그것이 **지속적**이라는 데 있다.

〔그림 10.5〕는 동아시아 국가들과 사하라사막 이남 아프리카 및 라틴아메리카 국가들의 전반적인 성장 궤적을 보여준다. 사하라사막 이남 아프리카 전체가 정체를 겪던 1970년대부터 1980년대까지, 이 지역의 많은 나라가 성장의 역전을 경험했다. 성장은 1990년대에야 (느린 속도로) 재개되었다. 라틴아메리카 국가들은 동아시아 국가들보다 부유하게 시작했지만, 성장 속도가 느렸다. 그 결과 2019년에 이르면 라틴아메리카와 카리브해 국가들의 1인당 소득은 한국, 싱가포르, 홍콩의 28.6퍼센트에 불과했다 (10,826달러 대 37,841달러).

그림 10.5 ✦ 세계 여러 지역의 1인당 국내총생산, 1960~2019년

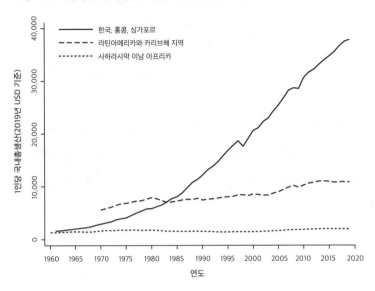

동아시아의 호랑이 국가들은 어떻게 부유해진 걸까? 이 나라들의 성공을 내다본 경제학자는 드물었다. 1961년 파울 로젠슈타인로단은 개발도상국의 성장에 관한 예측을 발표했다. 그는 남아시아와 사하라사막 이남 아프리카의 나라들이 동아시아 나라들보다 훨씬 빠르게 성장할 것으로 전망했다. 그는 특히 대만과 한국을 과소평가했고, 두 나라가 1961년에서 1976년까지 각각 0.96퍼센트와 1.4퍼센트의 평균 성장률을 기록할 거라고 예측했다. 그러나 대만과 한국의 실제 평균 성장률은 4.8퍼센트와 7.3퍼센트였다 (Acemoglu and Robinson, 2012a). 그들의 성공을 이토록 예측하기 어려웠던 까닭은 무엇일까?

이 나라들은 일본과 마찬가지로 쓸데없이 시간을 낭비할 필요가 없었다. 이론상 첨단기술을 보유하고 있지 않은 가난한 나라는 다른 나라에서 새로운 발상과 기술을 수입하고, 그로 인해 급속한 경제성장을 이룰 수 있다. 따라서 가난한 나라일수록 따라잡기 성장의 잠재력이 크다(Parente and Prescott, 2002). 어떤 측면에서 보면, 동아시아의 네 호랑이들이 부상한 과정은 이러한 경제적 '따라잡기'로 설명할 수 있다. 그러나 다른 측면에서 보면, 또 다른 수수께끼가 제시된다. 왜 이 나라들은 따라잡기에 성공하고, 세계의 다른 많은 나라는 그러지 못했을까? 이 수수께끼를 풀려면 따라잡기 성장을 이룬 나라들의 전제조건이 무엇이었는지 제대로 이해할 필요가 있다.

'따라잡기 성장'은 단순히 가난한 나라가 부유한 나라의 기술을 수입하는 문제가 아니다(지금까지 이 책을 읽은 독자라면 충분히 예상했을 것이다). 2000년대 초에는 휴대전화에 이어 스마트폰이 세계 곳곳의 개발도상국에 급속하게 전파됐다. 그러나 이런 전파만으로는 따라잡기 성장을 이룰 수 없었다. 프리체트Prichett(1997)는 1950년대부터 1990년대까지의 시기가 부유한 세계와 가난한 세계가 다른 길을 걷게 된 '대규모 분기'가 이뤄진 때라고 설명했다.

따라잡기 성장에 필요한 것은 기술 수입뿐만이 아니다. 제도도 중요하고, 문화도 중요하다. 더불어 지리와 인구 변동, 식민지 경험을 포함해 그 사회의 역사도 중요하다. 동아시아의 네 국가는 과연 무엇이 달랐기에 대세를 거스르고 성장할 수 있었을까?

동아시아의 지리는 여러모로 근대적 경제성장에 유리하지 않았다. 한국, 대만, 싱가포르는 석유와 가스 등 천연자원이 부족하다. 하지만 2장에서 논의한 것처럼, 종종 천연자원의 존재보다 중요한 것은 **경제적 지리**다. 경제적 지리란 경제적 허브와의 접근성을 말한다. 경제학에서 가장 확고한 이론 가운데 하나는 서로 가까운 나라들끼리 무역을 할 가능성이 더 크다는 것이다(이른바 무역의 '중력 모델'이다).

지리적 특징이 유일하게 중요한 요인은 아니었지만, 결정적으로는 중요했다. 동아시아 국가들은 조밀한 인구, 제조업, 소비 허브 등 지속적인 성장을 위한 분명한 전제조건을 갖추고 있었다. 그러나 대만이 서아프리카 인근 해역에 자리했다면 지금과 같은 성과를 거두었으리라고 상상하기 어렵다.

바로 앞에서 살펴본 것처럼, 일본은 아시아에서 처음으로 산업화를 이뤘다. 한국, 대만, 싱가포르, 홍콩은 지리적으로 일본과 가까웠을 뿐만 아니라 일본의 통치나 점령을 받았다(앞의 두 나라는 20세기 초 상당 기간 동안 그러했다). 따라서 동아시아의 네 호랑이들은 일본이 개척한 경로를 수월하게 따라갈 수 있었다. 이 나라들은 급속한 성장에 시동을 걸었고, 현대 기술을 수입하며 여러 '밀린 과제'들을 해결해나갔다. 이들의 시작점은 변경에서도 멀리 떨어져 있었기 때문에, 성장 잠재력이 컸다.

지리의 중요성은 다른 면에서도 발견된다. 동아시아 각국 경제는 모두 비교적 규모가 작았다. 따라서 이 나라들은 국제시장에 의존할 수밖에 없었다. 몸집이 큰 개발도상국들이 국내 기업을 지원하기 위해 보호관세와 보조금에 의존한 것과 달리, 동아시아의 네 국가들은 그런 함정에 빠지지 않았다. 1945년 이후 관세 및 무역에 관한 일반협정GATT이 설립되면서 전 세계가 자유무역의 바람을 탄 것도 이들의 성장에 도움이 되었다. 사실 브라질이나 인도처럼 대규모 국내시장을 보유한 나라들은 보호관세와 보조금 제도를 활용하는 게 합리적으로 보였다. 이런 정책으로 효과를 볼 수도 있었겠지만(19세기 미국이 그러했던 것처럼), 실제로는 국내 제조업체들의 경쟁력을 떨어뜨리고 지대 추구와 부패를 조장했다.

인도 콜카타에 본사를 둔 힌두스탄모터스의 사례는 이런 실패를 전형적으로 보여준다. 수입 허가와 보조금의 복잡한 시스템으로 보호를 받은 힌두스탄모터스는 1957년부터 줄곧 같은 모델의 승용차를 생산했다. 이 자동차 자체는 문제가 없었다. 문제는 힌두스탄모터스가 보호무역 정책 덕분에 수십 년 동안 거의 아무런 변화도, 개선도 없이 똑같은 차량을 계속 생산하고 판매했다는 것에 있었다. 1980년대에 인도 경제가 자유화되면서 일본 자동차가 수입되었고, 인도 사람들은 그때서야 인도 자동차가 얼마나 뒤처졌는지 여실히 알게 되었다. 한국, 홍콩, 싱가포르, 대만 같은 중소 규모 나라들은 이런 실수를 범하지 않았다. 국가 규모 때문에 국제시장에 의존해야 했기 때문이다.

동아시아의 발전에서 제도는 어떤 역할을 했을까? 3장과 9장에서 우리는 **행정 권력을 제한하는** 제도가 경제성장에 유리하다고 설명했다. 서유럽, 미국, 캐나다, 오스트레일리아는 민주적 제도를 통해 행정 권력에 제한을 가하는 경향이 있었다. 하지만 동아시아의 국가들은 처음부터 민주적이지는 않았다. 예컨대 한국과 대만은 1980년대까지 계속 독재 체제였다. 민주화가 경제성장보다 앞선 게 아니라 그 반대였다. 이런 사례는 우리가 앞서 여러 장에 걸쳐 강조한 '전제조건'과 모순되는 것일까?

3장에서 논의한 것처럼 제도는 맥락에 좌우된다. 각기 다른 여러 제도가 통치자를 제약하거나, 대중의 문제를 해결하거나, 신뢰를 쌓을 수 있는 쪽으로 발전할 수 있다. 민주주의는 하나의 해법이지만, 다른 해법도 존재한다. 해거드Haggard(2004, 53쪽)가 말한 것처럼, "성장에 영향을 미치는 '하나의' 제도를 찾으려는 시도는 잘못된 방향으로 나아가기 쉽다." 실제로 동아시아의 네 경제국은 단일한 정책을 추구하지 않았으며, 같은 제도를 공유하지도 않았다.

각국은 만족시켜야 하는 유권자층도 달랐고, 역사와 전통도 달랐으므로 서로 다른 광범위한 정책을 추구했다. 영국의 식민지였던 홍콩은 시장 의존도와 무역 개방도가 가장 높았고, 정부는 공공 주택 공급에 상당한 역할을 했다. 영국의 식민지였던 싱가포르는 시장과 정부의 실용적 결합에 의지했다.

한국은 산업화 초기에 행정 권력에 대한 제한이 미약했고, 그 결과 정부가 산업 정책을 한층 더 강하게 지휘했다. 하지만 한국 경제는 세계시장의 규율을 따라야 했다. 한국 산업화의 주역은 재벌이었다. 이들은 산업 복합기업으로서 정부의 지원으로 은행 대출을 보장받았다. 이들의 성공은 궁극적으로 수출 시장에 진입할 수 있는 능력에 달려 있었다. 당시 한국 경제는 규모가 작고 가난했기 때문에 대규모 제조업을 지탱할 수 있는 소비자 기반이 부족했다. 이런 요인을 고려할 때, 한국의 산업화는 어쩌면 국가가 막중한 역할을 맡았다는 **사실에도 불구하고** 성공할 수 있었다고 볼 수 있다. 수출 의존은 시장 규율을 제공했고, 대기업들의 불투명성과 부패 문제를 일부 완화하는 역할을 했다. 수출 의존은 동아시아 네 호랑이들을 하나로 묶는 특징이다.

동아시아 국가들은 민주적 제도가 부재한 가운데 행정 권력을 제한할 방법을 찾아냈다. 민간 부문의 기업 엘리트들과 협력하는 것이었다. 해거드(2004, 60쪽)는 종전 이후 "동아시아 국가들의 정치 지도부는 정치적 불확실성이 팽배한 상황에서 자원을 동원해야 하는 문제에 직면했다"고 설명한다. 재벌과 협력하는 제도는 국가와 민간 부문 사이의 책임 문제를 해결했다고 볼 수 있다. 이 제도는 서구의 것과 다른 것이었고, 동아시아의 호랑이 경제국들은 부패한 정실주의라는 비판을 받았다. 그렇지만 이 제도는 통치자의 약탈적 경향을 제한하는 중요한 기능을 했다.

동아시아의 성공에서 제도가 얼마나 중요했는지 파악하기 위해서는 같은 시기에 실패를 경험했던 동구권 국가들의 사례를 살펴보는 게 도움이 된다. 동구권의 각 나라들은 처음에는 상당히 빠른 성장을 달성했다. 국가는 자원을 동원하는 데 핵심적인 역할을 했고 저축을 강제했으며 산업화를 장려했다. 그러나 2차 세계대전 이후 초기 회복기가 지나가자 문제가 시작되었다(Eichengreen, 2007). 일단 동구권 나라의 생산자들에게는 소비자들이 원하는 상품을 생산할 유인이 부족했다. 발전된 시장이 없었기 때문이다. 점차 체제 내부에 비효율이 쌓여갔고, 시간이 흐르면서 기업 관료제 내부의 유인 문제가 악화되어 지대 추구의 기회만 많아졌다.

제도뿐 아니라 다른 요인도 중요했다. 동아시아에는 유교의 영향으로 학문을 중시하는 문화가 존재했고, 이것이 인적 자본 투자에 유리하게 작용했다. 동아시아 사회는 인적 자본에 대대적으로 투자하기 시작하면서 급속한 인구 변천을 겪었다. 한국의 연평균 인구 증가율은 1960년대에는 2.6퍼센트에서 1980년대에는 1.1퍼센트로 감소했다. 홍콩 또한 같은 시기에 2.5퍼센트에서 1.4퍼센트로 떨어졌다. 그리하여 비록 일시적이었지만 성장률이 급등했다. 그러나 이 나라들은 이후 인구 역풍에 부딪히게 된다. 한편 남아메리카에서는 인구 증가가 안정되고 사하라사막 이남 아프리카에서는 빠르게 치솟았다. 동아시아 호랑이 국가들은 대가족에서 소가족으로 이동했고 자녀 교육 수준이 높아짐에 따라

가족 규모가 줄어들었다.

　동아시아 호랑이 국가들의 성공을 복제하는 건 가능할까? 중국은 공산주의 실험을 파국으로 끝을 맺은 뒤 동아시아 경제 모델의 많은 부분을 따라할 수 있었다. 그러나 역사, 문화, 지리의 차이가 큰 세계의 다른 나라들은 동아시아의 기적에서 배울 수 있는 점이 더 제한적일 것이다.

중국은 어떻게
부유해졌는가

　경제성장의 역사에서 가장 오랜 수수께끼 중 하나는 "왜 중국이 먼저 산업화를 이루지 못했는가"다. 송나라(960~1279) 전성기에 중국은 유럽의 가장 부유한 지역들보다도 훨씬 더 부유했다. 하지만 1850년에 이르면 중국의 1인당 국내총생산은 잉글랜드의 5분의 1로 곤두박질쳤다(Broadberry et al, 2018). 이후 한 세기 동안 격차는 더욱 벌어졌다. 무슨 일이 있었던 걸까? 왜 중국은 먼저 산업혁명을 달성하지 못했을까?

　풀어야 할 수수께끼는 이뿐만이 아니다. 지난 40년간 중국 경제는 매우 빠른 속도로 성장해왔다. 수십 년간 이어진 정치권력의 부패, 기근, 공산당 일당 통치 등으로 대규모 빈곤이 발생했으나, 지난 40년의 가공할 성장으로 무려 10억 명에 달하는 중국인이 극심한 빈곤에서 벗어났다. 1990년까지만 해도 중국인의 66.2퍼센트는 하루 소득이 1.9달러 이하였고, 인구의 98.3퍼센트가 하루에 5.5달러 이하를 벌었다(World Bank, 2020b). 인구가 15억 명을 헤아리는 나라에서 이런 수치는 정말 아찔할 정도다.

그러나 중국은 이제 상당히 부유해졌다. 2016년 중국에서 1.9달러 이하를 버는 인구는 0.5퍼센트였고, 5.5달러 이하를 버는 인구는 23.9퍼센트였다(World Bank, 2020b). 1인당 국내총생산은 1962년 71달러(하루에 약 0.20달러)에서 2019년 10,262달러로 늘어났다((그림 10.6) 참조). 중국의 성과는 우리 시대에 인류가 이룬 가장 위대한 승리로 손꼽힌다. 중국에서만, 10억 명이 넘는 사람이 극빈 상태에서 벗어난 것이다. 물론 아직도 가야할 길이 멀지만, 그렇다고 이런 업적을 무시해서는 안 된다. 그렇다면 과연 어떻게 이것이 가능했을까?

첫째, 왜 중국이 유럽보다 먼저 부유해지지 않았는가에 대해서 파고들 필요가 있다. 많은 증거에 따르면 근대 이전의 중국 경제는 송나라 시대에 정점을 찍었다. 그러나 최근 연구들은 1644년부터 1912년까지 중국을 지배한 마지막 제국, 청나라에 주목하고 있다. 청의 통치 초기 150년 동안 중국은 지리적 규모가 가장 커졌고 인구도 놀라울 정도로 폭증했다. 글란Glahn(2016, 322쪽)에 따르면, "18세기의 이러한 폭증은 꾸준히 증가하는 인구와 농업 생산고에 의지했으며, 시장경제의 성숙"을 나타냈다.

포머랜즈(2000)는 1750년 무렵 유럽 경제는 중국 경제와 거의 구별되지 않았다고 말한다. 그의 주장에 따르면 중국과 서양의 분기는 1750년 이후의 요인들로 설명해야 한다. 비록 최근 발표된 연구들은 그의 주장을 뒷받침하고 있지 않지만, 청나라가 경제성장에 유리한 제도를 갖추고 있었던 것은 사실이다.

경제성장에 필요한 것은 "평화, 수월한 세금, 견딜 만한 사법 행정" 외에는 없으며, "나머지는 모두 자연스러운 흐름에 따라 이

그림 10.6 ◆ 중국의 1인당 국내총생산, 1960~2019년

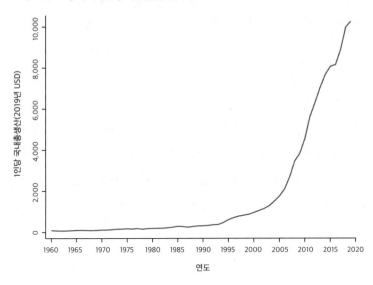

루어진다"는 애덤 스미스의 설명을 생각해보자(Stewart, 1793/1980, 322쪽). 18세기의 중국은 앞의 두 요소는 확실히 갖추었고, 세 번째 요소도 거의 갖추고 있었다.

먼저 중국은 거대한 통일 국가였다. 여러 차례 분열되긴 했지만, 중앙집권 국가로 장수했다는 점은 정말로 독특한 특징이다(Ko and Sng, 2013; Ko et al, 2018). 청나라는 1683년부터 1796년까지 장기간의 평화를 누렸다. 전쟁이라곤 변경의 유목민족과 벌인 것뿐이었다. 그러나 이와 대조적으로 유럽 국가들은 걸핏하면 전쟁을 벌였다. 중국에서는 높은 수준의 정치적 중앙집중화 덕분에 시장 통합이 촉진되었다. 북중국과 남중국은 1,000년 전부터 대운하를 통해 연결되었고, 이로써 곡물을 비롯한 상품 시장도 연결되었다. 18세기에 이르면, 연간 100만 톤에 육박하는 쌀이 대운하를 통해

베이징에 공급됐다(Glahn, 2016). 중국과 서유럽의 일부 지역의 시장 통합 수준은 1750년 무렵 비슷해졌으나(Shieu and Keller, 2007), 중국의 통합 수준은 이후 점차 감소한 것으로 보인다(Bernhofen et al, 2020).

둘째, 청나라는 세금이 낮았다. 1500년에서 1800년 사이 국가에 의한 재정 추출이 극적으로 증가한 유럽과 달리, 중국에서는 사람들의 조세 부담이 점차 줄어들었다. 청나라는 앞선 중국 왕조들보다 낮은 세금을 부과했고, 18세기에 1인당 세율은 더욱 감소했다(Sng, 2014). 중앙정부는 경제를 규제하지 않았고, 길드(조합)를 통해 조직된 상인들이 지방 차원에서 상업 문제를 규제했다.

스미스가 마지막으로 꼽았던 요인(견딜 만한 사법 행정)의 중요성을 살펴보자. 중국은 거대한 능력주의 관료 사회였다. 18세기와 19세기 초 동시대 유럽인들은 이 제도가 공정하고 공평한 정부를 보장한다고 생각했다. 그들은 후원 관계를 통하거나 관직 매매를 통해 사람을 임명하는 유럽 각국의 정부와 중국의 관료 제도를 비교했다. 가령 볼테르는 과거제도가 공평하고 자비로운 정부 형태라고 치켜세웠다(yü Têng, 1943). 실제로 잉글랜드와 미국은 중국의 과거제도를 참고하여 전문적 관료제를 도입했다. 전반적으로 보면, 중국은 유럽 국가들보다 국민들에게 더 많은 공공재를 제공하고, 그들의 삶에는 덜 개입했다(Wong, 1997, 2012). 근대 이전의 사회를 기준으로 한다면 중국은 확실히 '견딜 만한 사법 행정'에 가까웠다. 그러나 증거에 따르면 중국 사회는 점차 부패했다(Sng, 2014).

중국은 이 같은 명백한 우위에도 불구하고 1750년 이후 경제 성장은 커녕 쇠퇴로 접어들었다. 태평천국의 난(1850~1864)으로 농민 반란이 정점에 달했고 그 과정에서 수백만 명이 목숨을 잃었다. 이윽고 아편전쟁(1839~1842년과 1856~1860년)에서 패배한 중국은 영국에 홍콩을 넘겨주고 서양 식민 열강들이 상관을 세우도록 허용할 수밖에 없었다.

중국의 붕괴를 초래한 근접 원인은 여러 가지가 있다. 청나라 엘리트들의 정치적 실책, 급격히 증가한 인구와 제한된 생태 자원으로 인한 맬서스적 위기 등이 포함된다. 하지만 더 핵심적인 원인은 지속적인 혁신의 부재였다. 이것은 중국의 제도 및 문화와 관련이 있다. 니덤Needham(1995)이 입증한 것처럼, 중국은 1500년 이전까지 수백 년간 세계를 압도하는 기술과 혁신의 나라였다. 그러나 18세기에 이르러 상황이 변화했다.

그 이유 중 하나는 중국의 정치 제도 때문이었다. 서유럽에서는 도시들이 자치권을 갖고 의회가 주권자의 통치에 이의를 제기할 수 있었던 반면 중국 황제는 제약을 거의 받지 않았다. 유럽은 정치적 파편화로 인해 무역이 가로막히고 빈번한 충돌을 겪었지만, 그래도 그 덕분에 체제 내부에서 상당한 경쟁을 유지할 수 있었다(Scheidel, 2019). 그리고 바로 이런 파편화 때문에 사람과 상품은 더 유리한 환경으로 이동할 수 있었다. 중국에는 이런 자유가 부재했다.

게다가 중국의 관료제는 능력주의에 따라 운영되긴 했지만 황제의 재량에 종속되었다(Brandt et al, 2014, 74쪽). 그리하여 관료들은 자기 업무에 '엄정하게' 임할 수 없었다. 그렇게 일을 하다가는 언제든 중앙 정부의 단속을 받을 수 있었다. 관료가 부유하거나 독립적인 경우에는 단속을 당할 가능성이 더욱 높았다(Ma and Rubin, 2019). 중국은 황제가 중심이 되는 중앙집권적이고 위계적인 중심축-바퀴살 구조로 통치되었다. 이런 중심축-바퀴살 구조는 거대한 규모의 제국을 통치하는 효율적인 방식이었지만, 여러 마디 사이의 정보의 흐름을 방해하고, 혁신의 의욕을 꺾었으며, 제국 전체의 체제를 붕괴에 취약하게 만들었다(Root, 2020).

중국의 중앙집중적이고 독재적인 경향은 17세기와 18세기에 강화됐고, 같은 시기 서유럽에서는 대의적 제도가 부상했다. 청나라 통치자들은 정치적 정당성을 확보하지 못한 탓에 더욱 독재적으로 통치했다. 청조 통치자들이 시행한 정책 가운데 가장 유독한 것은 '문자옥文字獄'이었다. 문자옥은 고전에 대한 협소하고 전통적인 이해를 장려하는 한편 반대 의견의 원천이 될 수 있는 글은 엄하게 단속했다(Xue, 2021).

이런 여러 이유로 청나라의 제도와 문화는 혁신을 촉발하지 못했다. 과거 제도가 인적 자본에 대한 투자를 장려하긴 했지만, 기존 지식을 재생산하는 경향이 있었다. 가장 똑똑한 학생들은 유교 경전을 공부했고, 이를 실용적인 과학이나 기술에는 거의 응용하지 않았다(Huff, 1993; Lin, 1995). 송나라 시대에는 혁신을 적극적으로 장려했으므로 이런 문화 규범이 크게 문제가 되지 않았지만, 청나라 시대에는 혁신을 구속하는 제약이 되었다. 중국은 훗날 중앙 정부가 메이지 유신에 가까운 개혁(이른바 양무운동(1860~1894))을 시도했을 때에도 유교적 맥락을 벗어나지 못했다. 고전을 중시하느라 실용적 교육은 대체로 무시되었다. 중체서용中體西用(중국의 학문을 기본으로 삼아 실용을 위해 서양의 학문을 받아들인다)이라는 사상은 중국의 태도를 압축해서 보여준다(Wright, 1957, 1쪽).

경쟁이나 혁신을 장려하는 공론장이 부재했던 탓에 중국에서는 결국 과학혁명이나 계몽주의 같은 변화가 일어나지 않았다. 모키르(2016, 318쪽)가 말한 것처럼, 중국은 매우 중앙집중적이고 단일한 언어와 문화를 공유함에도 불구하고 "역설적으로 새로운 발상을 검증하는 경쟁 시장 같은 단일하고 통합적인 조정 기제가 부재했다." 중앙집중적인 정치 제도와 '실용 지식'보다 고전적인 유교를 선호하는 문화가 결합하여 중국의 혁신은 수백 년간 억제되었다. 그렇다 하더라도 여기서 중국의 실패를 따지는 건 잘못된 방향이다. 모키르(2016, 338쪽)가 지적한 것처럼, "정말로 예외적이고, 독특했던 것은 18세기 유럽에서 벌어진 일"이기 때문이다.

지금까지 살펴본 요인들이 독립적으로 작용한 게 아님을 이해하는 게 중요하다. 요인들은 상호작용했다. 예컨대 중국의 씨족 기반적 가족 문화를 생각해보자. 친족 기반 문화는 개인주의 문화에 비해 일정한 장점과 단점이 있다. 일반적으로 친족 기반 문화는 사람들에게 더 큰 안전망을 제공한다. 그러나 이는 제도 발전을 희생시킨다. 중세 서유럽 사회는 씨족 기반이 아니었으므로 상호부조를 제공하는 조합을 만들 수밖에 없었다. 길드, 코뮌, 상업 협회 등이 그것이다. 그러나 씨족끼리 상호부조를 제공하는 중국에서는 그런 제도가 필요치 않았다(Greif and Tabellini, 2017). 은행업과 금융이 서양에서 먼저 등장한 이유도 비슷한 논리로 설명할 수 있다. 씨족이 부재한 상황에서는 개인끼리 위험을 공유하고 자원을 함께 모아야 했다. 그러나 중국에서는 씨족이 이런 위험을 완화시켜주었기 때문에 은행업과 금융의 필요성이 적었다(Chen et al, 2020).

중국의 씨족 기반적 성격은 이 나라의 인구 변동에도 영향을 미쳤다. 중국은 1979년 한 자녀 정책이 도입될 때까지 높은 출생률을 기록했다. 신혼부부가 남자쪽 집에 들어가 사는 다세대 가족

제도와 조혼 때문에 일찍 결혼할 수 있었고 출생률도 높은 수준을 유지했다. 중국사의 많은 부분은 맬서스적 전망과 일치한다. 지배적인 특징은 출생률과 사망률이 높고, 1인당 소득은 거의 변화가 없다는 점이다. 맬서스의 틀은 중국이 중세 시기의 대부분 동안 세계를 선도하는 기술 강국이었음에도 불구하고 여전히 가난했던 이유를 설명해준다. 중국의 발전은 1인당 소득의 증가가 아니라 더 많은 인구로 귀결되었다. 가령 1400년에서 1913년 사이 총 경작지는 3배 늘어난 반면, 전체 인구는 1400년 6,500~8,000만 명에서 1913년 4억 3,000만 명으로 **5배** 이상 증가했다(Brandt et al, 2014, 52쪽).

중국이 제도, 문화, 인구로 인해 기술적 전망을 실현하지 못했다면, 이 나라가 지난 40년간 급속한 성장을 이루는 데에는 이 요인들이 어떤 영향을 미쳤을까? 이제 이 중요한 질문으로 들어가보자. 중국의 기적은 놀라울 정도다. 그리 길지 않은 시간 동안 거의 10억 명에 가까운 사람이 극빈 상태를 벗어난 것이다. 이런 일은 어떻게 가능했을까? 이 책에서 강조한 요인들로 중국의 부상을 설명할 수 있을까?

중국은 아편전쟁의 패배와 청 왕조의 몰락 이후 흥망성쇠를 겪긴 했지만 여전히 독재 국가로 남아 있다. 공화국 시기(1912~1949)에는 최초로 지방 차원에서 국가 건설과 산업화를 위한 지속적 시도가 있었다. 1912년에서 1936년 사이 중국의 산업 생산고는 일본이나 인도, 러시아(소련)보다 **빠른** 속도로 증가했다(Brandt et al, 2017, 198쪽). 공산주의 시기(1949~)의 한 가지 업적은 이런 성과를 바탕으로 근대적 중앙집권 국가를 성공적으로 건설했다는 것이다. 하지만 그 과정에서 엄청나게 많은 사람이 희생을 치렀다. 공산주의 시기에 진행된 농업의 강제 집단화와 잇따른 5개년 계획은 재앙에 가까운 대약진운동(1958~1962)에서 정점에 달했다. 그 이후 초래된 끔찍한 기근은 공산주의 정책의 직접적인 결과였다.

이 지점에서 우리는 시장경제에서 벗어날 때의 대가를 여실히 알 수 있다. 시장경제의 산업화 속도는 농업 생산성의 제약을 받는다. 너무 많은 노동자가 공장에서 일하기 위해 도시로 모여들면, 식량 수요는 늘어나는데 농촌에서는 곡물을 제때 수확할 수 없다. 이렇게 되면 공급과 수요의 가위 모양 곡선에 따라 점차 곡물 가격이 오르고, 산업화의 속도는 느려진다.

마오쩌둥과 그의 조언자들은 시장 메커니즘을 우회하는 식으로 이 과정을 가속할 수 있다고 믿었다. 특히 그들은 농민들이 작은 토지를 비효율적으로 경작하거나 최신 비료를 사용하지 않는 게 문제라고 생각했고 농민들이 수익을 올리려고 곡물을 쟁여 놓는다고 의심했다. 그리하여 공산당 정부는 농업 생산을 크게 늘리고 그로 인해 생겨난 식량 잉여를 투명하게 관리하겠다는 소산으로 집단화를 실행했다. 그렇게 하면 도시 인구를 먹여 살릴 수 있는 식량을 쉽게 모아 운송할 수 있을 것이었다. 그러나 대약진운동은 산업화를 서두르려는 잘못된 시도였다.

이 비극의 규모를 키운 결정적인 원인은 견제와 균형이 부재한 정치체제였다. 지나치게 낙관적인 곡물 생산 추정치가 기근을 불러온 핵심이었다. 지방 관리들은 유인에 따라 추정치를 부풀렸고, 전혀 유연하지 않은 정부와 좀처럼 문제를 인식하려 하지 않는 정치 엘리트들의 태도가 더해져 결국 재앙으로 치달았다. 지방 간부들은 극단적 폭력을 행사해서 할당량을 강제했다. 식량을 숨

기거나 일을 게을리한다고 고발당한 농민들은 몰매를 맞고 때로는 살해되었다. 농민들이 집단농장으로 모이면서 현지 토양에 대한 그들의 지식을 활용할 수 없었고, 이는 생산성 급락으로 이어졌다. 실제로 농업 생산성이 가장 높았던 지역들에서 기근이 가장 심했다(Meng et al, 2015). 한편 대규모 아사가 벌어지고 있다는 소식은 은폐되었다. 대기근 당시 사망자 수에 대해서는 여전히 논란이 많다. 현실적인 추정치는 1,500만 명에서 4,500만 명 정도이며(Ó Gráda, 2015, 130~173쪽) 좀더 보수적으로 추정해도 2,000~3,000만 명이 사망했다. 이런 인위적인 기근은 인류 역사상 가장 파괴적인 비극으로 손꼽힌다.

이 책의 주요한 교훈 하나는 정치 제도야말로 경제적으로 이득이 되는 정책을 반려하고, 경제를 파괴하는 정책이 시행되는 핵심적 원인이라는 것이다. 중국에서 정책적 재앙이 가능했던 이유는 이 나라의 독재적이며 고도로 중앙집권화된 정부 덕분이었다. 대약진운동과 대기근에 이은 문화대혁명 시기 동안 75만~150만 명(보수적인 추정치)이 사망했다. 중국 공산당은 나라를 통일하고 기초 교육과 보건에 투자하는 데 성공을 거두긴 했지만, 대약진운동과 대기근으로 중국은 1970년대에 이르러 지구상에서 가장 가난한 지역이 되었다. 그러나 또한 독재적이고 중앙집권적인 공산당 통치 덕분에 덩샤오핑의 지휘 아래서 성공적으로 방향을 전환할 수 있었다. 덩샤오핑은 1979년에 시장 지향적 개혁에 착수했다.

우리는 지금까지 성장을 장려하기 위해서는 행정 권력에 제약을 가하는 게 중요하다고 강조했다. 동아시아 호랑이 경제국들은 작은 규모 덕분에 기업이 정부의 독재적 경향을 제약할 수 있었다. 하지만 중국의 경우는 사정이 달랐다. 중국의 중앙정부는 다른 기관이나 국민들에 비해 너무나 압도적으로 강력했다. 그럼에도 중국은 경제를 근대화하고 빈곤에서 벗어났다. 이는 어떻게 설명할 수 있을까?

일본이나 동아시아 호랑이들과 마찬가지로, 중국 또한 산업화나 근대적 경제를 이루기 위해 쓸데없이 시간을 낭비할 필요가 없었다. 해외 직접 투자에 나라를 개방하면서 외국에서 산업 투입물과 경영 노하우를 빌릴 수 있었기 때문이다. 중국은 1970년대 말의 개혁 이전부터 제대로 활용하지 못한 경제적 잠재력이 엄청나게 컸다. 자급 농업을 하며 힘겹게 살아가는 10억 명이 넘는 저임금 노동력은 중국의 성장을 낳은 분명한 원천이었다. 그러나 대규모 노동력이 중국의 성장을 낳은 유일한 요인일 리는 없다. 그런 노동력은 1980년대 이전에도 존재했고, 잉여 노동력은 개발도상국 경제의 오랜 특징이기 때문이다.

중국의 경제 개혁은 두 시기로 나눌 수 있다. 1978년에서 1995년 사이의 초기 개혁과 1995년 이후의 개혁이다(Brandt et al, 2017). 첫 번째 개혁의 결과 계획 경제의 많은 부분이 해체되었다. 당시는 집단화와 농촌 지역을 산업화하려는 잘못된 시도로 농업이 크게 훼손된 상태였다. 1970년대 말에는 그런 잘못된 정책들이 뒤집히기 시작했다. 첫 번째 개혁은 가구 단위 영농의 부활이었다. 덕분에 1978년에서 1984년 사이 곡물 생산량이 거의 3분의 1 증가했다(Brandt et al, 2014, 96쪽). 이렇게 농업 생산성이 증대하면서 수억 명의 노동자가 자유롭게 산업 노동으로 이동할 수 있었다.

1995년 이후의 개혁에는 광범위한 사유화가 동반됐다. 1995년에는 국가가 산업 생산고에서 차지하는 비중이 거의 50퍼센트였으나, 2008년에는 24퍼센트로 줄어들었다. 사기업에 대한 법적 보호도 확대되었다. 개혁 이전 중국에는 기업 활동을 보장할 법률이 존재하지 않았기 때문에 시장경제를 도입하려면 그에 상응하는 법률 체계를 발전시켜야 했다. 일례로 일반 시민이 정부를 고소할 권리 같은 독일의 민법 요소를 채택한 것은 중요한 발전이었다(Fukuyama, 2014, 364쪽). 공산당이 사적 소유권에 반대했음에도 개혁으로 많은 성과를 이룰 수 있었다.

> 국가가 공식적 소유권을 보유하기는 하지만 사람들은 사용권을 매매하거나 저당 잡히거나 이전할 수 있다. 엄밀히 말하자면, 중국의 부동산 시장은 굉장한 호황을 누리고 있지만, 누구도 아파트나 주택을 '소유'하지 않는다. 사람들은 최대 70년까지 연장되는 일종의 임차권을 소유하며, 토지 사용료를 납부하는 대가로 권리를 획득한다(Fukuyama, 2014, 366쪽).

중국은 서구의 제도를 전면적으로 채택하지 않았다. 그보다는 비교적 작은 변화들로 법치를 확대했고, 이것만으로도 경제와 사회의 급진적 변화를 유도할 수 있었다.

다른 동아시아 나라들과 마찬가지로, 중국 또한 무역을 개방하며 부상할 수 있었다. 중국은 경제특구를 설립해서 해외 직접투자가 들어오도록 장려했다. 중국의 낮은 임금과 경제 첨단에서 뒤처진 수준을 생각하면, 이는 따라잡기 성장을 이룰 엄청난 기회였다. 중국이 세계경제에 다시 합류하자 1978년에서 1993년 사이 무역 비중은 9.7퍼센트에서 31.9퍼센트로 늘어났다(Brandt et al, 2014, 98쪽). 외국인 투자가 쏟아져 들어왔고, 국영기업의 효율도 한층 높아졌다. 1990년대와 2000년대에는 비대해진 공공부문을 재구조화했던 개혁을 기반으로 성장이 가속화되었다. 중국의 성장 속도는 2000년대 초반(연간 성장률이 약 10퍼센트였는데, 현재는 6~7퍼센트다) 이래 느려졌지만, 따라잡기 성장 모델의 전형적인 양상이다.

그렇다면 과연 이런 일은 어떻게 가능했을까? 독재 정부 치하에서 어떻게 이런 급속한 성장이 일어난 걸까? 이를 이해하기 위해서는 중국 역사의 두 가지 특징을 알아야 한다. 역사적으로 중국의 황제는 거의 제약을 받지 않았다. 정치적 지배를 정당화하는 중국과 유럽의 방식은 서로 달랐다. 중국인들에게 '좋은 통치'란 '정당성 있는 통치'를 의미했다. 중국의 좋은 황제는 '하늘의 명天命'을 받은 존재로 여겨졌다. 황제가 타도되거나 위기에 제대로 대응하지 못하면, 그것은 하늘의 명을 받지 못했다는 징후였다.

이 원리는 오늘날 공산당 지배를 정당화하는 데 일조한다. 1976년 중화인민공화국의 건국의 아버지였던 마오쩌둥이 사망하자 중국 지도부는 정당성 부족이라는 문제에 직면했다. 마오쩌둥의 후계자들 가운데 누구도 그와 같은 개인적 역사를 가진 사람이 없었고, 결국 누가 지도자가 될 것인지를 두고 소요가 벌어졌다. 이런 혼란스러운 상황에서 등장한 덩샤오핑은 1978년부터 1989년까지 중국을 이끌었다. 그 또한 '좋은 통치란 정당성 있는 통치'라는 원리에 의지했으나, 제약을 거의 받지 않는 통치 구조의 여러 문제를 해결했다. 국가는 여전히 언제든 시민의 권리에 간섭할 수 있었지만(특히 예나 지금이나 종족 및 종교적 소수자들을 억압한다), 경제성장을 훼손하는 방식으로 움직이지는 않았다. 그렇게 되면 공산당의 정당성이 흔들릴 수 있기 때문이었다. 중국은 여전히 고도로 중앙집권적이고 독재적이기 때문에 현재의 경제 정책은 언제든 뒤집힐 수 있다. 실제로 2013년 이래 중국은 시진핑 주석 체제 아래서 독재를 더욱 강화하고 시장에서 멀어지고 있다. 중국은 아직 '나쁜 황제 문제'에서 벗어나지 못했다.

중국의 문화 또한 성장에 도움이 됐다. 일본을 비롯한 동아시아 나라들과 마찬가지로 근대 이전 중국도 비교적 문해율이 높았다. 이는 교육을 경제적, 사회적 상승의 수단으로 보는 문화의 소산이었다. 교육은 유학 고전으로 국한되어왔지만, 1905년 관료제가 해체된 뒤로는 유학 교육이 힘을 잃었다. 그러나 교육을 중요하게 여기는 문화는 그대로 남았다. 실제로 제국 시대에 최고위 관료들을 배출한 지역들은 오늘날에도 교육 성취도 수준이 훨씬 높다(Chen et al, 2020). 높은 교육 성취도야말로 중국의 경제성 성공이 쉽게 수그러들지 않는 이유일 것이다(Brandt et al, 2014).

우리는 이번 장에서 중국의 역사와 부상에 관한 많은 측면을 살펴보았다. 중국의 사례는 역사의 교훈을 활용하는 일의 잠재력과 한계를 동시에 보여준다. 중국은 18세기 잉글랜드나 19세기 미국이 가진 특성을 갖추지 않고도 비교적 부유해졌다. 중국은 통치 구조에 대한 제약이 거의 없었기 때문이다. 하지만 경제성장을 이루는 데 제도가 중요하다는 사실은 분명하게 알 수 있었다. 그러나 **어떤 제도가** 성장에 도움이 되는가에 대해서는 아직 확실하게 답할 수 없다. 중국은 명령과 통제를 약화하고 사유화와 규제 완화를 강조하는 1990년대의 정책적 합의(이른바 워싱턴 컨센서스)에도 도전했다(Weber, 2021). 그런데도 중국의 경제성장 속도는 이른바 모범적 정책을 채택한 나라들보다 빨랐다.

'적절한' 제도 개혁은 언제나 맥락 의존적으로 이뤄지며, 정치적 제약을 받는다. 이것이 이 책에서 배울 수 있는 핵심 중 하나다. 한 국가를 부자로 만들었던 요인들은 때로 다른 문화적, 역사적, 제도적 맥락에서도 작용했다. 이러한 과거의 사례를 배우고 참고할 수는 있지만, 그 요인들을 맥락과 상관없이 고집하는 건 의미가 없을 것이다.

이 장의
내용 요약

근대적 경제성장의 시대가 도래하면서 따라잡기 성장을 이룰 기회가 생겨났다. 그러나 기회를 잡기는 쉽지 않았고, 모든 사회가 이 기회에서 이득을 얻은 것도 아니었다.

어떤 지역은 식민 역사를 경험하면서 독자적인 경제 정책을 실행할 역량이 부족해졌다. 다른 지역들은 최첨단 기술을 보유한 나라들과 생산요소가 달라서 그들이 만들어낸 노동 절감형, 자본 집약적 기술을 받아들일 수 없었다. 또 다른 지역들은 기업가 정신과 시장을 억누르는 제도를 보유하고 있었다. 수백 년간 유라시아의 농업 제국들을 다스린 정치 제도는 급속한 기술 변화가 필요한 새로운 환경에 적합하지 않았다.

이렇듯 여러 이유로 세계 각국의 성장 속도는 균등하지 않았다. 인도와 아프리카의 많은 나라는 여전히 맬서스적 경제에 놓여 있다. 이 나라들은 국내총생산이 엄청나게 증가하긴 했지만, 거의 모두 인구 증가에 흡수되었다. 1인당 소득은 여전히 생존 수준에 가까웠다.

토지와 자원이 풍부하고 인구가 적은 아르헨티나, 오스트레일리아, 뉴질랜드 같은 정착민 식민지에서도 19세기 중반까지는 1인당 소득이 지속적으로 증가하지 않았다. 처음으로 급속한 경제성장을 달성한 비서구 나라는 일본이었다. 일본의 성공은 정치 제도의 변화에 바탕을 두었고, 천연자원이나 풍부한 농지가 부재한 가운데 국제 섬유 시장에 성공적으로 진입한 것이 기반이 됐다. 나중에 일본 기업들은 철을 비롯한 제조업 분야로 이동했다. 한국, 대만, 싱가포르, 홍콩 등 비슷한 부존 생산요소를 가진 동아시아의 다른 나라들은 일본이 개척한 경로를 따랐다. 나중에 중국은 공산주의 중앙계획을 실험한 뒤 훨씬 대규모로(정부와 국영기업이 한층 커다란 역할을 하는 가운데) 비슷한 경로를 걸었다.

아시아의 발전은 영국이나 미국의 발전보다 세계가 부유해지는 데 크게 기여했다. 먼저 부자가 된 나라들은 세계 인구에서 차지하는 비중이 작았기 때문이다. 반면 아시아는 세계 인구의 60퍼센트를 차지한다. 물론 우리는 아직도 갈 길이 멀다. 그러나 이 장에서 요약한 발전의 양상을 생각하면, 조만간 세계 전체가 부유해질 거라는 낙관을 품을 이유는 충분해 보인다.

11

세계는
점점 더 부유해진다

오늘날 세계는 그 어느 때보다도 부유하다. 앞으로도 점점 더 부유해질 가능성이 크다. 세계가 부유해진다는 것은 더 많은 인류가 비참한 빈곤에서 벗어난다는 뜻이다. 부 덕분에 우리는 생존에 필요하지 않은 다른 일에도 집중할 수 있다. 부 덕분에 우리는 더 오래 건강하게 살 수 있고, 우리 조상들은 상상도 할 수 없던 물질적 안락을 누린다. 2020년대에 세계는 (모두는 아닐지라도) 인구의 대다수가 기본적 안락을 누리는 상황에 다다를 것이다. 이런 업적은 축하하고 이해할 필요가 있다.

물론 아직도 기나긴 길을 가야 한다. 우리 세대에만 10억 명이 넘는 사람들이 빈곤을 벗어났지만, 여전히 10억 명 정도의 사람들이 힘겨운 빈곤 속에 살고 있다. 사하라사막 이남 아프리카, 라틴 아메리카, 중앙아시아, 남아시아, 동남아시아에는 많은 빈민이 존재한다. 이들을 빈곤에서 벗어나게 하는 것이야말로 다음 세대의 인류가 할 수 있는 가장 중요한 일일 것이다. 그렇다면 이 과업을 어떻게 달성할 수 있을까?

부가 어디에서 창출되는지 이해한다면 더 많은 사람을 빈곤에서 끌어낼 수 있을 것이다. 우리가 이 책을 쓴 이유도 바로 이것이다. 경제학과 경제사 연구자들은 최근 이에 대해 다양한 답을 제시해왔다. 그러나 그 무수히 많은 연구와 이론들을 객관적이며 심도 있게 검토하고, 그것을 요령 있게 요약한 책은 지금까지 없었다. 따라서 독자들은 세계의 주요한 연구들을 한눈에 파악하고 싶을 때 의지할 곳이 없었다. 더욱이 각 이론들은 그들이 제시하는 설명과 다른 이론과의 상호작용을 깊이 검토하지 않는다. 이 책의 목표는 이 두 가지 모두를 달성하는 것이었다.

책의 전반부에서 우리는 세계가 어떻게 부유해졌는가에 관한 주요 이론을 개괄하며 지리·제도·문화·인구·식민화에 초점을 맞춘 주장들을 살펴보았다. 우리는 이 책을 쓰면서 각 요소를 다른 요소와 분리하는 게 얼마나 어려운지를 깨달았다. 문화와 지리가 제도 형성에 미치는 영향을 검토하지 않고 어떻게 좋은 제도가 무엇인지 이야기할 수 있을까? 인구 변동은 제도와 무관할까? 식민 국가와 피식민 국가의 다양한 특성을 고려하지 않고 식민화의 영향을 독립적으로 검토하는 게 가능한 일일까?

이런 이유로 우리는 책의 후반부에서는 이론들을 한데 모아 영국이 어떻게 처음으로 지속적인 경제성장을 달성했는지 설명했다. 이를 위해 영국 역사의 특수성을 검토하고, 산업화에 필요한 전제조건은 **무엇**이었는지, 그것이 **왜** 중요했는지 검토해보았다. '무엇'과 '왜'에 주목해야 하는 이유는 명백하다. 지속적인 경제성장을 위해 일반적으로 필요한 전제조건은 어떤 것인지 알 수 있기 때문이며, 영국의 특수성을 이해함으로써 전제조건이 어떤 맥락에서 작용하는지(혹은 하지 않는지) 알 수 있기 때문이다.

여러 나라들의 사례를 통해 우리는 또 다른 통찰을 얻을 수 있었다. 영국이 처음으로 지속적인 경제성장으로 나아가는 돌파구를 열자, 다른 나라들도 그 경로를 따라 따라잡기 성장에 박차를 가했다. 다만 따라잡기 성장을 이루려는 나라들은 그 과정에서 혁신과 기업가 정신을 장려하고 자유로운 발상을 촉진하는 제도를 형성하는 걸 최우선순위로 삼지는 않았을 것이다.

시장 또한 지속적 경제성장을 이루는 데 결정적으로 중요한 요소다. 경제학 교과서는 종종 시장의 효율적 속성을 강조한다. 경쟁 시장에서는 경제적 순손실deadweight loss이 없도록 가격을 한계비용까지 떨어뜨린다는 원리가 그것이다. 하지만 장기적 관점에서 볼 때 더욱 중요한 것은 혁신을 재촉하는 시장의 존재다. 산업혁명은 정책 입안자들이 사전에 계획한 게 아니었다. 개인들이 새로운 생산 기법을 실험하거나 신규 공장을 건설하거나 생산을 기계화하면서 내린 수많은 결정의 결과였다. 계획경제하에서도 성장은 가능하다. 정책 입안자들이 강제력을 행사해서 자원을 동원할 수 있기 때문에 오히려 단기적으로는 시장경제보다 빠르게 성장할 수 있다. 스탈린 치하의 소련과 2차 세계대전 이후 동유럽이 대표적인 사례다. 하지만 혁신이 부재하고 투자를 조정할 시장이 존재하지 않으며 순전한 노동력과 투자뿐이라면 결국 수확 체감에 봉착하게 된다. 소련 같은 계획경제는 군사 혁신은 뛰어났지만, 소비자들이 실제로 사고 싶어할 만한 상품을 생산하는 데는 완전히 실패했다.

시장은 진공 상태에서 작동하지 않는다. 애덤 스미스의 말처럼, 이기심이나 시장의 힘이 유익한 결과를 낳는다는 명제가 성립하려면 적절한 제도가 바탕이 되어야 한다. 이런 이유에서 우리는 이 책 전체에 걸쳐 제도의 중요성을 강조했다. 그러나 제도만을 독립적으로 생각할 수는 없다. 한 사회의 제도적 환경은 다른 변수들의 맥락과 상호작용하기 때문이다. 예를 들어 1980년대에 중국을 극단적 빈곤에서 벗어나게 한 제도 개혁은 아주 사소한 것이었다. 농업에서의 사적 생산 복구, 경제특구 창설, 중앙 계획 포기 등이 있었다. 중국 공산당은 진정한 대의제도나 공식적으로 통치 권한을 제한하는 제도의 도입은 전혀 고려하지 않았다. 그러나 중국은 최첨단 국가들을 급속하게 따라잡을 수 있는 시기에 맞춰 경제 자유화를 이뤘고, 결국 중국은 세계 제조업 상품의 저비용 생산국이 되며 막대한 성과를 거두었다.

제도는 또한 문화와 상호작용한다. 여기서 문화란 사회의 개인들이 세계를 해석하는 데 사용하는 개념적 렌즈나 휴리스틱을 말한다. 지속적인 경제성장은 고대 세계에서도 가능했을지 모른다. 예컨대 로마 제국은 번영이 정점에 달했을 때 정교하며 통합된 시장경제를 갖추고 있었다. 하지만 로마는 '산업혁명'과 비슷한 어떤 성과도 달성하지 못했다. 그 이유는 문화와 관련이 있다. 로마 제국의 성공한 개인들은 여유로운 삶을 열망했다. 반면 영국의 사례를 떠올려보자. 영국은 18세기 중반에 이르러 도약에 필요한 제도들을 갖추었다. 비교적 제한된 정부, 수공업자들의 도제 제도, 공공재 투자에 유리한 제도 등이 그것이다. 영국은 이와 더불어 제도를 보완하는 문화적 특성도 갖고 있었다. 즉 열심히 노동하면 계급 상승을 이룰 수 있었고, 지식인 엘리트들은 지속적인 진보를 현실적이고 가치 있는 목표로 삼았다. 영국에만 이 같은 문화적 특성이 있는 것은 아니었다. 유럽의 다른 나라들도 이를 공유했고, 많은 비유럽 국가도 어느 시점에 이르러서는 이런 특성을 갖추었다.

하지만 어떤 사회도 적어도 18세기 중반까지는 이런 문화적 특성과 제도를 결합하지 못했다.

지속적인 성장의 핵심 요소들은 영국의 산업혁명기에 처음으로 등장했고, 1850년이 지나면 더 다양해졌다. 그 후로는 먼저 발전한 나라들이 만든 청사진을 다른 나라들도 활용하게 되었다. 10장에서 우리는 세계의 각 지역이 그들의 제도와 문화의 특성에 맞게 이 청사진의 조각들을 받아들이고, 개작했던 과정을 검토했다. 메이지 시대 일본은 따라잡기 성장을 위해 전면적인 제도적 변화를 실행했고, 20세기 말 중국은 그들의 지역 제도와 문화의 맥락에 맞게 조금씩 수정한 청사진을 받아들였다.

경제 발전의 과제를 해결하는 문제가 이토록 복잡한 이유는 바로 이 때문이다. 각국에 적합한 해결책이 모두 다르기 때문이다. 문제를 단번에 풀 수 있는 묘책 같은 건 존재하지 않는다. 우리는 어떤 요인이 어떤 역사적 맥락에서 경제성장을 추동했는지 알고 있다. 그러나 한 지역에서 효과를 발휘했다고 해서 그것을 그대로 다른 지역에 이식하는 건 현명한 방법이 아니다. 중요한 건 맥락이다. 문화와 역사가 중요하며, 인구 변천과 지리도 중요하다. 물론 그렇다고 해서 극빈 지역이 부유해질 방법을 찾을 수 없다는 뜻은 아니다. 우리는 역사를 통해 경제성장을 불러오는 요인과 그것이 작동하는 메커니즘에 대해 연구해왔다. 이 누적된 지식으로 우리는 우리에게 필요한 경제정책이 무엇인지 판단할 수 있을 것이다. 이 지식을 어떤 사회에 딱 맞게 적용하기 위해서는 그 사회에 대한 상당히 심도 있는 이해가 필요할 것이다. 어떤 요인을 활용하고, 어떤 요인은 버려야 할지, 그 답은 언제나 '맥락'에 달려 있을 테지만, 층층이 쌓인 이 지식을 활용한다면 올바른 방향으로 향할 수 있을 것이다.

이 책은 부유해지는 세계의 긍정적인 면(식민화라는 명백한 예외가 있지만)에 대해서만 초점을 맞췄지만, 우리는 성장의 부정적인 면도 분명히 인식하고 있다. 그 가운데 으뜸은 기후위기일 것이다. 산업화는 화석연료 사용의 대대적인 증가를 낳았고, 세계 여러 지역을 오염시키며 지구 온도를 상승시켰다. 만약 지금과 같은 속도로 지구온난화가 계속된다면(더 느린 속도로 진행되더라도), 이 책에서 부각한 경제적 진보는 모조리 무효가 될 것이다. 지구 생태계를 죽여버린다면 인간은 당연히 번영의 과실도 누릴 수 없다.

하지만 우리에겐 아직 희망이 있다. 이는 전 지구적 번영과 관련이 있다. 산업화를 이루고 소비가 증가하면 처음에는 오염이 증대되는 경향이 있다. 공장이 더 많아지고 사람들은 더 많은 자동차를 몰며 더 많은 고기를 먹는다(축산업은 환경 파괴에 커다란 영향을 미친다). 그러나 다른 한편, 경제성장을 이루면 삼림 파괴에 맞서 싸우고 더 많은 자원을 투자해 복원에 힘쓸 수 있다. 최근 수십 년간 많은 부자 나라가 환경오염 수준을 낮추려고 노력해왔고 실제로 낮아지고 있다.

앞으로 인류는 기후위기에서 살아남기 위해서 기술 진보에서 답을 찾아야 할 것이다. 그 답은 청정에너지 생산이거나 탄소 포집 등을 가능케 하는 기술일 수도 있다. 확실하게 말하기는 어렵다. 단순히 우리가 전문가가 아니기 때문만이 아니라, 아직 개발하지 못한 어떤 새로운 기술이 우리를 기후위기에서 구하게 될지 아무도 모르기 때문이다.

바로 이 점이 우리가 부유해져야 하는 이유다. 사람들이 극심한 빈곤 속에서 끼니 문제를 어떻게 해결해야 할지 고민하는 게 아니라, 인류가 직면한 시급한 문제를 해결하는 데 지적 능력을 활용할 수 있다면 우리의 기술 진보 가능성은 훨씬 커질 것이다. 몇십억 명의 정신을 해방하고, 함께 문제를 해결해나가는 것이 우리가 바라는 최선의 길이다. 근대적 경제성장이 기후위기의 가장 큰 원인일 수 있지만, 또한 해결책의 핵심이기도 하다.

이 책이 독자 여러분에게 세계가 어떻게 부유해졌는지에 대해 얼마간의 통찰을 주었기를 기대한다. 더불어 역사를 이해하는 것이 오늘날의 문제를 해결하는 데 얼마나 중요한지도 충분히 음미했기를 바란다. 이는 역사가 그대로 되풀이되기 때문이 아니라, 역사에서 많은 것을 배울 수 있기 때문이다. 무엇이 효과를 발휘했고, 왜 그러했으며, 어떤 맥락에서 그러했는지에 대해 말이다. 과거의 청사진에는 많은 소중한 정보가 담겨 있다. 그 정보를 어떻게 활용할 수 있을지(어떻게든 활용하는 게 가능할지)는 언제나 어려운 문제이지만, 이것이 우리가 세계를 더 나은 곳으로 만들기 위해 쓸 수 있는 가장 소중한 자원임은 분명하다.

미래를 알고 싶다면,
경제사를 공부하라!

✦

홍춘욱 | 이코노미스트
『50대 사건으로 보는 돈의 역사』 저자

지난 30년 동안 이코노미스트로, 즉 경제의 주요 지표를 분석하고 예측하는 일을 하며 제가 알게 된 것은 절대로 과거의 경험을 무시해서는 안 된다는 것이었습니다. 어떤 나라가 잘못된 정책을 펼치는 것을 보면서, '저러다 망하는데' 생각한 게 한두 번이 아닙니다.

가장 대표적인 사례가 2016년의 브렉시트일 것입니다. 유럽의 경제공동체는 거대한 시장, 뛰어난 인재에 대한 접근성 등 지속 가능한 성장을 위해 꼭 필요한 것들을 제공했지만, 영국 국민 대다수는 영국이 유럽연합과 갈라서야 한다고 믿었습니다. 왜 이런 일이 벌어졌을까요?

물론 정치적인 갈등이나 당시 야당 지도부의 잘못된 판단 등이 큰 영향을 미쳤겠지만, 영국이 역사적으로 번번이 대륙의 전쟁에 끌려 들어갔던 경험도 중요한 역할을 했으리라 생각됩니다. 즉 "이제는 대륙에서 무슨 일이 벌어지든, 우리끼리 잘살면 된다"는 생각을 가진 이들이 적지 않았으리라는 것입니다. 물론 그 뒤로는 후회의 연속입니다. 브렉시트 이후 6년이 넘은 현재, 영국인의 절대다수는 "그때 잘못된 결정을 내렸다"고 생각하며, 영국 경제는 6년간 단 1퍼센트도 성장하지 못하는 침체의 늪에 빠져 있습니다.[1]

그런데 영국만 이렇게 사는 게 아닙니다. 영국보다 더 심각한 정치적인 갈등을 겪는 나라, 이탈리아 이야기를 해볼까 합니다. 이탈리아는 2022년 9월에 열린 총선거에서 2차 세계대전 이후 처음으로 극우파 총리가 탄생했습니다.[2] 조르자 멜로니 수상은 극우파 내에서는 상대적으로 온건한 편입니다만, "동성애자들을 돌로 쳐서 정신을 차리게 해야 한다"고 발언하고, "이민자들의 검은색 피부가 이탈리아 국경에 보이기만 해도 바로 기관총 세례를 받을 것"이라고 쏟아낸 바 있습니다.

이탈리아는 대체 왜 이런 사람을 총리로 뽑았을까요? 그 이유는 이탈리아에 존재하는 만성적인 불평등 때문입니다. 370쪽의 그림은 이탈리아의 지역별 1인당 국내총생산(GDP)을 보여주는데, 남쪽으로 내려갈수록 소득이 급격히 감소합니다. 예를 들어 이탈리아의 평균 1인당 GDP는 3만 유로인데, 시칠리아의 경우 1만 8,000유로에도 미치지 못합니다. 평균보다 거의 40퍼센트 이상 소득이 낮은 셈이죠. 반대로 이탈리아에서 가장 부유한 밀라노나 토리노의 1인당 GDP는 4만 유로 이상으로, 스위스나 독일 못지않은 고소득을 자랑합니다. 당연히 남부와 북부 사람들은 서로 사이가 좋지 않으며, 각자의 처지를 대변하는 정당에 투표하는 지역 정치가 일상화되었습니다. 게다가 정당 간 연정 구성에 따라, 즉 연립 정부를 어떻게 구성하느냐에 따라 정세가 뒤바뀌기 때문에 2차 세계대전 이후 정부가 68번이나 바뀌었죠.

북부와 남부로 나뉜 이탈리아 경제

| 이미지 출처:Wikipedia.org

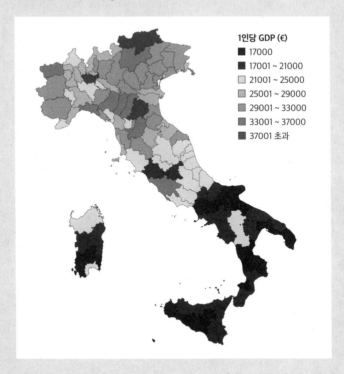

이 대목에서 한 가지 의문이 제기됩니다. 왜 이탈리아 남부는 북부보다 가난한 것일까요? 『부의 빅 히스토리』에는 이에 관한 매우 흥미로운 이야기가 소개됩니다.

인류학자 에드워드 밴필드와 그의 가족은 1954년부터 1955년까지 이탈리아 남부의 한 마을에 살았다. 밴필드는 그곳에서 만난 농민들 사이에서 발견한 현상을 묘사하기 위해 '비도덕적 가족주의amoral familism'라는 용어를 만들었다. 밴필드에 따르면, 비도덕적 가족주의자는 자기 가족의 단기적인 물질적 이익을 극대화하고자 애쓰며, 다른 이들도 똑같이 행동한다고 가정한다. 밴필드가 묘사한 이 사회는 공공재가 제공되지 않고, 시민 조직이 거의 또는 전혀 없으며, 사람들이 정치에 무관심하고, 낯선 사람들 사이에 신뢰가 거의 존재하지 않는 곳이다. 비도덕적 가족주의는 사회적 차원에도 영향을 미치며, 공공재 공급 부족, 지방 정부에 대한 견제와 균형의 부재, 법 경시, 낮은 신뢰 수준 등을 불러온다.(139쪽)

그야말로 신뢰가 제로 수준에 수렴하는 사회인 셈입니다. 왜 이런 일이 벌어졌는지, 그 원인에 대해서는 여러 논의가 있는데, 가장 유력한 가설은 '씨족이 권력의 공백 문제를 해결하는 관습' 때문이라는 것입니다.[3] 1816년 나폴레옹전쟁이 끝날 무렵 시칠리아에서는 봉건 영주의 땅을 농민들이 나눠 갖는 '농지개혁'이 시행되었습니다. 덕분에 수많은 자영농이 생겨났지만, 대신 봉건 영주가 제공하던 사회적 안전망이 붕괴하고 말았고, 분산된 농민들은 도적 떼의 약탈을 피하고 가족을 보호하기 위해 씨족 중심으로 뭉치게 되었습니다. 여기서 시칠리아의 마피아가 등장했다고 하지요.

그러나 사람들이 이런 식으로 서로를 신뢰하지 못하고, 작은 씨족끼리 뭉쳐서 대응하기 시작하면 경제성장의 가능성도 사라지고 맙니다.

전체 교역 수준이 소규모일 때는 친족 기반 문화가 교역망 구축에 유리하다. 친족 연결망과 교역을 하면서 속임수를 쓰는 이들을 서로 감시하고 벌할 수 있기 때문이다. (중략) 반면 개인주의적 문화를 보유한 사회는 이런 식으로 속임수를 가려낼 수 없으므로, 속임수를 쓰는 이를 벌하고 신뢰를 촉진하기 위한 제도를 만들어야 한다. 이러한 제도는 만드는 데 비용이 들며, 교역의 규모가 작을 때는 그만한 가치도 없을 수 있다. 하지만 교역 기회가 점점 많아질수록 상거래를 촉진하는 제도를 마련한 이익도 커지므로, 개인주의적 사회는 제도를 선택한다. (중략) 친족 기반 사회는 점점 경쟁에서 불리해진다. 사적인 연결망에 의존하는 사회는 값비싼 공적 제도를 채택할 동기가 거의 없다. 하지만 그렇게 함으로써 이들은 교역 상대자를 친족 집단 내부 사람들로 제한하고, 외부 세계와의 교역을 포기한다. 이것이 경제성장에 미치는 영향은 분명하다. 지역 간 교역을 확대하고 수익성이 높아짐에 따라 더 많은 상대와 교역하는 사회는 성장하는 반면, 오래된 (친족 기반) 교역망에 국한된 사회는 결국 정체한다.(141쪽)

참고로 화교 또한 이탈리아 남부처럼 씨족(혹은 친족) 네트워크에 의지하는 대표적인 사례라고 합니다. 1997년 아시아 외환위기 때 인도네시아의 화교 네트워크가 증오의 대상이 되어 끔찍한 약탈을 당했던 일이 떠오릅니다.[4] 사회 전체를 아우르는 시스템을 만들기보다 자신들끼리의 네트워크를 강화하는 방향으로 움직이면, 경제 및 정치적인 위기가 찾아올 때 무력해질 가능성이 높습니다.

이런 이야기에서 우리는 한 가지 사실을 알 수 있습니다. 어떤 사회의 미래를 예측하려면 그들이 겪어온 길에 대한 이해가 필요하다는 것 말입니다. 특히 경제를 발전시키는 제도나 문화가 무엇인지 알 수 있다면, 위험을 피하는 것은 물론 기회를 가질 수 있으리라 생각됩니다. 이런 학문을 경제학계에서는 경제사라고 부릅니다. 경제사 공부를 통해 우리나라와 해외 경제를 예측하는 힘을 기르는 것은 물론, 우리를 부유하게 하는 제도와 문화는 무엇인지 고민할 수 있으리라 생각합니다. 『부의 빅 히스토리』는 세계 최고 학자들의 연구 결과를 집대성하여 우리가 지닌 의문들을 명쾌하게 풀어낸 책입니다. 경제와 역사를 좋아하는 이들에게는 무엇과도 바꿀 수 없는 선물이 될 것입니다.

추천사를 쓰기 위해 책을 읽는 내내 너무나 즐거웠습니다. 귀한 책 출간을 결심한 윌북 출판사와 번역가, 편집자 여러분들에게 감사하다는 말씀드립니다.

1 Bloomberg(2022.11.22), "Sunak's Britain Is Starting to Have Second Thoughts About Brexit"
2 연합뉴스(2022.9.27), "이탈리아 총선 우파연합 승리…첫 극우·여성총리 탄생"
3 Oriana Bandiera(2003), "Land Reform, the Market for Protection, and the Origins of the Sicilian Mafia: Theory and Evidence Get access Arrow", 『The Journal of Law, Economics, and Organization』, Volume 19, Issue 1, 1 April 2003, Pages 218-244.
4 머니투데이(2018.11.26), "1998년의 기억… '대통령'이나 '장관'이 될 수 없는 자들".

참고 문헌

Acemoglu, Daron, Davide Cantoni, Simon Johnson, and James A. Robinson. 2011. "The Consequences of Radical Reform: The French Revolution." *American Economic Review* 101(7): 3286~307쪽.

Acemoglu, Daron and Simon Johnson. 2007. "Disease and Development: The Effect of Life Expectancy on Economic Growth." *Journal of Political Economy* 115(6): 925~85쪽.

Acemoglu, Daron, Simon Johnson, and James A. Robinson. 2001. "The Colonial Origins of Comparative Development: An Empirical Investigation." *American Economic Review* 91(5): 1369~401쪽.

Acemoglu, Daron, Simon Johnson, and James A. Robinson. 2002. "Reversal of Fortune: Geography and Institutions in the Making of the Modern World Income Distribution." *Quarterly Journal of Economics* 117(4): 1231~94쪽.

Acemoglu, Daron, Simon Johnson, and James A. Robinson. 2005a. "Institutions as a Fundamental Cause of Long-run Growth." In *Handbook of Economic Growth*, Vol. 1, ed. Philippe Aghion and Steven Durlauf. Amsterdam: Elsevier, 385~472쪽.

Acemoglu, Daron, Simon Johnson, and James A. Robinson. 2005b. "The Rise of Europe: Atlantic Trade, Institutional Change, and Economic Growth." *American Economic Review* 95(3): 546~79쪽.

Acemoglu, Daron and James A. Robinson. 2006. *The Economic Origins of Dictatorship and Democracy*. New York: Cambridge University Press.

Acemoglu, Daron and James A. Robinson. 2012a. "The Big Mis-forecast." http://whynationsfail.com/blog/2012/4/6/the-big-mis-forecast.html.

Acemoglu, Daron and James A. Robinson. 2012b. *Why Nations Fail*. New York: Crown Business(한국어판 대런 애쓰모글루·제임스 A. 로빈슨 지음, 최완규 옮김, 『국가는 왜 실패하는가』, 시공사, 2012).

Acemoglu, Daron and James A. Robinson. 2019. *The Narrow Corridor: States, Society, and the Fate of Liberty*. New York: Penguin(한국어판 대런 애쓰모글루·제임스 A. 로빈슨 지음, 장경덕 옮김, 『좁은 회랑』, 시공사, 2020).

Acemoglu, Daron and Alexander Wolitzky. 2011. "The Economics of Labor Coercion." *Econometrica* 79(2): 555~601쪽.

Akçomak, İ Semih, Dinand Webbink, and Bas ter Weel. 2016. "Why did the Netherlands Develop So Early? The Legacy of the Brethren of the Common Life." *Economic Journal*

126(593): 821~60쪽.

Alesina, Alberto and Paola Giuliano. 2015. "Culture and Institutions." *Journal of Economic Literature* 53(4): 898~944쪽.

Alesina, Alberto, Paola Giuliano, and Nathan Nunn. 2013. "On the Origins of Gender Roles: Women and the Plough." *Quarterly Journal of Economics* 128(2): 469~530쪽.

Allen, Robert C. 1992. Enclosure and the Yeoman. Oxford: Clarendon Press.

Allen, Robert C. 1994. "Agriculture during the Industrial Revolution." In *The Economic History of Britain since 1700*, ed. Roderick Floud and Donald McCloskey. Cambridge: Cambridge University Press, 96~122쪽.

Allen, Robert C. 2001. "The Great Divergence in European Wages and Prices from the Middle Ages to the First World War." *Explorations in Economic History* 38(4): 411~47쪽.

Allen, Robert C. 2009a. *The British Industrial Revolution in Global Perspective*. Cambridge: Cambridge University Press.

Allen, Robert C. 2009b. "Engels' Pause: Technical Change, Capital Accumulation, and Inequality in the British Industrial Revolution." *Explorations in Economic History* 46(4): 418~35쪽.

Allen, Robert C. 2011a. *Global Economic History: A Very Short Introduction*. Oxford: Oxford University Press(한국어판 로버트 C. 앨런 지음, 이강국 옮김, 『세계경제사』, 교유서가, 2017).

Allen, Robert C. 2011b. "Why the Industrial Revolution Was British: Commerce, Induced Invention, and the Scientific Revolution." *Economic History Review* 64(2): 357~84.

Allen, Robert C. 2014. "American Exceptionalism as a Problem in Global History." *Journal of Economic History* 74(2): 309~50쪽.

Allen, Robert C., Jean-Pascal Bassino, Debin Ma, Christine Moll-Murata, and Jan Luiten van Zanden. 2011. "Wages, Prices, and Living Standards in China, 1738-1925: In Comparison with Europe, Japan, and India." *Economic History Review* 64(1): 8~38쪽.

Allen, Robert C. and Jacob Louis Weisdorf. 2011. "Was There an 'Industrious Revolution' before the Industrial Revolution? An Empirical Exercise for England, c. 1300-1830." *Economic History Review* 64(3): 715~29쪽.

Alsan, Marcella. 2015. "The Effect of the TseTse Fly on African Development." *American Economic Review* 105(1): 382~410쪽.

Andersen, Thomas Barnebeck, Jeanet Bentzen, Carl-Johan Dalgaard, and Paul Sharp. 2017. "Pre-Reformation Roots of the Protestant Ethic." *Economic Journal* 127(604): 1756~93쪽.

Anderson, Gary M. and Peter J. Boettke. 1997. "Soviet Venality: A Rent-seeking Model of the Communist State." *Public Choice* 93(1-2): 37~53쪽.

Anderson, R. Warren, Noel D. Johnson, and Mark Koyama. 2017. "Jewish Persecutions and Weather Shocks, 1100-1800." *Economic Journal* 127(602): 924~58쪽.

Appleby, Joyce. 2010. *The Relentless Revolution: A History of Capitalism*. New York: W. W. Norton & Company(한국어판 조이스 애플비 지음, 주경철·안민석 옮김, 『가차없는 자본주의』, 까치, 2012).

Arrow, Kenneth J. 1972. "Gifts and Exchanges." *Philosophy and Public Affairs* 1(4): 343~62쪽.

Arrunada, Benito. 2016. "How Rome Enabled Impersonal Markets." *Explorations in Economic History* 61(1): 68~84쪽.

Arteaga, Fernando, Desiree A. Desierto, and Mark Koyama. 2020. "Shipwrecked by Rents." CEPR Discussion Paper 15300.

Ashraf, Quamrul and Oded Galor. 2011. "Dynamics and Stagnation in the Malthusian Epoch." *American Economic Review* 101(5): 2003~41쪽.

Bai, Ying and James Kai-sing Kung. 2011. "Climate Shocks and Sino-nomadic Conflict." *Review of Economics and Statistics* 93(3): 970~81쪽.

Bai, Ying and James Kai-sing Kung. 2015. "Diffusing Knowledge while Spreading God's Message: Protestantism and Economic Prosperity in China, 1840-1920." *Journal of the European Economic Association* 13(4): 669~98쪽.

Bailey, Mark. 2014. *The Decline of Serfdom in Late Medieval England: From Bondage to Freedom*. Woodbridge: Boydell & Brewer.

Ball, Philip. 2017. *The Water Kingdom: A Secret History of China*. Chicago: University of Chicago Press.

Balla, Eliana and Noel D. Johnson. 2009. "Fiscal Crisis and Institutional Change in the Ottoman Empire and France." *Journal of Economic History* 69(3): 809~45쪽.

Banerjee, Abhijit and Lakshmi Iyer. 2005. "History, Institutions, and Economic Performance: The Legacy of Colonial Land Tenure Systems in India." *American Economic Review* 95(4): 1190~213쪽.

Banfield, Edward C. 1958. *The Moral Basis of a Backward Society*. New York: Free Press.

Bateman, Victoria N. 2011. "The Evolution of Markets in Early Modern Europe, 1350-1800: A Study of Wheat Prices." *Economic History Review* 64(2): 447~71쪽.

Bateman, Victoria N. 2012. *Markets and Growth in Early Modern Europe*. London: Pickering & Chatto.

Bates, Robert H. 1981. *Markets and States in Tropical Africa*. Berkeley: University of California Press.

Bazzi, Samuel, Martin Fiszbein, and Mesay Gebresilasse. 2020. "Frontier Culture: The Roots and Persistence of 'Rugged Individualism' in the United States." *Econometrica* 88(6): 2329~68쪽.

Becker, Gary S. and H. Gregg Lewis. 1973. "On the Interaction between the Quantity and Quality of Children." *Journal of Political Economy* 81(2, Part 2): S279~88쪽.

Becker, Gary S., Tomas J. Philipson, and Rodrigo R. Soares. 2005. "The Quantity and Quality of Life and the Evolution of World Inequality." *American Economic Review* 95(1): 277~91쪽.

Becker, Sascha O., Katrin Boeckh, Christa Hainz, and Ludger Woessmann. 2016. "The Empire Is Dead, Long Live the Empire! Long-run Persistence of Trust and Corruption in the Bureaucracy." *Economic Journal* 126(590): 40~74쪽.

Becker, Sascha O., Erik Hornung, and Ludger Woessmann. 2011. "Education and Catch-up in the Industrial Revolution." *American Economic Journal: Macroeconomics* 3(3): 92~126쪽.

Becker, Sascha O. and Ludger Woessmann. 2008. "Luther and the Girls: Religious Denomination and the Female Education Gap in Nineteenth-century Prussia." *Scandinavian Journal of Economics* 110(4): 777~805쪽.

Becker, Sascha O. and Ludger Woessmann. 2009. "Was Weber Wrong? A Human Capital Theory of Protestant Economic History." *Quarterly Journal of Economics* 124(2): 531~96쪽.

Beckert, Sven. 2014. *Empire of Cotton: A Global History*. New York: Vintage Books(한국어판 스벤 베커트 지음, 김지혜 옮김, 『면화의 제국』, 휴머니스트, 2018).

Belloc, Marianna, Francesco Drago, Mattia Fochesato, and Roberto Galbiati. 2021. "Wealth Accumulation and Institutional Capture: The Rise of the Medici and the Fall of the Florentine Republic." 미간행 초고.

Benedictow, Ole J. 2005. *The Black Death 1346-1353: The Complete History*. Woodbridge: The Boydell Press.

Berg, Maxine. 1980. *The Machinery Question and the Making of Political Economy, 1815-1848*. Cambridge: Cambridge University Press.

Berg, Maxine. 2004. "Consumption in Eighteenth- and Early Nineteenth-century Britain." In *Cambridge Economic History of Modern Britain*, Vol. 1, *Industrialisation, 1700-1860*, ed. Roderick Floud and Paul Johnson. Cambridge: Cambridge University Press, 357~87쪽.

Berkowitz, Daniel, Katharina Pistor, and Jean-Francois Richard. 2003. "Economic Development, Legality, and the Transplant Effect." *European Economic Review* 47(1): 165~95쪽.

Berman, Harold J. 1983. *Law and Revolution: The Formation of the Western Legal Tradition*. Cambridge, MA: Harvard University Press(한국어판 해롤드 버만 지음, 김철 옮김, 『법과 혁명 1』, 한국학술정보, 2013).

Berman, Harold J. 2003. *Law and Revolution, II: The Impact of the Protestant Reformations on the Western Legal Tradition*. Cambridge, MA: Harvard University Press(한국어판 해롤드 버만 지음, 김철 옮김, 『법과 혁명 2』 전·후, 한국학술정보, 2016).

Bernhofen, Daniel M. and John C. Brown. 2005. "An Empirical Assessment of the Comparative Advantage Gains from Trade: Evidence from Japan." *American Economic Review* 95(1): 208~25쪽.

Bernhofen, Daniel M., Jianan Li, Markus Eberhardt, and Stephen L. Morgan. 2020. "The Secular Decline of Market Integration during Qing China's Golden Age." Working Paper.

Besley, Timothy and Maitreesh Ghatak. 2010. "Property Rights and Economic Development." In *Handbook of Development Economics*, Vol. 5, ed. Dani Rodrik and Mark Rosenzweig. Amsterdam: Elsevier, 4525~95쪽.

Bisin, Alberto and Thierry Verdier. 2017. "On the Joint Evolution of Culture and Institutions." NBER Working Paper 23375.

Blaydes, Lisa and Eric Chaney. 2013. "The Feudal Revolution and Europe's Rise: Political Divergence of the Christian West and the Muslim World before 1500 CE." *American Political Science Review* 107(1): 16~34쪽.

Blaydes, Lisa and Christopher Paik. 2021. "Muslim Trade and City Growth before the Nineteenth Century: Comparative Urbanization in Europe, the Middle East and Central Asia." *British Journal of Political Science* 51(2): 845~68쪽.

Boettke, Peter. 1993. *Why Perestroika Failed: The Politics and Economics of Socialist Transformation*. London: Routledge.

Boettke, Peter. 2001. *Calculation and Coordination*. London: Routledge.

Bogart, Dan. 2012. "A Small Price to Pay: A Historical Perspective on Infrastructure Regulation during Britain's Industrialization." 등사판.

Bogart, Dan. 2014. "The Transport Revolution in Industrialising Britain." In *The Cambridge Economic History of Modern Britain* (new edn.), Vol. 1, *1700-1870*, ed. Roderick Floud, Jane Humphries, and Paul Johnson. Cambridge: Cambridge University Press, 368~91쪽.

Bogart, Dan, Eduard J. Alvarez-Palau, Oliver Dunn, Max Satchell, and Leigh Shaw Taylor. 2017. "Market Access and Urban Growth in England and Wales during the Pre-steam Era." Working Paper.

Bogart, Dan and Gary Richardson. 2009. "Making Property Productive: Reorganizing Rights to Real and Equitable Estates in Britain, 1660-1830." *European Review of Economic History* 13(1): 3~30쪽.

Bogart, Dan and Gary Richardson. 2011. "Property Rights and Parliament in Industrializing Britain." *Journal of Law and Economics* 54(2): 241~74쪽.

Bogart, Dan, Max Satchell, Eduard J. Alvarez-Palau, Xuesheng You, and Leigh Shaw Taylor. 2017. "Turnpikes, Canals, and Economic Growth in England and Wales, 1800-1850." Working Paper.

Bolt, Jutta, Robert Inklaar, Herman de Jong, and Jan Luiten van Zanden. 2018. "Rebasing 'Maddison': New Income Comparisons and the Shape of Long-run Economic Development." GGDC Research Memorandum no. 174.

Bolt, Jutta and Jan Luiten van Zanden. 2020. "Maddison Project Database, version 2020." *Maddison Style Estimates of the Evolution of the World Economy: A New 2020 Update*.

Boserup, Ester. 1970. *Woman's Role in Economic Development*. London: George Allen and Unwin Ltd.

Bosker, Maarten, Eltjo Buringh, and Jan Luiten van Zanden. 2013. "From Baghdad to London: Unraveling Urban Development in Europe, the Middle East, and North Africa, 800-1800." *Review of Economics and Statistics* 95(4): 1418~37쪽.

Botticini, Maristella and Zvi Eckstein. 2012. *The Chosen Few: How Education Shaped Jewish History*, 70-1492. Princeton, NJ: Princeton University Press.

Boyd, Robert and Peter J. Richerson. 1985. *Culture and the Evolutionary Process*. Chicago: University of Chicago Press.

Brandt, Loren, Debin Ma, and Thomas G. Rawski. 2014. "From Divergence to Convergence: Reevaluating the History behind China's Economic Boom." *Journal of Economic Literature* 52(1): 45~123쪽.

Brandt, Loren, Debin Ma, and Thomas G. Rawski. 2017. "Industrialization in China." In *The Spread of Modern Industry to the Periphery since 1871*, ed. Kevin O'Rourke and Jeffrey Williamson. Oxford: Oxford University Press, 197~228쪽.

Braudel, Fernand. 1949/1973. *The Mediterranean, and the Mediterranean World in the Age of Phillip II*, Vol. 2. Translated by Sian Reynolds. Berkeley: University of California Press(한국어판 페르낭 브로델 지음, 남종국·윤은주 옮김, 『지중해: 펠리페 2세 시대의 지중해 세계』 까치, 2017).

Brenner, Robert. 1976. "Agrarian Class Structure and Economic Development in Preindustrial Europe." *Past & Present* 70(1): 30~75쪽.

Brewer, John. 1988. *The Sinews of Power*. Cambridge, MA: Harvard University Press.

Brewer, John and Roy Porter, eds. 1993. *Consumption and the World of Goods*. London: Routledge.

Broadberry, Stephen. 1994. "Comparative Productivity in British and American Manufacturing during the Nineteenth Century." *Explorations in Economic History* 31(4): 521~48쪽.

Broadberry, Stephen. 1998. "How Did the United States and Germany Overtake Britain? A Sectoral Analysis of Comparative Productivity Levels, 1870-1990." *Journal of Economic History* 58(2): 375~407쪽.

Broadberry, Stephen, Bruce M. S. Campbell, Alexander Klein, Mark Overton, and Bas van Leeuwen. 2015. *British Economic Growth, 1270-1870*. Cambridge: Cambridge University Press.

Broadberry, Stephen, Johann Custodis, and Bishnupriya Gupta. 2015. "India and the Great Divergence: An Anglo-Indian Comparison of GDP per Capita, 1600-1871." *Explorations in Economic History* 55(1): 58~75쪽.

Broadberry, Stephen, Hanhui Guan, and David Daokui Li. 2018. "China, Europe, and the Great Divergence: A Study in Historical National Accounting, 980-1850." *Journal of Economic History* 78(4): 955~1000쪽.

Broadberry, Stephen and Bishnupriya Gupta. 2006. "The Early Modern Great Divergence: Wages, Prices and Economic Development in Europe and Asia, 1500-1800." *Economic History Review* 59(1): 2~31쪽.

Broadberry, Stephen and John Joseph Wallis. 2017. "Growing, Shrinking, and Long-run Economic Performance: Historical Perspectives on Economic Development." NBER Working Paper 23343.

Bruhn, Miriam and Francisco A. Gallego. 2012. "Good, Bad, and Ugly Colonial Activities: Do They Matter for Economic Development?" *Review of Economics and Statistics* 94(2): 433~61쪽.

Buringh, Eltjo and Jan Luiten van Zanden. 2009. "Charting the 'Rise of the West': Manuscripts and Printed Books in Europe, a Long-Term Perspective from the Sixth through Eighteenth Centuries." *Journal of Economic History* 69(2): 409~45쪽.

Caferro, William P. 2008. "Warfare and Economy in Renaissance Italy, 1350-1450." *Journal of Interdisciplinary History* 39(2): 167~209쪽.

Cagé, Julia and Valeria Rueda. 2016. "The Long-term Effects of the Printing Press in sub-Saharan Africa." *American Economic Journal: Applied Economics* 8(3): 69~99쪽.

Cameron, Rondo E. 1993. *A Concise Economic History of the World: From Paleolithic Times to the Present*. New York: Oxford University Press(한국어판 론도 캐머런 외 지음, 이헌대 옮김, 『간결한 세계 경제사』, 에코피아, 2009).

Campbell, Bruce M. S. 2010. "Nature as Historical Protagonist." *Economic History Review* 63(2): 281~314쪽.

Campbell, Cameron D., Wang Feng, and James Z. Lee. 2002. "Pretransitional Fertility in China." *Population and Development Review* 28(4): 735~50쪽.

Cantoni, Davide, Jeremiah Dittmar, and Noam Yuchtman. 2018. "Religious Competition and Reallocation: The Political Economy of Secularization in the Protestant Reformation."

Quarterly Journal of Economics 133(4): 2037~96쪽.

Carmichael, Sarah G., Alexandra de Pleijt, Jan Luiten van Zanden, and Tine de Moor. 2016. "The European Marriage Pattern and Its Measurement." *Journal of Economic History* 76(1): 196~204쪽.

Castañeda Dower, Paul and Andrei Markevich. 2018. "The Stolypin Reform and Agricultural Productivity in Late Imperial Russia." *European Review of Economic History* 23(3): 241~67쪽.

Cavalli-Sforza, Luigi L. and Marcus W. Feldman. 1981. *Cultural Transmission and Evolution: A Quantitative Approach.* Princeton, NJ: Princeton University Press.

Centeno, Miguel Angel. 1997. "Blood and Debt: War and Taxation in Nineteenth-century Latin America." *American Journal of Sociology* 102(6): 1565~605쪽.

Cervellati, Matteo and Uwe Sunde. 2005. "Human Capital Formation, Life Expectancy, and the Process of Development." *American Economic Review* 95(5): 1653~72쪽.

Chaney, Eric. 2008. "Tolerance, Religious Competition and the Rise and Fall of Muslim Science." 미간행 논문.

Chaney, Eric. 2016. "Religion and the Rise and Fall of Islamic Science." 미간행 논문.

Chang, Ha-Joon. 2008. *Bad Samaritans: The Myth of Free Trade and the Secret History of Capitalism.* London: Bloomsbury Press(한국어판 장하준 지음, 이순희 옮김, 『나쁜 사마리아인들』, 부키, 2018).

Chaudhary, Latika and James Fenske. 2020. "Did Railways Affect Literacy? Evidence from India." CAGE Online Working Paper Series 529.

Chen, Ting, James Kai-sing Kung, and Chicheng Ma. 2020. "Long Live Keju! The Persistent Effects of China's Civil Examination System." *Economic Journal* 130(631): 2065~104쪽.

Chen, Zhiwu, Chicheng Ma, and Andrew J. Sinclair. 2020 "Banking on the Confucian Clan: Why Did China Miss the Financial Revolution?" *Economic Journal.* https://doi.org/10.1093/ej/ueab082.

Christian, Cornelius and Liam Elbourne. 2018. "Shocks to Military Support and Subsequent Assassinations in Ancient Rome." *Economics Letters* 171: 79~82쪽.

CIA. 2019. "CIA World Fact Book." Data available at: https://www.cia.gov/the-world-factbook/.

Cipolla, Carlo M. 1952. "The Decline of Italy: The Case of a Fully Matured Economy." *Economic History Review* 5(2): 178~87쪽.

Cipolla, Carol M. 1976. *Before the Industrial Revolution.* London: Methuen.

Clark, Gregory. 1994. "Factory Discipline." *Journal of Economic History* 54(1): 128~63쪽.

Clark, Gregory. 2007. *A Farewell to Alms.* Princeton, NJ: Princeton University Press(한국어판 그레고리 클라크 지음, 이은주 옮김, 『맬서스, 산업혁명 그리고 이해할 수 없는 신세계』, 한스미디어, 2009).

Clark, Gregory. 2010. "The Macroeconomic Aggregates for England, 1209-2008." *Research in Economic History* 27(1): 51~140쪽.

Clark, Gregory and Neil Cummins. 2015. "Malthus to Modernity: Wealth, Status, and Fertility in England, 1500-1879." *Journal of Population Economics* 28(1): 3~29쪽.

Clark, Gregory and David Jacks. 2007. "Coal and the Industrial Revolution, 1700-1869." *European Review of Economic History* 11(1): 39~72쪽.

Clark, Peter, ed. 2001. *The Cambridge Urban History of Britain*, Vol. II. Cambridge: Cambridge University Press.

Clegg, John J. 2015. "Capitalism and Slavery." *Critical Historical Studies* 2(2): 281~304쪽.

Clingingsmith, David and Jeffrey G. Williamson. 2008. "Deindustrialization in 18th- and 19th-century India: Mughal Decline, Climate Shocks and British Industrial Ascent." *Explorations in Economic History* 45(3): 209~234쪽.

Cohn, Samuel. 2007. "After the Black Death: Labour Legislation and Attitudes towards Labour in Late-Medieval Western Europe." *Economic History Review* 60(3): 457~85쪽.

Cooter, Robert D. 1997. "The Rule of State Law and the Rule-of-law State: Economic Analysis of the Legal Foundations of Development." *Annual World Bank Conference on Development Economics* 1996: 191~217쪽.

Coşgel, Metin M., Thomas J. Miceli, and Jared Rubin. 2012. "The Political Economy of Mass Printing: Legitimacy and Technological Change in the Ottoman Empire." *Journal of Comparative Economics* 40(3): 357~71쪽.

Cox, Gary W. 2016. *Marketing Sovereign Promises: Monopoly Brokerage and the Growth of the English State*. Cambridge: Cambridge University Press.

Crafts, Nicholas. 2011. "Explaining the First Industrial Revolution: Two Views." *European Review of Economic History* 15(1): 153~68쪽.

Crafts, Nicholas. 2018. *Forging Ahead, Falling Behind and Fighting Back: British Economic Growth from the Industrial Revolution to the Financial Crisis*. Cambridge: Cambridge University Press.

Crosby, Alfred W. 1986. *Ecological Imperialism: The Biological Expansion of Europe, 900-1900*. Cambridge: Cambridge University Press(한국어판 앨프리드 W. 크로스비 지음, 정범진·안효상 옮김, 『생태제국주의』, 지식의풍경, 2000).

Dalgaard, Carl-Johan, Anne Sofie B. Knudsen, and Pablo Selaya. 2020. "The Bounty of the Sea and Long-run Development." *Journal of Economic Growth* 25(3): 259~95쪽.

Darity, William, Jr. 1992. "A Model of 'Original Sin': Rise of the West and Lag of the Rest." *American Economic Review* 82(2): 162~7쪽.

David, A. Paul and Gavin Wright. 1997. "Increasing Returns and the Genesis of American Resource Abundance." *Industrial and Corporate Change* 6(2): 203~45쪽.

Davis, Donald R. and David E. Weinstein. 2002. "Bones, Bombs, and Break Points: The Geography of Economic Activity." *American Economic Review* 92(5): 1269~89쪽.

de la Croix, David, Matthias Doepke, and Joel Mokyr. 2017. "Clans, Guilds, and Markets: Apprenticeship Institutions and Growth in the Preindustrial Economy." *Quarterly Journal of Economics* 133(1): 1~70쪽.

de Moor, Tine and Jan Luiten van Zanden. 2010. "Girl Power: The European Marriage Pattern and Labour Markets in the North Sea Region in the Late Medieval and Early Modern Period." *Economic History Review* 63(1): 1~33쪽.

de Vries, Jan. 1993. "Between Purchasing Power and the World of Goods: Understanding the

Household Economy in Early Modern Europe." In *Consumption and the World of Goods*, ed. John Brewer and Roy Porter. London: Routledge, 85~132쪽.

de Vries, Jan. 2003. "The Industrious Revolution and Economic Growth, 1650-1830." In *The Economic Future in a Historical Perspective*, ed. Paul A. David and Michael Thomas. Oxford: Oxford University Press, 43~72쪽.

de Vries, Jan. 2008. *The Industrious Revolution*. Cambridge: Cambridge University Press.

de Vries, Jan and Ad van der Woude. 1997. *The First Modern Economy: Success, Failure, and Perseverance of the Dutch Economy*, 1500-1815. Cambridge: Cambridge University Press.

Dell, Melissa. 2010. "The Persistent Effects of Peru's Mining Mita." *Econometrica* 78(6): 1863~903쪽.

Dell, Melissa and Benjamin A. Olken. 2020. "The Development Effects of the Extractive Colonial Economy: The Dutch Cultivation System in Java." *Review of Economic Studies* 87(1): 164~203쪽.

Dennison, Tracy and Sheilagh Ogilvie. 2014. "Does the European Marriage Pattern Explain Economic Growth?" *Journal of Economic History* 74(3): 651~93쪽.

Derenoncourt, Ellora. 2019. "Atlantic Slavery's Impact on European and British Economic Development." Working Paper.

Desierto, Desiree A. 2018. "Formal Models of the Political Resource Curse." *Economics of Governance* 19(3): 225~59쪽.

Desierto, Desiree A. and Mark Koyama. 2020. "The Political Economy of Status Competition: Sumptuary Laws in Preindustrial Europe." CEPR Discussion Papers 14407.

Desmet, Klaus and Stephen L. Parente. 2012. "The Evolution of Markets and the Revolution of Industry: A Unified Theory of Growth." *Journal of Economic Growth* 17(3): 205~34쪽.

Diamond, Jared. 1997. *Guns, Germs, and Steel*. New York: W. W. Norton & Company(한국어판 재러드 다이아몬드 지음, 김진준 옮김, 『총, 균, 쇠』, 문학사상사, 2005).

Dicey, A. V. 1908. *Introduction to the Study of the Law of the Constitution*. London: Macmillan and Co. Ltd.

Dincecco, Mark. 2009. "Fiscal Centralization, Limited Government, and Public Revenues in Europe, 1650-1913." *Journal of Economic History* 69(1): 48~103쪽.

Dincecco, Mark, James Fenske, Anil Menon, and Shivaji Mukherjee. 2019. "Pre-colonial Warfare and Long-run Development in India." University of Warwick Working Paper N. 426.

Dippel, Christian. 2014. "Forced Coexistence and Economic Development: Evidence from Native American Reservations." *Econometrica* 82(6): 2131~65쪽.

Dittmar, Jeremiah E. and Ralf R. Meisenzahl. 2020. "Public Goods Institutions, Human Capital, and Growth: Evidence from German History." *Review of Economic Studies* 87(2): 959~96쪽.

Dixit, Avinash. 2004. *Lawlessness and Economics*. Princeton, NJ: Princeton University Press.

Doepke, Matthias and Fabrizio Zilibotti. 2008. "Occupational Choice and the Spirit of Capitalism." *Quarterly Journal of Economics* 123(2): 747~93쪽.

Donaldson, Dave. 2018. "Railroads of the Raj: Estimating the Impact of Transportation Infrastructure." *American Economic Review* 108(4-5): 899~934쪽.

Donaldson, Dave and Richard Hornbeck. 2016. "Railroads and American Economic Growth: A 'Market Access' Approach." *Quarterly Journal of Economics* 131(2): 799~858쪽.

Drelichman, Mauricio. 2005. "All That Glitters: Precious Metals, Rent Seeking and the Decline of Spain." *European Review of Economic History* 9(3): 313~36쪽.

Drelichman, Mauricio and Hans-Joachim Voth. 2008. "Institutions and the Resource Curse in Early Modern Spain." In *Institutions and Economic Performance*, ed. Ethan Helpman. Cambridge, MA: Harvard University Press, 120~47쪽.

Drelichman, Mauricio and Hans-Joachim Voth. 2011. "Lending to the Borrower from Hell: Debt and Default in the Age of Philip II." *Economic Journal* 121(557): 1205~27쪽.

Drelichman, Mauricio and Hans-Joachim Voth. 2016. *Lending to the Borrower from Hell: Debt, Taxes, and Default in the Age of Philip II*. Princeton, NJ: Princeton University Press.

Dyer, Christopher. 2005. *An Age of Transition? Economy and Society in England in the Later Middle Ages*. Oxford: Clarendon Press.

Easterly, William and Ross Levine. 1997. "Africa's Growth Tragedy: Policies and Ethnic Divisions." *Quarterly Journal of Economics* 112(4): 1203~50쪽.

Edelstein, Dan, Maria Comsa, Melanie Conroy, Biliana Kassabova, Claude Willan, Chloe Edmundson, and Bugei Nyaosi. 2010. "Voltaire and the Enlightenment." Mapping the Republic of Letters, Stanford University. http://republicofletters.stanford.edu/casestudies/voltaire.html.

Eichengreen, Barry. 2007. *The European Economy since 1945: Coordinated Capitalism and Beyond*. Princeton, NJ: Princeton University Press.

Ekelund, Robert B., Robert Hebert, Robert Tollison, Gary Anderson, and Audrey Davidson. 1996. *Sacred Trust: The Medieval Church as an Economic Firm*. Oxford: Oxford University Press.

Ekelund, Robert B. and Robert D. Tollison. 1997. *Politicized Economies*. College Station, TX: Texas A & M University Press.

Eltis, David and Stanley L. Engerman. 2000. "The Importance of Slavery and the Slave Trade to Industrializing Britain." *Journal of Economic History* 60(1): 123~44쪽.

Emson, H. E. 1992. "For the Want of an Heir: The Obstetrical History of Queen Anne." *BMJ: British Medical Journal* 304(6838): 1365~6쪽.

Engerman, Stanley L. and Kenneth L. Sokoloff. 2012. *Economic Development in the Americas since 1500*. Cambridge: Cambridge University Press.

Enke, Benjamin. 2019. "Kinship, Cooperation, and the Evolution of Moral Systems." *Quarterly Journal of Economics* 134(2): 953~1019쪽.

Epstein, S. R. 1991. "Cities, Regions and the Late Medieval Crisis: Sicily and Tuscany Compared." *Past & Present* 130: 3~50쪽.

Epstein, S. R. 1998. "Craft Guilds, Apprenticeship, and Technological Change in Preindustrial Europe." *Journal of Economic History* 58(3): 684~713쪽.

Epstein, S. R. 2000. *Freedom and Growth: The Rise of States and Markets in Europe, 1300-1700*. London: Routledge.

Federico, Giovanni, Max-Stephan Schulze, and Oliver Volckart. 2021. "European Goods

Market Integration in the Very Long Run: From the Black Death to the First World War." *Journal of Economic History* 81(1): 276~308쪽.

Feinstein, Charles H. 1998. "Pessimism Perpetuated: Real Wages and the Standard of Living in Britain during and after the Industrial Revolution." *Journal of Economic History* 58(3): 625~58쪽.

Fernández, Raquel and Alessandra Fogli. 2009. "Culture: An Empirical Investigation of Beliefs, Work, and Fertility." *American Economic Journal: Macroeconomics* 1(1): 146~77쪽.

Fernández-Armesto, Felipe. 2006. *Pathfinders: A Global History of Exploration*. New York: Norton.

Fernández-Villaverde, Jesús. 2022. *Global Economic History: Change and Continuity*. Princeton, NJ: Princeton University Press.

Fernández-Villaverde, Jesús, Mark Koyama, Youhong Lin, and Tuan-Hwee Sng. 2020. "Fractured-land and Political Fragmentation." Working Paper.

Feyrer, James and Bruce Sacerdote. 2009. "Colonialism and Modern Income: Islands as Natural Experiments." *Review of Economics and Statistics* 91(2): 245~62쪽.

Finley, Moses I. 1973. *The Ancient Economy*. Berkeley: University of California Press(한국어판 M. I. 핀리 지음, 지동식 옮김, 『서양고대경제』, 민음사, 1993).

Floud, Roderick, Robert W. Fogel, Bernard Harris, and Sok Chul Hong. 2011. *The Changing Body: Health, Nutrition, and Human Development in the Western World since 1700*. Cambridge: Cambridge University Press.

Flückiger, Matthias, Erik Hornung, Mario Larch, Markus Ludwig, and Allard Mees. 2019 "Roman Transport Network Connectivity and Economic Integration." *Review of Economic Studies*. https://doi.org/10.1093/restud/rdab036.

Fogel, Robert W. 1964. *Railroads and American Economic Growth*. Baltimore: Johns Hopkins University Press.

Fogel, Robert W. 2004. *The Escape from Hunger and Premature Death, 1700-2000*. Cambridge: Cambridge University Press.

Foreman-Peck, James. 2011. "The Western European Marriage Pattern and Economic Development." *Explorations in Economic History* 48(2): 292~309쪽.

Fouquet, Roger and Stephen Broadberry. 2015. "Seven Centuries of European Economic Growth and Decline." *Journal of Economic Perspectives* 29(4): 227~44쪽.

Frankema, Ewout H. P. 2012. "The Origins of Formal Education in sub-Saharan Africa: Was British Rule More Benign?" *European Review of Economic History* 16(4): 335~55쪽.

Frankema, Ewout H. P. and Marlous van Waijenburg. 2012. "Structural Impediments to African Growth? New Evidence from Real Wages in British Africa, 1880-1965." *Journal of Economic History* 72(4): 895~926쪽.

Friedman, Benjamin M. 2005. *The Moral Consequences of Economic Growth*. New York: Vintage Books(한국어판 벤저민 프리드먼 지음, 안진환 옮김, 『경제성장의 미래』, 현대경제연구원, 2009).

Fukuyama, Francis. 2011. *The Origins of Political Order*. London: Profile Books Ltd(한국어판 프랜시스 후쿠야마 지음, 함규진 옮김, 『정치 질서의 기원』, 웅진지식하우스, 2012).

Fukuyama, Francis. 2014. *Political Order and Political Decay*. New York: Farrar, Straus and Giroux.

Fuller, Lon L. 1969. *The Morality of Law*. New Haven, CT: Yale University Press.

Galor, Oded. 2005. "From Stagnation to Growth: Unified Growth Theory." *In Handbook of Economic Growth*, Vol. 1, ed. Philippe Aghion and Steven Durlauf. Amsterdam: Elsevier, 171~293쪽.

Galor, Oded. 2011. *Unified Growth Theory*. Princeton, NJ: Princeton University Press.

Galor, Oded and Omer Moav. 2006. "Das Human-Kapital: A Theory of the Demise of the Class Structure." *Review of Economic Studies* 73(1): 85~117쪽.

Galor, Oded, Omer Moav, and Dietrich Vollrath. 2009. "Inequality in Landownership, the Emergence of Human-Capital Promoting Institutions, and the Great Divergence." *Review of Economic Studies* 76(1): 143~79쪽.

Galor, Oded and Andrew Mountford. 2008. "Trading Population for Productivity: Theory and Evidence." *Review of Economic Studies* 75(4): 1143~79쪽.

Galor, Oded and David N. Weil. 2000. "Population, Technology, and Growth: From

Malthusian Stagnation to the Demographic Transition and Beyond." *American Economic Review* 90(4): 806~28쪽.

Gennaioli, Nicola and Hans-Joachim Voth. 2015. "State Capacity and Military Conflict." *Review of Economic Studies* 82(4): 1409~48쪽.

Gerschenkron, Alexander. 1962. *Economic Backwardness in Historical Perspective*. Cambridge, MA: The Belknap Press.

Glahn, Richard von. 2016. *The Economic History of China*. Cambridge: Cambridge University Press(한국어판 리처드 폰 글란 지음, 류형식 옮김, 『폰 글란의 중국경제사』, 소와당, 2019).

Goldin, Claudia. 2001. "The Human-Capital Century and American Leadership: Virtues of the Past." *Journal of Economic History* 61(2): 263~92쪽.

Goldin, Claudia and Lawrence F. Katz. 1998. "The Origins of Technology-Skill Complementarity." *Quarterly Journal of Economics* 113(3): 693~732쪽.

Goldin, Claudia and Laurence F. Katz. 2008. *The Race between Education and Technology*. Cambridge, MA: Harvard University Press.

Goldstone, Jack A. 2002. "Efflorescences and Economic Growth in World History: Rethinking the 'Rise of the West' and the Industrial Revolution." *Journal of World History* 13(2): 323~89쪽.

Gorodnichenko, Yuriy and Gerard Roland. 2011. "Individualism, Innovation, and Long-run Growth." *Proceedings of the National Academy of Sciences* 108(Supplement 4): 21316~19쪽.

Gorodnichenko, Yuriy and Gerard Roland. 2017. "Culture, Institutions, and the Wealth of Nations." *Review of Economics and Statistics* 99(3): 402~16쪽.

Gottfried, Robert S. 1983. *The Black Death: Natural and Human Disaster in Medieval Europe*. New York: The Free Press.

Grafe, Regina. 2012. *Distant Tyranny: Markets, Power, and Backwardness in Spain, 1650-1800*. Princeton, NJ: Princeton University Press.

Gregory, Paul R. 1994. *Before Command: The Russian Economy from Emancipation to Stalin*. Princeton, NJ: Princeton University Press.

Gregory, Paul R. 2004a. *The Political Economy of Stalinism*. Cambridge: Cambridge University Press.

Gregory, Paul R. 2004b. *Russian National Income, 1885-1913*. Cambridge: Cambridge University Press.

Gregory, Paul R. and Mark Harrison. 2005. "Allocation under Dictatorship: Research in Stalin's Archives." *Journal of Economic Literature* 43(3): 721~61쪽.

Greif, Avner. 1989. "Reputation and Coalitions in Medieval Trade: Evidence on the Maghribi Traders." *Journal of Economic History* 49(4): 857~82쪽.

Greif, Avner. 1993. "Contract Enforceability and Economic Institutions in Early Trade: The Maghribi Traders' Coalition." *American Economic Review* 83(3): 525~48쪽.

Greif, Avner. 1994. "Cultural Beliefs and the Organization of Society: A Historical and Theoretical Reflection on Collectivist and Individualist Societies." *Journal of Political Economy* 102(5): 912~50쪽.

Greif, Avner. 2000. "The Fundamental Problem of Exchange: A Research Agenda in Historical Institutional Analysis." *European Review of Economic History* 4(3): 251~84쪽.

Greif, Avner. 2002. "Institutions and Impersonal Exchange: From Communal to Individual Responsibility." *Journal of Institutional and Theoretical Economics* 127(1): 168~204쪽.

Greif, Avner. 2006. *Institutions and the Path to the Modern Economy: Lessons from Medieval Trade*. New York: Cambridge University Press.

Greif, Avner, Paul Milgrom, and Barry R. Weingast. 1994. "Coordination, Commitment, and Enforcement: The Case of the Merchant Guild." *Journal of Political Economy* 102(4): 745~76쪽.

Greif, Avner and Jared Rubin. 2021. "Political Legitimacy and the Institutional Foundations of Constitutional Government: The Case of England." Working Paper.

Greif, Avner and Guido Tabellini. 2017. "The Clan and the Corporation: Sustaining Cooperation in China and Europe." *Journal of Comparative Economics* 45(1): 1~35쪽.

Grier, Robin M. 1999. "Colonial Legacies and Economic Growth." Public Choice 98(3-4): 317~35쪽.

Guinnane, Timothy W. 2011. "The Historical Fertility Transition: A Guide for Economists." *Journal of Economic Literature* 49(3): 589~614쪽.

Guiso, Luigi, Paola Sapienza, and Luigi Zingales. 2006. "Does Culture Affect Economic Outcomes?" *Journal of Economic Perspectives* 20(2): 23~48쪽.

Guiso, Luigi, Paola Sapienza, and Luigi Zingales. 2016. "Long-term Persistence." *Journal of the European Economic Association* 14(6): 1401~36쪽.

Gupta, Bishnupriya. 2019. "Falling Behind and Catching Up: India's Transition from a Colonial Economy." *Economic History Review* 72(3): 803~27쪽.

Gwartney, James D., Robert A. Lawson, Joshua Hall, and Ryan Murphy. 2019. *Economic Freedom of the World: 2019 Annual Report*. Vancouver: Fraser Institute.

Gwartney, James D., Robert A. Lawson, and Randall G. Holcombe. 1999. "Economic Freedom and the Environment for Economic Growth." *Journal of Institutional and Theoretical Economics* 155(4): 643~63쪽.

Haggard, Stephan. 2004. "Institutions and Growth in East Asia." *Studies in Comparative International Development* 38(4): 53~81쪽.

Hajnal, John. 1965. "European Marriage Patterns in Perspective." In *Population in History: Essays in Historical Demography*, ed. D. V. Glass and D. E. C. Eversley. London: Aldine, 101~43쪽.

Hajnal, John. 1982. "Two Kinds of Preindustrial Household Formation System." *Population and Development Review* 8(3): 449~94쪽.

Hanley, Susan B. and Kozo Yamamura. 1977. *Economic and Demographic Change in Preindustrial Japan, 1600-1868*. Princeton, NJ: Princeton University Press.

Harley, C. Knick. 1992a. "The Antebellum American Tariff: Food Exports and Manufacturing." *Explorations in Economic History* 29(4): 375~400쪽.

Harley, C. Knick. 1992b. "International Competitiveness of the Antebellum American Cotton Textile Industry." Journal of Economic History 52(3): 559~84쪽.

Harley, C. Knick. 2004. "Trade: Discovery, Mercantilism and Technology." In *The Cambridge Economic History of Modern Britain*, Vol. 2, ed. Roderick Floud and Paul Johnson. Cambridge: Cambridge University Press, 175~203쪽.

Harper, Kyle. 2017. *The Fate of Rome*. Princeton, NJ: Princeton University Press(한국어판 카일 하퍼 지음, 부희령 옮김, 『로마의 운명』, 더봄, 2021).

Hart, Marjolen T. 1991. "'The Devil of the Dutch': Holland's Impact on the Financial Revolution in England, 1643-1694." *Parliaments, Estates, and Representation* 11(1): 39~51쪽.

Hausfather, Zeke. 2019. "Analysis: Why the UK's CO2 Emissions have Fallen 38% since 1990." CarbonBrief. https://www.carbonbrief.org/analysis-why-the-uks-co2-emissions-have-fallen-38-since-1990.

Hausmann, Ricardo, Lant Pritchett, and Dani Rodrik. 2005. "Growth Accelerations." *Journal of Economic Growth* 10(4): 303~29쪽.

Hay, Douglas, Peter Linebaugh, John G. Rule, E. P. Thompson, and Cal Winslow, eds. 1975. *Albion's Fatal Tree*. London: Allen Lane.

Hay, Simon I., Carlos A. Guerra, Peter W. Gething, Anand P. Patil, Andrew J. Tatem, Abdisalan M. Noor, et al. 2009. "A World Malaria Map: Plasmodium falciparum Endemicity in 2007." *PLoS Medicine* 6(3): e1000048.

Hayek, F. A. 1960. *The Constitution of Liberty*. London: Routledge(한국어판 프리드리히 A. 하이에크 지음, 김균 옮김, 『자유헌정론』 I·II, 자유기업센터, 2016).

Hayek, F. A. 1982. *Law, Legislation and Liberty: The Political Order of a Free People*, Vol. III. Chicago: University of Chicago Press(한국어판 프리드리히 A. 하이에크 지음, 민경국·서병훈·박종운 옮김, 『법, 입법 그리고 자유』, 자유기업원, 2018).

Heldring, Leander, James A. Robinson, and Sebastian Vollmer. 2021. "The Economic Effects of the English Parliamentary Enclosures." Working Paper.

Henrich, Joseph. 2004. "Demography and Cultural Evolution: How Adaptive Cultural Processes Can Produce Maladaptive Losses: The Tasmanian Case." *American Antiquity* 69(2): 197~214쪽.

Henrich, Joseph. 2015. *The Secret of Our Success: How Culture Is Driving Human Evolution, Do-*

mesticating our Species, and Making Us Smarter. Princeton, NJ: Princeton University Press(한
국어판 조지프 헨릭 지음, 이병권 옮김, 『호모 사피엔스, 그 성공의 비밀』, 뿌리와이파리, 2019).

Henrich, Joseph. 2020. *The WEIRDest People in the World: How the West Became Psychologically Peculiar and Particularly Prosperous*. New York: Farrar, Straus and Giroux(한국어판 조지프 헨릭 지음, 유강은 옮김, 『위어드』, 21세기북스, 2022).

Henriques, Antonio and Nuno Palma. 2020. "Comparative European Institutions and the Little Divergence, 1385-1800." CEPR Discussion Paper 14124.

Herbst, Jeffrey. 2000. *States and Power in Africa: Comparative Lessons in Authority and Control*. Princeton, NJ: Princeton University Press.

Hobsbawm, Eric J. 1968. *Industry and Empire*. London: Weidenfeld & Nicolson(한국어판 에릭 홉스봄 지음, 전철환·장수한 옮김, 『산업과 제국』, 한벗, 1984).

Hoffman, Philip T. 2015. *Why Did Europe Conquer the World?* Princeton, NJ: Princeton University Press(한국어판 필립 T. 호프먼 지음, 이재만 옮김, 『정복의 조건』, 책과함께, 2016).

Hornbeck, Richard and Martin Rotemberg. 2021. "Railroads, Market Access, and Aggregate Productivity Growth." Working Paper.

Howes, Anton. 2017. "The Relevance of Skills to Innovation during the British Industrial Revolution, 1547-1851." Working Paper.

Huff, Toby. 1993. *The Rise of Early Modern Science*. Cambridge: Cambridge University Press(한국어판 토비 E. 하프 지음, 김병순 옮김, 『사회·법 체계로 본 근대 과학사 강의』, 모티브북, 2008).

Huillery, Elise. 2009. "History Matters: The Long-term Impact of Colonial Public Investments in French West Africa." *American Economic Journal: Applied Economics* 1(2): 176~215쪽.

Hume, David. 1762. *The History of England*. Dublin: United Company of Booksellers.

Humphries, Jane. 2010. *Childhood and Child Labour in the British Industrial Revolution*. Cambridge: Cambridge University Press.

Humphries, Jane and Benjamin Schneider. 2019. "Spinning the Industrial Revolution." *Economic History Review* 72(1): 126~55쪽.

Humphries, Jane and Jacob Weisdorf. 2019. "Unreal Wages? Real Income and Economic Growth in England, 1260-1850." *Economic Journal* 129(623): 2867~87쪽.

Hunter, Janet. 2003. *Women and the Labour Market in Japan's Industrializing Economy: The Textile Industry before the Pacific War*. London: Routledge.

Inglehart, R., C. Haerpfer, A. Moreno, C. Welzel, K. Kizilova, J. Diez-Medrano, et al. 2018. World Values Survey: All Rounds--Country-Pooled Datafile Version. Madrid: JD Systems Institute. Data available at: http://www.worldvaluessurvey.org/WVSDocumentationWVL.jsp.

Inikori, Joseph E. 2002. *Africans and the Industrial Revolution in England*. Cambridge: Cambridge University Press.

Irwin, Douglas A. 2000. "Did Late-nineteenth-century US Tariffs Promote Infant Industries? Evidence from the Tinplate Industry." *Journal of Economic History* 60(2): 335~60쪽.

Irwin, Douglas A. 2002. "Interpreting the Tariff-Growth Correlation of the Late 19th Century." *American Economic Review* 92(2): 165~9쪽.

Iyer, Lakshmi. 2010. "Direct versus Indirect Colonial Rule in India: Long-term Consequences." *Review of Economics and Statistics* 92(4): 693~713쪽.

Iyigun, Murat, Nathan Nunn, and Nancy Qian. 2017. "Winter Is Coming: The Long-run Effects of Climate Change on Conflict, 1400-1900." NBER Working Paper 23033.

Iyigun, Murat, Jared Rubin, and Avner Seror. 2021. "A Theory of Cultural Revivals." *European Economic Review* 135: art. 103734.

Jacks, David S., Christopher M. Meissner, and Dennis Novy. 2011. "Trade Booms, Trade Busts, and Trade Costs." *Journal of International Economics* 83(2): 185~201쪽.

Jedwab, Rémi, Noel D. Johnson, and Mark Koyama. 2019. "Pandemics, Places, and Populations: Evidence from the Black Death." CEPR Discussion Paper.

Jedwab, Rémi and Alexander Moradi. 2016. "The Permanent Effects of Transportation Revolutions in Poor Countries: Evidence from Africa." *Review of Economics and Statistics* 98(2): 268~84쪽.

Jha, Saumitra. 2015. "Financial Asset Holdings and Political Attitudes: Evidence from Revolutionary England." *Quarterly Journal of Economics* 130(3): 1485~545쪽.

Johnson, Noel D. and Mark Koyama. 2017. "States and Economic Growth: Capacity and Constraints." *Explorations in Economic History* 64(1): 1~20쪽.

Johnson, Noel D. and Mark Koyama. 2019. *Persecution and Toleration: The Long Road to Religious Freedom*. Cambridge: Cambridge University Press.

Jones, Eric. 2003. *The European Miracle* (3rd edn). Cambridge: Cambridge University Press.

Kamen, Henry. 1971. *The Iron Century: Social Change in Europe 1550-1660*. London: Weidenfeld & Nicolson.

Kandori, Michihiro. 1992. "Social Norms and Community Enforcement." *Review of Economic Studies* 59(1): 63~80쪽.

Kanzaka, Junichi. 2019. "The Development of Civil Engineering Projects and Village Communities in Seventeenth- to Nineteenth-Century Japan." In *Public Goods Provision in the Early Modern Economy: Comparative Perspectives from Japan, China, and Europe*, ed. Masayuki Tanimoto and R. Bin Wong. Berkeley: University of California Press, 150~71쪽.

Karaman, Kivanc and Şevket Pamuk. 2013. "Different Paths to the Modern State in Europe: The Interaction between Warfare, Economic Structure and Political Regime." *American Political Science Review* 107(3): 603~26쪽.

Kaufmann, Daniel, Aart Kraay, and Massimo Mastruzzi. 2011. "The Worldwide Governance Indicators: Methodology and Analytical Issues." *Hague Journal on the Rule of Law* 3(2): 220~46쪽.

Kelly, Morgan, Joel Mokyr, and Cormac Ó Gráda. 2014. "Precocious Albion: A New Interpretation of the British Industrial Revolution." *Annual Review of Economics* 6(1): 363~89쪽.

Kelly, Morgan, Joel Mokyr, and Cormac Ó Gráda. 2020. "The Mechanics of the Industrial Revolution." Working Paper.

Kelly, Morgan and Cormac Ó Gráda. 2014. "Ready for Revolution? The English Economy before 1800." Working Paper.

Kelly, Morgan and Cormac Ó Gráda. 2016. "Adam Smith, Watch Prices, and the Industrial Revolution." *Quarterly Journal of Economics* 131(4): 1727~52쪽.

Kennedy, Paul. 1987. *The Rise and Fall of the Great Powers, 1500-1980*. New York: Vintatge Books(한국어판 폴 케네디 지음, 이왈수·전남석·황건 옮김, 『강대국의 흥망』, 한국경제신문, 1997).

Kitamura, Shuhei and Nils-Petter Lagerlöf. 2020. "Geography and State Fragmentation." *Journal of the European Economic Association* 18(4): 1726~69쪽.

Ko, Chiu Yu, Mark Koyama, and Tuan-Hwee Sng. 2018. "Unified China; Divided Europe." *International Economic Review* 59(1): 285~327쪽.

Ko, Chiu Yu and Tuan-Hwee Sng. 2013. "Regional Dependence and Political Centralization in Imperial China." *Eurasian Geography and Economics* 54(5-6): 470~83쪽.

Kohli, Atul. 2004. *State-directed Development: Political Power and Industrialization in the Global Periphery*. Cambridge: Cambridge University Press.

Koyama, Mark. 2010a. "Evading the 'Taint of Usury': The Usury Prohibition as a Barrier to Entry." *Explorations in Economic History* 47(4): 420~42쪽.

Koyama, Mark. 2010b. "The Political Economy of Expulsion: The Regulation of Jewish Moneylending in Medieval England." *Constitutional Political Economy* 21(4): 374~406쪽.

Koyama, Mark. 2012. "The Transformation of Labor Supply in the Pre-industrial World." *Journal of Economic Behavior & Organization* 81(2): 505~23쪽.

Koyama, Mark. 2016. "The Long Transition from a Natural State to a Liberal Economic Order." *International Review of Law and Economics* 47(1): 29~39쪽.

Koyama, Mark, Chiaki Moriguchi, and Tuan-Hwee Sng. 2018. "Geopolitics and Asia's Little Divergence: State Building in China and Japan after 1850." *Journal of Economic Behavior & Organization* 155: 178~204쪽.

Koyama, Noboru. 2004. *Japanese Students at Cambridge University in the Meiji Era, 1868-1912: Pioneers for the Modernization of Japan*. Translated by Ian Ruxton. Morrisville, NC: Lula Press.

Kremer, Michael. 1993. "Population Growth and Technological Change: One Million BC to 1990." *Quarterly Journal of Economics* 108(3): 681~716쪽.

Kuran, Timur. 2011. *The Long Divergence: How Islamic Law Held Back the Middle East*. Princeton, NJ: Princeton University Press.

Kuran, Timur and Jared Rubin. 2018. "The Financial Power of the Powerless: Socioeconomic Status and Interest Rates under Partial Rule of Law." *Economic Journal* 128(609): 758~96쪽.

Kuru, Ahmet T. 2019. *Islam, Authoritarianism, and Underdevelopment: A Global and Historical Comparison*. New York: Cambridge University Press.

La Porta, Rafael, Florencio Lopez de Silanes, Andrei Shleifer, and Robert W. Vishny. 1998. "Law and Finance." *Journal of Political Economy* 106(6): 1113~55쪽.

Lal, Deepak. 2005. *The Hindu Equilibrium, India c. 1500 BC-2000 A.D.* Oxford: Oxford University Press.

Lamb, H. H. 1982. *Climate, History, and the Modern World*. London: Methuen(한국어판 H. H. 램 지음, 김종규 옮김, 『기후와 역사』, 한울, 2021).

Lamoreaux, Naomi R. 2011. "The Mystery of Property Rights: A US Perspective." *Journal of Economic History* 71(2): 275~306쪽.

Lampe, Markus and Paul Sharp. 2018. *A Land of Milk and Butter*. Chicago: University of Chicago Press.

Landes, David S. 1998. *The Wealth and Poverty of Nations: Why Some Are So Rich and Some So Poor*. New York: Norton(한국어판 데이비드 랜즈 지음, 안진환·최소영 옮김, 『국가의 부와 빈곤』, 한국경제신문, 2009).

Landes, David S. 2006. "Why Europe and the West? Why Not China?" *Journal of Economic Perspectives* 20(2): 3~22쪽.

Lange, Matthew K. 2004. "British Colonial Legacies and Political Development." *World Development* 32(6): 905~22쪽.

Lankina, Tomila and Lullit Getachew. 2012. "Mission or Empire, Word or Sword? The Human Capital Legacy in Postcolonial Democratic Development." *American Journal of Political Science* 56(2): 465~83쪽.

Le Bris, David. 2019. "Testing Legal Origins Theory within France: Customary Laws versus Roman Code." *Journal of Comparative Economics* 47(1): 1~30쪽.

Lee, James, Cameron Campbell, and Wang Feng. 2002. "Positive Check or Chinese Checks?" *Journal of Asian Studies* 61(2): 591~607쪽.

Lemire, Beverly. 1991. *Fashion's Favourite: The Cotton Trade and the Consumer in Britain, 1660-1800*. Oxford: Oxford University Press.

Lewis, Bernard. 2002. *What Went Wrong? Western Impact and Middle Eastern Response*. Oxford: Oxford University Press(한국어판 버나드 루이스 지음, 서정민 옮김, 『무엇이 잘못되었나』, 나무와숲, 2002).

Lin, Justin Yifu. 1995. "The Needham Puzzle: Why the Industrial Revolution Did Not Originate in China." *Economic Development and Cultural Change* 43(2): 269~92쪽.

Lindert, Peter H. and Jeffrey G. Williamson. 2016. "American Colonial Incomes, 1650-1774." *Economic History Review* 69(1): 54~77쪽.

Lowes, Sara and Eduardo Montero. 2020 "Concessions, Violence, and Indirect Rule: Evidence from the Congo Free State." *Quarterly Journal of Economics*. https://doi.org/10.1093/qje/qjab021.

Lowes, Sara, Nathan Nunn, James A. Robinson, and Jonathan L. Weigel. 2017. "The Evolution of Culture and Institutions: Evidence from the Kuba Kingdom." *Econometrica* 85(4): 1065~91쪽.

Ma, Debin. 2004. "Why Japan, Not China, Was the First to Develop in East Asia: Lessons from Sericulture, 1850-1937." *Economic Development and Cultural Change* 52(2): 369~94쪽.

Ma, Debin and Jared Rubin. 2019. "The Paradox of Power: Principal-Agent Problems and Administrative Capacity in Imperial China (and Other Absolutist Regimes)." *Journal of Comparative Economics* 47(2): 277~94쪽.

Macaulay, Thomas Babbington. 1830. "Sir Thomas More; or, Colloquies on the Progress and Prospects of Society by Robert Southey." *Edinburgh Review* 50: 528~65쪽.

Maddison, Angus. 1983. "A Comparison of Levels of GDP per Capita in Developed and Developing Countries: 1700-1914." *Journal of Economic History* 43(1): 27~41쪽.

Maddison, Angus. 1991. *Dynamic Forces in Capitalist Development: A Long-run Comparative*

View. New York: Oxford University Press.

Maddison, Angus. 2001. *The World Economy: A Millennial Perspective*. OECD.

Maddison, Angus. 2007. *Contours of the World Economy, 1-2030 AD: Essays in Macro-economic History*. Oxford: Oxford University Press.

Majewski, John. 2009. *Modernizing a Slave Economy: The Economic Vision of the Confederate Nation*. Chapel Hill: University of North Carolina Press.

Malanima, Paolo. 2003. "Measuring the Italian Economy 1300-1861." *Rivista di Storia Economica* 21(1): 265~95쪽.

Malanima, Paolo. 2005. "Urbanisation and the Italian Economy during the Last Millennium." *European Review of Economic History* 9(1): 97~122쪽.

Malanima, Paolo. 2007. "Wages, Productivity and Working Time in Italy (1270-1913)." *Journal of European Economic History* 36(1): 127~71쪽.

Malthus, T. R. 1798/2007. *An Essay on the Principle of Population*. New York: Dover(한국어판 다수).

Mann, Charles C. 2005. *1491: New Revelations of the Americas before Columbus*. New York: Alfred A. Knopf.

Manning, Patrick. 1990. *Slavery and African Life: Occidental, Oriental, and African Slave Trades*. Cambridge: Cambridge University Press.

Manning, Sturt. 2013. "The Roman World and Climate: Context, Relevance of Climate Change, and Some Issues." In *The Ancient Mediterranean Environment between Science and History*, ed. W. V. Harris. Leiden: Brill, 103~72쪽.

Markevich, Andrei, Natalya Naumenko, and Nancy Qian. 2021. "The Soviet Great Famine, 1932-1933." Working Paper.

Markevich, Andrei and Ekaterina Zhuravskaya. 2018. "The Economic Effects of the Abolition of Serfdom: Evidence from the Russian Empire." *American Economic Review* 108(4-5): 1074~117쪽.

Marshall, Monty G. and Gabrielle Elzinga-Marshall. 2017. Global Report 2017: Conflict, Governance and State Fragility. Vienna, VA: Center for Systemic Peace.

Marx, Karl. 1868/1990. *Capital*, Vol. 1. Translated by Ben Fowkes. London: Penguin Classics(한국어판 다수).

McCleary, Rachel M. and Robert J. Barro. 2006. "Religion and Economy." *Journal of Economic Perspectives* 20(2): 49~72쪽.

McCleary, Rachel M. and Robert J. Barro. 2019. *The Wealth of Religions*. Princeton, NJ: Princeton University Press.

McCloskey, Deirdre N. 2006. *The Bourgeois Virtues: Ethics for an Age of Commerce*. Chicago: University of Chicago Press.

McCloskey, Deirdre N. 2010. *Bourgeois Dignity: Why Economics Can't Explain the Modern World*. Chicago: University of Chicago Press.

McCloskey, Deirdre N. 2016. *Bourgeois Equality: How Ideas, Not Capital or Institutions, Enriched the World*. Chicago: University of Chicago Press.

McCloskey, Donald N. 1976. "English Open Fields as Behavior towards Risk." In Research in

Economic History: *An Annual Compilation of Research*, Vol. 1, ed. Paul Uselding. Greenwich, CT: JAI Press, 124~70쪽.

McKendrick, Neil, John Brewer, and J. H. Plumb. 1982. *The Birth of Consumer Society: The Commercialization of Eighteenth-century England*. London: Europa.

McLean, Ian W. 2013. *Why Australia Prospered: The Shifting Sources of Economic Growth*. Princeton, NJ: Princeton University Press.

Mehlum, Halvor, Karl Moene, and Ragnar Torvik. 2006. "Institutions and the Resource Curse." *Economic Journal* 116(508): 1~20쪽.

Meng, Xin, Nancy Qian, and Pierre Yared. 2015. "The Institutional Causes of China's Great Famine, 1959-1961." *Review of Economic Studies* 82(4): 1568~611쪽.

Michaels, Guy and Ferdinand Rauch. 2018. "Resetting the Urban Network: 117-2012." *Economic Journal* 128(608): 378~412쪽.

Michalopoulos, Stelios and Elias Papaioannou. 2016. "The Long-run Effects of the Scramble for Africa." *American Economic Review* 106(7): 1802~48쪽.

Minns, Chris and Patrick Wallis. 2012. "Rules and Reality: Quantifying the Practice of Apprenticeship in Early Modern England." *Economic History Review* 65(2): 556~79쪽.

Mitch, David. 1999. "The Role of Skill and Human Capital in the 'British' Industrial Revolution." In *The British Industrial Revolution: An Economic Perspective*, ed. Joel Mokyr. Boulder, CO: Westview Press, 241~79쪽.

Mokyr, Joel. 1990. *The Lever of Riches*. Oxford: Oxford University Press.

Mokyr, Joel. 1998. "The Second Industrial Revolution, 1870-1914." In *Storia dell'economia Mondiale*, ed. Valerio Castronono. Rome: Laterza, 219~45쪽.

Mokyr, Joel. 2002. *The Gift of Athena: Historical Origins of the Knowledge Economy*. Princeton, NJ: Princeton University Press.

Mokyr, Joel. 2009. *The Enlightened Economy: An Economic History of Britain, 1700-1850*. New Haven, CT: Yale University Press.

Mokyr, Joel. 2016. *A Culture of Growth: The Origins of the Modern Economy*. Princeton, NJ: Princeton University Press(한국어판 조엘 모키르 지음, 김민주·이엽 옮김, 『성장의 문화』, 에코리브르, 2018).

Mokyr, Joel and John V. C. Nye. 2007. "Distribution Coalitions, the Industrial Revolution, and the Origins of Economic Growth in Britain." *Southern Economic Journal* 74(1): 50~70쪽.

Mokyr, Joel, Assaf Sarid, and Karine van der Beek. 2020. "The Wheels of Change: Technology Adoption, Millwrights, and Persistence in Britain's Industrialization." Working Paper.

Montesquieu, Charles de. 1748/1989. *The Spirit of the Laws*. Translated by Anne M. Cohler, Basia C. Miller, and Harold S. Stone. Cambridge: Cambridge University Press(한국어판 다수).

More, Thomas. 1516/1997. *Utopia*. New York: Dover(한국어판 다수).

Morris, Ian. 2005. "Archaeology, Standards of Living, and Greek Economic History." *In The Ancient Economy*, ed. Ian Morris and J. G. Manning. Stanford, CA: Stanford University Press, 91~126쪽.

Mui, Hoh-Cheung and Lorna H. Mui. 1989. *Shops and Shopkeeping in Eighteenth-century En-*

gland. Kingston: McGill-Queen's University Press.

Murtazashvili, Jennifer Brick. 2016. *Informal Order and the State in Afghanistan*. New York: Cambridge University Press.

Nath, Pratyay. 2018. "Through the Lens of War: Akbar's Sieges (1567-69) and Mughal Empire-building in Early Modern North India." *South Asia: Journal of South Asian Studies* 41(2): 245~58쪽.

Naumenko, Natalya. 2021. "The Political Economy of Famine: The Ukrainian Famine of 1933." *Journal of Economic History* 81(1): 156~97쪽.

Needham, Joseph. 1995. *Science and Civilisation in China*. Cambridge: Cambridge University Press.

Nef, John U. 1932. *The Rise of the English Coal Industry*. Vols. 1-2. London: Routledge.

Nelson, Richard R. and Edmund S. Phelps. 1966. "Investment in Humans, Technological Diffusion, and Economic Growth." *American Economic Review* 56(1/2): 69~75쪽.

North, Douglass C. 1966. *The Economic Growth of the United States 1790-1860*. New York: W. W. Norton & Company.

North, Douglass C. 1981. *Structure and Change in Economic History*. New York: Norton.

North, Douglass C. 1990. *Institutions, Institutional Change, and Economic Performance*. Cambridge: Cambridge University Press(한국어판 더글러스 C. 노스 지음, 이병기 옮김, 『제도·제도변화·경제적 성과』, 자유기업센터, 1997).

North, Douglass C. and Robert Paul Thomas. 1973. *The Rise of the Western World*. Cambridge: Cambridge University Press.

North, Douglass C., John Joseph Wallis, and Barry R. Weingast. 2009. *Violence and Social Orders: A Conceptual Framework for Interpreting Recorded Human History*. New York: Cambridge University Press.

North, Douglass C. and Barry Weingast. 1989. "Constitutions and Commitment: The Evolution of Institutions Governing Public Choice in Seventeenth-Century England." *Journal of Economic History* 49(4): 803~32쪽.

Nunn, Nathan. 2008. "The Long-term Effects of Africa's Slave Trades." *Quarterly Journal of Economics* 123(1): 139~76쪽.

Nunn, Nathan. 2012. "Culture and the Historical Process." *Economic History of Developing Regions* 27(Supplement 1): S108~26쪽.

Nunn, Nathan and Diego Puga. 2012. "Ruggedness: The Blessing of Bad Geography in Africa." *Review of Economics and Statistics* 94(1): 20~36쪽.

Nunn, Nathan and Nancy Qian. 2010. "The Columbian Exchange: A History of Disease, Food, and Ideas." *Journal of Economic Perspectives* 24(2): 163~88쪽.

Nunn, Nathan and Leonard Wantchekon. 2011. "The Slave Trade and the Origins of Mistrust in Africa." *American Economic Review* 101(7): 3221~52쪽.

Ó Gráda, Cormac. 2015. *Eating People Is Wrong and Other Essays*. Princeton, NJ: Princeton University Press.

Ober, Josiah. 2018. *Demopolis: Democracy before Liberalism*. Cambridge: Cambridge University Press.

O'Brien, Patrick. 2000. "Mercantilism and Imperialism in the Rise and Decline of the Dutch and British Economies 1585-1815." *De Economist* 148(4): 469~501쪽.

Ogilvie, Sheilagh. 2003. *A Bitter Living: Women, Markets, and Social Capital in Early Modern Germany*. Oxford: Oxford University Press.

Ogilvie, Sheilagh. 2011. *Institutions and European Trade: Merchant Guilds, 1000-1800*. Cambridge: Cambridge University Press.

Ogilvie, Sheilagh. 2019. *The European Guilds: An Economic Analysis*. Princeton, NJ: Princeton University Press.

O'Rourke, Kevin H. 2007a. "Culture, Conflict and Cooperation: Irish Dairying before the Great War." *Economic Journal* 117(523): 1357~79쪽.

O'Rourke, Kevin H. 2007b. "Property Rights, Politics and Innovation: Creamery Diffusion in Pre-1914 Ireland." *European Review of Economic History* 11(3): 395~417쪽.

O'Rourke, Kevin H. and Jeffrey G. Williamson. 1999. *Globalization and History: The Evolution of a Nineteenth-Century Economy*. Cambridge, MA: MIT Press(한국어판 케빈 H. 오루크·제프리 G. 윌리엄슨 지음, 홍하정 외 옮김, 『세계화의 역사』, 한국문화사, 2004).

Ostrom, Elinor. 1990. *Governing the Commons: The Evolution of Institutions for Collective Action*. Cambridge: Cambridge University Press(한국어판 엘리너 오스트롬 지음, 윤홍근·안도경 옮김, 『공유의 비극을 넘어』, 랜덤하우스코리아, 2010).

Oto-Peralías, Daniel and Diego Romero-Ávila. 2014. "The Distribution of Legal Traditions around the World: A Contribution to the Legal-origins Theory." *Journal of Law and Economics* 57(3): 561~628쪽.

Palma, Nuno. 2019 "The Real Effects of Monetary Expansions: Evidence from a Large-scale Historical Experiment." *Review of Economic Studies*.

Palma, Nuno and Jaime Reis. 2019. "From Convergence to Divergence: Portuguese Economic Growth, 1527-1850." *Journal of Economic History* 79(2): 477~506쪽.

Pamuk, Şevket. 2007. "The Black Death and the Origins of the 'Great Divergence' across Europe, 1300-1600." *European Review of Economic History* 11(3): 289~317쪽.

Parente, Stephen L. and Edward C. Prescott. 2002. *Barriers to Riches*. Cambridge, MA: MIT Press.

Parker, Geoffrey. 2014. *Imprudent King: A New Life of Philip II*. New Haven, CT: Yale University Press.

Pascali, Luigi. 2017. "The Wind of Change: Maritime Technology, Trade, and Economic Development." *American Economic Review* 107(9): 2821~54쪽.

Patel, Dev, Justin Sandefur, and Arvind Subramanian. 2021. "The New Era of Unconditional Convergence." *Journal of Development Economics* 152: art. 102687.

Pavlik, Jamie Bologna and Andrew T. Young. 2019. "Did Technology Transfer More Rapidly East-West than North-South?" *European Economic Review* 119: 216~35쪽.

Penn, Thomas. 2011. *The Winter King: Henry VII and the Dawn of Tudor England*. New York: Simon & Schuster.

Perkins, Dwight and John P. Tang. 2017. "East Asian Industrial Pioneers: Japan, Korea, and Taiwan." In *The Spread of Modern Industry to the Periphery since 1871*, ed. Kevin O'Rourke and Jeffrey Williamson. Oxford: Oxford University Press, 169~96쪽.

Pincus, Steven C. A. and James A. Robinson. 2014. "What Really Happened during the Glorious Revolution?" In *Institutions, Property Rights, and Economic Growth: The Legacy of Douglass North*. New York: Cambridge University Press, 192~222쪽.

Pipes, Richard. 1974. *Russia under the Old Regime*. London: Penguin.

Platt, Brian. 2004. *Burning and Building: Schooling and State Formation in Japan, 1750-1890*. Cambridge MA: Harvard University Press.

Platt, Stephen R. 2018. *Imperial Twilight: The Opium War and the End of China's Last Golden Age*. New York: Knopf.

Platteau, Jean-Philippe. 2017. *Islam Instrumentalized*. Cambridge: Cambridge University Press.

Pollack, A. F. and F. W. Maitland. 1895. *The History of England Law, Before the Time of Edward I*, Vol. 1. Cambridge: Cambridge University Press.

Pomeranz, Kenneth. 2000. *The Great Divergence: China, Europe and the Making of the Modern World Economy. Princeton*, NJ: Princeton University Press(한국어판 케네스 포머런츠 지음, 김규태 외 옮김, 『대분기』, 에코리브르, 2016).

Pomeranz, Kenneth. 2005. "Women's Work and the Economics of Respectability." In *Gender in Motion: Divisions of Labor and Cultural Change in Late Imperial and Modern China*, ed. Bryna Goodman and Wendy Larson. Lanham, MD: Rowman and Littlefield, 239~63쪽.

Postan, M. M. 1973. *Medieval Trade and Finance*. Cambridge: Cambridge University Press.

Pritchett, Lant. 1997. "Divergence, Big Time." *Journal of Economic Perspectives* 11(3): 3~17쪽.

Pritchett, Lant and Lawrence H. Summers. 1996. "Wealthier Is Healthier." *Journal of Human Resources* 31(4): 841~68쪽.

Puga, Diego and Daniel Trefler. 2014. "International Trade and Institutional Change: Medieval Venice's Response to Globalization." *Quarterly Journal of Economics* 129(2): 753~821쪽.

Putnam, Robert D., Robert Leonardi, and Raffaella Y. Nanetti. 1993. *Making Democracy Work: Civic Traditions in Modern Italy*. Princeton, NJ: Princeton University Press(한국어판 로버트 D. 퍼트넘 지음, 안청시 외 옮김, 『사회적 자본과 민주주의』, 박영사, 2006).

Rajan, Raghuram G. and Luigi Zingales. 2003. "The Great Reversals: The Politics of Financial Development in the Twentieth Century." *Journal of Financial Economics* 69(1): 5~50쪽.

Ransom, Roger and Richard Sutch. 1988. "Capitalists without Capital: The Burden of Slavery and the Impact of Emancipation." *Agricultural History* 62(3): 133~60쪽.

Redding, Stephen and Anthony J. Venables. 2004. "Economic Geography and International Inequality." *Journal of International Economics* 62(1): 53~82쪽.

Reid, Anthony. 2015. *A History of Southeast Asia: Critical Crossroads*. Oxford: Wiley Blackwell.

Richardson, Gary. 2008. "Brand Names before the Industrial Revolution." NBER Working Paper 13930.

Richerson, Peter J. and Robert Boyd. 2010. "The Evolution of Free Enterprise Values." In *Moral Markets: The Critical Role of Values in the Economy*. Princeton, NJ: Princeton University Press.

Richter, Daniel K. 2011. *Before the Revolution: America's Ancient Pasts*. Cambridge, MA: Belknap Press.

Robinson, James A., Ragnar Torvik, and Thierry Verdier. 2006. "Political Foundations of the Resource Curse." *Journal of Development Economics* 79(2): 447~68쪽.

Rodrik, Dani, Arvind Subramanian, and Francesco Trebbi. 2004. "Institutions Rule: The Primacy of Institutions over Geography and Integration in Economic Development." *Journal of Economic Growth* 9(2): 131~65쪽.

Root, Hilton L. 1991. "The Redistributive Role of Government: Economic Regulation in Old Regime France and England." *Comparative Studies in Society and History* 33(2): 338~69쪽.

Root, Hilton L. 2020. *Network Origins of the Global Economy: East vs. West in a Complex Systems Perspective*. Cambridge: Cambridge University Press.

Rosenbloom, Joshua. 2004. "Path Dependence and the Origins of the American Cotton Textile Industry." In *The Fibre that Changed the World: Cotton Industry in International Perspective*, ed. David Jeremy and Douglas A. Farnie. Oxford: Oxford University Press, 365~91쪽.

Rosenthal, Jean-Laurent. 1992. *The Fruits of Revolution*. Cambridge: Cambridge University Press.

Rosenthal, Jean-Laurent and Roy Bin Wong. 2011. *Before and beyond Divergence*. Cambridge, MA: Harvard University Press.

Roser, Max. 2021a. "Children Born per Woman." Our World in Data. Data available at: https://web.archive.org/web/20180916202120if_/https://ourworldindata.org/grapher/children-born-per-woman.

Roser, Max. 2021b. "The Rise of Basic Schooling since the 19th Century." Our World in Data. Data available at: https://web.archive.org/web/20180921060942mp_/https://ourworldindata.org/primary-and-secondary-education.

Roser, Max. 2021c. "The Short History of Global Living Conditions and Why It Matters That We Know It." Our World in Data. Data available at: https://ourworldindata.org/a-history-of-global-living-conditions-in-5-charts.

Ross, Michael L. 2015. "What Have We Learned about the Resource Curse?" *Annual Review of Political Science* 18: 239~59쪽.

Rostow, Walt W. 1960. *The Stages of Economic Growth: A Non-Communist Manifesto*. Cambridge: Cambridge University Press(한국어판 다수).

Rubin, Jared. 2011. "Institutions, the Rise of Commerce and the Persistence of Laws: Interest Restrictions in Islam and Christianity." *Economic Journal* 121(557): 1310~39쪽.

Rubin, Jared. 2017. *Rulers, Religion, and Riches: Why the West Got Rich and the Middle East Did Not*. New York: Cambridge University Press.

Sachs, Jeffrey D. and Pia Malaney. 2002. "The Economic and Social Burden of Malaria." *Nature* 415(6872): 680~5쪽.

Sachs, Jeffrey D. and Andrew M. Warner. 2001. "The Curse of Natural Resources." *European Economic Review* 45(4-6): 827~38쪽.

Saito, Osamu. 2005. "Pre-modern Economic Growth Revisited: Japan and the West." LSE Working Paper No. 16/05.

Saito, Osamu. 2009. "Land, Labour and Market Forces in Tokugawa Japan." *Continuity and Change* 24(Special Issue 01): 169~96쪽.

Salter, Alexander William and Andrew T. Young. 2019. "Polycentric Sovereignty: The Medieval Constitution, Governance Quality, and the Wealth of Nations." *Social Science Quarterly* 100(4): 1241~53쪽.

Scheidel, Walter. 2017. *The Great Leveler: Violence and the History of Inequality from the Stone Age to the Twenty-first Century*. Princeton, NJ: Princeton University Press(한국어판 발터 샤이델 지음, 조미현 옮김, 『불평등의 역사』, 에코리브르, 2017).

Scheidel, Walter. 2019. *Escape from Rome*. Princeton, NJ: Princeton University Press.

Schulz, Jonathan F. 2020. "Kin Networks and Institutional Development." Working Paper.

Schulz, Jonathan F., Duman Bahrami-Rad, Jonathan P. Beauchamp, and Joseph Henrich. 2019. "The Church, Intensive Kinship, and Global Psychological Variation." *Science* 366(6466).

Sequeira, Sandra, Nathan Nunn, and Nancy Qian. 2020. "Immigrants and the Making of America." *Review of Economic Studies* 87(1): 382~419쪽.

Shiue, Carol H. 2005. "From Political Fragmentation towards a Customs Union: Border Effects of the German Zollverein, 1815 to 1855." *European Review of Economic History* 9(2): 129~62쪽.

Shiue, Carol H. and Wolfgang Keller. 2007. "Markets in China and Europe on the Eve of the Industrial Revolution." *American Economic Review* 97(4): 1189~216쪽.

Shleifer, Andrei, Florencio Lopez de Silanes, and Rafael La Porta. 2008. "The Economic Consequences of Legal Origins." *Journal of Economic Literature* 46(2): 285~332쪽.

Siedentop, Larry. 2014. *Inventing the Individual: The Origins of Western Liberalism*. Cambridge, MA: Harvard University Press(한국어판 래리 시덴톱 지음, 정명진 옮김, 『개인의 탄생』, 부글북스, 2016).

Smith, Adam. 1776/1976. *An Inquiry into the Nature and Causes of the Wealth of Nations*, ed. R. H. Campbell and A. S. Skinner. Liberty Fund (reproducing Oxford University Press edition). https://www.libertyfund.org/books/an-inquiry-into-the-nature-and-causes-of-the-wealth-of-nations-vol-1/(한국어판 다수).

Smith, Richard M. 1991. "Demographic Development in Rural England, 1300-48: A Survey." In *Before the Black Death: Studies in the "Crisis" of the Early Fourteenth Century*, ed. Bruce M. S. Campbell. Manchester: Manchester University Press, 25~78쪽.

Sng, Tuan-Hwee. 2014. "Size and Dynastic Decline: The Principal-Agent Problem in Late Imperial China, 1700-1850." *Explorations in Economic History* 54: 107~27쪽.

Sng, Tuan-Hwee and Chiaki Moriguchi. 2014. "Asia's Little Divergence: State Capacity in China and Japan before 1850." *Journal of Economic Growth* 19(4): 439~70쪽.

Sokoloff, Kenneth L. and Stanley L. Engerman. 2000. "Institutions, Factor Endowments, and Paths of Development in the New World." *Journal of Economic Perspectives* 14(3): 217~32쪽.

Solow, Barbara L. 1987. "Capitalism and Slavery in the Exceedingly Long Run." *Journal of Interdisciplinary History* 17(4): 711~37쪽.

Solow, Robert M. 1956. "A Contribution to the Theory of Economic Growth." *Quarterly Journal of Economics* 70(1): 65~94쪽.

Southern, Richard. 1970. *Western Society and the Church in the Middle Ages*. New York: Penguin(한국어판 R. W. 서던 지음, 이길상 옮김, 『중세교회사』, CH북스(크리스천다이제스트), 1999).

Spolaore, Enrico and Romain Wacziarg. 2021. "Fertility and Modernity." *Economic Journal*. https://doi.org/10.1093/ej/ueab066.

Squicciarini, Mara P. and Nico Voigtlander. 2015. "Human Capital and Industrialization: Evidence from the Age of Enlightenment." *Quarterly Journal of Economics* 130(4): 1825~83쪽.

Stasavage, David. 2002. "Credible Commitment in Early Modern Europe: North and Weingast Revisited." *Journal of Law, Economics, and Organization* 18(1): 155~86쪽.

Stasavage, David. 2003. *Public Debt and the Birth of the Democratic State*. Cambridge: Cambridge University Press.

Stasavage, David. 2011. *States of Credit*. Princeton, NJ: Princeton University Press.

Stasavage, David. 2014. "Was Weber Right? The Role of Urban Autonomy in Europe's Rise." *American Political Science Review* 108(2): 337~54쪽.

Stasavage, David. 2016. "What We Can Learn from the Early History of Sovereign Debt." *Explorations in Economic History* 59: 1~16쪽.

Stasavage, David. 2020. *The Decline and Rise of Democracy: A Global History from Antiquity to Today*. Princeton, NJ: Princeton University Press.

Steckel, Richard H. 2009. "Heights and Human Welfare: Recent Developments and New Directions." *Explorations in Economic History* 46(1): 1~23쪽.

Stewart, Dugald. 1793/1980. "Account of the Life and Writings of Adam Smith LL.D." In Adam Smith, *Essays on Philosophical Subjects*, ed. W. P. D. Wightman and J. C. Bryce. Oxford: Oxford University Press, 269~352쪽.

Styles, John. 2021. "The Rise and Fall of the Spinning Jenny: Domestic Mechanisation in Eighteenth-century Cotton Spinning." *Textile History* 51(2): 195~236쪽.

Sugihara, Kaoru. 2004. "The State and the Industrious Revolution in Tokugawa Japan." LSE Working Paper.

Tabellini, Guido. 2010. "Culture and Institutions: Economic Development in the Regions of Europe." *Journal of the European Economic Association* 8(4): 677~716쪽.

Tawney, R.H. 1936. *Religion and the Rise of Capitalism*. A Historical Study. London: John Murray(한국어판 R. H. 토니 지음, 고세훈 옮김, 『기독교와 자본주의의 발흥』, 한길사, 2015).

Taylor, Leigh Shaw and E. A. Wrigley. 2014. "Occupational Structure and Population Change." In *The Cambridge Economic History of Modern Britain (new edn.), Vol. 1: Industrialisation, 1700-1870*, ed. Roderick Floud, Jane Humphries, and Paul Johnson. Cambridge: Cambridge University Press. 53~88쪽.

Temin, Peter. 2006. "The Economy of the Early Roman Empire." *Journal of Economic Perspectives* 20(1): 133~51쪽.

Thompson, E. P. 1965. *The Making of the English Working Class*. Harmondsworth: Penguin(한국어판 에드워드 파머 톰슨 지음, 나종일 외 옮김, 『영국 노동계급의 형성』, 창비, 2000).

Tilly, Charles. 1975. "Reflections on the History of European State-making." In *The Formation of Nation States in Western Europe*, ed. Charles Tilly. Princeton, NJ: Princeton University Press, 3~84쪽.

Tilly, Charles. 1990. *Coercion, Capital, and European States, AD 990-1990*. Oxford: Blackwell(한국어판 찰스 틸리 지음, 지봉근 옮김, 『유럽 국민국가의 계보』, 그린비, 2018).

Tocqueville, Alexis de. 1958. *Journeys to England and Ireland*. New Haven: Yale University Press.

Troesken, Werner. 2015. *The Pox of Liberty: How the Constitution Left Americans Rich, Free, and Prone to Infection*. Chicago: University of Chicago Press.

Tullock, Gordon. 1967. "The Welfare Costs of Tariffs, Monopolies, and Theft." *Western Economics Journal* 5(3): 224~32쪽.

Turner, Frederick Jackson. 1893. "The Significance of the Frontier in American History." Proceedings of the State Historical Society of Wisconsin.

Valencia Caicedo, Felipe. 2018. "The Mission: Human Capital Transmission, Economic Persistence, and Culture in South America." *Quarterly Journal of Economics* 134(1): 507~56쪽.

van Bavel, Bas. 2016. *The Invisible Hand? How Market Economies Have Emerged and Declined since AD 500*. Oxford: Oxford University Press.

van Bavel, Bas, Eltjo Buringh, and Jessica Dijkman. 2018. "Mills, Cranes, and the Great Divergence: The Use of Immovable Capital Goods in Western Europe and the Middle East, Ninth to Sixteenth Centuries." *Economic History Review* 71(1): 31~54쪽.

van Zanden, Jan Luiten. 2009. *The Long Road to the Industrial Revolution: The European Economy in a Global Perspective, 1000-1800*. Leiden: Brill.

van Zanden, Jan Luiten, Eltjo Buringh, and Maarten Bosker. 2012. "The Rise and Decline of European Parliaments, 1188-1789." *Economic History Review* 65(3): 835~61쪽.

van Zanden, Jan Luiten and Maarten Prak. 2006. "Towards an Economic Interpretation of Citizenship: The Dutch Republic between Medieval Communes and Modern Nation-states." *European Review of Economic History* 10(2): 111~45쪽.

van Zanden, Jan Luiten and Bas van Leeuwen. 2012. "Persistent but Not Consistent: The Growth of National Income in Holland, 1347-1807." *Explorations in Economic History* 49(2): 119~30쪽.

Voigtländer, Nico and Hans-Joachim Voth. 2006. "Why England? Demographic Factors, Structural Change and Physical Capital Accumulation during the Industrial Revolution." *Journal of Economic Growth* 11(4): 319~61쪽.

Voigtländer, Nico and Hans-Joachim Voth. 2013a. "How the West 'Invented' Fertility Restriction." *American Economic Review* 103(6): 2227~64쪽.

Voigtländer, Nico and Hans-Joachim Voth. 2013b. "The Three Horsemen of Riches: Plague, War, and Urbanization in Early Modern Europe." *Review of Economic Studies* 80(2): 774~811쪽.

Voth, Hans-Joachim. 2001. "The Longest Years: New Estimates of Labor Input in England, 1760-1830." *Journal of Economic History* 61(4): 1065~82쪽.

Vries, Peer. 2015. *State, Economy and the Great Divergence: Great Britain and China, 1680s-1850s*. London: Bloomsbury Publishing.

Vries, Peer. 2020. *Averting a Great Divergence*. London: Bloomsbury.

Waldinger, Maria. 2017. "The Long-run Effects of Missionary Orders in Mexico." *Journal of Development Economics* 127: 355~78쪽.

Waldinger, Maria. 2019. "The Economic Effects of Long-term Climate Change: Evidence from the Little Ice Age." Working Paper.

Wallis, Patrick. 2008. "Apprenticeship and Training in Premodern England." *Journal of Economic History* 68(3): 832~61쪽.

Ward-Perkins, Bryan. 2005. *The Fall of Rome, and the End of Civilization*. Oxford: Oxford University Press.

Watson, Andrew M. 1983. *Agricultural Innovation in the Early Islamic World: The Diffusion of Crops and Farming Techniques, 700-1100*. Cambridge: Cambridge University Press.

Weatherill, Lorna. 1988. *Consumer Behaviour and Material Culture in Britain*, 1660-1700. London: Routledge.

Weber, Isabella M. 2021. *How China Escaped Shock Therapy: The Market Reform Debate*. London: Routledge.

Weber, Max. 1905/1930. *The Protestant Ethic and the Spirit of Capitalism*. Translated by Talcott Parsons. London: Allen and Unwin(한국어판 다수).

Weber, Max. 1978. *Economy and Society: An Outline of Interpretive Sociology*, Vol. 1. Berkeley, CA: University of California Press(한국어판 막스 베버 지음, 박성환 옮김, 『경제와 사회 1』, 문학과 지성사, 1997).

Weingast, Barry R. 1997. "The Political Foundations of Democracy and the Rule of Law." *American Political Science Review* 91(2): 245~63쪽.

Whatley, Warren C. 2018. "The Gun-Slave Hypothesis and the 18th Century British Slave Trade." *Explorations in Economic History* 67: 80~104쪽.

Whatley, Warren C. and Rob Gillezeau. 2011. "The Impact of the Transatlantic Slave Trade on Ethnic Stratification in Africa." *American Economic Review* 101(3): 571~6쪽.

White, Lawrence H. 2012. *The Clash of Economic Ideas*. Cambridge: Cambridge University Press.

WHO. 2018. "WHO Global Ambient Air Quality Database." Data available at: https://www.who.int/airpollution/data/cities/en/.

Williams, Eric. 1944. *Capitalism and Slavery*. Chapel Hill, NC: University of North Carolina Press(한국어판 에릭 윌리엄스 지음, 김성균 옮김, 『자본주의와 노예제도』, 우물이있는집, 2014).

Williamson, Jeffrey G. 2006. *Globalization and the Poor Periphery before 1850*. Cambridge, MA: MIT Press.

Williamson, Oliver. 1985. The *Economic Institutions of Capitalism*. New York: The Free Press.

Wilson, Andrew. 2011. "City Sizes and Urbanization in the Roman Empire." In *Settlement, Urbanization, and Population*, ed. Alan Bowman and Andrew Wilson. Oxford: Oxford University Press, 161~95쪽.

Wong, R. Bin. 1997. *China Transformed: Historical Change and the Limits of European Experience*. Ithaca, NY: Cornell University Press.

Wong, R. Bin. 2012. "Taxation and Good Governance in China 1500-1914." In *The Rise of Fiscal States: A Global History, 1500-1914*, ed. Bartolome Yuan-Casaliia, Patrick K. O'Brien, and Francisco Comin Comin. Cambridge: Cambridge University Press, 353~78쪽.

Woodard, Colin. 2011. *American Nations: A History of the Eleven Rival Regional Cultures of North America*. New York: Penguin(한국어판 콜린 우다드 지음, 정유진 옮김, 『분열하는 제국』, 글

항아리, 2017).

Woodberry, Robert D. 2012. "The Missionary Roots of Liberal Democracy." *American Political Science Review* 106(2): 244~74쪽.

Wooton, David. 2015. *The Invention of Science*. London: Allen Lane(한국어판 데이비드 우튼 지음, 정태훈 옮김, 『과학이라는 발명』, 김영사, 2020).

World Bank. 2019. "World Development Indicators: GDP per Capita (Current US$)." Data available at: https://data.worldbank.org/indicator/ny.gdp.pcap.cd.

World Bank. 2020a. "Total Population Living in Extreme Poverty, by World Region." Data available at: https://ourworldindata.org/grapher/total-population-living-in-extreme-poverty-by-world-region.

World Bank. 2020b. "World Development Indicators." Data available at: https://datacatalog.worldbank.org/dataset/world-development-indicators.

World Justice Project. 2020. "Rule of Law Index." https://worldjusticeproject.org/our-work/research-and-data/wjp-rule-law-index-2019/current-historical-data.

Wright, Gavin. 2020. "Slavery and Anglo-American Capitalism Revisited." *Economic History Review* 73(2): 353~83쪽.

Wright, Mary C. 1957. *The Last Stand of Chinese Conservatism: The Tung-Chih Restoration, 1862-1874*. Stanford, CA: Stanford University Press.

Wrigley, E. A. 1989. *Continuity, Chance and Change: The Character of the Industrial Revolution in England*. Cambridge: Cambridge University Press.

Wrigley, E. A. 2010. *Energy and the English Industrial Revolution*. Cambridge: Cambridge University Press.

Wrigley, E. A, R. S. Davies, J. E. Oeppen, and R. S. Schofield. 1997. *English Population History from Family Reconstitution, 1580-1837*. Cambridge: Cambridge University Press.

Wrigley, E. A. and R. S. Schofield. 1981. *The Population History of England, 1541-1871: A Reconstruction*. Cambridge: Cambridge University Press.

Xue, Melanie Meng. 2020. "High-value Work and the Rise of Women: The Cotton Revolution and Gender Equality in China." Working Paper.

Xue, Melanie Meng. 2021. "Autocratic Rule and Social Capital: Evidence from Imperial China." 등사판.

yu Teng, Ssu. 1943. "Chinese Influence on the Western Examination System: I. Introduction." *Harvard Journal of Asiatic Studies* 7(4): 267~312쪽.

Ziegler, Philip. 1969. *The Black Death*. London: Collins(한국어판 필립 지글러 지음, 한은경 옮김, 『흑사병』, 한길사, 2003).

도표·그림 출처

1장

〔그림 1.1〕 Bolt and Zanden(2020)

〔그림 1.2〕 Bolt and Zanden(2020)

〔그림 1.3〕 Roser(2021c)

〔그림 1.4〕 Bolt and van Zanden(2020)

〔그림 1.5〕 Bolt, Inklaar, de Jong, and van Zanden(2018)

〔그림 1.6〕 Bolt and van Zanden(2020)

〔그림 1.7〕 험한 환경: Nunn and Puga(2012), 1인당 국내총생산: Bolt and van Zanden(2020)

〔그림 1.8〕 도시화: Acemoglu, Johnson, and Robinson(2002), 1인당 국내총생산: Bolt and van Zanden(2020)

2장

〔그림 2.1〕 CIA(2019)

〔그림 2.2〕 Hay, Guerra, Gething, Patil, Tatem, Noor, et al.(2009)

〔그림 2.3〕 Diamond(1997)

〔그림 2.4〕 Pavlik and Young(2019)

〔그림 2.5〕 Anderson, Johnson, and Koyama(2017)

〔그림 2.6〕 Flückiger, Hornung, Larch, Ludwig, and Mees(2019)

〔그림 2.7〕 Bogart, Satchell, Alvarez-Palau, You, and Taylor(2017)

〔그림 2.8〕 Donaldson and Hornbeck(2016)

〔그림 2.9〕 Michaels and Rauch(2018)

〔그림 5.4〕 Jedwab, Johnson, and Koyama(2019)

〔그림 5.5〕 Galor(2005)와 Clark(2010)

〔그림 5.6〕 Wrigley, Davies, Oeppen, and Schofield(1997, 130쪽)과 Galor(2005)

〔표 5.1〕 Jedwab, Johnson, and Koyama(2019). 원 데이터 출처는 Ziegler(1969), Gottfried(1983), Benedictow(2005)

6장

〔표 6.1〕 Nunn and Qian(2010)

〔그림 6.2〕 The Transatlantic Slave Trade Database(www.slavevoyages.org), Whatley(2018)도 참조하라.

〔그림 6.3〕 Nunn(2008)

〔그림 6.4〕 노예 수출과 국가 발전: Nunn(2008), 국내총생산: Bolt and van Zanden(2020)

〔그림 6.5〕 Nunn(2008)

〔그림 6.6〕 정착민 사망률과 강제수용 위험: Acemoglu, Johnson, and Ronbinson(2001), 국내총생산: Bolt and van Zanden(2020)

〔그림 6.7〕 Banerjee and Iyer(2005)

〔그림 6.8〕 Michalopoulos and Papaioannou(2016)

〔그림 6.9〕 Donaldson(2018)에서 데이브 도널드슨이 제공.

〔그림 6.10〕 Valencia Caicedo(2018)

7장

〔그림 7.1〕 Ko, Koyama, and Sng(2018)

〔그림 7.2〕 Boradberry, Guan, and Li(2018)

〔표 7.1〕 North and Weingast(1989, 〈표 4〉)

8장

〔그림 8.1〕 Broadberry, Campbell, Klein, Overton, and van Leeuwen(2015)

〔그림 8.2〕 Clark(2001)

〔그림 8.3〕 퍼블릭도메인

9장

10장

마크 코야마 Mark Koyama

미국 조지메이슨대학교의 경제학과 교수. 옥스퍼드대학교, 브라운대학교, 요크대학교 등에서 강의했으며, 스탠퍼드대학교 후버 연구소에서 방문 교수를 역임했다. 유럽의 경제성장과 자유주의의 기원, 국가 발전 비교에 관해 중점적으로 연구해왔으며, 역사적으로 제도가 어떻게 기능하는지, 문화가 경제 성과에 어떤 영향을 미치는지에 관심이 많다.《이코노믹 저널Economic Journal》《인터내셔널 이코노믹 리뷰International Economic Review》《저널 오브 디벨롭먼트 이코노믹스Journal of Development Economics》등을 비롯한 많은 유수의 경제학 저널에 연구를 게재했다. 문화와 종교가 경제에 미치는 영향을 연구하는 사회과학협회 ASREC의 편집 위원이다. 옥스퍼드 트리니티칼리지에서 현대사 및 경제학 학사 학위를, 옥스퍼드 워덤칼리지에서 경제학 박사 학위를 받았다.

재러드 루빈 Jared Rubin

미국 채프먼대학교의 경제학과 교수. 각국의 정치, 종교, 문화가 경제를 어떻게 형성하는지 연구하는 경제사학자다. 2017년에 출간한 그의 책『통치자, 종교, 부: 왜 서양은 부자가 되고 중동은 그렇지 못했나Rulers, Religion, and Riches: : Why the West Got Rich and the Middle East Did Not』는 제도 및 조직경제학 분야에서 최고의 연구로 손꼽히며, 더글러스 노스 베스트 도서상을 수상했다.《리뷰 오브 이코노믹 스터디Review of Economic Studies》《매니지먼트 사이언스Management Science》등 최고의 경제학 저널들에 연구를 게재했고, 현재《저널 오브 이코노믹 히스토리Journal of Economic History》《저널 오브 컴패러티브 이코노믹스Journal of Comparative Economics》《이코노믹 & 비즈니스 히스토리Economic and Business History》등의 편집 위원이다. 채프먼대학교 종교경제사회연구소(IRES)의 공동 소장이자 사회과학협회 ASREC의 프로그램 의장이다. 버지니아대학교에서 학사 학위를, 스탠퍼드대학교에서 경제학 박사 학위를 받았다.

옮긴이 유강은

국제 문제 전문 번역가.『위어드』『에도로 가는 길』『타인의 해석』『미국 대도시의 죽음과 삶』『불평등의 이유』등 인문사회부터 정치까지 폭넓은 분야의 책을 번역한다.『미국의 반지성주의』번역으로 58회 한국출판문화상 번역 부문을 수상했으며, 그 밖의 옮긴 책으로는『AK47』『신체 설계자』『빛의 만리장성』『도덕의 기원』『신이 된 시장』『자기 땅의 이방인들』『E. H. 카 러시아 혁명』등이 있다.

부의 빅 히스토리

펴낸날 초판 1쇄 2023년 3월 15일
          초판 2쇄 2023년 3월 31일
지은이 마크 코야마, 재러드 루빈
옮긴이 유강은
펴낸이 이주애, 홍영완
편집장 최혜리
편집2팀 홍은비, 박효주, 문주영, 이정미
편집 양혜영, 박주희, 장종철, 강민우, 김하영, 김혜원, 이소연
디자인 윤소정, 박아형, 김주연, 기조숙, 윤신혜
마케팅 김미소, 정혜인, 김태윤, 김지윤, 최혜빈
해외기획 정미현
경영지원 박소현
펴낸곳 (주)윌북 **출판등록** 제2006-000017호
주소 10881 경기도 파주시 광인사길 217
전화 031-955-3777 **팩스** 031-955-3778
홈페이지 willbookspub.com **전자우편** willbooks@naver.com
블로그 blog.naver.com/willbooks **포스트** post.naver.com/willbooks
페이스북 @willbooks **트위터** @onwillbooks **인스타그램** @willbooks_pub
ISBN 979-11-5581-585-4 (03320)